2020年教育部"基于教学改革、融合信息技术的新型教与学模式"实验区项目成果

2023年江苏省基础教育前瞻性教学改革实验二类项目"大数据促进'适合的教育'实践研究"成果

数字化转型背景下新型教与学区域创新实践

沈　坚　主编

苏州大学出版社
Soochow University Press

图书在版编目（CIP）数据

数字化转型背景下新型教与学区域创新实践 / 沈坚主编 . —苏州：苏州大学出版社，2024.8.— ISBN 978-7-5672-4877-9

Ⅰ . G43

中国国家版本馆 CIP 数据核字第 2024WC8657 号

书　　　名：	数字化转型背景下新型教与学区域创新实践
主　　　编：	沈　坚
责任编辑：	沈　琴
装帧设计：	吴　钰

出版发行：苏州大学出版社（Soochow University Press）
社　　址：苏州市十梓街 1 号　　邮编：215006
网　　址：www.sudapress.com
E-mail：sdcbs@suda.edu.cn
印　　装：苏州市越洋印刷有限公司
邮购热线：0512-67480030　　销售热线：0512-67481020
网店地址：https://szdxcbs.tmall.com/（天猫旗舰店）

开　本：787 mm×1 092 mm　1/16　印张：21.5　字数：448 千
版　次：2024 年 8 月第 1 版
印　次：2024 年 8 月第 1 次印刷
书　号：ISBN 978-7-5672-4877-9
定　价：78.00 元

凡购本社图书发现印装错误，请与本社联系调换。服务热线：0512-67481020

编委会名单

◆ **编委会主任**

沈　坚

◆ **编委会委员**

葛　虹　刘海燕　顾纯青
徐晓燕　杨原明　叶鹏松
许　凤　夏静怡　朱红伟
曹　宏　肖年志　张久旗
朱建忠　孙春福　潘德顺
张　嘉　魏斯化

序

回顾过往

我国教育信息化发展已有四十余载。20 世纪 20 年代,我国电化教育步入萌芽时期,经过半个世纪的成长逐渐浇筑出教育信息化建设的雏形;21 世纪初,我国着力推进教育信息化实践工作并发布了一系列政策文件,在基础设施建设、应用平台建设等方面取得显著成就,教育信息化建设体系日臻成熟;新时代以来,我国在教育信息化 2.0 阶段继续高歌猛进,迎来教育数字化转型的新机遇。

随着我国教育数字化战略行动的开展,信息技术与教育的融合程度不断加深。在教育系统中,数字化红利获得有效吸收与转化,正在推动实现教育场景升级、教学形态演变、教育理念革新及教育体系重塑,创造并引领着教育发展新趋势,为教育现代化和教育强国建设提供了有力支撑。

着眼当下

面对信息化发展新阶段和数字化转型新背景,苏州工业园区(简称"园区")紧跟国家战略导向,紧扣人民教育期盼,紧握时代前进脉搏,走出了一条极具中国和区域特色的教育数字化转型之路。在全面认识和理解教育信息化与教育数字化内在联系、本质区别的基础上,园区充分总结、利用教育信息化实践经验,将数字技术迭代和变革的活跃力量引入区域教育,开辟了区域教育数字化转型的新格局,为助推区域教育高质量发展、深化区域教育改革创新做出了卓越贡献。

本书凝聚园区教育改革精神,汇集园区教育创新智慧,围绕园区过去十多年的教育信息化、数字化工作,对园区新型教与学创新实践进行了细致描述与深度剖析,呈现了园区数字教育建设的崭新图景。园区通过打造区域智慧教育大数据平台,提高了"易加教育"平台的品牌价值,强化了"易加"数字化基座的教育效用,为"个性学""智慧教""科学测""智能评""高效研""精准管"注入了数智化动能。"易加"之力深入、广泛地渗透至园区各类教育场景，形成了包含学科教学研究、教学评价研究、教与学案例设计、校本化实践研究、区域教育治理等在内的"易加"生态，为园区提高教育质量、促进教育公平创造了条件。

逐梦未来

苏州工业园区十余年砥砺前行，在教育信息化、数字化进程中展现出探路先行之姿，向中国乃至世界展示了智慧教育、数字教育的优秀实践案例。相信在未来，园区的区域教育数字化实践将以更大的影响力和更强的传播力，为我国各区域实现教育全要素、全流程、全业务和全领域的数字化转型树立典范，进一步强化数字教育公平、包容、开放、共享等优势，为"世界教育往何处去"的时代命题和"中国教育应当何为"的中国之问书写下更好的答案。

刘三女牙
2024 年 8 月 1 日

前言

教育数字化转型的意义与价值

习近平总书记在主持中共中央政治局第五次集体学习时指出:"教育数字化是我国开辟教育发展新赛道和塑造教育发展新优势的重要突破口。"教育数字化转型有利于破解传统教育的瓶颈,推进教育高水平发展。一是更好地促进教育公平。推进教育数字化转型有利于实现教育大规模优质均衡,共享优质师资和资源,真正实现有教无类,把每一所学校都办好。二是更好地提升教育质量。推进教育数字化转型有利于实现教育个性化学习和智慧治理,实现大规模因材施教,让"每一群"学得更好,也让"每一个"个性成长,努力让每个孩子都有人生出彩的机会。

十多年来,苏州工业园区始终围绕学生的学习与成长,聚焦立德树人、"五育"融合,构建技术赋能的新型教学、科学测评、高效研训、数字治理的一体化区域教育数字转型的"同心圆"图谱,为个性化学习、终身学习、扩大优质教育资源覆盖面和教育现代化提供有效支撑。

教育数字化转型大致可分为四个阶段:一是资源数字化阶段,这是数字化的基础阶段。但不要把资源数字化简单地理解为把线下资源搬到线上,我们还应更多地实现线上资源从静态向动态可自由交互的资源转变,从孤立向智能互联的资源转变,从平面向3D立体的资源转变,从虚拟向与现实融合的沉浸式体验的资源转变,从个体化散点资源向系列化精品化专家平台资源转变,尤其是要实现从服务教转向服务学的资源转变。二是能力数字化阶段,这是数字化的关键阶段。数字化能力建设要做到学、教、测、评、研、管一体化推进,要积极培育发展教育数字化生态,逐步实现教育全要素、全流程、全业务和全领域的数字化转型。推进数字教育,促进教育管理者、广大师生和家长教育数字化思维、理念、技能和素养的全面提升。三是流程数字化阶段,这是数字化的核心阶段。这一阶段要实现业务流程闭环,创建数据基座,突破多终端、多应用、多源异构数据的融合壁垒，实现各类应用数据闭环，推进数据驱动的教育高质量发展。四是数智一体化阶段，这是数字化的高级阶段。这一阶段，数据开始与AI技术深度融合，建立状态感知、实时分析、科学决策、智能化分析与管理、精准化执行的智能系统。由此教育也将从大规模因材施教迈进智能化个性化学习新时代。需要指出的是，四个阶段是一个螺旋上升的有机整体，每一个阶段都需要不断迭代，教育数字化整体水平的提升离不开各阶段的协同发力和系统优化。

数字教育具有公平、包容、开放、共享等优势，为解答教育如何更好服务现代化、更好成就人的全面发展提供了全新路径，打开了希望之门。

这扇希望之门，通往化育天下的千年梦想。古今中外，人类一直有享受公平而高质量教育的梦想。数字教育能够突破时空的边界，让不同国家、不同地域、不同文化、不同生活条件的人平等获取教育资源，享有充分学习的机会；能够发挥技术的独特优势，让教育教学从大规模标准化转向个性化、智能化，让每一名学生获得适合自己的教育方案，实现自由而全面的发展。

这扇希望之门，通往终身学习的无限可能。数字时代，知识创新加快，需要每一个社会成员掌握学习、工作新技能，具备交往新素养。数字教育将推动教育理念、方法和模式的系统性变革，重塑学校教学形态，打造永远在线的网上课堂和智能化、泛在化的未来学校，建设"人人皆学、时时能学、处处可学"的学习型社会，赋能学习者更好应对未来挑战、更好包容社会发展。

这扇希望之门，通往数字文明的星辰大海。当前数字技术正以新理念、新业态、新模式，全面融入人类社会生态文明建设各领域和全过程，给人类生产和生活带来广泛而深刻的影响。数字文明日益成为人类文明新形态的重要组成部分，发展数字教育能够培养适应和引领数字时代的现代化人才，能够推进跨圈层跨文化学习交流，让人类文明朝着开放包容、和谐共生的方向不断前进。

综上所述，教育数字化转型已成为当下教育高质量发展的内在需求、内生动力和必由之路！我们将深入学习贯彻党的二十大精神，积极回应中国式现代化对新时代教育发展的需求，大力实施新优质教育行动，用教育数字化赋能教育新一轮跨越式发展，办好人民满意的教育。

沈 坚

2024年8月1日

目 录

第一章 数字化转型与区域教育变革 ………… 001
 第一节 教育数字化转型的时代内涵与实践路径 ………… 002
 第二节 教育数字化转型的区域实践综述 ………… 022
 第三节 "教学评云端一体化"新型教与学模式建构 ………… 034
 第四节 新型教与学的典型特征 ………… 040

第二章 数字化转型背景下新型教与学平台建设 ………… 050
 第一节 "易加教育"平台架构 ………… 051
 第二节 "易加教育"应用场景打造 ………… 080

第三章 数字化转型背景下新型教与学应用研究 ………… 127
 第一节 数字化转型背景下的学科教学研究 ………… 128
 第二节 数字化转型背景下的教学评价研究 ………… 155

第四章 数字化转型背景下新型教与学案例设计 ………… 179
 第一节 数字化转型背景下的小学教学案例设计 ………… 180
 第二节 数字化转型背景下的中学教学案例设计 ………… 200

第五章 数字化转型背景下新型教与学校本化实践研究 ………… 222
 第一节 数字化转型背景下的教学模式创新 ………… 223
 第二节 数字化转型背景下的教学方式变革 ………… 239

第六章　数字化转型背景下的教育治理　　　277
　第一节　数字化转型背景下区域教育治理体系建构　　　278
　第二节　区域义务教育学业质量监测分析报告　　　286
　第三节　区域教育人才指数分析报告　　　295
　第四节　数字化转型背景下的学校治理　　　320

后记　　　333

第一章
数字化转型与区域教育变革

>>>> 导　读

　　随着第5代移动通信技术（简称"5G"）、大数据、云计算、AR（增强现实）、VR（虚拟现实）、区块链及人工智能等数字技术资源与社会生产生活的不断融合，数字中国战略的深入实施，数字技术的普及和创新在为人类社会开辟广阔发展前景的同时，也正对教育产生着前所未有的深远影响。用数字技术推动教育发展，通过教育培养数字人才，已成为全球大趋势，中国教育信息化开始向教育数字化战略转型。如何准确把握教育数字化与教育信息化的逻辑关系？如何高质量推进教育的数字化转型？如何以教育数字化支撑和引领教育现代化？这些问题正日益成为教育改革与创新的热点。本章将重点从中小学教育时代变革的视角，对教育数字化转型的时代内涵与实践路径作简要概述，以期形成更为理性的数字化理念与思维来指导教育的科学实践。

　　苏州工业园区以"办人民满意教育"为宗旨，紧跟国家发展战略，顺应时代发展与技术变革需求，实施"大数据促进'适合的教育'"发展战略，全面启动智慧教育工程，通过平台迭代研发、资源体系建设、应用创新推进，教与学方式变革，彰显了教育数字化转型的品牌价值，取得了阶段性成果，2021年获江苏省教学成果奖特等奖，2022年获国家级基础教育类教学成果奖二等奖，形成了加强顶层设计、坚持项目引领、实行区域统整、协调五位同步、推进模式创新、深化应用驱动等区域教育数字化转型经验，2023年获评江苏教育现代化先行区实践基地。

　　教育数字化转型的主阵地在课堂，要坚持以学生发展为中心，融合数字技术与资源，对课堂教与学的流程进行重组与结构再造，积极探索基于教学改革融合信息技术的新型教与学模式。苏州工业园区乘势而上，立足区域"易加教育"平台，主动对接国家、省、市智慧教育平台，筑牢课堂育人的主阵地，积极推动智能教育场景的融合应用与创新实践，建构了"素养导向·教学评云端一体化"新型教与学范式，形成技术驱动、数智赋能的新型教与学新样态，探索出了全链式、项目式、主题式、混合式、自主式、协作式等典型数字化学习新路径，破解大规模因材施教难题，促进数字化背景下学生的个性化自适应学习和深度学习，帮助学生实现"在陌生环境中自定航向"[1]。

第一节 / 教育数字化转型的时代内涵与实践路径

2022年既是2012年3月13日教育部印发《教育信息化十年发展规划（2011—2020年）》（以下简称《十年规划》）的收官之年，也是中国教育信息化一个新的战略转折点。这一年，中国教育现代化开启了教育数字化转型的新征程。教育部在2022年1月召开的全国教育工作会议上明确实施教育数字化战略行动。同年10月，党的二十大报告提出"推进教育数字化"，这标志着教育数字化转型已成为我国教育改革发展的重要战略部署，将为面向未来的中国教育高质量发展注入新动力。

要贯彻好、落实好、推动好教育数字化转型，准确理解、把握其时代内涵是首要前提。

一、教育数字化转型的时代内涵

探讨教育数字化转型时代内涵的视角很多，但无论哪一种视角，教育信息化是始终绕不开的主题，因为教育数字化转型与教育信息化存在着紧密的内在联系。

（一）教育数字化转型与教育信息化的内在联系

从教育信息化转向教育数字化并非一日之功，尤其是离不开《十年规划》引领下中国教育信息化十多年卓有成效的创新实践，没有教育信息化量的积累，就不可能有教育数字化质的跃迁。回望中国教育信息化发展之路，有助于我们更好地理解当下的教育数字化转型。

1. 教育信息化十年积淀是基础

以下重点围绕《十年规划》，分别基于教育信息化发展缘起、规划启航、应用驱

---

[1] 张娜，唐科莉. 以"幸福"为核心：来自国际组织的教改风向标[J]. 中小学管理. 2020(11): 29.

动、深度融合、创新发展和生态重塑六个阶段,以中小学教育时代变革的视角,就十年来中国教育信息化发展历程做简要回顾和总结。

(1)发展缘起

1994年4月20日是被载入史册的一天。当天,中国通过美国斯普林特公司连入一条64K的国际网络专线,成为全球第77个有网络的国家。1995年,中国教育科研计算机网络(英文全称:China Education and Research Network,简称CERNET)连通国际互联网。[1] 从窄窄的64K带宽开始,中国教育信息化之路越走越宽,有力促进了教育、科学与技术的信息共享与社会发展。

(2)规划启航

2012年3月,教育部印发《教育信息化十年发展规划(2011—2020年)》,提出以教育信息化带动教育现代化是我国教育事业发展的战略选择,提出要把教育信息化摆在支撑引领教育现代化的战略地位;明确了面向未来、育人为本、应用驱动、共建共享、统筹规划、分类推进、深度融合、引领创新的工作方针,明确用十年左右的时间初步建成具有中国特色的教育信息化体系,使我国教育信息化整体上接近国际先进水平的发展目标。

这也是中华人民共和国成立以来首份有关教育信息化的规划文件,它明确以教育信息化带动教育现代化是我国教育事业发展的战略选择,对全面推进信息技术在教学、管理、科研等方面的深入应用,实现信息技术与教育的全面深度融合,变革教育理念、模式与方法,支撑教育创新发展与国际交流合作提出了明确的要求,具有里程碑意义。

(3)应用驱动

2012年是《十年规划》启航元年,从这一年开始,在"三通两平台"等一系列重大项目和工程支持下,教育信息化基础设施和软硬件应用环境得到了持续快速优化,智能终端、移动互联网、云计算、大数据等技术应用集体亮相并不断壮大,各种应用系统和平台蓬勃发展,教育信息化开始步入发展的快车道。

大家关注的课堂教学的变革开始悄然发生,以慕课、微课、翻转课堂、混合教学等为代表的新型教与学开始走进人们的视野,技术加持下以学习者为中心的教与学被纷纷仿效。与此同时,教师队伍TPACK(Technological Pedagogical Content Knowledge,即信息技术与课程整合)能力不足的问题开始显现。

2014年5月,教育部办公厅印发《中小学教师信息技术应用能力标准(试行)》,重点包括应用信息技术优化课堂教学和应用信息技术转变学习方式两个维度,共25项指标,以三年为期,全面提升中小学教师信息技术应用能力,促进信息技术与教育教学深度融合。

---

[1] 陈琳,姜蓉,毛文秀,等.中国教育信息化起点与发展阶段论[J].中国远程教育,2022(1):37-44,51.

（4）深度融合

2015年5月23日，国际教育信息化大会在山东青岛开幕。国家主席习近平发来贺信，强调因应信息技术的发展，推动教育变革和创新，构建网络化、数字化、个性化、终身化的教育体系，建设"人人皆学、处处能学、时时可学"的学习型社会，培养大批创新人才，是人类共同面临的重大课题。

由此，教育信息化开始被提升到新的战略高度，并逐步从应用驱动向深度融合转型，促进课堂教学变革与教育改革发展的作用日益凸显，为我国教育高质量应对各种挑战奠定了坚实的基础。

2015年10月，中共中央十八届五中全会明确实施网络强国战略，实行"互联网+"计划以及国家大数据战略。在这一大背景下，2016年6月发布《教育信息化"十三五"规划》，提出2020年教育信息化发展目标：到2020年，基本建成"人人皆学、处处能学、时时可学"、与国家教育现代化发展目标相适应的教育信息化体系；基本实现教育信息化对学生全面发展的促进作用，对深化教育领域综合改革的支撑作用和对教育创新发展、均衡发展、优质发展的提升作用；基本形成具有国际先进水平、信息技术与教育融合创新发展的中国特色教育信息化发展路子。2017年1月国务院印发《国家教育事业发展"十三五"规划》，首提"互联网+教育"，实施"互联网+教育培训"行动，支持"互联网+教育"教学新模式，发展"互联网+教育"服务新业态。"互联网+教育"成为教育信息化创新的热点和"十三五"教育发展新动力。

（5）创新发展

2018年，教育部发布《教育信息化2.0行动计划》，其基本目标是到2022年基本实现"三全两高一大"，即教学应用覆盖全体教师、学习应用覆盖全体适龄学生、数字校园建设覆盖全体学校，信息化应用水平和师生信息素养普遍提高，建成"互联网+教育"大平台；努力构建"互联网+"条件下的人才培养新模式，发展基于互联网的教育服务新模式，探索信息时代教育治理新模式。

这是教育信息化发展中又一个具有里程碑意义的重要文件，教育信息化被视为教育现代化的基本内涵和显著特征，成为教育系统性变革的应有生态和内生动力，并作为重要内容写进《中国教育现代化2035》和《加快推进教育现代化实施方案（2018—2022年）》，教育信息化也开始从融合应用走向创新发展，标志着我国教育信息化转段升级进入2.0时代。

以移动互联、云计算、大数据、物联网、智能终端广泛应用为标志的云课堂、未来教室、移动教学、AR/VR实验教学、直播互动教学、在线诊断、伴随性评价和大数据质量分析等应用和系统开始迅速在中小学落地、推广、普及，为教育创设更加多元化、个性化、泛在化和智能化的应用场景。无论是孔子倡导的"有教无类"，还是夸美纽斯期盼的"把一切知识教给一切人"，在"互联网+教育"时代，都正变得前所未有地接近现实。各类应用的系统性、兼容性、集成度逐步提升，源自互联网平台的各类优质教育资源也日益丰富，教室的边界和学校的围栏开始被打破，教育教学管理评价业务流程开始结构性重塑，并涌现出一大批优秀的创新实践案例。走在前列的智慧教育示范区、网络学习空间应用普及活动先进校和智慧校园示范校，起到了很好的示范引领作用。

《十年规划》实施以来，国家教育政策正在持续引导推进教育信息化和"互联网+"时代教育转型。这也体现了国家对当前世界新一轮科技革命和产业变革蓄势待发，未来创新人才激烈竞争，以及世界范围教育革命性变化的科学研判和前瞻性引领。

为更好地服务国家"互联网+"、大数据、人工智能等重大战略，推动教师主动适应信息化、人工智能等新技术变革，积极有效开展教育教学，2019年3月，教育部出台《教育部关于实施全国中小学教师信息技术应用能力提升工程2.0的意见》（以下简称《意见》）。作为贯彻落实党中央、国务院全面深化新时代教师队伍建设改革重大决策部署的工作举措，《意见》明确信息技术应用能力是新时代高素质教师的核心素养，计划通过三年的时间，基本实现"三提升一全面"的总体发展目标：校长信息化领导力、教师信息化教学能力、培训团队信息化指导能力显著提升，全面促进信息技术与教育教学融合创新发展。

随后，中小学教师信息技术应用能力提升工程执行办公室印发《中小学教师信息化教育教学微能力诊断指引》，围绕多媒体教学环境、混合学习环境和智慧学习环境，分别从学情分析、教学设计、学法指导和学业评价四大维度，共设立30个微能力点对教师信息素养提升进行系统培训和考核。这为教育信息化创新发展阶段培育具有"互联网+"思维和技能的未来教师，尤其是具有示范性的信息化领导力种子校长与培训团队起到了关键性的保障作用，也为应对新冠疫情提供了前瞻性人才队伍支撑。

（6）生态重塑

2020年初新冠疫情来袭，为阻断疫情向校园蔓延，确保师生生命安全和身体健康，教育部下发通知，要求利用网络平台，"停课不停学"[1]。一时间，约2.76亿在校生的学校教育整体从线下跨向云端，虽然初期困难重重，无论是互联网服务器、网络带宽和覆盖面，还是在线教学资源、技术平台应用和师生教学信息化素养等，都面临着前所未有的压力和挑战；但《教育信息化十年发展规划》的超前布局和《国务院关于积极推进"互联网+"行动的指导意见》《教育信息化"十三五"规划》《教育信息化2.0行动计划》《教育部关于实施全国中小学教师信息技术应用能力提升工程2.0的意见》等文件的前瞻性引领，以及近十年教育信息化发展的软硬件成果与良好生态，为教育部

---

[1] 教育部. 教育部：利用网络平台，"停课不停学" [EB/OL]. (2020-01-29). [2024-05-01]. http://www.moe.gov.cn/jyb_xwfb/gzdt_gzdt/s5987/202001/t20200129_416993.html.

门有效应对这场危机奠定了坚实的基础。经历短时阵痛之后，网络环境快速优化，"同上一堂课"等优质资源源源不断汇聚云端，腾讯会议、钉钉、希沃等平台功能日益完善，师生云端教与学逐步走向平稳和相互适应，并成为云教学的新常态。

新冠疫情反反复复三年，不断对学校线上线下教育教学提出新挑战，源自一线的教育信息化创新案例与成果不断涌现，慕课教学、直播教学、双师课堂、混合教学、微视频教学、AR/VR 教学、人工智能教学等教育新场景时常能按需切换，有效应对；教学逐步从线下搬迁到云端，走向认知流程与数据驱动的教学结构性变革；线下教学也越来越多地主动融入云端的技术与资源，呈现方式、交互方式、评价方式、教与学的方式与流程也在不断创新重构，并与线上教学有机融合，校内校外联动日益成为常态；多元参与，共建共享，学有优教渐入佳境，教育教学管理评价和家校共育等业务流程线上线下兼容，逐步实现云端一体化；个性学·智慧教·精准管·科学测·智能评的线上线下融合互动的混合式学习空间基本形成；基于数据驱动的学校治理效能不断提升，OMO 深度融合成为新常态和广泛共识，智慧教育生态初步显现，并以前所未有的深度和广度影响着学校教育教学。三年新冠疫情给教育带来的挑战既是对教育管理者、广大师生乃至家长教育信息化素养的一次全员实训，也是对我国教育信息化十年发展的一次全面检阅，更是进一步推进教育信息化能级跃迁的一次全面加速。

2022 年 3 月 28 日，国家智慧教育公共服务平台正式上线，在原"国家中小学网络云平台"基础上改版升级形成"国家中小学智慧教育平台"，平台在原有专题教育和课程教学两个资源板块的基础上，新增加了课后服务、教师研修、家庭教育和教改实践经验等四个板块，共有 36 个二级栏目。升级后的平台着力实现课上课下、校内校外全过程育人，既有覆盖多个教材版本的各学科各年级全部课程学习资源，又有丰富的课后活动、研学实践、影视教育、经典阅读、家庭教育等多方面的资源。坚持"联结为先、内容为本、合作为要"的核心理念，遵循"应用为王、服务至上、简洁高效、安全运行"的基本原则，尽最大努力满足学生、教师、家长等不同群体实际需要，服务学生自主学习，服务教师改进教学，服务农村提高质量，服务家校协同育人，服务"双减"和"停课不停学"；有效克服了教育信息化进程中优质教育资源总量不足、教育发展不平衡、区域城乡校际差距较大等突出问题。

同时，"互联网＋教育"示范区、"智慧教育示范区"、信息化教学实验区、"5G＋智慧教育"和人工智能助推教师队伍建设试点等因地制宜地进行了大胆的探索，加大了教育信息化协同推进力度。总体来说，我国教育信息化实现了跨越式发展和历史性突破。

截至 2022 年，我国学历教育在校生已达 2.93 亿人，回望十年发展，面对如此庞大体量的在校生教育和三年新冠疫情的大考，中国教育信息化交出了一份高质量的答卷。实践证明，国家关于教育信息化的规划与系列决策部署是前瞻的、科学的，贯彻落实也是扎实高效的。面对教育数字化转型的新形势、新要求，教育信息化在育人目标、资源环境、教学范式、评价治理、创新实践及跨时空融合互动分享等各方面，已为全面步入生态重塑的新阶段做好了必要的准备。

2. 教育数字化转型顺势启程是跃迁

总体而言，在《十年规划》顶层设计的指引下，我国教育信息化实现了从"跟跑"向"并跑"的换道[1]，并展示出后来居上的蓬勃态势。但不可否认，实践中一些深层次问题也开始逐步显现出来。

例如，地区和校际教育信息化发展水平不均衡问题普遍存在，导致数字鸿沟仍在一定程度上阻碍着教育公平；由于缺乏统一技术标准规范，各地各条线校际教育信息化平台系统存在应用数据不兼容的问题，长期存在着数据孤岛效应，严重制约了教育资源与服务的共享性、教育管理决策的精准性，以及大规模教育质量提升；各类系统平台重复建设或购买的问题，严重制约了有限教育投入的使用绩效；过度偏重硬件设施设备添置，忽视软件资源服务投入和教师信息技术应用能力提升培训的问题，一定程度上妨碍了信息技术与教学常态化的融合创新应用；许多教师教育观念更新不及时，主阵地课堂教学中轻视信息技术或应用信息技术固化，传统应试教育的现象仍在一定范围内存在，利用信息技术转变教与学方式的能力亟待提升；还有许多基层学校缺乏区域教育有效引领，存在教育信息化发展规划、课题研究和CIO/CDO（首席信息官/首席数据官）领导管理架构缺失等问题；等等。这些都一定程度上制约着教育信息化整体效能的进一步释放，难以满足教育高质量发展的迫切需求，为中国教育信息化的深层次、系统性变革埋下了伏笔。

2022年1月全国教育大会（以下简称"全教会"）提出实施教育数字化战略行动，推进教育全要素、全流程、全业务和全领域的数字化转型，是站在时代变革全局化的视角，对教育信息化所做的一次结构性重塑和顶层系统优化，恰逢其时。推进教育数字化转型有利于打破平台系统壁垒，消弭数据鸿沟，充分释放教育数据价值，构建全系统全链路数字教育大生态，最大化促进资源共享、数据流通、精准教学、科学评价、智能决策以及数智融合的教育教学管理，构建网络化、数字化、个性化、终身化的教育体系，才能实现"人人皆学、处处能学、时时可学"的学习型社会，促进教育大规模优质均衡和高质量发展，而这些都是传统的教育信息化建设路径和思维难以实现的。

可见，教育数字化转型是教育信息化发展历程的一次质的跃迁。正如教育部教育信息化专家组成员、西北师范大学教育技术学院院长郭绍青所言：教育信息化是一个动态的发展过程，在这个过程中，数字化一直起着支撑作用。在教育信息化发展初期，数字化仅仅表现为对一些信息的基本存储和简单加工。随着数字化基础之上的技术不

---

[1] 任友群.40年教育信息化发展"变与势"[N].中国教师报，2018-12-26（04）.

断创新，教育信息化发展到今天，数据的功能作用越来越明显，越来越表现出网络化、智能化的特征。所以，教育数字化和教育信息化并不是对立关系，教育数字化是教育信息化发展的时代特征、高级阶段[1]。

在中国如此，从世界范围来看也是一致的。2020年9月，联合国教科文组织、国际电信联盟和联合国儿童基金会联合发布了《教育数字化转型：学校联通，学生赋能》("The Digital Transformation of Education: Connecting Schools, Empowering Learners")，关注教育的数字化连通。同年，欧盟发布了《数字教育行动计划（2021—2027年）》("Digital Education Action Plan (2021—2027)")，明确了欧盟层面未来需要推进"促进高性能的数字教育生态系统的发展"和"提高数字技能和能力以实现数字化转型"两大战略事项。随着时代的发展，世界各国都在积极行动，把数字教育作为应对危机挑战、开启光明未来的重要途径和举措。2021年6月8日，经济合作与发展组织发布报告《数字教育展望2021：用AI、区块链和机器人推向前沿》("Digital Education Outlook 2021: Pushing the Frontiers with AI, Blockchain, and Robots")，介绍已经应用于教育系统的人工智能（AI）或机器学习、机器人和区块链三种智能技术正如何改善课堂教学、教育机构以及教育系统的管理。2022年9月，联合国教育变革峰会提出，数字革命应当惠及所有学习者。世界各国应时而动，纷纷出台数字化发展战略，并将教育作为其中的重要组成部分。可见，用数字技术推动教育发展，通过教育培养数字人才，已成为全球大趋势，在国际人才竞争进入大变局之际，中国的教育数字化转型迫在眉睫。所以，要发挥教育的先导性、全局性、基础性作用，与时代同频共振，中国教育数字化转型时不我待，正当其时。

（二）教育数字化与教育信息化的显著不同

这两个概念的确容易引发认知困惑，学术界也没有一致认可的界定，以下是综合各方观点和一线实践的个性化解读。

1. 概念内涵不同

首先，教育信息化简单来讲就是教育流程的数据化。即通过ICT（Information and Communications Technology，信息与通信技术）对"学—教—测—评—管—研—培—服务—家校沟通"等教育流程信息进行数据化处理，做好记录、储存和管理，并通过信息网络系统和终端进行数据呈现。这种传播与沟通的技术，可让许多传统教育业务流程变得简洁、高效，从而显著提升工作效能。所以教育信息化之于教育的影响更多体现在优化传统教育的业务流程和改进传统教育的教学方式上。

---

[1] 郭绍青：教育数字化是教育信息化的高级发展阶段 [EB/OL]. (2022-06-22). [2024-05-01]. https://web.ict.edu.cn/html/special/ 2022/0622/3878.html.

其次，教育数字化简而言之就是教育数据的流程化。教育信息化离不开数据支撑，其本身也会产生海量有价值的教育数据。通过移动互联、大数据、云计算、区块链和人工智能等数字技术，构建数据基座，可以让这些数据真正闭环流通起来，并通过数据挖掘创造新流程、创生新场景和产生新的价值，实现更加个性化、精准化、智能化的教育。可见教育数字化是信息化发展的高级阶段，不仅赋能教育，更是重塑教育形态。[1]

2. 核心驱动不同

教育信息化的核心是流程驱动，属于网络化的基础工程。从这个意义上讲，教育信息化也不会因为有了数字化而停止。但是教育信息化常常因为业务流程不同、平台不同、系统不同、数据标准不同等原因，导致"数据烟囱"林立，数据难以得到有效流通，从而一定程度上制约了教育信息化的高质量发展。

教育数字化的核心是数据驱动，是让数据创造新流程和产生新价值。这需要一个强大的数据基座来打破传统教育信息化各业务流程的壁垒，将原本复杂分散的数据孤岛充分进行整合，让数据有效汇聚流通，并结合高性能的算法开展数智运营，实现全域闭环分析、动态洞察和预测，把数据这种"生产资料"转变为持续增值的数据"生产力"，将基于技术的数据分析结果直接转化为教育业务优化方案。

所以，简单而言，区分教育信息化和教育数字化的显著不同，是看数据是否成为核心资产，并创造新价值。

不妨围绕教育教学举个例子，这样更有利于我们理解把握二者的区别与联系。譬如教学中我们时常采用的扫描阅卷系统，可以实现阅卷和采分从线下到线上的流转，这一过程可以看作是教育信息化的过程，让流程变革产生效能。

日积月累，阅卷过程中会不断产生新的数据，学科间、班级间、学生间、年段间的数据都是存在关联的，如果引入数据挖掘，进行系统分析，就很容易发现这些数据蕴含着的许多教育"秘密"。这些"秘密"为科学评估和精准改进提供决策支持，相关信息还可以跨平台跨终端个性化推送与分享给管理者、教师、学生和家长。这一过程则可以看作是教育数字化的过程，让数据有效汇聚，让数据创造新流程，让数据产生价值，让数据成为驱动教育创新的关键要素。

当然，如果在此基础上建立 AI 大数据模型，引入智能化分析系统，还可以为师生教学做动态评估，一人一案个性化推送教学资源，或为教育教学管理提供智能化的决策与指导建议，为师生和学校管理者科学减负。这一过程则可以看作是教育智能化的过程，即让模型驱动数据应用产生价值，这也是教育数字化转型的真正旨归所在。可见，基于数据的个性化教学、科学化评价、精细化管理、精准化研培、智能化决策等创新应用，将有利于建构一个全新的人机协同的智慧教育生态，对提高教育质量、培

---

[1] 李志民. 教育信息化与教育数字化转型升级 [J]. 中国教育信息化，2024，30（1）：71-75.

养创新人才、提升管理效能具有潜在的巨大推动作用。

信息化、数字化和智能化是一个有机的整体，信息化是基础，数字化是关键，智能化是核心价值追求。

（三）教育数字化转型的意义与价值

2022年2月，习近平总书记在《求是》杂志发表《不断做强做优做大我国数字经济》，指出："当今时代，数字技术、数字经济是世界科技革命和产业变革的先机，是新一轮国际竞争重点领域，我们一定要抓住先机、抢占未来发展制高点。"教育在现代化建设中具有基础性、先导性和全局性的作用，教育数字化转型的战略意义与数字中国、数字经济同脉，是教育主动适应新一轮科技革命趋势的必然选择，事关我国高质量教育体系建设，事关办好人民满意的教育，事关实现教育现代化的战略行动。

1. 顺应发展大局

国家"十三五"规划纲要将"数字中国"上升为国家战略；在数字经济方面，2022年我国数字经济规模达到50.2万亿元，总量稳居世界第二，占GDP比重提升至41.5%；2022年12月《"十四五"国家信息化规划》，提出要加快建设数字中国，大力发展数字经济，实施全民数字素养与技能提升行动；全民数字素养与技能日益成为国际竞争力和软实力的关键指标，这无疑对教育改革发展和人才培育提出了新的要求。2022年1月全教会提出实施国家教育数字化战略行动，同年10月，党的二十大报告首次把教育、科技、人才进行"三位一体"统筹安排、一体部署，并提出"推进教育数字化，建设全民终身学习的学习型社会、学习型大国"。这是教育数字化第一次被写入党的代表大会报告，以习近平同志为核心的党中央做出重大战略部署，赋予了教育在全面建设社会主义现代化国家中新的使命任务，明确了教育数字化未来发展的行动纲领，具有重大意义，为我们不断推动教育变革和创新，建设"人人皆学、处处能学、时时可学"的学习型社会、学习型大国，加快建设教育强国指明了前进方向、提供了根本遵循。作为"数字中国战略"的一部分，推进教育数字化转型是贯彻落实科教兴国战略、人才强国战略、创新驱动发展战略的重要先手棋。这些都迫切要求我们的教育乘势而上，顺势而为。

2024年1月，世界数字教育大会在上海召开，教育部部长怀进鹏在全体会议上发表主旨演讲《携手推动数字教育应用、共享与创新》。怀部长指出：数字技术正以新理念、新业态、新模式，全面融入人类经济、政治、文化、社会、生态文明建设各领域和全过程，给人类生产和生活带来广泛而深刻的影响。数字文明日益成为人类文明新形态的重要组成部分。发展数字教育，能够培养适应和引领数字时代的现代化人才，能够推进跨圈层、跨国界、跨文化学习交流，促进民心相通，让人类文明朝着开放包容、和谐共生的方向不断前进。从这个意义上讲，推进教育数字化，不仅仅是顺应中国发展大局，也是顺应世界发展大势。

2. 突破两大瓶颈

推进教育数字化转型，有利于突破传统教育中公平和质量两大瓶颈，推进教育高水平发展。

一是更好地促进教育公平。推进教育数字化转型有利于实现教育大规模优质均衡发展，共享优质师资和资源，真正实现"有教无类"，把每一所学校都办好，构建优质均衡的基本公共教育服务体系。

二是更好地提升教育质量。推进教育数字化转型有利于实现教育大规模个性化学习和智慧治理，全面实现因材施教，让每一位师生都有好的发展，构建以人为本的创新拔尖人才辈出的良好教育生态。

数字教育能够突破时空的边界，让不同国家、不同地域、不同文化、不同生活条件的人平等地获取教育资源、享有充分学习的机会；能够发挥技术的独特优势，让教育教学从大规模标准化转向个性化、智能化，让每一名学生拥有适合自己的教育方案，实现自由而全面的发展。[1]

这需要我们积极推动数字教育在育人方式、办学模式、管理体制、保障机制等方面创新，构建以人为本的教育发展观，促进教育研究和实践范式变革，形成适应数字时代的高质量教育体系，以教育数字化支撑和引领教育现代化，让教育成为伴随每个人一生的教育、平等面向每个人的教育、适合每个人的教育、更加开放灵活的教育，成为建设学习型社会、学习型大国的重要支撑。

3. 构建"双新"格局

推进教育数字化转型，有利于抢抓教育发展"双新"机遇，推动教育改革，构建教育新发展格局。

正如2023年5月29日习近平总书记在中共中央政治局第五次集体学习时所强调的：教育数字化是我国开辟教育发展新赛道和塑造教育发展新优势的重要突破口。进一步推进数字教育，为个性化学习、终身学习、扩大优质教育资源覆盖面和教育现代化提供有效支撑。

数字化正引领教育变革和创新的新浪潮，催生了数字教育新业态，必将持续深刻影响教育发展，既给教育事业发展带来了新挑战，也为教育变革和创新提供了难得的机遇。我们要树立数字思维，抢抓"双新"机遇，面对国内外数字经济发展和数字人才需求，改革创新，积极探索实践教育数字化转型的新场景和新路径，构建教育高质量发展新格局，实现教育整体水平提升，不断向教育强国迈进。

---

[1] 教育部. 教育部部长怀进鹏在2024世界数字教育大会上的主旨演讲[EB/OL]. (2024-02-01). [2024-05-01]. http://www.moe.gov.cn/jyb_xwfb/moe_176/202402/t20240201_1113761.html.

习近平总书记强调，教育兴则国家兴，教育强则国家强。建设教育强国，是全面建成社会主义现代化强国的战略先导，是实现高水平科技自立自强的重要支撑，是促进全体人民共同富裕的有效途径，是以中国式现代化全面推进中华民族伟大复兴的基础工程。要全面贯彻党的教育方针，坚持以人民为中心发展教育，主动超前布局、有力应对变局、奋力开拓新局，加快推进教育现代化，以教育之力厚植人民幸福之本，以教育之强夯实国家富强之基，为全面推进中华民族伟大复兴提供有力支撑。[1]

综上所述，教育数字化转型已成为实现我国教育现代化的内在需求、内生动力和必由之路！

二、教育数字化转型的实践路径

教育数字化是一项复杂的系统性工程，其关键是从数字社会角度重新思考人才培养，充分运用数字技术促进教育全要素、全业务、全领域和全流程的数字化转型，建立适应智能时代的包容、公平、绿色、高质量和可持续的智慧教育体系，完善人人皆学、处处可学、时时能学的终身持续学习体系。总体推进上需要把握好教育数字化转型的四个阶段和五个"强化"。

（一）教育数字化转型的四个阶段

一是资源数字化阶段，它是数字化的基础阶段。不能简单地理解为仅仅是把线下资源搬到线上而已，而应更多地实现线上资源从静态向动态可自由交互的资源转变，从孤立向智能互联的资源转变，从平面向三维立体的资源转变，从虚拟向与现实融合的沉浸式体验的资源转变，从个体化散点资源向系列化、精品化专家平台的资源转变，尤其是要实现从"服务教"转向"服务学"的资源转变，不断提升数字资源供给质量。

二是能力数字化阶段，它是数字化的关键阶段。教育数字化较其他行业要复杂得多，数字化能力建设不能仅仅满足于教，而是要做到"学—教—测—评—管—研—培—服务—家校沟通"等各流程全覆盖；不仅要加强教师数字化能力建设，还要同步提升学生和家长，包括数字化环境保障等要素的数字化能力，任何一个流程和要素的缺失都将影响能力数字化全局的效能。要积极培育发展教育数字化生态，逐步实现教育全要素、全流程、全业务和全领域的数字化转型。这一阶段的具体工作是推进数字教育技术、平台、资源、环境与教育教学管理评价的深度融合，促进教育管理者、广大师生和家长教育数字化思维、理念、技能和素养的全面提升。

---

[1] 新华社. 习近平主持中央政治局第五次集体学习并发表重要讲话 [EB/OL]. (2023-05-29). [2024-05-01]. https://www.gov.cn/yaowen/liebiao/202305/content_6883632.htm.

三是流程数字化阶段，它是数字化的核心阶段。这一阶段不仅要实现业务流程闭环，而且要尽可能创建属于自己的数据基座，突破多终端、多应用、多源异构数据的融合壁垒，为个性化精准服务提供丰富的数据来源，实现各类应用数据闭环，让数据更完整、更安全、更互联互通，也更有价值，并为新流程、新场景、新决策提供数据支撑。教育在这一阶段的具体表现是大规模因材施教逐步普及，教育开始迈进大规模高质量发展的新阶段。

四是数智一体化阶段，它是数字化的高级阶段。这一阶段数据开始与 AI 技术深度融合，建立状态感知、实时分析、科学决策、智能化分析与管理、精准化执行的智能系统。这一阶段，就教育而言，积极引导智能技术合理应用，有利于促进学生成长智能感知、教师发展智能服务、育人环境智能升级、公共服务智能协同，释放数智融汇的巨大潜能，全面提升教育治理体系和治理能力的现代化水平；对师生而言，将体验到更多人智协同的新场景，AI 助教、AI 助学和 AI 助管等智能助手将越来越懂你，并为你提供越来越多个性化智能服务，实现减负增效，让教师有更多精力去从事创造性教学活动、育人活动。由此，教育将从大规模因材施教迈进智能化、个性化学习新时代。

需要指出的是，四个阶段是一个螺旋上升的有机整体，每一个阶段也都需要不断迭代，都不是一蹴而就的，教育数字化整体水平的提升离不开各阶段的协同发力和系统优化。

（二）教育数字化转型的五个"强化"

从国家层面来看，教育数字化转型实践路径总体做到了五个"强化"，这既是顶层设计，也是对全国各地教育数字化转型的示范引领和硬核支撑。

1. 强化基建

教育数字化转型与其他产业和行业一样离不开以 5G、云计算、大数据、人工智能、物联网、区块链等为代表的新一代 ICT 技术和资源的广泛应用，这些都需要新基建的有力支撑。2018 年 12 月，中央经济工作会议首次提出"新基建"这一概念，这一概念于 2019 年 3 月被写入政府工作报告。2020 年 3 月，中共中央政治局常务委员会会议强调，要加快 5G 网络、数据中心等新型基础设施建设进度。

教育部教育信息化战略研究基地（华中）常务副主任、华中师范大学教授吴砥指出："与传统基建概念不同，教育新基建不仅包括网络、教室等'硬'基础设施环境，还包括资源、应用等'软'基础设施条件，强调的是夯实整个高质量教育体系的数字底座。"[1]

---

[1] 中国教育报. 华中师范大学教授吴砥：教育新基建如何筑基未来教育 [EB/OL]. (2022-08-24). [2024-05-01]. https://web.ict.edu.cn/html/special/2022/ 0824/3937.html.

教育新基建将 5G、AI 人工智能、云服务、IoT（Internet of Tings，物联网）以及 VR/AR 等前沿领域融合在一起，可以为教育提供诸如远程全息互动教学、VR3D 虚拟仿真、AR 增强现实等沉浸式体验与智能交互的创新应用场景。2021 年 7 月，教育部等六部门出台《教育部等六部门关于推进教育新型基础设施建设构建高质量教育支撑体系的指导意见》，并提出教育新基建主要从推动网络新基建、平台新基建、资源新基建、校园新基建、应用新基建、安全新基建六方面着力。这为各地推进教育新基建提供了明确方向。为树立一批可复制推广、可规模应用的发展标杆，2021 年 9 月，工业和信息化部办公厅、教育部办公厅组织开展"5G+ 智慧教育"应用试点项目申报工作，旨在培育一批以 5G 为代表的新一代信息通信技术与教育教学创新融合的典型应用，为推动"5G+ 智慧教育"创新发展提供经验，助力教育高质量发展。

2021 年 12 月，《"十四五"国家信息化规划》提出要加快建设数字中国，大力发展数字经济，实施全民数字素养与技能提升行动，开展终身数字教育；2021 年 12 月，国务院印发《"十四五"数字经济发展规划》，明确进一步优化升级数字基础设施，强调推进教育新型基础设施建设，推动"互联网＋教育"持续健康发展。

2022 年 10 月，党的二十大报告提出，要优化基础设施布局、结构、功能和系统集成，构建现代化基础设施体系。2023 年 2 月，中共中央、国务院印发《数字中国建设整体布局规划》，指出：建设数字中国是数字时代推进中国式现代化的重要引擎，是构筑国家竞争新优势的有力支撑。要夯实数字中国建设基础，打通数字基础设施建设大动脉，畅通数据资源大循环。

为克服重复建设、数据孤岛等现象，进一步强化大数据赋能教育教学，2023 年 7 月，教育部部长怀进鹏表示，将建设国家教育数字化大数据中心，使它成为提供优质资源服务的重要平台，成为国家数字教育资源共享中心、教育公共服务的汇聚中心和数字资源的管理和评估中心。数字化不仅仅是技术或平台，也不仅仅是把资源变成数字，它会撬动教育改革，真正地服务学生的学习和发展，服务教师的教育与教学，服务学校的管理和治理能力，也服务在新时代教育现代化当中研究者研究能力的提升。

数字技术应用正从最初基于工具、资源的单一应用转向基于大数据、人工智能的教育生态创新与全面赋能。

2. 强化平台

2018 年 4 月，教育部印发的《教育信息化 2.0 行动计划》指出：到 2022 年基本实现"三全两高一大"的发展目标。其中"一大"即建成"互联网＋教育"大平台。

2022 年 3 月 28 日，国家智慧教育公共服务平台正式上线，同时，平台手机应用程序（APP）也随即启动应用。国家智慧教育公共服务平台（Smart Education of China）是国家教育公共服务的综合集成平台，通过整合各级各类教育平台入口，汇聚政府、学校和社会的优质资源、服务和应用，聚焦学生学习、教师教学、学校治理、赋能社会、教育创新五大核心功能，一体谋划基础教育、职业教育、高等教育三大基础板块，全面覆盖德育、智育、体育、美育、劳动教育，为师生、家长和社会学习者提供"一站式"服务。这一平台成为学生学习与交流的平台、教师教育教学与备课交流的平台、学校科学治理的平台、社会教育与服务的平台、推动教育改革发展研究的平台。

经过多轮次迭代更新，平台建设水平显著提升，已汇聚中小学资源8.8万条、职业教育在线精品课程超1万门、高等教育优质慕课2.7万门，连接了51.9万所学校，辐射1880万名教师、2.93亿名在校生及广大社会学习者，访问用户覆盖全球200多个国家和地区。截至2023年年底，平台累计注册用户突破1亿，浏览量超过367亿次，访客量达25亿人次。平台整体做到基础教育、职业教育和高等教育全覆盖；自主学习、教师备课、双师课堂、作业活动、答疑辅导、课后服务、教师研修、家校交流、区域管理九大应用场景全优化；手机、平板电脑和电脑等各类终端全贯通，数字技术的叠加、倍增、溢出效应充分显现。

国家智慧教育公共服务平台已成为全国师生学习交流的第一门户，世界第一大教育教学资源库和中国教育的国际名片，在有力应对新冠疫情，落实"双减"政策，服务课改与教师研训，促进教育数字化转型，赋能基础教育与教育治理，打破地域限制，缩小校际差别，实现教育的公益普惠与优质均衡，推进教育高质量发展等方面发挥了显著作用。2023年9月，中国"国家智慧教育平台"项目获得了2022年度联合国教科文组织教育信息化奖，这是联合国系统内教育信息化的最高奖项。

3. 强化课改

2022年4月，为培养时代新人奠基，教育部印发《义务教育课程方案和课程标准（2022年版）》，实现了素养导向的基础教育课程改革全学段贯通。新课程方案开宗明义：当今世界科技进步日新月异，网络新媒体迅速普及，人们生活、学习、工作方式不断改变，儿童青少年成长环境深刻变化，人才培养面临新挑战。义务教育课程必须与时俱进，进行修订完善。各学科课程标准都强调顺应时代发展，合理运用信息技术。以《义务教育物理课程标准（2022年版）》为例，课标要求：教师要充分发挥信息技术的优势，将信息技术有效融入物理教学，创新教学方式，提升教学效率。同时，应鼓励学生将信息技术运用到物理学习中，帮助学生适应数字时代的要求，提升学生运用信息技术的能力。

2023年5月，教育部办公厅印发《基础教育课程教学改革深化行动方案》，要求开展教师数字化素养专项培训，推进数字化赋能教学质量提升，充分利用数字化赋能基础教育，推动数字化在拓展教学时空、共享优质资源、优化课程内容与教学过程、优化学生学习方式、精准开展教学评价等方面广泛应用，促进教学更好地适应知识创新、素养形成发展等新要求，构建数字化背景下的新型教与学模式，助力提高教学效率和质量。

可见，强化课改引领，扎实推进各学科教育教学数字化转型，积极引导数字化转型背景下核心素养导向的育人方式变革，已成为教育部门的时代共识与价值追求。

4. 强化队伍

坚持教师是教育事业发展的第一资源。教育数字化转型背景下日新月异的 ICT 新技术并不是真正的魔法师，真正的魔法师是教师本身，离开了教师，一切技术与资源都是镜花水月。所以无论是教育信息化，还是教育数字化，关键还是在于师资队伍建设，这也是教育信息化十年规划实施以来的一贯逻辑。

（1）教师队伍素养层面

从 2014 年的《中小学教师信息技术应用能力标准（试行）》，到 2018 年的《关于全面深化新时代教师队伍建设改革的意见》和 2019 年的《教育部关于实施全国中小学教师信息技术应用能力提升工程 2.0 的意见》，再到 2022 年的《新时代基础教育强师计划》，国家持续发力，与时俱进，不断提升教师信息技术教学能力、培训团队信息化指导力和校长信息化领导力。

2022 年 1 月，全教会提出实施国家教育数字化战略行动，并将其列入教育部 2022 年工作要点。同年 3 月，国家智慧教育云平台正式上线，并于 7 月上线"暑期教师研修"和"全国科学教育暑期学校"，引领教师培训转型升级，共有 1300 余万教师在平台进行注册学习。基于国家智慧教育平台的教师假期研修机制初步确立，在创新应用国家智慧教育平台促进教师发展、推动教师队伍建设数字化转型、助推国家教育数字化战略方面取得了显著成效。同时，在推进教师学习方式变革、提高教师数字素养和数字化教学水平以及促进优质资源共享方面发挥了重要作用。

为深入贯彻落实党的二十大精神，扎实推进国家教育数字化战略行动，完善教育信息化标准体系，提升教师利用数字技术优化、创新和变革教育教学活动的意识、能力和责任，2022 年 12 月，教育部发布《教师数字素养》教育行业标准，教师数字素养框架如图 1.1，包括 5 个一级维度、13 个二级维度和 33 个三级维度，积极引领教师队伍建设数字化转型。

2023 年 5 月，习近平在中共中央政治局第五次集体学习时强调：强教必先强师。要把加强教师队伍建设作为建设教育强国最重要的基础工作来抓。这为我们促进教育数字化转型背景下的教师队伍建设提供了根本遵循。

2023 年 6 月，国家智慧教育平台暑期教师研修又配套上线"数字素养提升"板块，课程包括《教师数字素养》标准解读、教师主动适应数字化转型发展趋势和常用教育教学数字化工具及案例，为一线教师数字素养提升提供了最高品质的资源供给。

在国家平台示范引领下，各省（区、市）协同发力，高标准推动地方平台与国家平台充分贯通，为教师数字素养提升提供了丰富的课程资源和培训支撑的同时，努力实现全方位育人、全链条贯通、全时空服务，积极构建人人皆学、处处能学、时时可

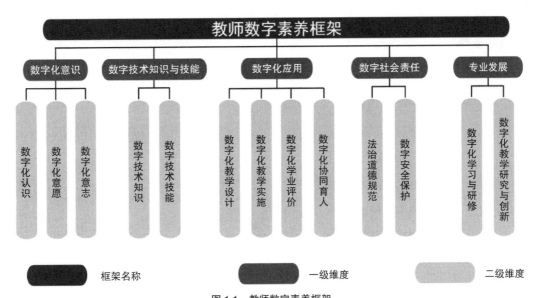

图 1.1 教师数字素养框架

学的学习新样态。

（2）管理者素养层面

2014 年 12 月，教育部教师工作司印发《中小学校长信息化领导力标准（试行）》，明确指出：校长是学校信息化工作的带头人、组织者和践行者，信息化领导力是中小学校长必备素质能力之一。该标准从信息化规划设计、制度建设、信息技术与教学融合、教师专业发展、信息化管理、信息化环境与评价等方面，提出了 15 条能力要求，这些要求是信息化时代中小学校长履行职责的基本要求，是《义务教育学校校长专业标准》等在教育信息化领域的落实与体现。

教育部基于这一标准，从 2014 年至 2015 年，面向全国开展了"教育部-中国电信中小学校长信息技术应用能力提升项目"，为促进校长担任首席信息官（CIO）的专业化建设提供了前瞻性引领。

2016 年教育部印发《教育信息化"十三五"规划》，提出要在各级各类学校逐步建立由校领导担任首席信息官的制度；2018 年教育部印发《教育信息化 2.0 行动计划》，则要求各级各类学校应普遍施行由校领导担任首席信息官的制度。设立教育首席信息官制度是教育现代化治理的重要内容，有利于全面统筹教育信息化的规划和发展，提高教育信息化领导力、执行力；有利于强化教育信息化建设力量调配，提升教育信息化整体建设水平，增强教育信息化应用创新能力。自 2022 年 1 月全教会提出实施国家教育数字化战略行动以来，地方又相继提出首席数据官（Chief Data Officer）和首席数字官（Chief Digital Officer）的职能，整体体现了首席信息官制度在学校教育变革过程中内涵的演进，也凸显了校领导对推进教育信息化和数字化转型的重要作用。

教育数字化转型是一把手工程，作为首席信息官、数字官或数据官的校园长，又应该具备哪些核心素养？又应该扛起哪些职责和使命？如图1.2所示的两张结构化导图，只是抛砖引玉，以期不断深化我们对这些问题的思考，更好地推进学校教育数字化转型和教育的创新发展。

图1.2 教育CIO/CDO的核心素养与主要职责

5. 强化应用

坚持应用是教育数字化转型的第一动力。实践表明，应用是最好的建设，应用是最好的培训，应用是最好的发展。只有应用才能实现转型的场景化落地，只有应用才能实现技术的迭代更新，只有应用才能提升师生数字素养，只有应用才能实现教育大数据的汇聚与分析挖掘。所以，国家智慧教育平台建设始终遵循"应用为王、服务至上、简洁高效、安全运行"的基本原则，一以贯之地强调应用驱动和创新实践，持续丰富各类优质教育教学资源，引导教师在日常教学中有效常态化应用，不断把数字资源的静态势能转化为教育改革的强大动能。主要体现在以下四个方面。

（1）国家层面示范试点

考虑到中国地域辽阔，且各地区教育发展差异大，为更好地应用驱动，示范引领，2022年4月和7月，教育部先后部署开展了两批国家智慧教育平台地方和学校试点工作。多地把国家平台资源常态化应用与建设纳入学校教育教学管理的基本要求，应用国家平台的积极性持续增强，国家智慧教育平台应用范围显著扩大，截至2023年3月，国家智慧教育公共服务平台上线一年来，试点范围已经覆盖全国31个省（区、市）和新疆生产建设兵团。

坚持应用为王，秉持"方法重于技术、组织创新重于技术创新"工作思路，把应用摆在优先突出位置，强化典型引路。遴选典型案例，发布《国家智慧教育平台应用创新案例集》，以示范引领带动平台应用。面向乡村教师开展国家智慧教育平台应用培训，增强他们用好平台的意识和能力。2024年1月30日，2024世界数字教育大会正式发布上线中国国家智慧教育公共服务平台国际版（https://csmartedu.cn），国际影响力与日俱增。

前期，围绕教育改革重点问题和教育数字化转型难点任务，教育部已经开展"互联网＋教育"示范区、智慧教育示范区、信息化教学实验区、"5G+智慧教育"、人工智能助推教师队伍建设和信息技术支撑学生综合素质评价等一系列试点示范，并将上海作为全国首个"教育数字化转型试点区"，系统化设计，立体化推进，积极探索形成基于教学改革融合信息技术的新型教与学模式、"双减"政策下基于智能环境的课堂教学效果提升策略、基于国家平台的优质资源普惠供给机制、基于大数据和区块链的教育治理模式、基于人工智能的考试评价改革方式和基于信息技术支撑的学生综合素质评价体系等应用试点，选树典型，示范引领教育数字化转型走深走实。在《中国智慧教育发展报告（2023）》中呈现了基础教育、职业教育、高等教育和特殊教育等领域的20个典型案例，集中展示数字教育的中国实践。

（2）区校层面主动求变

教育数字化转型不能坐而论道，要"做"而论道。区域和学校要主动应变求变；要因地制宜，因校制宜，因人制宜，不搞一刀切；要系统规划，生态建构，循序渐进。既不能拍脑袋，也不可急躁冒进，转型可以有快有慢，有多有少，不能操之过急，但也不要故步自封，畏首畏尾，为不转找借口。

由于各区域、各学校数字化转型条件和基础存在较大差异，具体落实可采取"需求牵引·应用驱动·领导率先·科研领航·点面结合·兼顾差异·分步推进·抱团发展·激励创新·智慧共享"的实践路径。一方面认真研读教育数字化转型相关文件标准规范，查漏补缺，不断更新理念、技术、平台、资源、环境和生态，做到学以致用；另一方面，立足区域和校本，专家领航，鼓励教师深度参与，探索基于教育教学真实需求的应用开发、数字资源共享，营造技术与教育相互促进的生态。尤其是要用好国家智慧教育云平台，发挥好示范区和示范校的引领作用，不断丰富教育数字化转型的区域和校本化创新应用场景，做到用以致学，努力达成学以致用和用以致学的双向互动，双向赋能。

《世界是平的》一书作者弗里德曼说过，数字鸿沟将在不久消失，很快，几乎每个人都将拥有一个移动终端。但未来学家的研究表明，等那样的一个世界到来之后，我们面临的将是巨大的动机鸿沟，只有那些有自我激励的决心，能够持续利用一切数字化工具去创造、合作和学习的人，将会是走在时代的最前列。[1]

许多地方和一线学校数字化成功转型的实践表明：当下数字化转型最紧迫的已不再是装备问题、资源问题、技术问题、平台问题、师资问题等客观条件问题，而是理念和思维的问题。如果真正具备了教育数字化转型的理念和思维，我们就能够把想法变成做法，许多客观问题都可以迎刃而解。

---

[1] [美]托马斯·弗里德曼.世界是平的[M].何帆，肖莹莹，郝正非，译.长沙：湖南科学技术出版社，2006.

2023年2月13日—14日，世界数字教育大会在北京召开，教育部部长怀进鹏在全体会议上作《数字变革与教育未来》的主旨演讲。怀部长指出："发展数字教育，推动教育数字化转型，是大势所趋、发展所需、改革所向，更是教育工作者应有之志、应尽之责、应立之功。"作为一线的教育工作者，尤其是校领导更需要一马当先，勇立潮头。

此外，各区域和学校要建立可持续改进的文化，统筹规划建设与维护更新的关系，建立持续关注和投入的机制，同时推动组织和学校建立可持续改进的意识。数字化转型要建立多部门协同工作的机制，从政策上推进合作伙伴关系的建立，充分发挥利益相关者的积极性和主动性，协力参与数字化建设，共同推进高性能数字化教育系统的建设。

（3）教学层面创新实践

教学是学校教育的中心工作，也是教育数字化转型的主战场。为探索信息技术、智能技术支撑下适应本地区经济社会和教育发展实际需要的教与学模式，推进信息技术与教育教学的深度融合，变革教与学方式，提高区域教育教学质量，2020年8月，教育部办公厅在全国遴选90个"基于教学改革、融合信息技术的新型教与学模式"实验区。通过为期3年的探索实践，全面总结"基于教学改革、融合信息技术的新型教与学模式"实验区经验，推出一批数字化应用的典型案例，在全国引领示范。

课堂是课程教学的主渠道、教书育人的主阵地、教育管理的总开关，所以要始终抓住课堂这一"牛鼻子"扎实推进教育数字化转型，不能总是在外围绕圈圈。要立足课堂教学数字化转型，积极创造条件，引导教师常态化应用智慧教育平台、智能分析评价系统、智能教室、AR/VR虚拟仿真系统、直录播系统、课程教学管理平台、学科软件、通用软件等数字技术资源，打造网络化、沉浸式、智能化的新模式，探索将智能学伴、智能助教等融入学习环境，提供更加适切的资源和服务，积极构建以学生为中心的、数据精准驱动的、贯通课前课中课后的云端一体化新型教与学，赋能学生全面、个性、适切和充分的发展。同时，积极展示交流，观摩研讨，评比表彰，相互感应，彼此呼应，不断提升教师主动且适当地利用数字技术获取、加工、使用、管理和评价数字信息和资源，发现、分析和解决教育教学问题，优化、创新和变革教育教学活动的意识、能力和责任，全面优化教师数字素养。

（4）评价层面数据赋能

教育评价事关教育发展方向，有什么样的评价指挥棒，就有什么样的办学导向。为深入贯彻落实习近平总书记关于教育的重要论述和全国教育大会精神，完善立德树人体制机制，扭转不科学的教育评价导向，坚决克服唯分数、唯升学、唯文凭、唯论文、唯帽子的顽瘴痼疾，提高教育治理能力和水平，加快推进教育现代化、建设教育强国、办好人民满意的教育，2020年10月，中共中央、国务院印发《深化新时代教育评价改革总体方案》，明确指出要充分利用信息技术，提高教育评价的科学性、专业性、客观性。

2022年11月，教育部办公厅印发《教育部办公厅关于开展信息技术支撑学生综合素质评价试点工作的通知》，明确在中小学生综合素质评价基础较好、常态化开展信息化教学应用的区域中，遴选30个左右的区域开展试点工作。用5年左右的时间，形成百万级规模中小学生综合素质发展基础数据库，创新评价工具，利用人工智能、大数据等现代数字技术，对教育系统的评价方式进行改革，制定数据采集标准，促进数据的互通共享，推进学生综合素质数据全方位采集，制定综合素质评价标准，探索开展学生各年级学习成长情况全过程纵向评价、德智体美劳全要素横向评价体系，主要包括思想品德、学业水平、身心健康、艺术素养、劳动与社会实践5个方面，形成数据驱动的学生综合素质评价解决方案，科学优化教育教学与管理，客观总结我国中小学生综合素质发展的规律，确保评价方向正确、评价内容完善，强化技术支撑，促进学生德智体美劳全面发展。

三、结语

习近平总书记指出："数字技术正以新理念、新业态、新模式全面融入人类经济、政治、文化、社会、生态文明建设各领域和全过程，给人类生产生活带来广泛而深刻的影响。"[1] 当前，数字化正引领教育变革和创新的新浪潮，催生了日新月异的数字教育新业态。

中国在过去三年，通过实施国家教育数字化战略行动，在数字资源建设应用、数字素养培养、数字教育体系构建3个方面取得明显进展，指数排名从24位跃升到第9位，前进15位。尤其是发挥数字教育发展比较优势，建成世界最大的教育资源中心——国家智慧教育公共服务平台，实现了公共数字教育资源规模化应用的跨越式发展。同时，中国也在较短时间内，在师生数字素养与教育治理的数字化方面，通过实施一系列推进措施，取得了长足进步。

面向全球，数字教育发展呈现出五个趋势：第一，生成式人工智能的教育应用前景广阔，助力实现大规模个性化学习；第二，科技驱动的沉浸式场景将改善学习体验，使虚实融合成为学习新常态；第三，教育评价将实现数字化转型，为终身学习体系提供支撑；第四，教师与人工智能共存、共教、共学，创生人机复合型教师；第五，数字教育应用生态蓬勃发展，泛在、多元、智能化的学习环境将催生新的教与学方式。[2]

---

[1] 人民网-人民日报. 人民日报整版阐述：打造数字经济新优势[EB/OL]. (2021-10-15). [2024-05-01]. http://opinion.people.com.cn/n1/2021/1015/c1003-32254174.html.
[2] 中国教育科学研究院. 中国教科院发布全球数字教育发展指数和中国智慧教育发展报告2023[EB/OL]. (2024-01-31). [2024-05-01]. https://www.nies.edu.cn/post/8538.

这些都将持续深刻影响教育发展，既给教育事业发展带来了新挑战，也为教育变革和创新提供了难得的机遇。

我们要树立数字思维和育人理念，深刻认识教育数字化转型的时代内涵与实践路径，更好地把握教育发展新机遇，全面落实教育发展新要求，更好地驾驭教育高发展新场景和新样态，实现全过程、全要素、全时空、全领域的数字化转型。尤其是要立足教师数字素养全面提升，立足课堂教学时代变革，应用驱动，扎实推进大数据、人工智能与教育教学管理评价的深度融合，不断发挥教育数据的要素价值，构建数智深融的新型教与学，完善以发展素质教育为导向的中小学生综合素质评价体系，促进大规模因材施教、智能化、个性化自主学习，形成基于全过程数据的教育教学管理评价系统与区域教育现代治理体系，积极推动数字教育的技术、模式、业态和制度创新，以教育数字化支撑和引领教育现代化，让数字教育惠及所有学习者，加快实现教育数字化转型、智能化升级、绿色化发展，共同创造人类更加美好的未来。

第二节 / 教育数字化转型的区域实践综述

一、教育数字化转型的基本概况

随着新一轮科技革命和产业革命深入发展，数字技术愈发成为驱动人类社会思维方式转变、组织架构重建和运作模式发生根本性变革、全方位重塑的引领力量，为我们创新路径、重塑形态、推动发展提供了新的重大机遇。放眼全球，教育数字化转型已成为共识。联合国教育变革峰会把教育数字化变革列为五大重点行动领域之一，不少国家纷纷出台数字化发展战略，并将教育作为其中的重要组成部分。

党的二十大对推进教育数字化做出专门战略部署，明确提出："推进教育数字化，建设全民终身学习的学习型社会、学习型大国。"2023年5月29日，习近平总书记在主持中共中央政治局第五次集体学习时强调，教育数字化是我国开辟教育发展新赛道和塑造教育发展新优势的重要突破口。至此，教育部把教育数字化作为教育现代化的重要内容，纵深推进国家教育数字化战略行动，为教育强国建设提供了有力支撑。

苏州工业园区（简称"园区"）紧跟国家发展战略、顺应时代发展与技术变革需求，始终坚持以"办人民满意教育"为宗旨，大力实施"现代化、均衡化、国际化和特色化"战略，开创了教育事业持续、健康、协调发展的良好局面。在"大数据变革教育发展"理念的引领下，实施"大数据促进'适合的教育'"发展战略，依托园区智慧城市、数字政府建设背景，全面启动智慧教育工程。坚持以用户需求为导向，以服务学生、教师、管理者、家长、居民为目标追求，优化顶层设计、创新区域推进、探索建设路径、强化应用驱动，创生支撑"素养导向下教学评一体化"模式的大数据云平台，创建智慧教育大数据应用实验室、数字化学习实验室，形成了新型教与学的整体格局。

自2012年起，园区用12年的时间，完成了智慧教育大数据平台1.0到5.0的持续迭代，先后完成了20多个平台系统的研发工作，构建了覆盖学生、教师、行政、家长、居民全对象，学、教、测、评、研、管全业务，课前、课中、课后全过程的区域智慧教育大数据应用体系，并于2016年成功注册国家级智慧教育大数据平台"易加"商标，助推平台服务区域"新型教与学"发展。目前，园区"易加教育"大数据平台实现了"三拥有"。一是拥有众多活跃用户。平台登录总量达15亿多人次，日均活跃用户30000多人次。在2020年年初新冠疫情"停课不停学"期间，园区"易加教育"平台经受住了前所未有的大规模在线学习的考验，为全区近20万学生提供了强大的线上学习支撑。二是拥有丰富的结构化、层级性学习资源。区域教师自主开发的资源总量达340多万个，总容量58T。其中微云课89154个，同步资源603738个，在线题库260多万道，精品课7000多节，覆盖了全学科、全章节、全知识点体系的国家课程，支撑全学程教与学，实现了学习内容的开放。三是拥有完备、鲜活的教育数据。目前已累积13182万条基础数据，568万条主题数据，在15轮学业质量监测中为全区47所中小学采集多达500万条次监测数据，进行560多次网络阅卷，实现区域性监测考试和统考分析100%使用平台、100%数据进库。可以说，园区已经走出了一条区域智慧教育大数据平台建设之路，为"个性学""智慧教""科学测""智能评""高效研""精准管"的"适合的教育"提供了强大的支撑。

（一）平台迭代研发

园区坚持"因需而建、因用而优、因研而新"的研发理念，从"需求导向、功能优化、特色定位"三个要点出发，推进"易加教育"平台的自主研发工作，不断满足教育变革的区域需求。

"易加教育"1.0（2012—2014）是园区智慧教育平台研发起步阶段的成果。2012年前，园区学校信息化竞相发展，而区域教育信息化缺乏统整、基础薄弱，园区是苏州市唯一"无教育城域网""无软件平台""无信息中心"的"三无"区域。为此，园区在成立教育信息中心、完成教育城域网建设的同时，首先想到的就是提基础、补短板，着力研发了以管理功能为核心的"一库一门户六系统"，包括教育基础数据库与交换平台、智能教育门户、教育协同管理系统、区域教师招聘系统、区域招生系统、生态学习资源系统、区域教师研训系统和区域网络阅卷系统，侧重"基础提升，管理补缺"。

"易加教育"2.0（2015—2017）是园区智慧教育平台研发探索阶段的成果。2015

年,园区以科学评价作为导向,着眼教育教学改革和质量提升,启动 2.0 项目建设,侧重"学习创新,评价优化",研发"双线四块",其中"双线"指以构建学习型社会为目标的学习体系和以深化评价改革为目标的评价体系,学习体系主要包括"互动学习平台"和"终身学习平台",旨在构建基于互联网环境下"自主、互动"的新型学习模式,构建全民教育体系,实现学校教育向全民教育的跨越。评价体系主要包括"教育绿色综合评价"和"学习分析"两大系统:"教育绿色综合评价"系统改变过去单一的考试、行政性评价模式,转变为基于过程性数据的"学生成长水平""教师人才水平""学校发展水平""教育内部满意度""教育外部满意度"的"五星"发展性评价,促进学校的全面发展;"学习分析"系统是用网络平台积累学生学习、成长等各类实证数据,基于科学的分析模型,分析学生的学习行为,进行及时反馈与预测,让教育从经验判断变成实证性诊断。

"易加教育"3.0(2018—2020)是园区智慧教育平台研发走向成熟阶段的成果。2018 年起,"学习的革命""未来学校""适合的教育"等教育发展理念日渐深入人心,园区因需而动,启动 3.0 项目建设,侧重"数据驱动,智慧学习",建成包含管理、教学和评价的"一站三块六系统两重点"。"一站"是数据站,"三块六系统"分别是管理(人才、OA+、门户)、教学(学院)和评价(综素、分析+)板块的平台系统,"两重点"分别是数据和在线虚拟学院,以此着力解决教育大数据应用的"最后一千米"难题,让平台成为数据汇聚的通路,充分发挥数据之于教育决策与"适合的教育"的支撑性作用。

"易加教育"4.0(2021—2023)是园区智慧教育平台研发的夯实阶段的成果。自 2021 年起,面对国家数字化战略行动的感召和新冠疫情时期教学变化的新诉求,园区继续深入研发,以"双链四新九提升"开启 4.0 项目建设,支撑学习方式创新、数据汇聚与刻画。该项目包括 2021—2023 年的数字政府项目"易加综素 2.0""易加心育""易加双减""易加时光""易加认证""易加薪资管理""易加应用协同平台",侧重"减负提质、五育融合"。

"易加教育"5.0(2023—)是智慧教育平台研发创新阶段的成果。2023 年,园区又重点围绕"AI 赋能、数据决策"设计 5.0 项目,在迭代优化功能与性能的基础上,聚集新课程、新课堂、新优质资源,充分挖掘教育数据资产价值,并形成关联性决策推送,更好地服务教育数字化转型。5.0 项目重点基于空间进行应用集约化改造,面向对象的 AI 赋能,开展大模型赋能教与学的改革创新研究,研发 AI 助学、AI 助教、AI 助管、AI 助研等功能,智能服务园区"素养导向的教学研评一体化"实践。

区域教育大数据平台历经五个阶段的建设,实现了功能和性能上的迭代升级、螺旋提升,不断满足教育管理、教育教学变革的需要,全面支撑新型教与学模式的构建。

（二）资源体系建设

区域智慧教育平台，应该建立以教与学路径为线索的学习资源供给方式，为个性学和智慧教奠定良好的基础。一个层面，要让优质资源的供给更丰富。园区一是积极对接国家、省、市等上级平台提供的公共资源；二是向社会公开采购一批切实可用的资源服务，如微课、课件、试题、仿真工具等；三是发挥教研部门及一线骨干教师的作用，区域共建共享本土化优质学习资源。另一个层面，要让优质资源的供给更智能。智能化资源的特征是有精细颗粒度的资源特征标注。有精细的标注，才可能实现精准的关联与推送，避免造成学习者选择资源的耗时与低效。为此，我们既需要采集与时俱进的优质学习资源，还需要对资源进行精细颗粒度标注。可以组建专门的资源建设小组来负责资源的深度标注与修正。曾有研究者提出，对资源使用行为数据进行挖掘可得出资源的价值评价，但从现实情况来看，使用行为数据的量还达不到支撑价值分析的程度，因此这种方式暂时不可行。而用人工干预的方式对资源进行精细的标注，使资源能迅速被智能系统所识别与使用，当前看来是一种时间短、见效快、切实可行的方法。人工方式能够在智能学习系统上线初期的冷启动阶段提供较为优异的用户体验，促进资源的有效使用。在此基础上，随着资源使用行为数据的不断积累，再进行数据挖掘，推进资源的价值评价，让智能资源的建设进入良好的生态循环。为此，园区着力以下四个层面的工作。

首先，建立结构化、系统化学习资源支架。一是有图谱。以课程方案、课程标准和学科教材为基础，构建知识点体系的知识图谱；同时，基于课程标准和核心素养内涵理解，建立各学科关键能力和核心素养图谱，为资源建设提供体系化支架。二是多维度。形态上，做到"文本、图形图像、动画、音频与视频"全涉及；种类上，做到"课程资源、同步资源、微云课资源、题库资源、仿真实验、学科工具"等全包含，让学生可听、可看、可做、可玩、可思。三是全架构。有支撑课前、课中、课后的全学程课程包资源，有以项目化学习为特色的专题资源，还有面向教师专业研训和居民终身学习的资源，让资源布局更合理、呈现更科学。

其次，制定学习资源标准与建设路径。一是研制建设标准。区域层面，明确微视频、微实验、精品课、教学工具的标准与要求，注重内容设计，体现学科特征，强调"音视同步"。二是明确建设路径。推进区校联动、自主研发的资源建设策略，即专家引领、把握方向，研训员梳理、建立架构体系，技术团队培训、提供技术指导，骨干教师带头、放样资源创建，学科教师参与、落地常态建设，形成共建共享样态。

再次，健全审核评估与遴选共享机制。一是评估审核，确保资源质量。建立区校两级资源审核团队，从资源内容、格式以及标注等多方面进行严格把关，确保资源标准与质量。二是区校联动，推进共建共享。按照资源图谱分解任务，区域全体教师共同参与建设,形成区校两级共享资源库。三是优选推送,形成良好生态。基于人工智能技术自动开启资源遴选与淘汰机制,节省学习者甄别与选用资源的时间,实现可分析的"净化"资源体系。

最后,实现基于平台的关联呈现与应用。一是平台应用,积累数据。历经十年建设,园区智慧教育平台形成了"1116架构",即集成1个空间入口、1套数据标准、1个数据中心,服务"学教测评研管"的6类应用,沉淀、积累各类应用数据。二是数据融通,关联推送。通过融通的数据,分析、了解每个学校的成长点和需求点,并形成关联应用,推送优质资源,支撑学生自主学习,让每一个学生通过线上线下的融合,不仅能享用学校的优质资源,还能"走出校门",充分共享全社会优质资源。园区这一智能关联的资源系统,让学生不仅能习得陈述性知识,而且能体验、习得程序性知识、策略性知识。

海量的学习资源为自主学习、按需学习、差异化学习提供有力支撑,让新型教与学得以实现。在此基础上,基于人工智能技术自动开启资源遴选与淘汰机制,实现可分析的"净化"资源体系,主动对接国家和省智慧教育云平台,并引进社会化优质资源,让资源鲜活可用。

(三)应用创新推进

"应用是最大的建设"。园区坚持"应用驱动建设"的理念,以生为本、以学为先,强化机制驱动,深化学科教学与新技术的融合应用研究,着力提升学科教学质量。推进智慧教育应用,充分发挥"易加教育"平台的支撑作用,撬动区域新型教与学的具体实践。

1. 培训导向

智慧教育平台应用广不广泛、到不到位,有诸多方面的因素。大致可以概括为三个方面:第一方面是领导是否重视,因为智慧教育是"一把手工程"。第二方面是平台功能是否全员掌握。一个平台开发出来,都不知道怎么用、怎样用得好,肯定用不起来。第三方面是平台的功能、性能是否优化。好上手的平台,黏度强的平台,一用就停不下来。基于这三点思考,园区智慧教育在优化平台功能与性能的同时,推出"全员参与、全程学习、全体考核、全部过关"的"四全"培训举措,让培训"入脑、入心、见行动"。培训内容上分为三大类:一是通识类,如教育门户、教育协同办公电脑与移动端、即时通讯系统等;二是业务必选类,如基础数据库、"易加教育"平台电脑与移动端等管理平台和教学平台;三是拓展可选类,如淘宝、微信、优步、支付宝、二维码等。培训考核人员分四个层级,即教育局全体人员、教学研究部门人员、学校中层以上干部、学校全体教师。一把手局长率先完成培训考核,然后再展开其他人员培训。培训流程为:运维团队现场演示讲解,受训人员实时交流、现场学习、操作考核，颁发合格证书，拍照留存。同时，还借力江苏省中小学（幼儿园）教师信息技术应用能力提升工程、苏州市智慧教育示范区中小学教师信息技术应用能力提升在线培训等平台以及相关参与式研训，助力区域师生更新理念，提高数字素养。

2. 活动引导

智慧教育平台的价值发挥不仅在于人人会用，更在于人人善用、人人用好。因此，园区积极推进"教智融合"，以"创新月度汇"为载体，通过活动前策划会，汇主题、汇问题；活动中展示会，汇课例、汇经验；活动后"半月谈"，汇成果、汇思想。每月一次集中活动，着眼"点、线、面"三维联动，做到点上开花，教改实验校落地改革；线上结果，探索"教智融合·魅力课堂"研究与"易加学院""易加分析"等常态应用；面上出彩，扩大国家级信息化实验区项目辐射面，共同擘画新型教与学模式的"未来样态"。2021年以来，共计开展了40余次创新月度汇，并根据需求的发展变化实现活动模式的迭代更新，努力让智慧教育平台助力"学习的革命真实发生"。同时，坚持"以点带面、先行先试"的原则，在区内遴选"大数据应用"基地校2所、实验校5所，"数字化学习"基地校3所、实验校12所，发挥示范辐射作用；遴选"新型教与学模式"实验校42所、实验项目56个，推进项目研究；团队统筹区内29个名师工作坊、10个STEM教育特色联盟等充分发挥示范引领作用，协同7大集团校，创新应用推进路径，使区域教育数字化转型落地生根。

3. 机制激励

支持鼓励应用前行，制度健全提供保障。为此，园区教育局着力落地三大举措激励应用：一是构建政策图谱，印发《园区教育信息化数据标准白皮书》《关于进一步提高苏州工业园区教育信息化发展水平的工作实施意见》《苏州工业园区智慧教育普及指标体系》《关于易加互动平台等亮点项目应用指导意见》《关于进一步提高苏州工业园区教育信息化发展水平的工作实施意见》《园区信息化安全管理条例》《园区智慧教育亮点项目应用考核指导意见》等指导性文件，自上而下，引导学校、教师认可平台使用。二是加大经费投入力度，大力支持和鼓励学校、教师积极参与应用研究。三是动态评估学校项目参与研究水平与绩效，通过周报、月报对学校、教师的平台应用绩效进行量化考核，并将结果纳入年度"五星评价"范畴和评优评先条例中，同时阶段性总结发布应用研究成果，表彰项目应用先进基地校、实验校和先进个人，激励众人贡献思考与经验。

（四）转型成果概述

园区历经十多年，聚焦立德树人，围绕"学习"与"成长"，致力于教学改革创新。针对传统教学模式下班级授课制中存在的教学标准化、学习低效化、发展片面化的问题，探索教育数字化转型的普遍规律和区域实践路径，探寻大规模因材施教的育人方式创新和当代表达，落实减负增效，让每一个学生享有公平而有质量的教育，实现核心素养导向下个性而全面的成长。

1. 转型生态形成

十多年探索，园区建设了体系化、结构化丰富多元的数字化学习资源，打造了支持多种新型教与学模式、共建共享、互动灵活的数字化平台；探索了"整体、融浸、激趣、精准、灵动"的教学方式；构建了"全链式、项目式、主题式、混合式"等学习方式；创新了素养导向、五育融合的教学评价和数据刻画；创生了跟进式多循环管理新模式；形成了以学为先的"学教测评管"一体化推进的现代办学治理体系；催生了教育供给、教学方式、教育治理等变革的新样态；夯实了教育数字化新基建；重构了教育数字化转型、高质量发展的新生态。具体表现为以下三方面：一是变革教育供给。基于供给侧改革，研发区域教育数字化平台，建设结构化、体系化的数字化学习资源，打造数字化学习场景，研制多样化评测工具，为教育数字化转型提供丰富的资源系统、科学的教学系统、全面的测评系统。二是变革教学方式。立足数字化平台，以融合创新、深度学习为主题，促进素养图谱结构关联、虚实结合创设环境、智慧探究沉浸体验、数字画像诊断学情、学习支架优化路径等，探索新型教学方式；整合数字化资源、工具和平台，基于数据刻画，重构学习路径，打造个性化、精准化、泛在化的深度学习新样态。三是变革教育治理。培育"问题立项、工具监测、分析诊断、定向改革、督导评估＋跟进完善"的跟进式多循环管理新模型，形成以学为先的一体化推进的现代办学治理体系。

2. 品牌价值彰显

园区在教育数字化转型进程中，依托智慧教育平台的研发与应用，形成区域特色，于2016年10月成功注册国家级智慧教育"易加"商标。"易加"既是"E+"的音译，也体现了"互联网＋"的时代背景，体现了园区智慧教育"五E（易）"愿景，即学生E（易）学习、教师E（易）教学、行政E（易）管理、家庭E（易）沟通、社区E（易）服务。体现了园区教育人"最佳"应用境界的追求。在平台迭代进程中，园区教育面向"学生、教师、管理者、家长、社区"全用户的"易加"系列应用平台（系统）趋于完善。自此，"易加"成为具有园区枢纽平台特色的商标品牌，品牌价值不断彰显，助力园区斩获诸多殊荣：跻身智慧教育大数据应用、智慧教育数字化学习两个国家级研究中心（实验室）示范区，成为苏州市线上教育中心的平台内核，获评2017年教育部教育信息化应用优秀典型案例，成为2018年首批国家教育公共资源试点平台，获评2019年智慧江苏重点工程，成为2020年国家信息化教学实验区，入选教育部"利用学籍信息开展基础教育大数据专项研究"共同研究单位，"入学一件事"案例被国务院办公厅电子政务办公室选用并向全国交流推广，在首届中国基础教育论坛上以分论坛形式精彩呈现，获评江苏省智慧教育样板区等。

3. 教育质量提升

目前,"易加教育"各平台应用渗透面达到100%,教育数字化不断推进区域教育适切转型、良性发展。一是教育质量高原上筑高峰。学生学业质量优质均衡、高位发展。中小学数量从18所扩大到48所,在校学生从3.2万人扩大到14万余人,中考均分持续全市第一,高考本科率从22%跃至97.61%,连续6年全市第一,重点本科率从5.5%增至72.49%。市义务教育学业质量监测中,园区各学科均位列全市第一,高位增值;语文、数学和科学的校间差异率低于15%,高质均衡;同时教育治理体系五位一体、完备高效。"学教测评管"一体化治理,教育生态更趋健康。除学业质量外,我区在艺术、体育学科监测中均位列全市第一,科创教育成果喜人,市义务教育质量监测,我区在师生相关因素各维度上均居全市第一。二是科研成果高质集群显现。2021年我区获江苏省教学成果奖特等奖,2022年获国家级基础教育类教学成果奖二等奖。承担国家、省级重大科研项目7个,跻身4个国家教育信息化实验区,发表论文80余篇,其中核心期刊论文6篇,出版专著1部,带动新项目29个,获江苏省教育教学成果奖2项、苏州市成果奖6项。

4. 辐射影响广泛

教育信息化要发展,既要"走出去",也要"请进来";既要"自提升",也要"被看见"。随着"易加教育"品牌价值的彰显,园区教育数字化转型的做法与经验也持续外扩,获得了各界的点赞与肯定。一是智能支持系统在苏州市推广。支持系统日益成熟、广泛应用,苏州市线上教学专项调研中,我区教师、学生、家长问卷各指标得分均位居全市第一;同时被全面移植推广于苏州市线上教育平台建设,并在江苏省做交流。二是教育数字化经验多地输出。30多次应邀在中国教育智库年会、中国基础教育论坛、中国未来学校大会等会议分享,外省市各级考察团共100余次来访。三是治理体系服务脱贫攻坚。服务国家脱贫攻坚、省南北共建,向新疆、贵州等地输送数字化资源22000多个;开展在线活动760余次,培训教师近5000人,派出支教人员63人次,对口建设、管理的共建学校享誉当地。

二、教育数字化转型的实践创新

(一)加强顶层设计

把顶层设计与课题研究相结合,提高顶层设计的科学性与可行性,是园区智慧教育的创新之举,是园区教育信息化科学发展的重要保障。通过课题研究、专家引领、草根探索,想明白为什么建、建什么、怎么建的问题,明确智慧教育的"概念""定位""架构""举措""愿景"。园区智慧教育就是在"非凡城市,智慧园区"的架构下,以云计算、物联网、三网融合等技术为支撑,立足以民为本、以生为本的理念,构建

"服务学生、服务教师、服务家长、服务社区、服务管理者"的教育信息枢纽平台,促进学校教育、家庭教育、社区教育与行政管理的信息化。通过"学习个性化、教学便捷化、管理智能化",扩大教育"现代化、均衡化、特色化、国际化"的建设成果,最终为"无限学习,无限未来"智慧教育的美好愿景。确定了枢纽平台"整体规划,分步推进"的建设路径,构建了"个性学、智慧教、科学测、智能评、高效研、精准管"的区域教育生态,形成了"教智融合"服务教育变革新体系,促进学生个性、全面而健康地发展。

(二)坚持项目引领

在教育数字化转型实践过程中,园区注重项目研究,以项目引领教育数字化转型方向。2012年,园区立项"苏州工业园区教育信息枢纽平台的可行性研究"软课题,通过专家引领、草根探索,用"一张蓝图绘到底"的思路,明确了智慧教育的概念、定位、架构、举措、愿景,为平台设计与研发提供了有力的理论支撑与技术保障。2014年,立项全国教育信息技术"十二五"规划重点课题"智慧教育区域推进与生态运营实践研究",标志着园区教育数字化转型正式起步。2015年,受邀承担江苏省基于测试分析的跟进式改革重大研究项目"苏州工业园区基于质量监测的教学管理评价改革的实践研究",园区教育数字化转型进入完善阶段。2018年,立项江苏省教育厅第七批教育改革发展战略性与政策性研究重大课题"大数据支撑下'适合的教育'实践研究"、江苏省基础教育前瞻性教学改革实验项目"大数据促进'适合的教育'实践研究",园区教育数字化转型进入验证与深化阶段。2020年,园区跻身教育部"基于教学改革、融合信息技术的新型教与学模式"国家级实验区,园区教育数字化转型进入提升阶段。2022年,承担工信部、教育部"5G支撑下核心素养导向的混合式教学"项目实践。2023年,入选教育部"信息技术支撑综合素质评价"试点区域,标志着园区教育数字化转型进入创新阶段。在项目研究过程中,引导各级各类学校在学前教育游戏化课程、义务教育管理标准实验、义务教育改革项目、课程基地建设项目、前瞻性改革项目、校园特色文化建设项目、基于测试分析的跟进改革等方面百花齐放,充分发挥项目引领带动作用,在不同层面不同领域全面推进教育教学改革,推动园区教育数字化转型升级。

(三)实行区域统整

教育数字化的发展会经历一个从初创到统整的过程。在初创阶段,各学校齐头并进、竞相发展,从基础环境构建到软件开发与购置,再到教学资源建设,各显身手、全面建设,固然对学校教学管理、教学应用起到了很好的作用,但也带来了诸如经费投入重复、信息共享困难、公共服务缺失、管理人员不足等问题。到了智慧教育阶段,要解决信息共享与教育均衡的问题。我们需要打破信息孤岛,满足"时时、处处、人人"智慧学习需要,为每一个人"无限学习,无限未来"的美好明天服务,因此,智慧教育背景下的区域统整也就势在必行了。首先,从教育外部看,2008年,园区启动"创新之城 智慧园区"建设项目;2011年,编制《园区信息化"十二五"建设与发展规划》,打造"四区一城",即"适度超前"的宽带园区、"顶层设计"的协同园区、"智能精准"的宜居园区、"便民惠民"的亲民园区以及"众智云集"的云彩新城。主要建设"四维、三库、三通、九枢纽",其中,教育信息枢纽为九大枢纽之一。自此,教育数字化纳入智慧城市建设范畴,实行统一规划、全面指导、融合建设、统筹经费。2013年,园区智慧城市项目高分入选住建部首批国家智慧城市试点。其次,从教育内部而言,实行"区校联动,四建四强"。区域层面,重点在于"建网、建云、建库、建平台"。"网"就是教育城域网;"云"就是教育专有云资源池;"库"就是基础教育数据库;"平台"就是满足教育应用的枢纽平台与系统。学校层面,着力"强队伍、强资源、强应用、强特色"。"强队伍"就是要完善校级信息中心机构设置,并加强教师队伍的应用培训;"强资源"就是要加强学科资源的积累与开发,丰富个性化教学资源,促进教学便捷化;"强应用"就是强化新技术新媒体应用研究与实践,提高信息技术与学科融合水平;"强特色"就是要打造学校亮点应用品牌,使其成为亮点技术运用的先行军,如E学习基地、纳米实验室、仿真虚拟应用、未来教室实验等。这样一来,角色定位,各有分工,学校获得了解放,减少了大量技术压力、资金压力和劳动压力,把更多的人力、财力投入信息化应用与学校内涵发展中去,保证智慧教育落地生根。

(四)协调"五位"同步

传统的电化教育工作,常常提"建、配、管、用、研","建"就是建设,"配"就是配备,"管"就是管理,"用"就是使用,"研"就是教学研究。五者协同发展,共同推进。教育数字化也是如此,如果把它比作高速公路系统,基础环境是高速公路,枢纽平台是车,学习资源是货,应用研究是导航,运营保障是加油站和4S店,几者协同配合,缺一不可。因此,园区教育数字化转型始终坚持"以人为本、以用为本"的理念,坚持"基础环境构建、枢纽平台开发、学习资源建设、融合应用研究、运营服务保障"五位一体、同步推进。一是打造智联基础环境。园区采用链路复用政务网技术,高标准构建了园区教育城域网,实现了区内所有中小学、教育单位高速、稳健的互联互通,在此基础上,构建"未来教室""互动教室""AR/VR实验室""智慧教育数字化学习实验室""智慧教育大数据应用实验室""5G教育专网"等亮点应用项目,构建教育数字化应用新环境。二是研发云端教育平台。以应用需求反哺技术变革,遵循需求牵引、应用导向的原则,研发创新一体化平台,打通数据孤岛,推动信息系统之间的协同联动,实现教育数据应联尽联、应合尽合,让数据易用、可用、好用,从而推动教育决策创新和服务创新，为教与学提供全过程、智能化、个性化服务。三是优化数字资源供给。园区整合教学研究团队、技术服务团队、骨干教师团队的优势作用，建设结构化、系统化、本土化、生态化和精品化的资源体系，以满足学习者自主、选择性学习需求和关联性推送需求。举全区教师之力，建设了覆盖国家课程所有学科、所有章节、所有知识点的课程、资源体系，满足学生灵活自主化选用的需要，满足学生构建体系化思维的需要，满足学生能力全面化发展的需要。四是创新"易加"融合应用。园区以教师专业成长之基础力、发展力、领导力为核心要素，系统架构适合不同层次教师发展需要的中小学教师教育体系。通过院校合作、基地联动、机制驱动，落地"四全 JOIN"培训，教育局、教师发展中心、中小学校领导班子成员、中小学校教师四类人员全员参与、全员培训、全员应用、全员考核，全用户应用，全过程覆盖，入脑、入心、见行动。构建线上线下混合教学的有效模式，推进常态化应用，形成数字化支撑下教学范式、组织架构、教学过程、评价方式等全方位的创新与变革，打造技术赋能智慧教育全要素、全业务、全领域和全流程场景应用。五是全面安全运营保障。园区构建标准化统一运营管理模式，在做好系统标准运维、教育业务数据维护、网络信息安全巡检以及系统有效推广应用等工作的同时，尝试创新运营机制，打造稳定、优质和高效的运营团队，提供优质运营服务。运营服务保障包括的项目非常多，恒常运营工作包括平台运行、数据处理、技术支撑、网信安全、媒体推送、客户服务 6 个大类、25 个小类、100 余项工作，让教育享受更优质、更安全的服务，为"易加教育"平台的生态发展提供强有力的保障。

（五）推进模式创新

创新是时代发展的呼唤、社会发展的动力，也是贯穿在园区智慧教育建设过程中的重要元素。基于园区经济社会基础和园区教育发展的实际，园区积极探索，大胆创新，加快智慧教育枢纽平台建设与应用。一是工作举措创新。角色定位，各有分工，"区校联动，四建四强"，区域统整建设节省了资源，促进了信息共享，提升了整体建设水平。二是建设模式创新。一方面，"多方论证，复用链路"。随着云计算技术的快速发展，园区政务网建设的不断成熟，在园区信息化领导小组的重视下，在园区管委会计算机信息中心的支持下，创新性建设方案出炉，经多轮多方论证，决定依托园区政务网和政务云资源构建园区逻辑教育专网。城域网链路部分，直接复用园区政务网络链路，各校校园网通过复用政务网络链路与园区管委会计算机信息中心实现千兆对接，构成园区逻辑教育内网；园区教育城域网所需要的园区教育云计算专用资源池，如数据服务器、资源存储均利用园区政务专有云的现有资源，并复用园区政务专有云的数据容灾服务。复用技术的运用，既节省资源又安全稳定。另一方面，"公司代建，科学推进"。园区积极探索"需求＋代建"的"1+1"智慧教育枢纽平台开发模式，教育部门主要提需求，代建公司负责深化设计、组织开发、过程性管控以及后期的运维。代建模式的推行，很大程度上解放了教育信息化建设团队，使得开发管控更专业、更精准。三是管理机制创新。一方面，完善管理体系。园区在成立教育信息化领导小组、组建教育信息中心、强化学校管理团队建设的同时，把学校信息化骨干教师引进来，组建了"绩效评估""网络运维""软件开发""资源建设""创新应用"五个协作小组，配合完成智慧教育建设工作。另一方面，推行过会制度。从2013年起，凡园区学校网络硬件建设与改造、软件资源开发与购置等，均要申请立项，经过教育信息化领导小组过会批准才能建设，以避免重复建设、资源浪费。四是平台运维创新。一方面，实行集约运维。园区秉承"专业的事给专业的人去做"的宗旨，实现统一运维和标准服务。园区教育城域网链路与系统的维护管理一并纳入园区管委会计算机信息中心维护管理的整体框架，直接由专业公司负责，相关费用由园区财政年度支出。另一方面，优化业务营运。园区采取"软件运营服务"（Software as a Service），由专业运营团队负责所有教育平台业务数据层面的运营工作，更好地衔接软硬件交付，形成一条行之有效的运营生态链。

（六）深化应用驱动

园区始终坚持"应用是最大的建设"的理念，彰显智慧教育的四大特征，属教育、为民众、增绩效、提质量，让使用者走向前台，创新推进融合应用，让平台真正实现其价值。一是年度主题引领。每年年初，园区教育局顶层规划，制定年度发展实施方案，以年度主题词指引区域发展方向，如：2018年"四化水平提升年"、2019年"教育人才领航年"、2020年"适合教育创新年"、2021年"教智融合深化年"、2022年"五育融合幸福年"、2023年"优质均衡提升年"、2024年"幸福家园建设年"。深化教育改革创新，落实立德树人根本任务。聚焦新课标、新课程、新课堂，创生新型教与学模式创新月度汇，每月组织集中交流展示活动，深化教智融合，构建魅力课堂。一方面坚持"问题导向，聚焦学习，一表到底，挂图作战"原则，丰富内涵；另一方面坚持"促进学习者主动学习，释放潜能，全面发展"目标，广结硕果。二是基地示范领跑。结合示范区、实验区等项目应用推进，在园区范围内选择信息化基础好、研究力量强的学校、名师团队，建立基地校、实验校、名师工作坊，率先垂范，示范引领。先后组建"智慧教育大数据应用基地校""智慧教育大数据应用实验校""智慧教育数字化学习基地校""智慧教育数字化学习实验校""国家级信息化教学实验区实验校""国家级信息化教学实验区子项目名师工作坊""STEM研究联盟"等工作团队。三是发展评价激励。以《关于"易加互动"平台等亮点项目应用指导意见》为依据，制定《苏州工业园区教育信息化发展水平评估指标》考核细则，全对象、全过程考核，推进全用户、全学科、全学段应用。教师的融合应用理念得到整体革新，平台应用水平整体提升，结构性资源逐步丰富，教学应用场景更加多元，新型教学模式也初步形成。

第三节 / "教学评云端一体化"新型教与学模式建构

随着移动互联网、大数据、云计算、物联网和人工智能等新一代信息通信技术的快速发展，数字化为教育提供了更广阔的平台和更丰富的资源，推动了教育的变革和创新。同时，随着产业数字化对社会各行业劳动者的素质提出更高要求，教育系统需要进行全面、彻底的转型和升级，以满足新阶段人才培养的需求。教育数字化转型不仅能打破地域、时间和空间的限制，促进教育公平和普及，还能提供更加个性化的学习方式，满足不同学生的需求，提高教育质量。此外，教育数字化转型也是建设网络强国、数字中国的战略决策的重要组成部分，是实现教育现代化、建设教育强国的必由之路。因此，应该充分利用数字化技术，推动教育数字化转型，以应对新时代的教育挑战，培养更多高素质人才，促进社会的持续进步和发展。

教育数字化转型的重点在于以学生发展为中心，以技术和资源为支撑，形成对课堂教与学模式的流程重组与结构再造，最终实现高质量课堂建设。而新型教与学模式的探索，是推进教育数字化转型与新课程改革的重要载体。苏州工业园区乘势而上、主动对接，抓牢"课堂"育人的主阵地，历经十年，利用技术赋能优势实现教与学模式的流程重组和结构再造，在智慧教育发展的过程中不断探索。2020年7月，教育部全面启动了"基于教学改革、融合信息技术的新型教与学模式"实验区建设工作。2023年5月，教育部办公厅印发的《基础教育课程教学改革深化行动法案》进一步明确指出："充分利用数字化赋能基础教育，构建数字化背景下的新型教与学模式。"园区在推进教育数字化转型的过程中，利用移动互联网、大数据、云计算、物联网和人工智能等新一代信息通信技术，实现教、学、评由端到云，由云到端的一体化课堂。基于"线上互动"，又超越线上，将新课标主题下混合式教学、问题设计等多项因素综合考虑，对新型教与学模式的构建形成了区本化的理解与梳理，构建了"教学评云端一体化"模式，实现了环境升级、供给优化、教学变革和评价改进。

一、核心内涵

"教学评云端一体化"模式是一种创新性的教育教学模式，它充分利用了现代科技的力量，特别是云计算、大数据和人工智能等先进技术手段，关注学生、教师、课程，将教学资源、学习平台、学习环境、学习方式等紧密结合，以更好地满足大规模因材施教的需求。该模式强调以学生为中心，关注每个学生的学习差异和需求，通过云端平台联结线上与线下，实现教学、学习和评价的全程贯通，基于课程方案、课程标准的要求切实落地学生核心素养的培育。在这样的模式下，学生可以享受到更加丰富和多样化的学习资源，教师可以更加精准地把握学生的学习进度和难点，及时调整教学策略，从而实现深度学习和优质学习体验的目标。"教学评云端一体化"模式推动了教育教学的数字化转型，为构建数字化背景下的新型教与学模式提供了有力的支持。

1. 本质属性

智能技术支持下的"教学评云端一体化"模式，有别于传统课堂的集体授课教学模式，关键体现在资源支持和数据驱动。教育云平台提供或推送丰富的优质学习资源供学生自主选择，可以满足不同学习偏好的学习者进行个性化学习体验。以往大规模因材施教难以实现的阻力之一，在于教师依赖个体主观经验组织教学活动，教学结构本质仍旧是以教师的教为中心。学习数据的记录和反馈成为云端学习环境下深度学习有效落实的关键因素，通过数据来驱动学生学习难度的进阶，以数据驱动学生的学习决策，帮助学生进行知识内化和学习反思。

2. 基本表征

"教学评云端一体化"的模式并非单一技术的驱动的变革，而是一种混合教学模式。其表征从五个层面进行整体架构：一是全维度，线上线下一体化推进、融合推进；二是全时空，课前、课中和课后全覆盖，形成教学闭环；三是全流程，"教学评"一致，形成管理闭环；四是全要素，不仅包含传统的教材、教师、学生三要素，还引入优质资源，帮助学生深度学习；五是全系统，云端一体化教学并不是简单地把课堂从线下搬到线上，而是带动课堂教学过程中各个要素和环节的系统性、整体性、结构化变革，涉及理念、环境、组织、教学方法、评价量表、认知流程、教师培训、大数据管理分析与评价等多个方面。

二、理论依据

每一种教学模式都反映了一种或几种特定的教学理论，"教学评云端一体化"的模式强调线下课堂教学和线上网络学习相融合，以建构主义学习理论、混合学习理论、多元智能理论、最近发展区理论、认知结构学习理论为依据和支撑。

1. 建构主义学习理论

建构主义学习理论强调学习是学生主动建构知识的过程。该理论认为，学习是学生基于原有的知识经验生成意义并建构理解的过程，它不仅包括对新信息的理解，而且包括对原有经验的改造和重组。

在"教学评云端一体化"模式中，建构主义学习理论为教师提供了一种新的视角，鼓励教师在教学过程中关注学生的主体地位，通过个性化的教学资源和辅导，帮助学生达到潜在发展水平，并利用云端平台提供实时的互动和评价，让学生在学习的过程中得到及时的反馈和指导。同时鼓励学生自主探索、合作沟通，发现和建构知识，培养他们的自主学习能力和合作精神，实现教育现代化的目标，促进教育公平和质量的提升。教师可以通过云端平台提供多样化的学习资源和评价方式，激发学生的不同智能，促进学生的全面发展。

2. 混合学习理论

混合学习理论主张将传统学习方式的优势和数字化学习的优势结合起来，以创造一种更高效、更个性化的学习环境，强调学习不仅仅是通过面对面的课堂教学来完成的，还需要结合数字化资源、在线学习和协作工具等多种方式来丰富学习的途径和体验。

"教学评云端一体化"模式一是结合了线上和线下的教学方式。线上部分利用云端平台提供学习资源和教学辅导，而线下部分则通过传统的课堂教学、小组讨论等方式进行，提高教学效果和学习效率。二是强调了个性化学习的重要性。教师可以通过云端平台收集学生的学习数据，分析学生的学习需求和困难，从而为他们提供个性化的学习资源和辅导，学生也可以根据自己的学习进度和能力水平，选择适合自己的学习资源和学习方式。三是注重了学习评价与反馈。通过云端平台的实时互动和评价功能，教师可以及时了解学生的学习情况，并给予及时的反馈和指导，从而促进教育公平和质量的提升。

3. 多元智能理论

美国心理学家加德纳提出多元智能理论，对"智力"一词做出界定，从八个维度对智力结构进行划分。该理论的核心观点是每位学习者与生俱来地拥有八种多元智力，但在不同智力上的表现水平不一，从而影响学习者认识事物发展的方式。学习者因为遗传或后天习得学习环境的不同，潜在智力表现有所差异。该理论强调每位学生都既有突出的智力表现，也有薄弱的智力表现，要关注学生的智力结构特点，充分发挥每位学生的潜在优势。

该理论对园区新型教学模式的构建有所启示。首先，尊重学生差异是个性化学习开展的前提。每位学习者都是独立的个体，原有的智力结构本就大相径庭，不能用统一的学习目标来要求具有智力结构差异的学生。要切实做到以学生为中心，根据学生差异设计个性化的学习资源、学习内容，促进差异化学习目标的实现。其次，要注重学生的全面发展和个性养成。多元智能理论提出，学习不是为了发展某一种智力，而是追求八种智力能够在原有基础上均有进一步发展，深入挖掘潜在优势智力，实现最大化发展，从而促进学生的个性发展。最后，可利用智能技术支持、帮助学生找到适合自身的学习方法。利用学习平台实时记录学生的学习过程，通过数据反馈提供帮助，对于不同阶段的学习进度及时进行干预。

4. 最近发展区理论

最近发展区指的是儿童在独立解决问题时的实际发展水平与在成人指导下或在有能力的同伴合作中解决问题的潜在发展水平之间的差距。这个理论强调了教学应该走在发展的前面，创造条件让学习者达到其潜在的发展水平。

最近发展区理论鼓励教师在教学过程中不断地调整教学策略和方法，以适应学生不断发展的需求。因此，"教学评云端一体化"模式不断地更新和完善，以保持与学生发展水平的同步。平台通过收集的数据对学生实时刻画，呈现学生发展水平的变化，并据此提供相匹配的学习资源，帮助学生在最需要的地方获得提升，帮助教师教在最适合处。

5. 认知结构学习理论

认知结构学习理论是一种关于学习和记忆的心理学理论。该理论主要关注个体已有的知识和经验对于学习的影响，以及新知识如何与已有知识相融合从而被理解的过程。在学习过程中，新的信息和知识通过与已有的认知结构相联系和融合，被同化到已有的知识框架中。这种同化的过程可以使学习更加有意义和易于理解。在认知结构学习理论的框架下，先行组织者策略的运用有助于调整和完善学生的认知结构，即在学习新知识之前，先给学习者呈现一种引导性材料，帮助他们建立与新知识之间的联系。

在"教学评云端一体化"模式中，教师可以利用云端平台提供预习材料、背景知识或相关案例等，作为学生的先行组织者，帮助他们更好地理解和吸收新知识。在云端平台上，教师可以通过组织学习内容和设计学习任务，先行组织学习资源和学习路径，引导学生主动思考和探索，从而帮助他们构建自己的认知结构。例如，通过设计具有层次性和连贯性的学习任务，引导学生逐步深入理解知识，形成系统的认知结构。

三、新型教与学模式的建构

基于智慧教育背景及相关理论分析，园区结合 2022 年版课程方案、相关学科课程标准和教育教学实践，构建了"素养导向·教学评云端一体化"的新型教与学模式（图 1.3）。

就学的层面而言，学生基于自主学习，带着问题进入课堂深入思考；通过合作学习，带着收获走出课堂继续巩固。前学、共学、延学三大流程以"学"为中心，凸显融合创新的时代教学特征，也很好地体现了引导、适切、自主、合作、探究、建构等新课程改革的核心理念。

就教的层面而言，教师通过智能反馈、数据分析等技术手段，成为学习的引导者。先行组织，为学生课前预学提供支架；以学定教，对学生课中共学针对调控；以教促

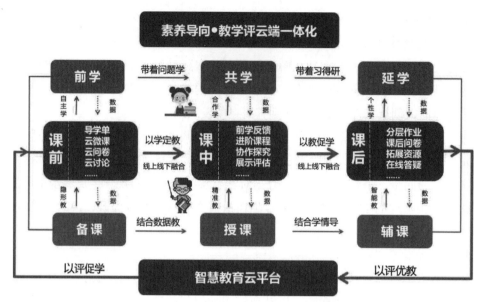

图1.3 素养导向·教学评云端一体化模式

学,为学生课后延学指明方向。让备课、授课、辅课的教学行为隐形、精准、智能,切实落地学生核心素养的培育,为教育改革和教育现代化提供了新的思路和方法。

就评的层面而言,教与学并线而行的过程中,智慧教育云平台产生、积累的数据与教师实际操作中形成的经验相结合,让评价更精准,助力以评促学和以评优教的实现,真正达成课程标准所倡导的"教学评一体化"。

(一)前学阶段

课前,教师根据平台对学生的已有经验刻画完成备课,为学生提供前学课程,导学单、云微课、云问卷、云讨论等环节帮助学生达成前学目标,并形成前学数据反馈给教师,帮助教师进行课堂教学设计的调整。学生自主学、教师隐形教,让学生带着思考与问题进入课堂学习,落实学生自适应学习能力的培养,导向数字素养和自主学习素养的形成。

1. 云端测:诊断学情

依托智慧平台,通过对学生的前测问卷、预习测试等进行数据的收集,对学生知识经验、方法技能、情感态度等内容进行分析,从而明确学情,定位问题,了解差异,为学习路径的重构提供大数据支撑,让教学指导更精准。

2. 自主学:精准推送

为引导学生能动地自主学习,前学阶段针对学生画像精准推送学习资源,帮助学生夯实概念、补充知识,同时通过云讨论等形式,形成生生互助局面。此外,提供个性化资源,以满足每一位学生的学习所需。

3. 隐形教：提升效率

前学阶段，教师通过导学单和云微课，以任务驱动、问题导向引导学生进行自主学习。此刻的学习主体是学生，教师则隐退到幕后，通过数据清晰了解每一个学生的学习进度与难点，从而调整课堂教学设计，提升教学效率。

（二）共学阶段

课中，教师结合前学数据精准施策，通过前学反馈、进阶课程、协作探究、展示评估等流程引导学生合作学，让学生"一课一得"。学生合作学、教师精准教，让学生带着收获离开课堂。通过合作学等学习活动，培育学生创造新价值的素养，提升参与度、沟通技能、协作技能，导向应对矛盾和困境的培育。

1. 合作学：社会建构

教师根据前学情况对学生进行分组，确保小组内的人员能够明确分工，合作完成学习任务。数字化技术如在线讨论论坛、协作文档和团队项目管理平台等，可以支持学生随时随地与小组成员展开合作，突破时空限制，提高合作效率。学生在合作学习中，促进知识共建、提升沟通能力、增强团队意识、涵养批判思维、塑造社会规范，形成积极的社会态度和价值观，为未来的社会发展和创新做出贡献。

2. 精准教：任务驱动

课堂上，学生在教师的引导下，通过完成具体任务来获取知识、技能和经验，教师则根据教学目标和学生实际情况，设计具有针对性、层次性和可操作性的任务，并运用各种教学策略和手段，如分组合作、情境创设、问题引导等，帮助学生明确任务目标、分析任务要求、制定完成任务的计划和步骤。在此过程中，教师会密切关注平台生成的学生的学习动态和表现，及时调整教学策略，提供必要的支持和指导，根据学生的个体差异和学习需求进行精准教学。

3. 共展评：多元反馈

在"教学评云端一体化"模式的课堂中，教师关注学生的个体差异和学习需求，采用多样化的评价方式，如作品展示、口头汇报、书面测试等，基于数据全面了解学生的学习情况和成果。同时，教师会及时给予学生正面的激励和建设性的建议，帮助他们总结经验、发现不足、明确改进方向，以评促学，以评优教，为后续的教学奠定基础。

（三）延学阶段

课后，教师根据课堂产生的学习数据分层布置作业、做针对性辅导，多形式实现学生课后学习的有效性与多样性。学生个性学，教师智能教，产生的延学数据将进一步为下一课的教学设计奠定基础。同时，依托教育云平台，以智能化交互学习诊断反馈贯通课前、课中、课后，突出了大课堂、大融合和数据驱动的大规模因材施教等核心理念，也达成了 2022 年版课程方案"教学评"一致的要求。以评促学，以评优教，引导教与学的结构性变革，也有利于构建核心素养导向的新型教与学，促进教育数字化转型背景下学生自我导向的个性化学习与深度学习，让学生以自己的方式学习，让学习变成学生自己的事情，增强学生对更广泛的世界和可持续发展的认识，落地终身学习素养的培育。

1. 个性学：素养提升

基于平台的延学，学生可以随时随地进行自主学习，提升学习效率和成果。

学习平台会根据学生的学习历史、成绩表现、兴趣偏好等多维度数据，为其推送一系列定制化的学习资源。这些资源包括针对其薄弱知识点的微课视频、相关主题的拓展阅读材料以及在线互动练习题。学生也可在平台资源库中自主选择感兴趣的内容进行了解，扬长补短，全方位提升核心素养。

2. 智能教：动态监测

教师通过分析学习行为数据和课堂上的学情，设置分层作业，帮助不同学习程度的学生内化知识、外化能力，并监测学生的学习痛点，通过推送对应资源及时破解痛点，实时在线答疑，让学生的每一次学习都扎实而有效。

"教学评云端一体化"的新型教与学模式的探索，进一步开启了教学数字化转型的新格局。通过创新教学方法、形态，"教学评云端一体化"中的教师、学生、内容、活动、环境等要素产生充分交互融合，进而实现教学活动小闭环、教学模式大循环、课堂教学全连环，最终构建出以学生发展为中心的高水平育人、高效率教学、高体验课堂的教学新样态。

第四节 / 新型教与学的典型特征

2019 年 10 月，教育部办公厅发布《关于推荐遴选"基于教学改革、融合信息技术的新型教与学模式"实验区的通知》（教基厅函〔2019〕46 号），苏州工业园区 2019 年 12 月启动申报并顺利通过市级答辩，2020 年 5 月通过省级答辩。2020 年 8 月 5 日，教育部公布国家信息化实验区名单，苏州工业园区被批准为国家"基于教学改革、融合信息技术的新型教与学模式"实验区。之后，由中国教育科学研究院牵头，苏州工业园区教师发展中心参与申报的"5G 支撑下核心素养导向的混合式教学项目"又于 2022 年 2 月获批成为教育部、工信部"5G+智慧教育"应用试点项目。

以两大项目为载体，依托"易加"数字化平台和 5G 网络，区域新型教与学模式实践与研究全面展开。项目组坚持问题导向，强化新课标、新课程引领，以学生的学习与成长为中心，聚焦素养落地，设立 42 个研究基地校和 56 个研究子项目。区域层面以创新月度汇形式一体化推进，逐步形成了以项目化学习为核心，以 5G 支撑下核心素养导向的"1+7+N"学习场景全面应用为基本模式的混合式教学策略，探索了大概念大单元教学、项目式教学、情境化教学、实践性教学、游戏化教学、协作式教学、探究式教学及其他延伸教学应用场景，各基地校、子项目形成了云端一体化、教学评一体化、学导课堂、自探自得式活力课堂等多种个性化教学模式。通过资源推送、智能交互、数据循证，让学习更个性、教学更精准、课堂更智慧。不仅拓展了传统课堂的边界，而且有效促进了大规模因材施教，积累了丰富的材料，形成了大量研究课例，取得了阶段性成果。

新型教与学必须立足课堂变革，推动智能教育场景应用，以促进学生的自主学习、深度学习。要建立素养导向、数字赋能的学习方式变革策略，探索教智融合、深度学习的学习方式典型样态，探索"资源＋路径＋数据＋5G 支撑"的新型教与学模式，以课堂为主阵地，聚焦学习路径重构，为不同层次、不同类型的受教育者提供个性化、多样化、高质量的教育服务，促进学习者主动学习、释放潜能，让学习真正发生在学生身上。为此，本区域基于"易加学院"智慧教育云平台，为学生提供"1"座易加资源宝库，为教师提供同步备课、项目化备课"2"种备课方式，打造协备圈、教研圈、成长圈"3"个研训圈子，建构知识点、能力点、素养点、考点"4"套评价体系，聚焦主题式、项目式、混合式、协作式、自主式、全链式 6 种学习方式与路径，彰显整体教、融浸教、激趣教、精准教、开放教 5 种教学策略与特征。学生层面实现个性学、科学测、智能评；教师层面实现智慧教、高效研、精准管。通过技术驱动数据赋能，打造新型教与学新样态，破解大规模因材施教难题，构筑园区高质量发展教育体系，形成新型教与学典型特征（图 1.4）。

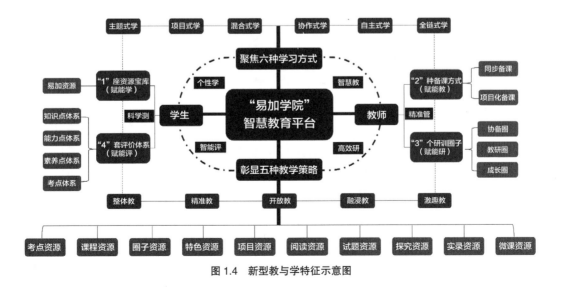

图 1.4　新型教与学特征示意图

一、数字化赋能的学习新方式、新特征

在"易加"数字化基座的支撑下,学习数据的采集、学习进程的调控、学习方式的选择、学习伙伴的协同和学习指导的精准等得以优化,从而实现个性、精准和泛在的学习目标,凸显全链式、项目式、主题式、混合式、自主式、协作式等典型学习新路径、新特征。

1. 数字课程支撑的全链式学习

全链式学习基于"易加学院"的慧学学堂模块,围绕前学、共学和延学三环节结构化学习资源,打造完整的学程链。前学环节借助前学资源,实现课堂翻转;结合在线诊断,助力学习目标精准。共学环节采用课前反馈、精准指导、进阶巩固、协作探究和展示交流等流程加以推进。延学环节支持分层作业、协同创新、进阶挑战,帮助学生迁移运用;采用线上智能化推送、线下个性化辅导等形式进行精准"改薄"、个性拓展、强基创新。

以小学数学教学为例。借助"易加学院"研制出"二导""三单""三学"课堂教学流程。"二导"——微课"导"学、梳理"导"学;"三单"——预学单、探学单、延学单;"三学"——预学帮助学生发现和提出问题,探学帮助学生分析和解决问题,研学帮助学生应用和创新。这一课堂流程,形成高效互动的课堂生态,激发高阶思维的生成。教师在教学中可以借助"易加"平台,展示前学、共学、延学三位一体的学习路径,重组单元知识结构,在数与代数、图形与几何等领域,给学生带来一场完整的思维盛宴。

2. 个性方案助力的项目式学习

项目式学习借助"易加学院"的项目化学习模块,围绕入项活动、自主探究、出项展示和评价修订四步骤,供给个性化学习方案。学生在入项之初即可获推"导学库",助力信息收集与定位;在自主探究中匹配"资源库",助力信息加工与综合;在出项展示时,依托"成果库",助力信息内化与创造;在项目评价修订中,形成一人一档的"学历库",助力信息归档与反思。

以景城学校开展的"二十四节气"项目化教学为例。该校立足中国传统文化,以"二十四节气"为项目研究主题。教师带领学生开展项目探学的整个流程包括以下步骤。第一步,教师引导学生通过"易加"平台资源阅读、讨论,建立背景知识;学生广泛阅读、积极搜索,通过生活、书本、"易加"平台等途径获取关于节气的相关知识,在项目式学习小组内开展头脑风暴活动。第二步,教师带领学生讨论、策划,提出挑战性问题;学生在思考后,以项目式学习小组为单位提出一个关于节气的挑战性问题,并初步思考解决方案,提交导师团。第三步,教师帮助学生利用"易加"平台开展实践、修正、验证、融合学科解决问题、形成报告。在项目探学的一年多时间里,

教师始终作为学生的重要学习导师和伙伴，帮助他们综合运用学科知识，科学、智慧地利用"易加"平台开展实践，解决学生学习共同体提出的挑战性问题，并形成一个个成果，通过"易加"平台展示给全体师生、家庭、社区。同时，假期里教师利用"易加"平台组织了2个阶段共7次视频辅导课，帮助学生洞察发现、概括应用。和生活高度关联的"二十四节气"项目研究活动深受儿童的喜爱，走进大自然、观察动植物、学习天文地理知识、研究民俗、研究美食美景、设计新年游戏等都符合儿童好奇的天性，他们释放出前所未有的学习热情。

3. 学习社群承载的主题式学习

主题式学习借助"易加学院""易加终身"模块，设有主题发布、学习社群组织与实施、学习成果展示等环节，每个人都可以作为学习主题的发起者构建学习社群，实现问题的解决。依托学习数据的收集、统计与分析功能，让主题在讨论与数据分析中产生，达成"大主题驱动学"。依托"易加阅读""易加学科工具""易加虚拟仿真"等工具与支架性资源，实现真情境探究、自组织学习、广视域拓展。

例如，星湾学校以"苏州，久久不见久久见"为融学主题，通过对学生学习数据的采集、加工与建模，勾勒"精彩跨界＋个性融合"的教学路径，探索跨界融学的核心要素与实施策略，构建了跨界融学的新样态。首先是确定学习主题，教师组织学生基于真实的问题，充分利用大数据平台的分析功能，着眼核心素养发展来精心制定不同的学习主题；其次是确定学习方案，教师组织班级学生开展学习的顶层设计，包括组建团队，筛选合作参与的场所单位，在"易加"平台中建立学习板块，确定学习目标，研究制定学习方案；再次是整合实施，多学科教师在"易加"平台中共同参与推进，学生及时将学习需求和收获在"易加"平台中进行反馈上传，教师再帮助学生分类整合，学科联动，系统建构；最后是分析评价，教师针对指向核心素养、主体多元、角度多维、兼顾过程与结果等指标对学生的学习效能进行综合评价，将评价数据及时提交"易加"平台，形成学生个人学习发展的过程性数据。

4. 人网融合驱动的混合式学习

混合式学习依托"易加学院"，注重传统学习与网络学习的充分融合，基于平台对学生的全面刻画，提供自适应的学习课程资源，通过多种学习方式的协同实施，取得最优化的学习效果。课前，线上自主学，学生依托平台精准推送的资源初步尝试对所学内容进行自主的意义建构；课中，线下探究学，教师基于问题解决活动来整合资源，帮助学生积极建构知识框；课后，情境用中学，构建时间自由调控、技术自我适应、内容自主选择的需求供给链，保障大规模群体混合式学习需求。

以星洲小学习作教学为例，该校在"易加"平台的资源保障下，融合翻转课堂教学方式，结合学校"自主慧学"线上课程，开展优质线上习作教学，丰富线下课堂教学，点对点为学生解答习作过程中的疑难困惑，实现了习作教学能效的快速提升。第一步，在课前通过在线问卷搜集学生在习作学习中的困惑点，确立习作教学的重点目标，备课组针对重难点进行细化分解，利用大数据中的相关习作资源为学生提供相应的讲解微视频和习作素材资源包，供学生前置学习使用。第二步，教师根据学生预习成效二次聚焦重点，并精选"易加"平台资源库中的优质习作素材，在课堂教学中面对面对学生进行指导，帮助学生突破难点，实现学习效能的提升。第三步，课后学生完成习作内容，教师推送习作评价量表，引导学生从基础性目标、训练性目标、发展性目标三个维度来对照进行自评、互评，让学生在评价过程中学习他人长处，发现自身不足。第四步，由教师进行最终评价，并将优秀的学生习作通过"易加"平台和学校公众号进行推送分享，让学生收获习作的快乐与骄傲。在习作教学的过程中，学生还可以利用学校自主开发的星洲读吧平台进行阅读积累与心得交流，提高自身的语言表达能力。

5. 人工智能支撑的自主式学

自主式学习基于"易加学院"的智能采集和学习分析技术，以最近发展区和脚手架理论为基础，构建了基于学习分析的学生自主学习模型。通过"资源库、课程库、试题库"等绑定知识点、能力点、素养点，为学生搭建适切的学习支架，共享海量优质学习资源。所有学习资源都能生成二维码，实现自主扫码、便捷查找、智能推送。

传统课堂中的学习资源只有书本和一些配套辅导资料，教师在进行教学和拓展时往往因受到外部条件和个人能力的限制而有所局限，制约着学生学习的丰富性和深入性。"易加平台"集中区域内教师的智慧与专长，全体教师共同努力，给每个学习知识点设计了匹配的优质微课，使得每一个学科都拥有了丰富的教学资源共享库，为教师提供了多样化教学的新平台，为学生提供了个性化学习的新路径。学校会根据课程的学习进度，将相关的优质微课进行结构化组合，有序推送给学生，让学生在家中可以完成预学，助力自由学、个性学。教师则可以突破空间限制，在约定时间内在线陪伴和辅导学生，围绕推送的学习内容和资源进行互动式在线教与学。

在区域内，各个学校信息化基础条件成熟，每间教室都网络通畅，支持移动平板互动教学。学校、学生、家庭上网率都达到100%，拥有智能学习终端比例达100%，这些都为学生能够在任何时间、任何地点进行便捷的网络化学习提供了硬件基础。

6. 数字平台架构的协作式学习

协作式学习基于数字化平台架构的学习通路，开展师生协作、生生协作。在参与人数上，可以是一对一的协作，也可以是一对多、多对一、多对多的协作。在协作形式上，可以是自发组织的自主学习组织，也可以基于"易加数据"对学生特征信息进行分析，找出具有相似兴趣、相近学习风格的学习者，从而组成学习组织。学习之初，数字化平台提供学习任务；在协作学习的过程中，平台提出有关协作策略的建议；在协作学习结束后，提供评价支架，帮助学习组成员顺利地完成协作任务，并获得协作能力、思维能力、创新能力和实践能力的发展。

以中科大附中独墅湖学校"独墅+"跨学科协作式教学为例,该校在5G技术的支撑下,借助"神奇的纳米材料"和星浦实验学校开设共建课堂,实现学习平台共建、学习资源共享、学科领域共融。首先,收集现代纳米材料应用中与学生生活相关的案例,如核酸志愿者的护目镜,教师通过巧设情境,帮助学生发现身边的问题,从生活走向物理。其次,确立学习任务,两校教师依托腾讯会议、企业微信等应用共建线上主题课堂,学生围绕情境中的问题面对面分组学习,利用信息技术实现两校同学之间的交流、汇报,"线上+线下"课堂两手抓,以竞争和辩论的形式来协作学习,以自评和互评"双评"的模式来增强学生的辨析能力,加强物理学科与学校特色纳米课程的"联弹协奏"。最后,突破传统师生、生生互动的模式,邀请苏州纳米所的专家通过现场连线的方式进入课堂,衔接专业领域,为学生专业发展提供指引,使学生足不出校获取更丰富的知识,增强学习的内驱力,激发学生对科学知识的探索兴趣。以此构建在5G技术支撑下的跨学科整合融通协作式学习的基本模式,实现跨学科知识的融合,打通学科之间、学校之间、学校与社会之间的三重壁垒,整体推动学校课堂教学的深度变革。

教育数字化赋能,以学为中心,不断丰富学习样态,实现了线上线下深度融合、智能交互的个性学,积极培育数字化背景下自主的学习者。

二、数字化赋能的教学新策略、新特征

立足"易加"平台,促进素养图谱结构关联、虚实结合创设环境、智慧探究沉浸体验、数字画像诊断学情、学习支架优化路径,形成了"整体""融浸""激趣""精准""开放"等教学策略和典型特征。

1. 数字图谱贯联的整体教学

数字图谱使复杂、隐性的知识变得简约和清晰,有利于学生自主建构知识结构体系。教师基于"易加"平台,紧扣大单元大概念,通过问题驱动,利用具有清晰资源关联和直观学习路径的学科图谱,实施概念理解和单元整合。数字图谱贯联下的整体教学实践路径如图1.5所示。

例如,在学习几何问题时,从平面图形到立体图形,从点线面之间的一般关系到特殊关系,再到对称美、简洁美、统一美,在这一过

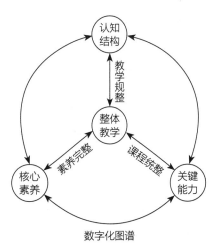

图1.5 数字图谱贯连下的整体教学实践路径

程中可以提炼"数学美"大概念,教师可从察觉美的感知、理解美的思维、创造美的能力、体验美的境界和奉献美的人格等方面展开教学,进而帮助学生理解数学是以一种怎样的方式诠释美学的。

2. 数字环境支持的融浸教学

教师借助数字化学习空间,利用虚拟情境和虚拟实验,设置问题、激活思维,为学生提供反复观察、探索试误和实践体验的渠道,建构群体共享优质资源与"真实性"问题一体化的学习情境。数字环境支持的融浸教学实践路径如图1.6所示。

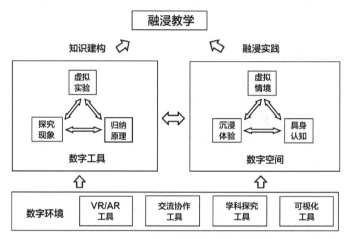

图1.6 数字环境支持的融浸教学实践路径

例如,星港学校开展了"VR虚拟实验与线上线下混合式探究实验"的教学实践,研究在信息化环境下如何优化初中化学的教与学。该实验针对性地选择学习情境素材,引导学生从真实的学习情境中发现问题,展开讨论,解决问题,形成和发展认识知识的思路、方法及科学态度和价值观。同时,在方法上注重运用启发式、探究式、建构式、线上线下混合式等多样化的教学方式,促进学生自主学习和深度学习,注重现代信息技术的作用,积极探索现代信息技术与化学实验的深度融合。将"VR+5G"技术引入课堂,展示了信息化技术对新型教学模式的支撑作用和积极的示范作用。课堂中基于真实的生活情境,利用VR技术模拟完成实验过程,让学生感觉身临其境,并认识到错误操作可能导致的后果,弥补了传统实验教学的短板,激发了学习兴趣,培养了学生的安全意识、多角度思考问题的能力,以及严谨认真的科学态度,改善了教与学的效果。通过鼓励学生运用平板查阅资料信息,助推小组成员积极讨论、通力合作,逐步完成设计项目化制备物质等的实验方案。在实践过程中,培养学生质疑、反思、不断探究的科学品质,使学生获得习得、成长、成功的体验。课堂形式从"教师组织状态"的学习走向"技术支持下"师生间交互的、积极的、能动的学习,实现了教育资源和智慧的交流共享。

3. 数字智慧导引的激趣教学

教师利用人工智能营造趣味性学习环境，借助"易加"平台的智能行为感知技术，记录学生在平台上朋辈合作、互助探究、友好竞争的学习过程，分析行为数据，调整课程资源，促进学生持久保持注意力，形成主动求知的积极态度。数字智慧导引的激趣教学实践路径如图1.7所示。

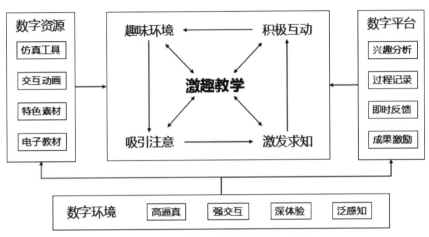

图1.7　数字智慧导引的激趣教学实践路径

如西安交通大学苏州附属初级中学，基于初中生心理特点，以"数学实验梦工厂"为切入口，提高学生学习数学的兴趣及热情。在学习中，用数学概念和命题设定直观背景，通过实物模型、数学教具演示或计算机探究，激发学生学习的热情，带领学生玩转"拼图与因式分解""A4纸中的数学""二次函数性质探索"。利用工具"水立方"，探究正方体界面形状，激发学生创新潜能。学生在绘制"繁华曲线图"中探究大小齿轮的尺数之比；在最小覆盖圆、莱洛三角形的动手绘制和视频制作中感受数学的神奇……学校在以"乐学善思　融合创新"为主题的乐创节上，策划了数学实验活动——拓扑折纸。这一项创客学习活动在FM96.5苏州生活广播《阳光地带》栏目通过"看苏州"媒体平台直播，在线观看人数达11万。

4. 数字画像驱动的精准教学

教师通过"易加"平台的评估发展量表进行测评，全样本采集学习过程的伴随性数据，精准掌握学生的学习程度和个体差异，为每位学生设计出个性化学习方案，精准推送适切性更强、颗粒度更小的学习资源，以学定教，从而建立以学生为中心的精准教育服务。数字画像驱动的精准教学实践路径如图1.8所示。

以第二实验小学六年级英语教学为例，学校在年级、班级、个体三个层面实施学情数据监测，整体把控教学目标的落实情况，精准驱动教学高效实施。

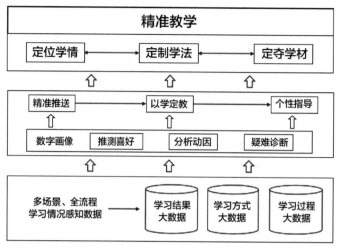

图 1.8　数字画像驱动的精准教学实践路径

（1）年级层面

在教师开始课堂教学之前，学校年级组会对全年级学生的上一阶段学习大数据进行分析，以"相对统一，允许个性"为原则进行集中备课，制作学习微视频和前学任务单，再通过"易加"平台进行全体推送。学生在线完成相应的预学习任务，一键提交反馈，年级组则会借助"易加"平台自动生成的反馈报告，及时了解年级组内全体学生作业完成的整体情况，在教学中针对学生学习中的重点、难点、薄弱点统一设计相关的巩固作业。年级组还可以在课堂教学后借助"易加"平台的监测数据，了解组内教师每周作业的布置数量和学生完成情况，并进行量化分析和研判，通过数据监测来保证教学的高效实施，减轻学生学业负担。

（2）班级层面

"易加"平台反馈学生完成作业的情况，以报告形式详细列出作业中各类指标个人和班级达成度。如学生的语音、单词短语、句式语法等掌握情况，平台会根据指标的完成情况再进行整体分析，教师能够根据报告中精准的数据监测来确定课堂教学的重心，锁定自己班级的教学重难点，便于在课堂教学中有的放矢。每一位教师的教学不再是依靠单纯的既有经验来实施，而是真正做到了精确指向教学，避免了学生"吃不饱"或"吃不了"，保证了教学的针对性和精准性，课堂教学质量高效提升。

（3）个体层面

在"易加"平台中，学生在完成英语学习作业后，能够及时得到平台给出的答题反馈。一次英语作业，学生答题正确与否一点即知，教师也能够清楚地分析出该生对某一知识点是否熟练掌握。这样的大数据分析便于教师针对个别学生提供针对性指导帮助，从而帮助学生更加精准地巩固练习，更好地完成知识点的学习。

5. 数字支架支撑的开放教学

基于"易加终身"平台，教师或者学生都可以作为学习主题的发起者，学生可在"易加终身"平台学习面向全民的体系化资源和课程，构建学习圈子。通过查阅资料、发布主题，组织圈内的成员进行线上研讨、线下交流，实现问题的解决，让研究落地。线上线下整合、校内校外融合，满足学生全面发展和个性发展的需求。数字支架支撑的开放教学实践路径如图1.9所示。

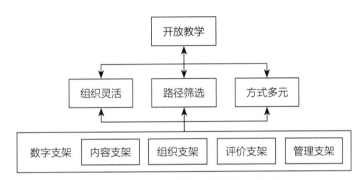

图1.9　数字支架支撑的开放教学实践路径

例如，第二实验小学一位学生，发布"月球梦想营地"学习主题，构建师生学习圈。任务是从真实情境出发，设计一个在月球供人类生活和工作的场所，以3D模型形式展示，并说明这个月球营地的运行原理。活动由学生策划、建立团队，通过头脑风暴，形成解决问题的思考路径和问题链，进而通过合作交流，学习航天工程知识和3D建模技能。通过这样的学习，学生拓宽了知识面、发展了个性特长，不仅学有所乐，而且提升了探究学习、合作学习的能力。

教育数字化赋能，在教学内容、组织、手段、策略和流程等方面实现了系统优化，达成了数据驱动的智慧教。

第二章
数字化转型背景下新型教与学平台建设

〉〉〉导 读

新时代教育数字化背景下,基础教育正面对新机遇与新挑战。园区教育全面构建智能支撑平台体系,着力在优质教育资源共建共享、大规模个性化教育与教育评价改革服务等方面实现突破,服务新型教与学的区域实践。园区坚持"因需而建、因用而优、因研而新"的研发理念,依托园区智慧城市、数字政府建设大背景,全面规划新型教与学智能支撑体系,按照"整体规划,分步推进"的研发思路,不断完善具有自主知识产权的"易加教育"智能支撑平台体系与数据体系,做到"一张蓝图绘到底"。

"易加教育"平台作为园区新时代教与学的坚实基石,正日益凸显其不可或缺的重要价值。它是教育数字化转型的关键驱动力,也是实现大规模因材施教的得力助手。因此,科学架构园区"易加教育"平台,并持续迭代其功能与性能,对于满足新型教与学的发展需求,推动"教育数字化支撑下大规模因材施教"的研究与实践具有深远意义。

平台的研发需要深入调研师生的实际需求,明确平台的功能定位和发展目标。在此基础上,设计合理的平台架构,确保平台的稳定性、可扩展性和安全性。同时,还需要选择成熟、稳定的技术框架和工具,为平台的开发和运行提供有力保障。当然,平台的持续迭代也是必不可少的,要根据用户反馈和实际需求,不断优化平台功能,提升用户体验。同时,还要关注平台的性能表现,通过优化算法、增加服务器等方式,提升平台的处理能力和响应速度。此外,数据安全也是必须高度重视的问题,要加强数据安全防护措施,确保用户数据的安全性和隐私性。

园区"易加教育"平台以其独特的功能和优势,满足学、教、测、评、研、管等教育教学业务流程与场景需求,为新型教与学的研究和实践提供了有力的支撑,实现了教育教学的全面优化和升级。这不仅能够提升教育教学的质量和效能，还能够推动教育公平和均衡发展，为培养更多新时代优秀人才做出积极贡献。

第一节 / "易加教育"平台架构

一、"易加教育"平台架构设计

（一）平台架构原则

基于教育教学数字化转型政策背景、智慧城市数字园区建设背景，以及信息技术与教育融合创新发展，共同探索教育可持续发展之路，我们深知构建一个既能满足当前教育需求，又能适应未来技术发展的先进平台的重要性及所面临的挑战。为确保平台的稳定性、可扩展性、安全性及用户体验，"易加教育"平台的设计与建设遵循了一系列严谨而前瞻的建设原则。这些原则不仅体现了用户至上的核心理念，还强调了数据融通、微服务可扩展、高并发高可用、易于维护与高效管理、开放与定制相结合以及持续创新与技术引领等关键理念。

1. 用户优先原则

"易加教育"平台始终以用户需求为出发点，杜绝闭门造车式的系统设计。设计之初，对学生、教师、管理者、家长、公众等不同群体进行访谈、调研、观测，分析这五类用户对于学、教、测、评、研、管的业务需求，建设底层统一、应用丰富、可灵活扩展的用户学习空间，满足用户人人学、时时学、处处学的多样性需求。

考虑到不同用户使用环境和使用习惯的差异，"易加教育"平台提供手机应用软件、微信小程序、电脑客户端、网页浏览器等多种方式，满足用户在不同情况下的需求。

2. 数据融通原则

数据是教育信息化的核心。"易加教育"平台构建了一个统一、高效的数据仓，制定了统一的数据标准，统一维护学校、教师、学生的基础字典主数据，并通过数据总线实现实时共享。这样，从整个平台架构设计层面杜绝了"树烟囱式"的信息化系统建设模式，通过业务驱动，不断催发完善主数据。

"易加教育"平台的每个子系统都提供了不同业务主题的数据汇聚，最后形成主题库、专题库等数据资源，形成数据闭环，为数据决策提供全面的基础信息。

3. 微服务可扩展原则

教育信息化是一个不断发展的领域,要着眼人的发展,聚焦学生的发展,信息化支撑也必须是持续发展的。为了应对不断变化的教育需求和技术环境,"易加教育"平台架构基于微服务理念打造。该架构将平台分解为多个小型、独立的服务单元,每个单元都可以单独升级、扩展,确保整个平台始终保持最佳状态,随时响应新的教育挑战。

同时,微服务架构在用户界面和底层数据统一的基础上,提供各个可灵活接入不同应用的平台,通过模块化、组件化等设计手段,实现用户服务一体化。

4. 高并发高可用原则

"易加教育"平台服务于园区所有教师、学生、家长群体,所以必须选用成熟的技术,打造高并发高可用平台。平台设计与开发过程中,必须注重优化系统性能,确保在高并发、大数据量等复杂场景下仍能保持流畅、稳定的运行状态。这样,无论是教师还是学生,都能享受到高效、便捷的教育服务。

同时,平台的可维护性和可管理性是确保平台高可用性的关键因素。通过完善的监控体系以及专业的维护服务团队,确保平台在日常使用中能够稳定运行,提高管理效率。这样,教育教研团队可以更加专注于为用户提供更优质的教育服务。

5. 安全保障与隐私保护原则

在数字化时代,安全保障和隐私保护是平台设计的重中之重。"易加教育"平台严格遵守相关信息化安全指导要求,并基于园区数字政府安全技术,严格保护每一位用户的数据和隐私安全。同时,不断完善安全管理制度,提高应急响应能力,确保平台在任何情况下都能稳定运行,为用户提供持续、可靠的服务。

6. 标准与兼容性并重原则

只有符合行业标准、能够与其他系统顺畅对接的平台,才能真正发挥其价值。平台设计遵循教育行业的相关标准和规范,确保与其他系统的互操作性。同时也设计了"易加教育"平台的数据、应用以及服务的标准和规范,以保障"易加教育"平台整体、统一建设。

(二)平台架构规划

优质的平台需要精心策划、科学布局以及顺应发展的迭代完善。平台的架构规划不仅是平台建设的起点和基石,更是确保推动人工智能和教育深度融合,促进教育变革创新的关键。构建推进"新型教与学"的教育支持平台,必须顺应时代发展的要求,具备富有远见的科学规划、明确且有序的升级路线图,并始终坚守人本理念,助力人的全面成长。

园区"易加教育"平台的建设之路正是紧紧围绕顶层规划以及迭代优化这两个层

面来深化推进的。

1. 顶层规划

园区"易加教育"平台的建设起始于深思熟虑的思想指导和严谨的顶层战略规划，同时要求对平台的定位有清晰的认识，对整体规划有系统的布局。正是基于这样的认识，园区在"易加教育"平台筹建之初，就以专项课题研究作为推动顶层设计的抓手。

在2012年，园区启动了"园区教育信息枢纽平台的可行性研究"的软课题研究，汇聚了专家的智慧和一线实践者的探索精神，用"一张蓝图绘到底"的思路，厘清了园区智慧教育的概念、定位、架构、举措和愿景，确立了"统筹规划、逐步实施"的实施策略，从而为"易加教育"平台的设计与建设提供了坚实的理论基础和引领方向。

其中"架构"为主体构架——"五平台十系统"（图2.1）。"五平台"，即学生服务平台、教师服务平台、家长服务平台、社区服务平台、管理服务平台；"十系统"只是一个概指，会随着应用需求而变化。其中，平台是框架，系统是支撑，系统又包含模块，确保其可持续的功能扩展。

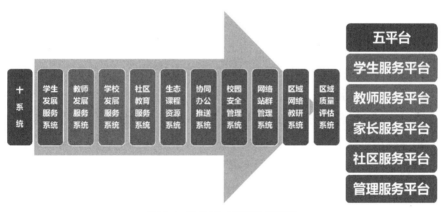

图2.1 "五平台十系统"架构图

同时，"易加教育"平台设计了面向全用户、全业务平台体系规划（图2.2），旨在通过构建"易加教育"平台，充分利用大数据技术，对海量的教育数据进行深度挖掘和分析，为教师和学生提供更加精准的教学和学习支持，为用户提供无处不在、无时不可的教、学体验。

经过十年多的实践检验，事实证明，这种科学且具有前瞻性的顶层设计策略以及架构规划，有效避免了短视行为和重复建设的浪费，为建设指明了方向，确保了架构的科学性和合理性，使整个过程更加高效，避免走不必要的弯路。

2. 迭代优化

在构建区域新型教与学信息化支撑平台的环境布局时，应坚持"精益求精，追求

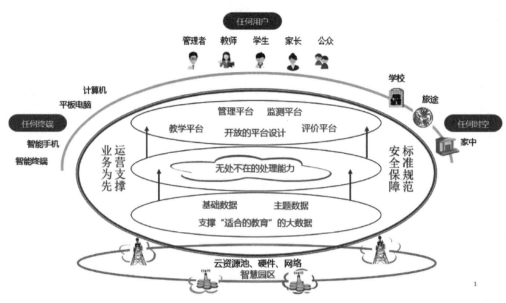

图 2.2 面向全用户、全业务平台体系规划图

卓越"的原则,认识到"效能提升永无止境"。这意味着要不断地改变理念、改进方法、创新形式、更新框架,推动平台的持续升级与发展。这种思维模式被称为"迭代优化",它贯穿于"易加教育"平台迭代更新的每一个环节,确保平台始终追求更高标准、更优质的用户体验,以满足不断变化的教与学的需求。

作为平台建设的指挥棒,平台架构规划是平台保持生命力的关键。随着时代发展的要求、技术的进步和用户需求的深入,平台架构必须不断地自我优化和升级,以适应新的环境和挑战,始终保持在教与学应用实践的前沿。

"易加教育"平台应用架构在这十多年不断进行实践与探索,在"融合新技术,变革教与学"的路上不断完善自我。在迭代升级的"途中",形成了"1115"架构(图2.3)——1个空间入口、1套数据标准、1个数据中心以及5类应用,聚焦立德树人,围绕"学习"与"成长",以教与学的变革为主要抓手,打造"易加教育"平台,全面梳理五大教育教学行为,构建"个性学、智慧教、科学测、智能评、精准管"的区域教育新生态,实现"教智融合、深度学习",促进学生个性、全面发展。

在已有成就的基础之上,园区教育并未止步于此,反而更加明确了推进新型教与学支撑平台建设的方向,以更好的支撑手段提升教与学的应用和服务水平,确保教育资源的优化配置和高效利用,促进教学模式的创新和变革,从而辅助支撑新型教与学的研究与发展进程。为此,"1116"架构(图2.4)应运而生。"1116"架构在"1115"架构基础之上,更加聚焦推动人工智能、大模型等前沿技术,与教育教学深度融合;完善教育数据驱动模型,提供更科学、精准、智能的大数据分析能力;研发"高效'研'"模块,为新型教与学应用实践注入了新的活力。

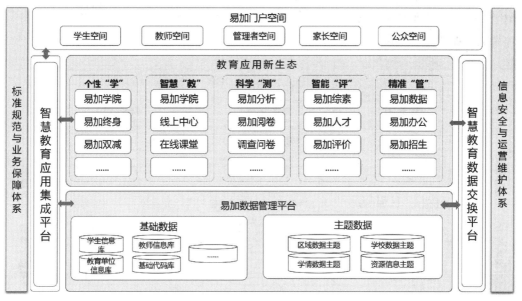

图2.3 "1115"架构图

图2.4 "1116"架构图

3. 平台架构实现

任何一个信息化系统的建设，都需要从业务需求出发，循序渐进，制定系统实现目标，做好整体架构设计，分析最优路径，逐步实现系统目标，跟随业务迭代演化。为了满足园区教育业务日益增长的数字化需求，园区教育局信息中心在分析业务需求后，打造了"五平台十功能"业务架构，并迭代优化成了目前的"1116"应用架构，最终结合苏州工业园区数字政府的整体规划和信息化资源，形成"易加教育"平台整体架构，如图 2.5 所示。

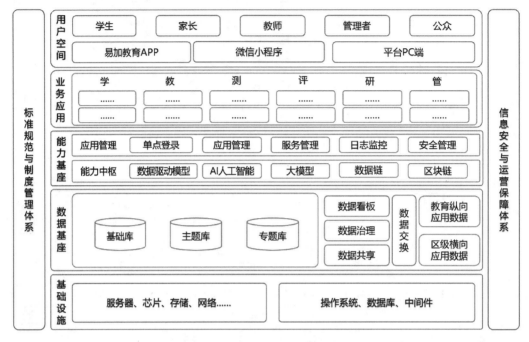

图 2.5 "易加教育"平台整体架构图

"易加教育"平台整体架构包括基础设施、数据基座、能力基座、业务应用、用户空间五个层面。同时，通过标准规范与制度管理体系和信息安全与运营保障体系保证"易加教育"平台的持续研发迭代和常态化使用。

（1）基础设施层

复用苏州工业园区的政务网络和服务器资源、云 WAF（Web Application Firewall，网站应用级入侵防御系统）等网络安全保障体系，通过本地化部署，最大限度地保证了平台安全性和数据的自主性。

（2）数据基座层

为所有业务应用提供基础数据和数据标准，并通过汇聚各个应用的业务数据形成主题数据和专题数据，通过大数据看板呈现，为领导决策提供辅助的数据基础。

（3）能力基座层

为所有业务应用提供统一的支撑能力，包括单点登录、消息中心、日志监控、AI 大模型、数据链、区块链等能力，并通过应用开放平台实现所有应用的统一管理。

（4）业务应用层

为各个业务的实现层，通过不同应用平台的功能，基于微服务架构体系实现集约化整合，满足用户的业务应用需求。

（5）用户空间层

通过集成各类应用打造统一的门户空间，为用户提供便捷的服务。通过电脑端应用、手机应用软件和微信小程序等多种聚道，满足用户在不同场景下的使用习惯。

二、"易加教育"平台数据架构

（一）数据架构原则

在数字化时代背景下，大数据已经成为推动教育变革与发展的重要引擎。"易加教育"平台中的数据架构设计直接关系到平台功能的实现和价值的发挥。"易加教育"平台的数据架构原则，确保平台能够高效、稳定地支持教育数据的采集、汇聚、分析和应用，为新型教与学应用研究与实践提供有力支撑。

1. 统一性与标准化原则

数据架构的首要目标是构建标准统一的教育大数据仓，制定统一的数据采集标准、数据格式和数据存储规范，以确保所有业务子系统都能够按照统一的标准和规格进行数据输出和存储，有助于消除数据孤岛，实现数据的互融互通和共享应用。

2. 完整性与业务导向原则

全面采集、存储和分析与教育活动相关的所有数据，确保数据的完整性。紧密围绕教育业务需求设计数据架构，包括学生的学习行为数据、监测数据、评价数据等，使数据能够有力支持业务决策和发展，满足用户多样化需求。

3. 协同性与灵活性原则

确保平台内部各系统以及平台与外部系统之间的数据协同工作，实现数据的无缝对接，包括平台内部各系统之间实现数据互融互通，以及平台外部对接系统的数据互通，为教育决策提供全面、准确的数据支持。同时，设计具备灵活性和可扩展性的数据架构，以适应未来教育业务的快速发展和变化，具体原则包括数据来源的多样性、采集方式的灵活性、分析模型的可调整性等。

4. 准确性与可靠性原则

数据质量的准确性与可靠性决定了数据决策的应用成效。建立科学的数据清洗策略、精准的分析模型以及严格的数据质量管理制度，确保每个业务子系统既是数据的提供者也是消费者，共同维护数据的准确性。同时，通过持续的数据质量监控和评估，定期对数据进行检查和优化，确保数据的准确性和可靠性，为教育决策提供坚实的数据基础。

5. 安全性与隐私保护原则

教育大数据涉及个人隐私和敏感信息，须高度重视数据的安全性和隐私保护，采用先进的数据加密、访问控制和数据备份技术，确保数据不被非法获取或滥用。建立严格的数据管理制度和监管机制，确保教育大数据的安全性和隐私性得到全面保障。

（二）数据架构标准

"易加教育"平台通过汇聚、整合、分析和应用区域内各类教育数据，为教育行政部门、学校、教师、学生和家长等提供全方位、多层次的数据服务。然而，数据来源的多样性、数据格式的异构性、数据处理的复杂性以及数据安全的敏感性等问题，使得"易加教育"平台的数据架构面临诸多挑战。因此，制定一套科学、合理、可行的数据架构标准显得尤为重要。

1. 数据架构标准的核心要素

平台随着园区教育信息化建设的深入发展而不断更新完善，基于《国家教育管理信息系统标准与规范》，形成了一套既满足园区教育自身业务特殊要求，又具备教育行业通用性和普遍性的完善标准体系。

信息化标准研究和制定的目的在于满足整个园区智慧教育发展的需要，加强信息化建设的统一领导，建立数据架构标准的核心要素，保证信息在采集、处理、交换、传输的过程中有统一的规范，最大限度地实现信息资源共享。

"易加教育"着力形成两类基本数据，一是基础数据，二是主题数据。

（1）基础数据

基础数据是描述教师、学生、教学机构和教育基础类别的数据，主要包括学生基础信息、教职工基础信息和教学机构基础信息。基础数据的建设，满足了教师和学生基础数据统计的需求，同时也确保通过基础数据接口保证大数据平台数据的唯一性和统一性。

学生的基础数据主要来源于"省学籍系统""易加招生""易加数据"，包括学生基本信息、学籍异动信息、入学注册信息、简历信息、毕业结业信息、家庭成员信息、奖励信息、处分信息、奖学金信息、考评信息、困难补助信息、技术等级证书信息等数据。

教师的基础数据主要来源于"省教职工系统""易加人才""易加数据"，包括教师基本信息、家庭成员信息、学习简历信息、工作职务简历信息、专业技术职务信息、语言能力信息、岗位证书信息、社会兼职信息、学术团体兼职信息、开课记录信息、公开课记录信息和论文著作信息等数据。

教学机构的基础数据主要来源于"易加数据"，包括学校基础信息、分校区信息、班级信息、校内机构信息、教学专业信息（职业学校）、教学课程信息、教学教材信息、教育经费收入情况信息、教育经费支出情况信息、房产用地信息、房产建筑物信息、房产设施信息、社会办学机构基本信息和社会办学机构变更信息等数据。

（2）主题数据

主题数据是与业务相关联的数据，是在基础数据范围之外的复杂业务数据，没有业务就没有主题数据，主要包括教育规模与发展、校园安全、教师人事、招生、学生体质健康、学生素养、学生综合素质、学习行为和学业成绩等方面的数据。教育主题数据的汇聚形成了主题数据仓，让个性学习、智慧教学和精准管理等有了数据支撑，为每一个人提供更适合、适切的教育。

从平台汇聚的主题数据来看，服务于"个性学、智慧教"的"易加学院""易加终身"主要包括个性学习层面的课堂表现数据、学生练习数据、资源相关数据以及终身学习层面的终身学习课程数据和活动数据等；服务于"科学测"的"易加分析"主要包括区级质量监测数据、校级监测数据、班级监测数据和错题本等；服务于"智能评"的"易加综素""易加人才""易加评价"主要包括学生评价层面的道德品质数据、学业水平数据、社会实践数据、身心健康数据、艺术素养数据、学生素质报告数据，教师评价层面的职称评定数据、荣誉数据、人才指数数据以及学校层面的学校评价数据、区域总体评价数据、内部满意度数据、外部满意度数据等；服务于"精准管"的"易加办公""易加招生"主要包括学校管理层面的病情监测数据、双月调研数据、资产填报数据以及学生管理层面的施教区数据、学位占用数据、适龄儿童信息等。

2. 数据治理与标准化流程的重要性

数据治理是确保数据架构标准得以有效实施的关键环节。"易加教育"平台通过制定详细的数据标准化流程和方法论（包括数据字典管理、元数据管理、数据质量管理等），确保各类教育数据在采集、存储、处理、共享和销毁等各个环节都符合标准规范要求。

"易加教育"平台的数据架构标准是实现教育数据有效管理和高效应用的重要保障。通过制定科学合理的标准规范，不仅可以提升平台的性能、可靠性和易用性，还可以促进教育数据的共享与开放，推动教育信息化向更高水平发展。

（三）数据架构实现

"易加数据"作为园区"易加教育"平台的核心数据仓储系统，严格遵循"易加教育"平台的整体架构设计原则，以业务需求为导向，全面支撑园区内学习、教学、评估、测试及管理的各项应用构建要求。该系统拥有科学合理的整体架构设计和明确的业务逻辑架构，确保数据的高效管理与应用需求的精准融通。

1. "数据业务"技术架构实现

"易加数据"作为"易加教育"平台的核心数据枢纽，扮演着为平台内各业务子系统提供基础数据支撑的关键角色。通过高效的数据集成机制，它实时汇聚并清洗来自各业务平台的原始数据，经过精细化的管理和深度分析，形成多维度、高综合性的主题数据集群。这些经过提炼的数据资产,被精准反馈至各业务平台,为"个性学""智慧教""科学测""智能评""高效研""精准管"等教育应用场景提供强大的数据驱动能力。"易如数据"内部数据流转逻辑如图2.6所示。

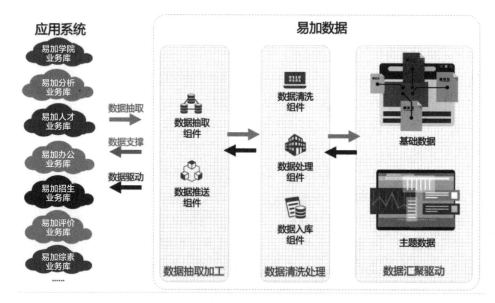

图2.6 "易加数据"内部数据流转逻辑图

同时,"易加数据"在平台外部展现出卓越的数据共享与交换能力,无论是与园区内其他部门的横向数据互通,还是与国家、省、市级相关行政机构的纵向数据对接,均能实现无缝、高效的数据交互,充分满足各类业务需求,展现了其作为现代化教育大数据平台的技术架构优势(图2.7)。

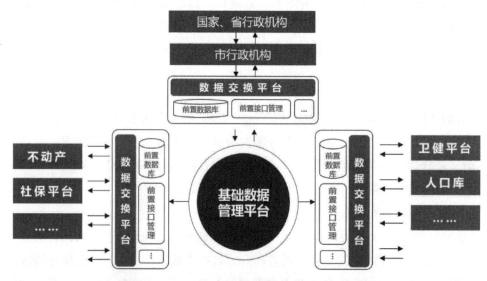

图2.7 "易加数据"与外部平台的数据共享交换逻辑图

2. 数据业务架构实现

"易加数据"业务架构（图 2.8）以智慧教育大数据中心为枢纽，紧密围绕"学、教、测、评、研、管"六大核心应用数据，构建了一个高效、互动、自我进化的业务数据生态闭环。在这个闭环中，结构化与非结构化数据经过持续沉淀与整合，形成了丰富的基础数据和多样化的应用主题数据资源。通过先进的大数据技术手段，这些数据得到深度治理和挖掘，为各类用户提供精准、多维度的显性画像，从而深刻洞察教育领域的个性化需求和发展趋势。

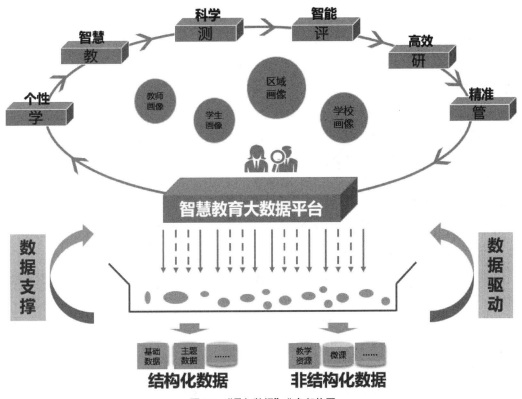

图 2.8 "易加数据"业务架构图

同时，"易加数据"通过隐性数据关联驱动，为"个性学、智慧教、科学测、智能评、高效研、精准管"等教育应用场景提供强大的数据支撑和智能决策依据。这种数据与业务之间的相互作用和相互促进，不仅推动了教育大数据应用闭环的完善，更为实现"新型教与学变革"这一宏伟目标提供了坚实的平台支撑。在这个业务架构下，"易加数据"真正实现了数据与业务的深度融合，共同推动教育的智能化、个性化和精准化发展。

三、"易加教育"平台功能简介

(一)教学功能

在数字化时代背景下,传统的、以教师为中心的教学模式正逐步被以学生为中心、个性化与智能化并存的新型教与学模式所替代。这种转变不仅是对教学工具和方法的革新,更是对教育理念的根本性变革。

"易加教育"平台,承载着服务于人的全面、个性发展的崇高使命,而教与学是达成这一目标的核心要素,二者相辅相成、不可分割。因此,"易加教育"平台将"个性学"和"智慧教"作为功能实现的核心服务宗旨,致力于为学生提供自主、个性化的学习体验,同时为教师提供智能化、多样化的教学支持。"个性学"是指学生可以根据自身的兴趣、能力和需求,自主选择学习内容和路径,按需定制个性化的学习进度。这种学习方式不仅有助于激发学生的学习兴趣和积极性,更能有效培养他们的自主学习能力和创新思维。而教师在这一过程中,则扮演着引导者和支持者的角色,利用平台提供的智能技术,根据学生的认知水平、能力特点和学习风格,向他们推送适切的学习资源,实施精准有效的"智慧教"。

同时,"易加教育"平台也积极响应终身学习的时代号召,将学习从学校和课堂的限制中解放出来,延伸到社会的各个角落和人生的各个阶段。通过构建便捷的资源学习和课程学习支撑体系,"易加教育"平台为全体市民提供了公平、开放、灵活的学习机会和优质的学习资源,助力他们实现终身发展和生活品质的提升。

在平台功能支撑层面,"易加教育"平台具备丰富的学习资源结构和体系化的课程体系,能够以知识点或章节体系进行结构化呈现,满足学生常态化的个性学习需求和教师常态化的教学管理需要。同时,平台还支持灵活全面的组织形式和过程性、终结性评价的生成,为教师和学生提供了全方位的教学支持和学习反馈。

1. "易加学院":个性化学习的强力后盾

在当下这个教育资源极为丰富、发展机会层出不穷的时代背景下,每一位学习者都享有从"乐于学习"到"真正掌握",再到"擅长学习"与"精于学习"的完整成长路径。为更好地适应并推动这一教育变革,区域精心研发的"易加学院"学习平台应运而生。该平台深度融合人工智能技术,全面覆盖教学、管理、资源建设等教育关键环节,为学习者提供了智能、高效、个性化的学习体验。

"易加学院"以学科知识点体系和素养体系为核心驱动力,创新性地采用"1+N"学堂建设模式(图2.9)。其中,"1"代表"慧学学堂",这是一个具备通用教学功能的学堂,能够满足各类学习者的基本学习需求;而"N"则代表一系列具有鲜明学科特色的"特色学堂",包括"语文学堂""数学学堂""英语学堂",不仅充分满足了学习者的普适性学习需求,更凸显了学科特色学习的重要性,真正实现了教育的全面覆盖以及

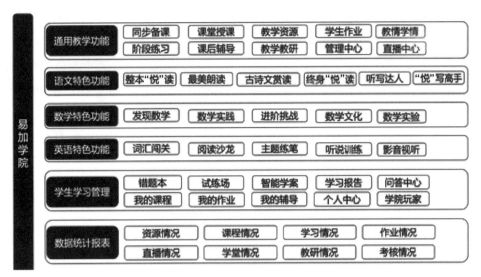

图 2.9 "易加学院"平台功能架构图

深度聚焦,为新型教与学模式探索提供支撑,在新时代背景下,落地学生的学科核心素养培育,满足学生的学科应用能力需求。

其核心功能之一的"慧学学堂",旨在满足各学段、各学科的基础教学需求,通过同步备课、课堂授课、教学资源整合、学生作业管理、阶段练习以及课后辅导等多元化功能,为教师的日常教学工作提供全面的支持。同时,借助"错题集""关键能力图谱""知识体系图谱""素养体系图谱"等功能,更加清晰地了解学生学习状况,实现针对性教学。

"特色学堂"则是充分展现了不同学科的独特魅力。无论是语文的"读、写"特色,数学的"趣味数学"还是英语的"原汁原味,我爱我学",都为学生提供了沉浸式的学科学习环境。这种以学科特色为核心的教学模式,不仅有助于激发学生的学习兴趣,更能够培养他们的学科素养和实践能力。

"学生学习管理"为学生打造了个性化的学习空间。学生可以轻松管理自己的作业、课程和辅导计划,还可以利用"错题本""试练场""智能学案""问答中心"等功能,针对自己的薄弱环节进行有针对性的智能练习。

同时,平台还提供了详尽的学情分析数据,帮助学生更加清晰地了解自己的学习进度和掌握情况。而"数据统计报表"则为教师和教研员服务,让他们可以更加深入地了解学生的学习状况,从而调整自己的教学策略和方法。这不仅有助于提升教学质量,更能够促进教师的专业成长和发展。

"易加学院"学习平台以其强大的功能体系和高度个性化的学习支持,为新时代下的教与学提供了有力的支撑。无论是学生还是教师,都可以在这一平台上找到适合自己的学习路径和发展空间,共同推动新型教与学的创新和进步。

2."易加终身"：开启终身学习的无限可能

园区精心打造的"易加终身"是推动终身学习理念落地的重要载体。平台采用模块化设计，涵盖信息概况、活动中心、个人中心、基础管理、课程中心等多个核心功能模块，为居民提供了全方位、多层次的学习体验（图2.10）。通过系统性的课程体系建设、高质量的数字化学习资源研发，以及精准个性化的终身学习资源推送，平台有效促进了各类社区教育资源的共享与互通。这一举措不仅打破了学校学习与社会学习之间的壁垒，更满足了人们不断增长的终身学习需求。

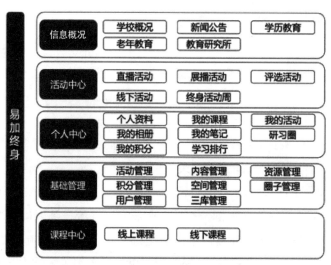

图2.10 "易加终身"平台功能架构图

园区的每一位居民都可以应用多种终端登录"易加终身"平台，实现校内教育与校外教育、学历教育与继续教育的无缝对接。平台为全体市民的终身学习创造了更公平的机会、更便捷的途径与更优质的资源，让每一个学习者都能真正实现"活到老、学到老"的终身学习愿景，更为构建学习型社会、推动教育现代化做出积极贡献。

"易加终身"平台是一个综合性的学习系统，涵盖信息发布、活动管理、个人学习记录及课程资源等核心模块。通过其"信息概况"部分，公众可轻松获取和分享信息；活动中心则促进线上线下活动的展示与评价；个人中心内的"研习圈"功能，便于学习者围绕研究主题建立交流圈，提升问题解决能力；"基础管理"提供多维度管理视角，优化使用路径；"课程中心"汇聚丰富的线上课程资源及线下课程信息，并链接国家公共资源，满足居民多样化的自助学习需求。

（二）监测功能

在传统的教学监测体系中，由于学生学情数据的获取渠道相对单一，教师往往难以进行持续、系统的学情跟踪，进而只能依赖主观判断进行教学决策，这无疑削弱了教学的针对性和实效性。

"易加教育"平台通过全面、深入的数据采集机制，科学、准确地把握教育质量的实时动态，从而为教学业务提供更为客观、精准的数据支持，大力提升了监测的科学性和智能化水平。园区研发了"易加分析"与"易加双减"平台，通过对学生平时作业与练习、学校教学质量检测、区域教学质量监测进行常态化数据采集，对学生的学习情况和教师的教学行为精确刻画，为全面、客观地评价教学和学习效果提供了有力支撑，进而有助于更精准地落实中小学生核心素养的培育工作，推动教育质量的全面提升。

1. "易加分析"：教育质量的精准数据监测与分析引擎

在构建"易加分析"平台时，园区充分考虑了区域和学校的实际需求，使其能够服务于区、校两级的监测工作。该平台支持多种阅卷模式，能够根据科学的评价指标和明确的导向，对多元、多维度、多种类的数据进行深入分析，进而清晰揭示出教学、教研、学习和管理等各方面的现状。这不仅为教师改进教学方法、学生优化学习方式以及管理者调整管理策略提供了有力依据，也为实现教育教学的持续改进和创新发展奠定了坚实基础。

"易加分析"支持质量监测全流程服务，涵盖考务、出卷、阅卷和分析全业务（图2.11）。平台通过多样化的数据采集与智能化处理，实现了对监测项目的全面管理，并且支持题库组卷与智能组卷的灵活应用。在阅卷方面，平台融合了无痕与有痕阅卷模式，确保数据采集的高效与精准。最后，平台通过深度绑定试题与核心素养维度，生成多维度的分析报告，为教学提供科学指导。

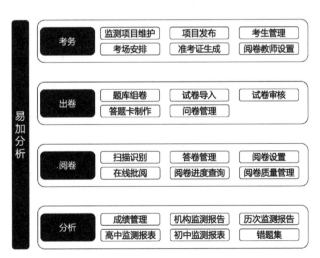

图 2.11 "易加分析"平台功能架构图

"易加分析"支持质量监测多层级覆盖，不仅满足了区、校两级的深层次学情监测需求，更精准对接了学校学科日常练习检测的细致要求，实现了区、校数据的无缝对接与高效利用。在区级层面，平台通过其先进的考务管理系统，轻松获取并整合学生数据信息，以科学的抽样方法确保监测的广泛性与代表性（图 2.12）。教育工作者能够依托平台丰富的试题资源，灵活组卷并精准绑定监测维度与学科核心素养点，从而生成极具指导意义的监测报告。无痕阅卷技术的运用，进一步提升了评卷的公正性与效率，而智能分析模块的深度挖掘，则为教学质量的持续提升提供了坚实的数据支撑。

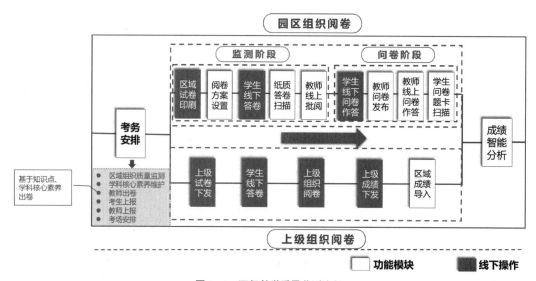

图 2.12　两级教学质量监测流程

在学校层面，该平台为教师提供了更加便捷、高效的组卷方式，并支持线上线下的灵活检测模式（图 2.13）。无论是学生在线答卷的无痕阅卷，还是纸质答题的有痕阅卷，都能通过平台强大的分析模块，快速生成详尽且深入的知识点与核心素养分析报告。这些报告不仅为教师的备、教、改、辅、研工作提供了全面且精准的数据支持，更为学校的教学管理与决策提供了科学依据，推动了数字化新型教与学的深度融合与发展。

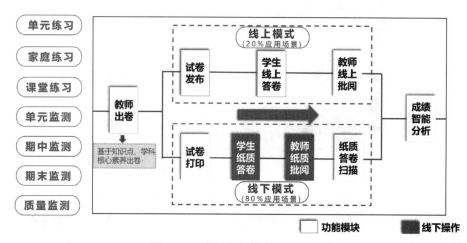

图 2.13　区校两级教学质量监测流程

2."易加双减":助力教育减负提质

"易加双减"平台(图 2.14)是基于课程标准,面向园区教师、学生、学校和管理者的具有常态作业数据采集、严选智推作业资源、智能作业管理服务的平台,致力于实现线上线下的全学程作业数据采集、个性作业分层布置、巩固作业智能学习、管理作业精准全面,助推双减落地,落实减负、提质、增效。"易加双减"平台借助大数据赋能作业管理,通过增强常态作业过程性采集与跟踪,实现错题汇编、错题讲解、作业时间统计、满意度调查等功能,有力推动区域内学生作业减负提质,提升教师教学效果、学生学习效率,助力区域作业的智能治理。"易加双减"为园区教育信息化提供了更轻松、高效的学习和教学体验,推动教育教学方式的改善,为园区教育提供更加优质的服务。

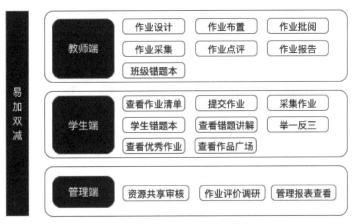

图 2.14 "易加双减"平台功能架构图

(三)评价功能

教育评价在教育教学中发挥着重要的导向作用,好的教育评价平台应满足对象多元、过程持续、结果多维,这样才能帮助评价对象不断自我完善,同时为教育决策提供依据。为此,园区建设了助推学生全面发展的"易加综素"、助推教师队伍专业成长的"易加人才"、助推学校优质发展的"易加评价"三大教育评价平台,从经验判断走向科学循证,从单一的终结性评价走向多元评价相结合,全面发挥教育质量评价的导向作用。

教育评价是引领教育发展的重要指标,它塑造了教育的办学方向。为了充分发挥其导向作用,评价平台需深入分析和运用各类数据,以精准刻画推动精准发展。这涵盖了评价体系的构建、数据采集、模型建立、深度分析及直观呈现等核心功能。园区所构建的三大评价平台,已针对园区教育自身发展需求建立了科学的评价指标体系,形成了以"数据分析—特征提取—形成刻画"为特征的智能评价模式,以推动学生、教师、学校和区域的个性化发展决策。这一创新举措旨在实现"为每位师生量身打造合适的教育",展现了教育评价在新型教与学改革中的核心作用。

1. "易加综素":助推学生全面发展

为了全面推动学生的全面发展,并为其提供精准的成长导向,园区汲取了国内外先进的评价理论精髓,紧密结合国家及地方的教育评价政策,同时融入众多中小学的实践经验,精心构建了"易加综素"平台(图2.15)。这一被誉为"小五星成长体系"的平台,以思想品德、学业成就、身心健康、艺术修养和社会实践五大维度为核心,全面服务于学生的综合发展评价。通过线上线下的问卷、持续监测与多元赋分等全方位的数据采集方式,"易加综素"实现了学生全生命周期的数据收集与整合。它不仅为学生、家长、教师和教研员提供了一个全面、科学、直观的学生综合素质展示窗口,更基于这些评价数据,为学生提供了有针对性的反馈和发展建议。这样,每一位学生的成长历程都得到了深度记录和精准指导,其个性化成长之路得到有力支撑。

图2.15 "易加综素"平台功能架构图

"易加综素"平台具备灵活调整的评价项目和指标体系,这些都能根据学生发展的实际情况进行优化。该平台拥有一个全面的数据中心,能够持续收集学生的发展数据,包括形成性评价的实时记录、日常评分,以及终结性评价的学业成绩、体质健康信息等。通过这些数据,平台可以综合展现学生的综合素质表现,并提供强大的系统管理功能来维护学生的基本信息。基于五维评价体系,结合数据中心丰富的数据资源,"易加综素"每学期能够为学生生成电子化的素质报告和成长档案。特别值得一提的是,通过"成长写实"板块,平台可以深入记录学生的成长轨迹,使学生能够纵向对比自己的进步,从而更客观、全面地认识自我。

2."易加人才":助推教师队伍专业成长

为了全面提升教师队伍的素质,并为每位教师的专业成长搭建坚实的阶梯,园区"易加人才"不仅实现了对教师基础信息、荣誉成果、职称资质、奖励情况以及招聘信息等全方位数据的统一整合与管理,而且通过深入分析这些数据,为教师的专业发展提供有力的支持。通过"易加人才"平台的建设与运用(图2.16),园区能够高效地进行人事数据管理,精准地测评教师的人才指数,公正地进行教师职称评定,科学地开展教师人才招聘工作,全面地进行人事数据统计。这些功能共同构成了教师成长的培养体系,清晰地呈现了教师进阶发展的动态过程和个人成长轨迹,为教育决策者提供了有力的辅助,助力教师人事决策更加科学、合理。

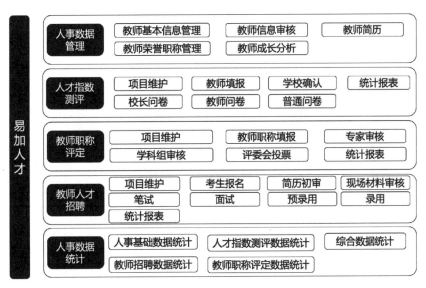

图2.16 "易加人才"平台功能架构图

"易加人才"主要基于基础信息、职称、荣誉、成长轨迹等信息呈现教师动态发展;基于问卷采集呈现学校教师教育人才指数测评结果;基于填报、投票、统计等实现教师职称申报和评审;基于报名、审核、测试、录用、统计等流程实现教师人才招聘;同时还能独立呈现多元统计分析报表,实现人事数据统计功能。"易加人才"以其全面的教师成长体系与高效的数据整合能力,为区域教师队伍建设提供精准、实时的决策支持,助力教育人才战略的高效实施。

3."易加评价":助推学校优质发展

想要推动学校向更高质量、更全面的方向迈进,一个具备科学评价体系和高效数据采集能力的平台至关重要。"易加评价",又称为"大五星评价",正是为学校发展提供坚实支撑的综合平台。它集成了日程监测、调查问卷、校园安全、配置管理及评价分析等多项功能,从学校发展、学生发展、教师发展、内部满意度、外部满意度五个维度对学校的教学与管理工作进行了全面客观的评价。通过持续采集并分析学校的各类数据,"易加评价"不仅帮助学校全面了解了自身的优势和待改进之处,更为学校未来的发展策略提供了有力的数据支持。这种以数据为核心驱动学校发展的方式,正成为推动学校优质、全面发展的新动力。

"易加评价"(图 2.17)主要包含以下基本功能:"日程监测"支持数据填报、佐证材料上传、材料审核、评价赋分等,方便专家对学校上报材料进行评审;"调查问卷"包含问卷填报、问卷管理,支持校内外问卷发放与统计;"校园安全"包含信息审批、模板配置,方便学校完成校园安全管理的实时填报;"配置管理"能够根据区域发展需要动态调整评价指标体系;"评价分析"包含学校分析、区域分析、年度评价报告等,支持区、校两级评价报告的生成。"易加评价"平台全面支撑学校五个维度立体动态的评价,形成了多层级、多维度的区、校可视化发展报告,实现了"学校看发展,校际观差异"。

图 2.17 "易加评价"平台功能架构图

(四)研训功能

在传统的教师研训体系中,由于存在教研资源的分散性和时效性问题,教师往往难以获取最新、最全面的教研信息,也无法进行高效、系统的研训活动,这在一定程度上制约了教师的专业成长和教学质量的提升。

"易加教育"平台致力于打造一个集教研资源共享、研训活动管理、教学成果展示于一体的综合性研训平台。通过构建"易加云端教研",支持在线研训活动的开展,如网络研讨、远程观摩、在线评课等,打破时间和空间的限制,促进教师之间的交流与合作。同时，实现教研资源的集中存储和高效利用，为教师提供便捷、丰富的研训资源获取途径。此外，云端教研平台还能够对教师的教学成果进行数字化展示和评价，为教师的专业成长提供可视化的成长轨迹和量化的评价指标。通过"易加云端教研"平台的建设，我们期望能够实现教研资源的最大化利用，提升研训活动的针对性和实效性，推动教师的专业发展和教学质量的持续提升。这不仅有助于落实教师队伍建设的战略目标，也为培养高素质、专业化的教师队伍提供了有力的技术支撑。

"易加云端教研"（图 2.18）融合人工智能和大数据技术，打造云端"备—授—评—研"一体化教研新范式，可有效解决传统教研存在的"组织管理难、教师负担重、成果难留存"等难题，将备课、授课、听评课、远程教研全过程的完整资源和成果进行伴随式采集和云端协同共享，实现时时、处处、人人均可参与的联合教研。"易加云端教研"分为协同备课、双师课堂、听评课、远程教研、大数据驾驶舱五大核心模块，实现了教研活动全过程资源完整记录和云端共享，并通过各种高效便捷的 AI 工具，如智能语音识别、智能提炼摘要、智能生成听评课记录等，将教师从传统教研中的一些繁杂工作内容中解放出来，使其只需关注教研本身，从而大力提升自身教育教学水平。

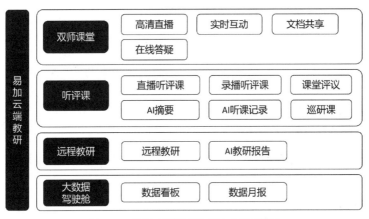

图 2.18 "易加云端教研"平台功能架构图

"易加云端教研"的双师课堂模块，能有效联结区域内教学名师与薄弱学校教师、名校教研组与薄弱学校教研组，组成在线教研共同体，使得名校名师的整体教学设计、教学重难点的解决方法、教学环节组织和课后作业设计理念能够有效辐射给区域薄弱学校的教师。听评课模块，能大幅降低听评课开展的组织难度，通过伴随式采集听评课的全流程数据以及 AI 提炼的内容重点和听课记录，能实现教研资源的高效整理和云端共建共享，推动教研活动更加高效有序地开展。远程教研模块，为开展突破时间、空间界限的线上线下融合的远程联动教研，进一步扩大教研职能，整合区域资源，提供了强大助力，可以有效支撑集团学校间、结对帮扶学校间、跨区域学校间的远程联合教研。

（五）治理功能

教育决策的精准落地、教学活动的有序开展都离不开教育管理的有效保障。因此，治理功能是区域新型教与学平台应当具备的基础功能。园区深入调研教育管理部门的需求，打造门户空间、行政办公管理、招生管理、校园安全、督导等项目内容，实现区域教育的个性化管理和特色化治理，让管理更快捷、更有效、更前瞻，全面支撑教育科学决策，促进教育公共服务水平的提升和教育治理体系的现代化。

1. "易加门户空间"：一人一账号，一人一空间

"易加门户空间"依据教育部"人人通"空间规范要求实施建设，是园区智慧教育平台的统一用户入口，集成了"学、教、测、评、管"五大类教育应用，为学生、教师、家长、公众和管理者提供全维、个性的服务体验。

"易加门户空间"集成"人人通"空间，包含门户空间、组件管理、基础管理和应用集成能力平台等功能（图2.19）。通过构建单点登录身份认证体系（SSO），支持微信、企业微信、手机应用软件、域账号、短信等多种登录方式，实现"一人一账号、一次登录、处处使用"。

图 2.19 "易加门户空间"平台功能架构图

2. "易加办公"：全领域应用、多条线贯穿行政办公管理

管理平台要方便教育的常态化管理，其基本功能应包括行政管理、教务管理、家校管理和总务管理等内容，面向群体服务人员构建高效、优质的管理服务。园区"易加办公"的建设就是面向教育管理，以即时通信为基础，按照统一的数据接口规范，定制研发的满足区域各种教育管理与应用的集合体，覆盖如健康、教务、校产、办公、家校联系等内容，实现"掌上办、移动办、马上办"，不断提升工作实效，让教育管理

更加精准、更加高效。

"易加办公"充分考虑了用户的使用习惯与业务流程，通过高度互联互通的设计，实现了一体化的综合管理，全面涵盖了行政管理、教务管理、家校管理、总务管理等功能模块（图2.20）。在行政管理方面，平台集成了即时通信、公文流转、业务审批、数据填报、预决算管理以及信访管理等多项行政功能，显著提升了办公效率与协同能力。在教务管理方面，平台汇集了课表管理、学生选课、活动管理等教务核心功能，充分满足了教务工作的多样化需求。在家校管理方面，通过校长信箱、班级空间、班主任邮箱、教师助手以及公众服务等功能，为学校与家长之间搭建了畅通无阻的沟通桥梁。在总务管理方面，平台整合了病情监控、资产报表、安全管理、补贴管理、用餐管理等功能，确保了信息的规范化流转与高效处理。

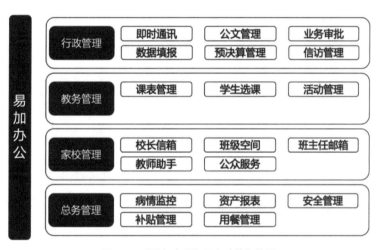

图2.20 "易加办公"平台功能架构图

3."易加招生"：招生掌上办，让百姓少跑路

"易加招生"联结园区"一网通办"，通过电子证照跨层级、跨部门互通互认，免证调用等方式，实现最快仅用6秒即成功报名的"秒速"体验，有效减少家长报名"多跑腿""多证明"的普遍现象。"易加招生"平台功能架构如图2.21所示。

招生入学时，家校双方都可以通过"招生管理"模块下的学位管理功能，正向查询学校和施教区，也可以输入家庭住址，反向查询所属学校，实现房产信息验证；通过新生信息采集模块，完成信息采集。

"易加招生"提供了移动报名、新生信息采集、小升初招生流程、学位分配、双月调研等便捷功能，极大地便利了大众的使用与服务体验。家长们只需通过扫码登录、人脸认证、新生信息登记、基础信息绑定、在线登记、选择学校类型和报名学校等步骤就能轻松完成在线登记流程。整个过程仅需2分钟左右，最快的一位家长仅耗时48秒就完成了报名。这不仅给广大家长带来了便利，也给学校减轻了现场报名的工作量。

图 2.21 "易加招生"平台功能架构图

平台自 2014 年投入使用以来，积累了全面的招生数据，教育行政部门还利用这些数据进行建模分析，形成了具有园区特色的"招生压力图"，直观地看出生源压力，从而有利于教育行政部门做出更好的学校规划和教师招聘决策。

4."易加校园安全"：为校园安全护航

"易加校园安全"的建设旨在通过构建便捷、高效的安全隐患上报与处理机制，强化校园安全管理的及时性和有效性。该平台利用信息技术手段，实现了安全隐患的快速发现、上报、跟踪和处理，确保校园安全问题得到及时妥善解决，为师生创造安全、稳定的学习环境。"易加校园安全"涵盖了隐患管理、整改通知、隐患分析、设置和月报汇总等几大核心模块（图 2.22），有效优化三类安全隐患排查流程，包括学校内部安

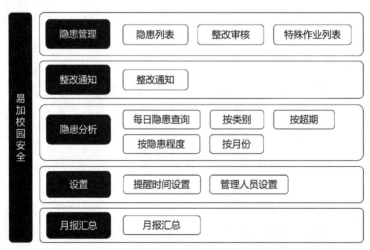

图 2.22 "易加校园安全"平台功能架构图

全隐患流程、学校隐患提档为区级隐患流程和区域巡检流程。所有重要任务流程，均支持通过短信和微信通知，管理者可以直接点击消息通知进行相应处理，包括超期提醒、隐患审核等，有效实现了校园安全隐患随时上报，隐患整改情况及时跟踪，区域隐患数据实时掌握。

"易加校园安全"提供了便捷的隐患录入和隐患列表查看功能，可以通过小程序便捷地进行隐患上报和隐患详情查看，也可以对提交的隐患整改情况进行审核，整改完成的，可以通过审核，完成闭环。整改通知模块，支持区级管理人员将隐患进行提档，由校级隐患升级为区级隐患。对于超期整改或严重的隐患，可以由区域管理者下发整改通知单或者督办单，督促整改。在隐患分析模块，区域管理人员可以查看区域各校每日隐患上报的情况，并可快速对没有上报的学校进行催报，让他们及时上报。区域管理者还可以通过隐患分析和月报功能直观地查看各学校每日隐患数据上报和处理情况，并可对未及时上报学校进行一键催报，还可以按月份、超期时间等多个维度查看隐患数据，全方位掌握和分析区域隐患情况，让校园安全管理更便捷、更高效。

5."易加督导"：区域教育督导的精细化管理与执行引擎

为了全面提升区域教育督导的效能，确保教育政策与学校实践的紧密结合，园区汲取了国内外教育督导的先进经验，紧密结合国家及地方的教育督导政策，同时融入众多学校的实际需求，构建了"易加督导"，以构建全面、高效的教育督导管理机制，强化教育政策的有效落实与学校的持续改进。作为园区教育督导工作的核心支撑，"易加督导"满足了挂牌督导、专项督导、素质教育督导等多类别、多场景的督导需求。它不仅能够满足督导政策实时发布、督导任务精准分配、督导过程实时监控和督导结果及时反馈等业务需求，也大大提升了督导工作的针对性和实效性，确保了教育政策的有效落实和学校的持续改进，还通过其强大的数据整合与GIS（地理信息系统）地图能力，为教育管理部门提供了全面、精准的督导视图，助力管理者随时掌握区域教育工作的动态与进展，确保区域教育督导工作的科学性、规范性和高效性。同时，该平台也成为展现区域教育督导成果与实践风采的重要窗口，为区域内的工作管理者提供了交流与学习的宝贵机会，也进一步推动了教育督导工作的透明化和公开化。

"易加督导"是一个全面、高效的教育督导平台，它通过整合学校、教师、专家等核心数据资源，利用六大功能模块和移动端功能，实现教育督导工作的全面覆盖和高效执行（图2.23）。督导资讯，作为教育督导的宣传窗口，确保信息的及时性，促进教育督导工作的透明化和规范化。个人督导工作室，为督导人员提供个性化的工作空间，方便其进行移动督导和实时查看，极大提升督导工作的便捷性和效率。督学圈，作为责任督学的专属空间，促进了督学间的交流与合作，形成了良好的互动氛围。挂牌督导，是平台的重要组成部分，实现挂牌督导的全流程管理，确保督导工作的规范化和系统化。素质教育督导，是重要的督导业务流程，平台提供了全面的功能支持，满足过程性、流程化、多角色协同督导的需求。专项督导，针对特定督导任务进行配置，确保督导工作的精准落实。移动端功能的完善使得督导人员能够随时随地处理督导事务，实现工作的无缝衔接和高效协同。此外，平台还与其他教育信息系统进行了深度整合，实现了数据共享和互通，进一步推动了教育督导的信息化和科学化，形成了以业务为创新要素的教育督导发展新形态。

图 2.23 "易加督导"平台功能架构图

6."易加 GIS 决策"：助力管理者智能决策

园区教育通过汇聚各施教区各学校多类数据，整合施教区划分数据、生源数据、学校数据资源，通过构建教育地图，构建了基于位置的教育信息融合 GIS（Geographic Information System，地理信息系统）应用呈现，为施教区划分提供直观的辅助决策依据，并为公众提供便捷的施教区双向查询服务。

"易加 GIS 决策"（图 2.24）平台提供多终端访问方式，为园区公众可视化呈现园区的教学资源分布，包括学校地图、基地地图、场馆地图，让市民能够快速了解园区教育资源分布情况。建设施教区双向查询入口，实现施教区分布的可视化，让园区公众清晰了解每个施教区的位置和范围，让家长和适龄儿童能够轻松查询到就近入学的相关信息。构建施教区划分智能辅助模块，依托地图进行直观、动态的施教区规划，构建适龄生源承载力、规划生源承载力、预测生源承载力等多元承载力分析模型，基于模型动态分析、各类时空分析及辅助指标的实时计算，动态查看划分过程中各校生源承载变化情况，为管理者进行施教区划分提供直观的辅助决策依据。此外，平台还为教育相关系统提供地图服务能力，优化应用系统可视化效果，进一步促进教学资源的快速获取及能力复用，支撑各类教育应用的扩展性。

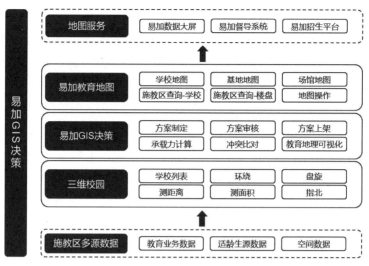

图 2.24 "易加 GIS 决策"平台功能架构图

7. "易加考评"：使考评工作便捷高效

为了客观全面地了解教育系统干部的工作状态和成就，确保基层教职工在干部选拔、任用和考核等方面的知情权和监督权得到充分体现，同时创造一个更透明、更科学的干部管理环境，园区教育每年都会进行半年度的干部民主测评。这一过程通过采用信息化手段，使得半年度干部民主测评工作变得更加便捷、高效，并符合干部考评数据的保密要求。

"易加考评"（图 2.25）作为干部民主测评的专项工具，使测评工作便捷、高效、公正。系统通过自定义考评项目、考评人员维护、测评答题卡维护，实现记名或不记名填图答题。考评结束后，使用本地 OCR（光学字符识别）识别功能将答题卡扫描并存入数据库，最终一键生成所需的干部考评统计报表，定向数据公开，严格保障数据的安全。这些统计数据将被归档保存，便于未来进行历史数据的追踪和查询。

图 2.25 "易加考评"平台功能架构图

8. "易加时光":链接师生成长发展轨迹和"易加"美好回忆

"易加时光"展现了学生、教师、班级、学校等区域所有对象的成长、发展轨迹和美好回忆。通过建设,以"易加数据"为数据底座,以"易加"各业务应用平台数据为基础,构建以学生、教师、班级、学校和区域为研究主体的全对象数据链路体系,为各维用户提供全过程、全周期数据服务与便捷的数据查询手段。

"易加时光"包括数据链应用系统、数据链应用管理系统、数据链监控系统、数据模型管理系统、数据集成管理系统和数据池管理系统六大模块,呈现了学生成长链、教师发展链、班级成长链、学校发展链和区域发展链(图2.26)。其中,学生成长链提供学生主页、应用轨迹、就读轨迹、成长轨迹、学习过程、学业评价、学业成就"一主六次"数据链及成长空间;教师发展链提供教师主页、应用轨迹、工作轨迹、资源贡献、个人积累、教育绩效、荣誉资质"一主六次"数据链及发展空间;班级成长链提供班级成长主页、应用轨迹、班级风采、任教轨迹、资源建设、学生发展"一主五次"数据链及成长空间;学校发展链提供学校发展主页、应用轨迹、办学历程、教育资源、教师发展、学生成长、综合考评"一主六次"数据链及发展空间;区域教育发展链提供教育主页、平台历程、发展历程、学校管理、教师发展、学生成长"一主五次"数据链及发展空间。同时,系统支持移动端一键生成各用户时光报告,主动推送给用户。

图2.26 "易加时光"平台功能架构图

9. "易加认证":打造园区教育证照中心

园区充分利用区块链技术的数据不可篡改与高度安全特性,构建了教育领域的权威证照管理体系"易加认证"。通过集中管理证书模板，确保了证书样式的规范统一。同时与各业务平台紧密配合，实现了师生证书数据的无缝对接与上链验证。"易加认证"不仅为园区师生提供了便捷高效的在线证照管理服务，还通过多维度的证照查询、下载及统计报表功能，为管理者提供了全面精准的数据支持，有力地推动了园区教育的信息化进程，提升了证照管理的权威性与公信力。

"易加认证"平台通过证书认证管理与模板管理机制，实现了标准化、系统化的证书申请及维护流程。通过高效的多平台证书数据自动同步技术，显著降低了用户手动介入的复杂性及错误率，提升了操作的流畅性与准确性。同时，平台深度融合区块链技术，确保教师证书信息的真实无误与高度可信，从根本上杜绝了证书被篡改或仿造的可能性，保障了教师的权益。面向学生用户，在线证照管理服务支持随时查看、一键下载及分享，极大提升了证照使用的便捷性和时效性。对于管理者而言，平台通过一体化证书模板管理，精简化证书申请与管理流程，实现了工作效率的跨越式提升。此外，多维度的证照查询与统计报表功能，更为管理者提供了全面、深入的师生证照数据分析，助力教育决策者把握全局、科学决策。"易加认证"平台功能架构如图2.27所示。

图 2.27 "易加认证"平台功能架构图

10. "易加数据"：园区教育的数据仓和驾驶舱

"易加数据"是园区新型教与学平台的数据仓与驾驶舱，汇聚了全区学校、教师和学生的基本信息和各业务平台的主题数据，遵循区域教育大数据整体架构的基本思想，应业务而生，为"个性学、智慧教、科学测、智能评、高效研、精准管"提供用户精准刻画与数据关联驱动。

"易加数据"构建了包括基础数据采集、基础数据管理、数据接口管理、主题库管理、主题数据展示以及数据交换标准工具在内的六大核心功能模块，同时兼容电脑端和移动端应用，为园区智慧教育打造了坚实的数据支撑体系（图2.28）。这一体系以"通、厚、活、准"四大特点为显著优势。所谓"通"，即数据流通性。通过高效的数据整合与共享机制，"易加数据"成功打破了各业务平台间的数据壁垒，实现了数据的无缝对接与互联互通，大幅提升了数据的利用率和价值。"厚"则体现在数据的深厚积淀与多维度分析上。从底层数据的精细化治理到顶层数据的直观表达，"易加数据"对基础数据和主题数据进行了深度关联分析，为业务平台提供了坚实的数据支撑和精准的数据驱动服务。"活"代表的是数据的鲜活性。数据来源广泛且通道多样，支持动态的数据采集、实时分析和灵活呈现，确保了数据的时效性和前瞻性，为决策提供了有力依据。"准"即数据的准确性。通过实时采集基础数据和主题数据，并结合先进的数据建模分析技术，"易加数据"为个性化学习、智慧化教学和精准化管理提供了准确无误的数据支撑和服务，有力推动了园区智慧教育的发展。

图2.28 "易加数据"平台功能架构图

第二节 / "易加教育"应用场景打造

一、应用场景概述

2024年中国教育工作会议指出，"要不断探索数字化新赛道"，明确提出"坚持应用为王,走集成化道路,以智能化赋能教育治理,拓展国际化新空间,引领教育变革创新"。十多年来,园区前瞻布局,主动对接国家教育数字化转型,围绕学生的学习与成长,聚焦立德树人、五育融合,全面推进"易加教育"建设工程,在优质教育资源共建共享、新型教育学变革、教育评价综合改革等方面持续发力,努力推进教育数字化支撑大规模因材施教的区域实践,整体构建技术赋能的"同心圆"教育数字化转型体系(图2.29),全面构建教育高质量发展体系。

图2.29 "同心圆"教育数字化转型体系

"同心圆"教育数字化转型体系依托"易加"数字化平台,围绕立德树人、五育融合、全面发展,根据"学、教、测、评、研、管"六类应用需求,开发课程资源、教学工具和支架等,以"易加学院""易加终生"赋能"个性学""智慧教";架构监测体系、开发监测工具和系列评价平台,以"易加分析""易加综素""易加人才""易加评价"助力"科学测""智能评";建构研修系统,开展学科诊断和协同教研,以"易加教师书院""易加教研空间"等进行"高效研";研制数据标准,打造数据仓和驾驶舱,以"易加招生""易加招聘""易加督导"等实施数字治理,进行"精准管"。实现"学"字当头的"学、教、测、评、研、管"一体化育人模式,推进区域教育高质量发展。

我们将能够看到"易加"数字化平台研发和应用过程中,从顶层设计到具体实施,对新型教与学的变革起到的全面支撑作用。因此,"同心圆"图谱不仅提供了一个全面的理论模型,更是在实践层面展示了"以数字化撬动教育整体变革"的破解之道。

体系化、结构化、层级化、易分享的优质的数字教学资源能够满足选择性需求，彰显"整体""融浸""激趣""精准""开放"5种教学策略，助力因材施教，促进优质均衡。资源的建设路径、平台的关联应用，实现了数据积累和关联推送，进一步支撑"全链式、项目式、主题式、混合式、自主式、协作式"6种学习路径，形成"融合创新、深度学习"的新样态。在教师层面形成同步备课和项目化备课2种备课方式，赋能"智慧教"，形成协备圈、教研圈、成长圈3个研训圈子，赋能"高效研"。学生层面利用1座资源宝库和知识点体系、能力点体系、素养点体系、考点体系4套评价体系，赋能"个性学""科学侧""智能评"。"易加"智慧教育平台以"学"产生的数据带动"教"，数据说话，实证诊断，动态刻画学生学情、教师教学、学校与区域的管理等。教育数字化赋能教育治理与教育教学改革，形成数字化支撑的教育发展样态，变"行政办学、层级管理、经验决策、我说你做"的"管"字当头的办学模式，为"学教深融、监测跟进、数据决断、专家智理"的以"学"为先的办学范式，提高办学质量。

在平台开发和应用过程中，最终厘清五大环节：基于问题，确立项目；工具研发，实施监测；数据分析，科学诊断；明确方向，跟进改革；指导督导，解决问题。推进尊重个性差异的跟进式多循环测评和治理"5+1"质量管理模式。

同心圆模式保障目标不变，久久为功不走样；"5+1"质量评价模式保障教育治理闭环和评价结果的有效应用，实现了教育资源的均衡分配、大规模因材施教，彰显了同心圆图谱在引领教育创新和高质量发展中的核心作用。

二、六大应用场景打造

（一）"个性学"

1."个性学"的基本定位

"个性学"是指学生自主选择和参与相关学习活动，按需制定学习路径和进度，不断发展自己的个性。《中国未来学校2.0：概念框架》[1]指出"未来学习是坚守传承、盘活积淀的学习……未来学习是重组课时、突破时限的学习……未来学习时是重构物理空间的学习……未来学习是利用虚拟空间的学习"。因此，为了激发学习兴趣、获得良好体验、促进个性发展、培育未来人才，园区教育提出了"六学"方式，即全链式学、项目式学、主题式学、混合式学、自主式学、协作式学。园区"易加学院"平台支持这"六学"方式，从而满足学生的个性化学习需求，真正实现了从"教"到"学"的转变，将学习的主动权交还给学生，让每一个学生都能找到适合自己的学习路径。

---

[1] 中国教育科学研究院未来学校实验室.第五届全国未来学校大会，2018：9-13.

2. "个性学"的场景描述

（1）全链式学

"全链式学"是指学生根据教师发布的课程、项目、圈子等，开展课前、课中、课后的全链式学习，此外，还可以对课程和资源进行评价。"易加学院"开展学生的学力、学法、学程的全要素研究，支持"教·学·做"的全链条活动设计，构建前学引导、共学疏导、延学辅导的新型教学模式，优化教学流程与评价机制，以学定教、以学评教、以学优教，提高学习效率和质量，减轻学生过重作业负担，真正压减作业时间，贯彻"双减"政策指导思想，实现"双减"工作目标。

"全链式学"鼓励学生在对话、互动和实践中建构和应用知识，培养学生应对复杂情境和解决真实问题的能力。学生通过"易加学院"可以收到教师发送的课程，课程覆盖前学、共学、延学全环节，能对学生的学习进行引导、支撑。通过新型学习模式构建探索，让教学焕发新的生命活力。

前学阶段，学生可以查看教师设计的前学任务单，通过完成教师布置的课前学习任务，整体感知本节课程的知识架构。教师通过推送微云课等学习资料，帮助学生快速走进学习情境，复习前学知识，熟悉课程内容。学生还可以通过讨论交流等方式，与教师、同伴共同讨论前学中遇到的问题，这便于教师提前了解学生的知识能力水平，有重点地调整教学策略。

共学阶段，学生可以在教师的引导下，利用学习任务驱动、小组分工协作、成果展示交流等学习活动支撑工具，由浅入深地学习知识、培养能力；可以利用"易加学院"中的探究学习工具、情境学习工具等学科特色工具，进行学科知识的探究、理解；还可以利用智能终端，与教师、同伴进行课堂交互，将思维过程和思维成果进行可视化展示、交流、评价，实现知识、能力、素养的综合提升。

延学阶段，学生可以根据自己的能力水平去完成教师发布的分层个性化课后作业。通过检测作业，学生可以考查自己的知识掌握情况，了解自己的薄弱点，便于进行进阶提升训练；通过实践成果的展示交流，学生可以进一步提升自己的学科能力，从而深化认知、学以致用；学生还可以通过学习教师推送的拓展资源来扩大知识面，提升自己的知识积累。

图2.30呈现了"个性学"之全链式学的案例。

（2）项目式学

"项目式学"是指以驱动问题、真实情境、项目成果为项目核心要素的学习模式。利用"易加学院"项目学习功能，学生可以自由组建不同班校团队，围绕问题共同探索，遇到难题向导师咨询，晒出团队项目成果，记录历程，拥有专属档案袋。

"易加学院"支持单学科项目化学习应用场景，赋能入项活动、知识与能力建构、探索与形成成果、评论与修订、公开成果、反思与迁移的单学科项目化学习实施全阶

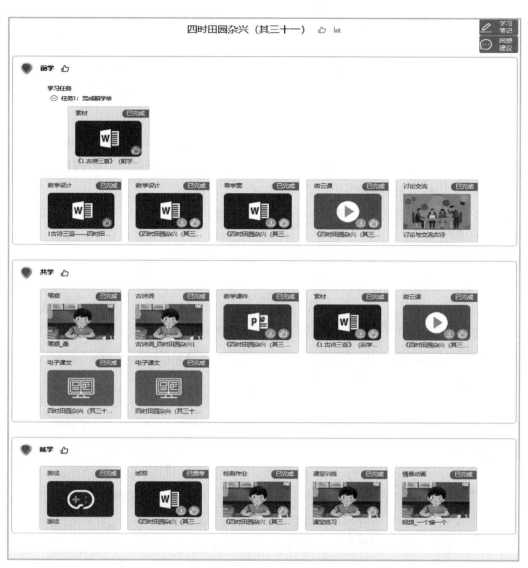

图 2.30 "个性学"之全链式学案例

段。学生通过自主探究、小组协作等学习方式深层认知、理解和构建知识，促进学科素养视角下的项目化学习，形成"低结构到高结构"的循环，实现"碎片化到整合化"的大概念大单元学习。同时，"易加学院"支持跨学科项目化学习应用场景，学生可以利用针对不同类型的核心知识搭建跨学科学习支架，合作探索真实世界中的复杂问题，产生富有创造性的成果，实现"单一到综合"的实践性学习、"虚假到真实"的情境化学习，将素养转化为持续的学习实践。

"项目式学"突破了单学科、单课时的束缚，学生可以在"易加学院"的项目化学习模块中，以个人或小组的方式，参与教师发布的项目。按照项目化学习的一般流程，即入项探索—双基构建—项目探究—项目成果—出项评价，利用不同的支架工具来完成项目的学习和实践。"易加学院"项目化学习提供了项目活动与实践的过程组织支架，以问题为导向的内容支架，聚焦核心素养、以学生为中心的新型评价支架等，促进学生对核心知识的再建构和思维迁移，有助于引发深度学习，培养学生高阶思维，提升学生核心素养。

第一，组织支架。学生入项之初获推"导学库"，助力信息收集与定位。学生利用项目介绍支架工具能够了解教师自定义输入的项目背景、项目简述、项目目标或预期成果等项目活动内容；利用入项约定支架工具可以帮助自己在项目活动中达成合作协议，包括自定义团队分工、团队职责等内容。

第二，内容支架。在自主探究中匹配"资源库"，助力信息加工与综合。利用挑战问题支架工具，教师逐级创建一个或多个子问题，帮助学生在问题或任务的驱动下逐步解决问题。利用讨论主题支架工具，教师可以围绕某一主题开展线上互动交流，帮助学生在开放自由的氛围中交换观点、迸发灵感。

第三，评价支架。在出项展示时依托"成果库"，助力信息内化与创造。学生利用项目成果支架工具记录项目进展、阶段性作品、最终成果，帮助学生汇聚观点、分享成果喜悦。学生利用项目练习支架工具完成项目训练和试题，向教师反馈自身在项目中的达成度。学生利用过程评价或出项评价支架工具完成阶段性评价或总结性评价。

第四，管理支架。在评价修订中形成"学力库"，助力信息归档与反思。利用学习体会支架工具促进学生进行个人反思，学生可以自由编辑学习体会，培养学生前后对比的反思能力。利用结项证书支架工具为学生发送参与项目活动后取得的电子证书、电子奖杯等，增强学生学习获得感、幸福感。还可以利用档案袋功能，将项目的整体情况进行综合回顾，用学生学习实践大数据展现学生的项目学习实践成果。图2.31呈现了"个性学"之项目式学的案例。

（1）

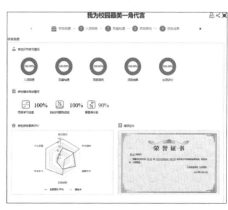

（2）

图2.31 "个性学"之项目式学案例

（3）主题式学

"主题式学"是在大单元、大概念教学组织形式下开展的主题学习活动。利用"易加学院"特色学堂，提高"悦"读"悦"写技能、增强实验实践能力。"易加学院"支持建立完整的大单元任务管理，以主题为中心，将一段时间内多个课程或主题综合起来，设置为一个相对独立的学习单位，整合多个知识和技能，设计一系列的教学活动和评价方式，让学生在真实或模拟的情境中进行探究、合作和创造。

第一，大单元、大概念学习。大单元、大概念学习更注重学科知识的系统性和整合性，更注重主题的选择和整合，强调综合性学习和跨学科素养的培养，强调将实际问题或真实情景作为学习的核心，通过小组协作、自主探究等方式进行学习。"易加学院"的慧学学堂支持各学段学科建立大单元主题学习活动，每个大单元主题均可以再创建多个子主题，每个子主题相对独立，均可单独设置其主题内容、起止时间、主题活动指导资源等内容。活动发布后，学生可以在每个子主题下，阅读主题活动指导资源、上传主题活动实践作品、展示交流评价主题成果、查看主题活动相关统计数据，以及查看大单元、大概念活动整体的活动详情和活动统计，这样，就形成了以大单元、大概念统整多个主题的学习模式（图2.32）。

图 2.32 "个性学"之主题式学——大单元、大概念学习案例

第二，各学科主题式学习。"易加学院"针对各学科教学特点，探索新型教与学模式，深入研究学科特色课堂，形成了语文学堂、数学学堂、英语学堂等学科特

色课堂，打破了课程内容既有的规定性、局限性、孤立性，拓宽了教学的边界，从"教材和教师规定学生学什么"向"学生决定教师教什么"转变，通过问题激发学生学习和探究，实现为解决问题而储备知识的目标，尊重差异、发现差异、利用差异、发展个性。

语文特色学堂聚焦语文教学最核心的"学生不会读、不会写"的问题。学生通过语文特色学堂，可以体验到包含以"整本'悦'读、最美朗读、古诗文赏读、终身'悦'读"为重点的"'悦'读项目"和以"听写达人、'悦'写高手"为重点的"'悦'写项目"，学生通过任务式驱动、项目化学习，重构语文学科学习生态路径，实现育人、阅读与写作共生发展（图2.33）。

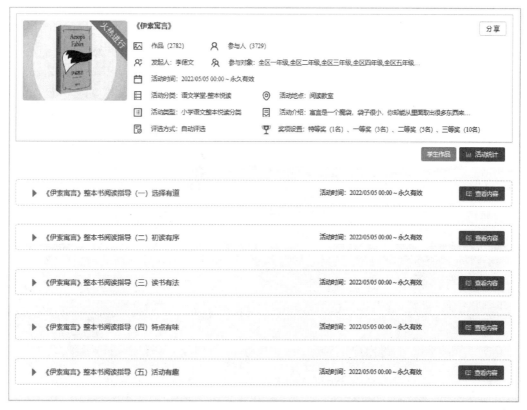

图 2.33 "个性学"之主题式学——语文特色课堂

数学特色学堂建设了发现数学、数学实验、进阶挑战、数学实践、数学文化五大功能板块。学生利用这些功能板块，可以在发现与提出问题、分析与解决问题的过程中理解教学概念、锻炼数学技能、感悟数学思想方法、积累数学思维与实践经验，形成数学能力、提高学科素养（图2.34）。

英语特色学堂具有词汇闯关、阅读沙龙、听说训练、主题练笔和影音视听五大功能模块，以此将教师的教学与学生自主学习相结合。学生在这种寓教于乐的环境中，提升语言能力、文化意识、思维品质和学习能力等英语学科素养，在"原汁原味，我爱我学"的英语氛围下积极打造园区英语的国际范（图 2.35）。

图 2.34 "个性学"之主题式学——数学特色课堂

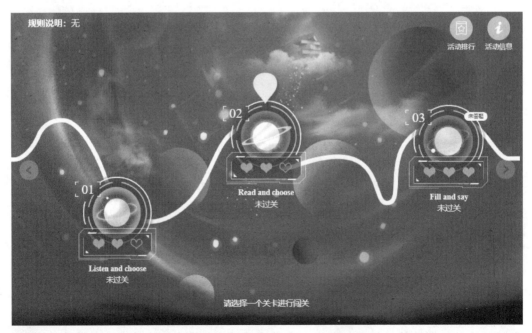

图 2.35 "个性学"之主题式学——英语特色课堂

（4）混合式学

"混合式学"是指学生利用移动设备扫码，不受时间和空间限制的来获取所需的优质资源，利用"易加学院"线上与线下（方式混合）、课内与课外（课程混合）、学校与社会（场域混合）等混合式学习模式，时时处处可学，成为学习的主人。

第一，线上与线下混合（方式混合）。学生能够利用移动设备扫码观看，或使用智能终端登录"易加学院"查看教师推送的课程、项目、作业、课后辅导，也可选择学习系统错题本、智能学案推送的内容，还可以自主选择形成微云课等多种类型的学习资源，完成线上的知识内容学习，再以此进行线下的学习实践，形成线上与线下混合的学习模式（图 2.36）。

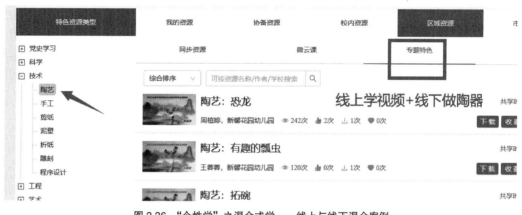

图 2.36 "个性学"之混合式学——线上与线下混合案例

第二，课内与课外混合（课程混合）。学生利用"易加学院"的课程教学和项目教学模块进行前学、共学、延学全链条的教与学活动，能够实现课内进行学习，课外提交实践成果，将自己的学习实践情况及时反馈给教师。通过学习成果的展示和共享，建立起师生、生生交流的评价机制，促进学生在合作交流中发展能力和提升素养（图 2.37）。

第三，学校与社会混合（场域混合）。学生利用"易加学院"平台，能够将学校学习和社会实践相结合，拓展学校的边界，不再将学习只局限在校园之内，能够获取更为丰富的社会指导资源，能够接收教师为学生推送社会实践任务，记录社会实践过程，收集社会实践成果，分析社会实践成效（图 2.38）。

（5）自主式学

"自主式学"是指学生根据需要，选择资源完成学习，学习后可组卷、评测、关联推送，形成学习闭环。也可以利用"易加学院"中高考地图进行专项提升。大数据智能分析学生学习疑难或薄弱点，在"智能学案"中智能推送资源，帮助学生精准训练。利用"易加双减"采集日常习题数据，生成个性化错题集，帮助学生高效攻克难题，

第4课时 绘制模型效果图

学习目标：
1. 学会绘制改造效果图的方法。
2. 确定制作模型所需的工具与耗材。

课内学方法

学习活动：

一、根据比例尺绘制模型效果图

(1) 根据比例尺确定每一段实际距离对应的图上距离，根据"图上距离:实际距离=比例尺"，可以得出"图上距离=实际距离×比例尺"。

(2) 根据位置与方向的知识画出平面图。

二、讨论耗材准备

组别	改造主题	所需耗材
小组 A	学校北门	超轻黏土、硬卡纸、小灯泡
小组 B	图书馆	布线管、硬卡纸、超轻黏土
小组 C	开心农场	超轻黏土
小组 D	厕所	瓦楞纸、灯带、植物、小木棍、黏土

耗材准备：雪弗板、胶水、硬纸板、木棍、小灯泡、灯带、超轻黏土、胶枪、美工刀等。

阶段成果

项目团队　　　　　　　　　　　　　　　　　　　　　　　　↓ 批量下载

第1组：学校北门：小学学生01（组长）、小学学生05、小学学生09、小学学生03、小学学生10、小学学生08、小学学生02、…　收起

这是我们设计的学校北门设计图，希望可以采用中式的风格。

课外测量、设计，做作品

校门设计图

图 2.37 "个性学"之混合式学——课内与课外混合案例

图 2.38 "个性学"之混合式学——学校与社会混合案例

提高做题效果。

　　学生利用"易加学院"中高考地图，可以查阅历年中高考真题、试题讲解与知识点讲解等资源内容；可以浏览历年中高考试卷评析、考点分布与考点变化等分析数据，这些数据以脑图的形式，将枯燥的、复杂的信息转化变成简洁、具有高度组织性的图画（图2.39）。全貌形象便于把握整体知识体系，放射状结构利于关联思考、增强记忆力，能够使学生了解命题趋势，做到有的放矢，准确把握知识核心问题，明确学习知

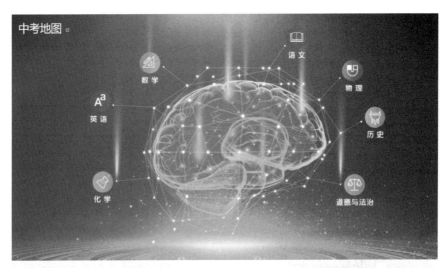

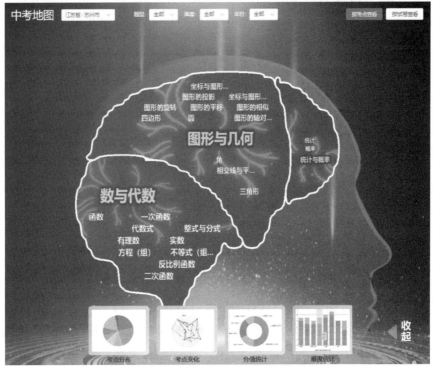

图2.39　"个性学"之自主式学——中考地图

识目标、关键能力和学科素养。此外，学生能够接收到借助"互联网+"、人工智能、大数据等技术智能推送的"易加学院""易加分析"平台的同质训练题与学习资源，形成教、学、测有机衔接新模式，满足学生个性化、高品质学习的需求。

学生利用"易加学院""易加分析"中进行的全链条全环节的答题，都会由平台自动采集，生成学生学习大数据，智能分析学生的知识掌握和素养达成情况。学生能够接收到由平台推送的与薄弱知识点相关的微云课、检测和同步资源，进而针对自己的薄弱点进行深入的学习提升。

学生可将"易加学院""易加分析"生成的个性化错题本反复查看，了解自己知识点、素养点的薄弱环节，选择系统智能推送的微云课资源进行知识内容的深入学习，再将错题加入"试练场"进行二次作答，将错题消灭，从而达到知识学习和解题能力的巩固提升。

学生利用"易加学院"智能学案，能够构建单点突破、专项提升等个性化学习路径，可以选择适切的学习资源及适宜的学习方式，实现个性化学习需求和深度融合自主学习，使原有的线性的学习变成立体的学习。学生可以选择资源、工具、方式及学伴等，在适合的学习环境中获取有效的帮助和指导，按照自己的学习节奏进行，高效完成学习活动，促进个性化发展。

（6）协作式学

"协作式学"是指通过师生协作、生生协作、家校协作或人机协作等方式来协同完成学习活动。"协作式学"强调合作、协调和互惠，旨在培养学生解决问题的能力、团队合作精神以及批判性思维和创新性思维。

第一，师生协作。学生利用"易加学院"可以实现师生协作学习。学生根据教师的引领，围绕着具有挑战性的学习主题，整合学习目标，动态调整学习过程，学伴协同完成任务，获得多元个性评价。学生全身心参与，获得良好情感体验，使学习成为更有意义的事情，促进学习效能进一步提升。

第二，生生协作。学生可以在"易加学院"加入小组，分配不同的任务和角色，共同完成学习任务。通过协作学习和团队合作，学生学会有效分工协作、协调进度和资源，培养团队合作精神；通过集体讨论和合作，寻找最佳解决方案，提升问题解决能力。

第三，家长、学生协作。学生通过"易加学院"可以实现家长与学生的协作，能够增进家长和孩子之间的情感交流，让学生在良好的亲子关系中，养成积极向上的性格，在父母的陪伴与鼓励下，形成良好的学习习惯，促进亲子互爱。

第四，人机协作。学生利用"易加学院"虚拟实验功能，按照诊断模式选取、虚拟场景训练、错误操作警示、测评考点强化、实验记录提交、智能诊断报告的路径进行人机协同学习，实现虚拟空间的协作式学习（图2.40）。

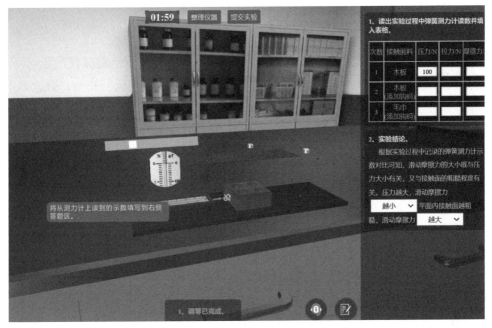

图 2.40 "个性学"之协作式学——人机协作案例

3."个性学"的价值实现

随着新时代的发展，个性化学习成了一种从宏观环境到自我成长的应然选择。学生利用"易加学院"支撑的"个性学"六条路径，获得的教育数字资源更精准、更广泛，学生的学习不再受地域和时间的限制，能够享受到优质的教育资源，促进教育公平；学生的学习兴趣能够被丰富多样的学习方式更好地激发，提高学习效果。通过大数据和人工智能技术，实现了学生的学习数据实时采集、智能分析和可视化呈现，根据学生的学习习惯、能力、兴趣等因素，为每一个学生进行多维画像和诊断，提供个性化的学习资源和建议，满足学生的个性化需求，擘画了"人人皆学、处处能学、时时可学"新样态。

（二）"智慧教"

1."智慧教"的基本定位

传统的课堂教学并未适应信息社会高效学习和全面发展的时代要求，特别是在"教"的方面，长期存在着展示形式教材化、学情诊断模糊化、教学组织程式化、学习情境割裂化和素养培育碎片化等弊端，这在很大程度上导致了学生的低效学习和片面发展。园区立足智慧教育"易加"枢纽平台，通过智慧探究沉浸体验、数字画像诊断学情、学习支架优化路径、虚实结合创设环境、素养图谱结构关联等数字化赋能，促进了"激趣""融浸""开放""精准""整体"等教学方式在区域常态实施，达成了大规模因材施教。

2. "智慧教"的场景描述

（1）激趣教

教育数字化推进下的课堂教学，教师充分利用人工智能营造趣味化的学习环境，并运用数字化手段鼓励学生自主探究。学生的学科学习从"好玩"开始，但远不止于"好玩"，体验学习乐趣能够集中注意力、激发求知潜能，形成主动求知的积极态度。

教师可利用"易加学院"同步备课模块中的游戏动画工具，设置趣味课堂游戏，如认读游戏、小组对抗游戏等，让学生在轻松愉快的课堂互动游戏中激发学习动力，既能够在寓教于乐中掌握学科知识，还能够增进同伴情谊。此外，还能激活课堂氛围，激励学生主动加入课堂活动当中。

教师可利用"易加学院"电子课文工具，以部编版全册课文为主体，集成文章结构、背景资料、写作特色、问题探究等课程内容相关资料，以及情境动画、巩固练习等趣味化学习工具，帮助学生方便、快捷地调取符合自身需求的学习资源，从而以系统化、形象化、趣味化的方式高效地学习课程知识。

教师在课堂教学中可以使用"易加学院"的互动工具，激活课堂氛围，激发学生主动参与课堂活动的兴趣。如随机选人功能，教师可以通过多种随机选人的方式，自动抽取班级内的学生来参与课堂活动，让学生能够集中注意力，跟紧教师课堂节奏。

教师利用课堂授课中的评价功能，能够为学生个体或小组进行打星、评分，做出给勋章、给评语等激励，引进竞争机制，激发学生主动参与课堂活动，积极展示思维成果，在趣味、愉悦的环境中，保持课堂参与的积极性，让学生体验到更多学习、交流、研讨、探究之乐。

"激趣"教学核心在于汇聚与保持学生的注意力。学生通过参与数字化游戏，与朋辈合作学习、互助探究、友好竞争，在数字化平台上展示自己的学习成果，能够形成和扩散积极的学习态度，也推进了趣味、愉悦的学习氛围。教师可以利用"易加"平台的智能行为感知技术，收集并分析学生行为数据，从而为学生制定最适合其兴趣、发展方向的学习资料，促进注意力的汇聚与保持。通过数字智慧导引，"激趣"教学积极推进每位学生学得有乐趣（图2.41）。

（2）融浸教

教育数字化推进下的课堂教学，教师利用智慧教育网络平台的虚拟环境，充分满足学生对知识技能反复观察、积极体验和探索尝试的需求，共享优质资源，节约学习成本，为大规模群体提供课程知识与一体化学习场景。

教师利用"易加学院"虚拟仿真探究工具，通过智能建模和虚拟仿真，为学生提供能够有效调动多感协同学习的知识讲解，以强交互、高逼真、深体验支撑工具，可视化呈现知识内在本质和演化规律，并精准关联知识体系，为问题的各种可能解决思路与方法提供支撑，助力学生深度理解、体验感悟（图2.42、图2.43）。

第二章 数字化转型背景下新型教与学平台建设

图 2.41 "智慧教"之激趣教——激励功能

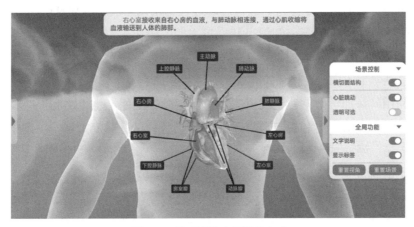

图 2.42 "智慧教"之融浸教（1）

图 2.43 "智慧教"之融浸教（2）

数字环境支持下的"融浸"教学核心在于问题情境的设置与优化。教师基于"易加学院"的共享平台，借助数字化学习空间、数字化虚拟实验，采用微观动画等学习工具设置问题，为学生提供体验、感知、探究学习环境，激活学生思维，驱动学生联系、运用已掌握的知识与技能，开展观察与实验、分析与探究、讨论与交流等学习过程，逐步建构学科观念，并通过虚实互动形式让学生参与学习、积极思考和大胆实践，以"应用、迁移"等方式来解决实践过程中的新问题，培养其创新能力。在数字环境的支持下，"融浸"教学真实推进每位学生学得有实效。

（3）开放教

教育数字化推进下的课堂教学，教师把握最近发展区原则，通过数字化技术为每位学生提供适合的、循序渐进的课程与单元学习支架。学生通过这些支架拾级而上，渐次发现和解决学习中出现的问题，掌握知识、提升能力，成长为一个独立的学习者。

教师利用"易加学院"多点互动工具，基于学科特点，结合知识认知过程，实现多用户对同一工具进行交互操作，并将思维过程可视化呈现。教师可以通过设置任务、发放任务来引导学生围绕某一知识点开展自主探究协作学习，通过过程监控掌握学生的探究过程，便于了解学生的思维过程并及时进行重点指导，最后通过结果展示和对比讲评，总结学生的探究思路和探究成果，灵活掌握学生个体和群体的学情。

教师利用"易加学院"讨论交流工具，实现师生之间、生生之间围绕一个讨论主题，进行线上的交流研讨和观点分享。教师可以通过讨论交流工具，了解学生对于某一主题的思考、看法或困惑，便于教师掌握学生的认知水平，及时调整教学策略，解决学生共性化的问题。

教师可以通过"易加学院"同步备课、项目教学等模块生成的课程或项目，导出生成纸质任务单，以二维码的方式在课程或项目中插入数字化资源和学习活动支架，方便学生通过智能终端登录"易加学院"后扫码查看。这样既可以保留纸质任务单的传统优势，让学生坚持手写，也可以方便学生灵活查看数字化学习资源（图2.44）。

数字支架支撑下的"灵动"教学核心在于教学组织的灵活与调整。教师借助"易加"平台的数字化学习支架，促进组织形式创新和数字化全过程管理，探索和实践反转式、混合式教学，动态优化教学方式和教学流程。"自主慧学"可以将认知过程进行模块组合，"前学"进行"信息传导"，"共学"进行"吸收内化"，"延学"进行"反思拓展"，达成组织形式的灵活构建。教师能根据教学进程中学生的认知差异，及时推荐个性化的学习资源和学习路径，使学生的学习具有针对性、自适应性。通过数字支架支撑，"灵动"教学动态推进每位学生学得有活力。

（4）精准教

教育数字化推进下的课堂教学，教师通过"易加"平台的学习评估、素质发展量表对学生的学习情况和素养发展进行在线测评，从而精准掌握学生的学习程度和个体

1 观潮

前学

[达成目标] 学习目标

（一）知识技能
1. 正确、流利、有感情地朗读课文。
2. 会认"盐、屹"等12个生字，会规范书写"潮、据"等15个生字。正确理解"屹立、笼罩、逐渐"等词语。
3. 在有感情地朗读课文的基础上整体感知课文主要内容。

（二）过程与方法
1. 正确、流利、有感情地朗读课文，感知课文内容。
2. 展开小组讨论，对课文中的词、句、思想内容及情感进行分析。

（三）情感态度与价值观
感受祖国山河之美，激发学生热爱祖国大好河山之情。

钱塘江大潮视频素材

观看微课，说说你所看到的钱塘…讨论交流

[达成目标] 前学目标

1. 认识13个生字：盐、薄、屹、昂、顿、鼎、沸、贯、浩、崩、震、霎、余。
2. 会写15个生字：潮、据、堤、阔、盼、滚、顿、逐、渐、堵、犹、崩、震、霎、余。
3. 正确、流利地朗读课文。
4. 感受钱塘江潮水的壮观。

学习任务

任务1：预习课文

1. 标注自然段；
2. 朗读课文，在朗读的过程中圈画出生字及新词；
3. 查字典标注生字拼音并组词；
4. 查阅不理解的词语解释。

任务2：搜集整理钱塘江大潮的相关资料和图片

搜集整理钱塘江大潮的相关资料和图片。

任务3：查找关于钱塘江潮水的古诗词

查找关于钱塘江潮水的古诗词。

前学练习检测作业

图 2.44 "智慧教"之开放教——以二维码形式插入数字资源

差异,为每个学生专门生成的"数字成长画像",进而为不同掌握程度的学生设计出个性化的学习方案,全面提高学生的学习效率。主要体现在前学检测精准诊断、共学数据精准画像、延学巩固精准推送。

教师可在"易加学院"发布课前检测任务,通过设置检测题目,来考查学生前序知识的掌握情况和前学任务的完成情况。通过智能分析和统计,了解学生群体达成情况、试题作答情况和学生个体达成情况,方便教师在课堂上进行前测的讲评,并根据统计情况及时调整教学侧重点,根据学情进行精准教学(图 2.45)。

图 2.45 "智慧教"之精准教——在线测评

教师可以通过智能终端投屏技术展示学生个人或小组的思维过程和思维结果。可通过设置四分屏、六分屏的对比方式,动态展示学生的成果,让学生了解优秀典型的解题思路和需要注意的共性问题,更加清楚自己的能力水平和需要改进、提升之处,促进学生能力水平的精准提升。

"易加学院"能够采集学生的学习大数据并进行精准分析,教师可以通过课程统计报告,了解学生课程的整体学习情况和各环节学习进度,包括课程学习参与度、平均学习进度、检测答题得分率等,便于教师掌控教学进度,及时调整教学节奏。还支持教师查看典型错题、学生的讨论交流和困惑建议,方便教师及时定位到学生知识学习的重难点,进行精准讲评。

"精准教"核心在于学情诊断的精准与适切。教师运用"易加"平台及智能终端设备,全样本、多层次采集学习过程、学习方式、学习结果等伴随性数据,全面推测每位学生的学习喜好,分析学习动因,诊断学习疑难,精准推送适切性更强、颗粒度更小的学习资源,扬长补短、以学定教、因材施教,建立以学习者为中心、大数据驱动的精准推送的教育服务,实现日常教育和终身教育定制化,构建精准教学新样态。通过数字画像驱动,"精准教"适切推进每位学生学得有准头(图2.46)。

图 2.46 "智慧教"之精准教——数字画像

(5)整体教

教育数字化推进下的课堂教学,教师根据知识体系、关键能力和素养发展的数字图谱,将绑定的结构化资源转换为可视的知识、能力、素养互联视图,以大概念、大单元统整的教学方式为学习者提供更加直观的学习指引和更加清晰的资源关联路径,从而实现问题引领的整体教学。

教师借助"易加学院"思维导图工具,帮助学生梳理知识脉络,架构知识体系,还可以将思维过程和思维结果以体系化、结构化的方式呈现出来。尤其在单元统整和梳理总结的课程环节,思维导图工具能够更加条理清晰地展示知识之间的关系和个性化的思维路径。

教师利用"易加学院",可以通过评价量表的方式,建立对整个课堂的评价体系,以便教师在设计、实施、反思课堂教学时,能够建立全局意识,科学规范地设置教与学活动。在教学教研时,教师的自我评价、教师之间的互评课、教研员的听评课,都使用规范的评价量化指标,全面推进教师的课堂活动设计与实施。

数字图谱贯联下的"整体"教学核心在于单元整合的理解与设计。教师基于"易加"平台,利用学科图谱支撑体系,以大单元学习为主要方式,以探究问题为学习驱动,开展大概念理解、大单元整合的长程化教学设计。根据学科大单元主题在关联资源中选用合适的内容组织跨学科、跨学段整合教学,借助知识图谱技术让复杂的、隐性的知识清晰化、简约化，从而揭示知识的动态变化规律，为学习提供有价值的参考信息。通过数字图谱贯联，"整体教"全面推进每位学生学得有提升（图2.47）。

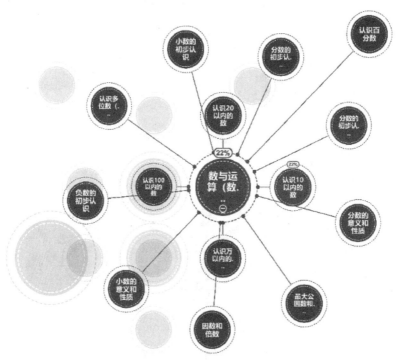

图 2.47 "智慧教"之整体教——学科图谱

3. "智慧教"的价值实现

基于"易加学院"的教师"智慧教""五教"路径，帮助教师实现更加个性化和差异化的教学，根据学生的学习特点和需求，选择最适合他们的教学方式。教师可以更方便地获取教学资源和素材，提高备课效率；借助数字资源与特色活动，激发学生学习兴趣动力。技术手段可以帮助教师更快速、准确地获取学生的学习反馈，及时调整教学策略；可以帮助教师进行教学管理和评估，提高教学质量；同时还可以推动教育理念、模式和方法的改革创新，促进教育体系的不断完善和发展，实现大规模因材施教的目标，构筑园区新型教与学模式新生态。

（三）"科学测"

1. "科学测"的基本定位

基础教育质量监测是当下教育改革与发展探索的重要议题之一，数字技术在教育质量监测中的重要性日益凸显。2014年2月，国务院教育督导委员会办公室印发《深化教育督导改革转变教育管理方式的意见》，提出加强教育评价的专业化建设，创新评价工具，利用人工智能、大数据等现代信息技术，探索开展学生各年级学习情况全过程纵向评价、德智体美劳全要素横向评价。2020年10月，中共中央、国务院印发《深化新时代教育评价改革总体方案》，明确指出要"坚持科学有效，改进结果评价，强化过程评价，探索增值评价，健全综合评价，充分利用信息技术，提高教育评价的科学性、专业性与客观性"。2021年7月，中共中央办公厅、国务院办公厅印发的《关于进一步减轻义务教育阶段学生作业负担和校外培训负担的意见》，提出"发挥作业诊断、巩固、学情分析等功能，将作业设计纳入教研体系，系统设计符合年龄特点和学习规律、体现素质教育导向的基础性作业"。同时，教育部等六部门发布《教育部等六部门关于推进教育新型基础设施建设构建高质量教育支撑体系的指导意见》，强调"教育新基建是国家新基建的重要组成部分，是信息化时代教育变革的牵引力量，是加快推进教育现代化、建设教育强国的战略举措"。

近年来，随着大数据和人工智能技术的大规模应用与飞速发展，教育监测在技术的赋能下正在从过去依赖于一次性、单项性的结果评估转变为持续性、综合性的监测，监测方式也从一次次的考试逐渐转变为日常作业，凸显在过程中监控以促进发展的功能定位。数字技术正在通过对教育系统不同层面的数据进行整合和融通，对教育监测实施过程中的要素进行重构和流程再造，从而拓展教育监测新功能，赋予教育监测新的价值和使命。

为扭转唯分数、唯升学等不科学的教育测评导向，引导聚焦教育教学质量、遵循教育规律，实现以全面客观的监测数据支撑教育决策、服务改进教育教学管理的目标，苏州工业园区在"华中师范大学国家数字化学习工程技术研究中心""教育大数据应用技术国家工程实验室"的技术支持下，创新研发"易加分析""易加双减"平台，支撑"学科常态检测、学校过程评测、区域阶段监测"以及"学生个性化作业布置"全场景应用，并通过全过程、全方位的数据采集，科学、准确、及时"把脉"教育质量状况，让教育监测更加科学和智能。使教学从经验主义、因果分析走向科学诊断、发展评价，对学生的学和教师的教进行精准刻画，为全面评价提供基础数据，全方位落地中小学生发展核心素养的培育工作，促进区域教育的高质量、绿色可持续发展。

苏州工业园区数字化教育监测平台具有数据采集灵活多样、数据分析客观有效、应用场景覆盖全面、终端支持使用便捷四大功能特点。

（1）数据采集灵活多样

平台支持无痕采集、有痕采集以及有痕、无痕相结合的采集方式。无痕采集通过先扫描再批阅的方式，融合应用人工智能技术，实现客观题自动批阅、主观题网上评卷，操作简单。教师只需使用"扫描"和"批阅"功能，即可获得全维度的监测数据统计与分析，多用于区级监测。有痕采集是指教师先批阅后扫描，学生填写答题纸或作业纸后教师直接批阅，该方式不改变教师原有的批阅习惯，批阅之后的答题纸可通过高拍仪、扫描仪等设备进行数据采集并将所采集的数据自动传输至平台中，由平台自动生成多维度分析报告，多用于日常监测及常态化作业批改。有痕、无痕阅卷相结合的方式则是指教师只进行主观题的手工阅卷，给出主观题总分，再将客观题和阅卷结果进行扫描，这样既能保留评卷所需的手工阅卷痕迹，又能完成客观题评分和主观题分数汇总，生成测试分析结果，这种形式更适用于学校组织的单元练习、周监测、月监测以及常态化作业等。

（2）数据分析客观有效

平台支持将监测内容与核心素养维度、学科知识体系等进行绑定，待监测结束后，平台将自动生成多层级多维度报告，包括区级报告、校级报告、班级报告和学生报告等。报告中包含样本人数、学科多维度统计、百分率对比统计、分数段对比统计、典型题目得分率/区分度、客观题选项分析、监测内容分析、监测点分析、薄弱点分析等。同时，针对学生个体，平台还将形成一套错题集，在后续的自主学习中，平台将根据错题指向的知识点、素养点，为学生推送相应的学习素材，助力学生全面、深入掌握学习内容。

（3）应用场景覆盖全面

平台不仅能满足区、校两级的各类学情监测需求，还能满足学校各学科常态练习监测及分层作业布置的需要，应用场景覆盖全面。平台有效打通了区、校两级数据壁垒，让教师全面、有效地采集学情大数据，为教师有效开展备、教、改、辅、研工作提供有力支撑。

（4）终端支持使用便捷

苏州工业园区数字化教育监测平台均支持电脑端和移动端应用，满足师生教育监测各类场景的应用。平台电脑端主要服务于教育管理人员及教师开展各类监测及作业布置；平台移动端主要服务于在线批阅试卷、师生查阅分析报告及学生进行巩固练习等。

2. "科学测"的场景描述

（1）区级教育质量监测

教育质量监测被喻为"教育质量健康体检"，监测过程的科学性、客观性固然重要，但"体检报告"更为重要。区级教育质量监测是指由区域或教育集团统一组织的教育质量监测活动。

首先，区域管理员利用平台考务管理模块，自动从基础数据库中获取学生个体数据信息，并根据监测要求设定一定的比例和规则进行抽样，同时为参与监测学校的学生安排考场号，生成准考证号。下一步，区域管理员通过手动或自动组卷的方式，完成组卷。其中，手动组卷方式需要以手动录入试题的方式完成组卷，而自动组卷方式则直接调用平台试题资源自动完成组卷。组卷完成后，平台即可通过AI大模型分析，为每道题自动绑定监测维度和学科核心素养点，设置试题绑定的每个素养点分值，使得质量监测成绩生成后能自动形成相应的监测报告。最后，区域管理员通过"阅卷管理"指定阅卷教师，一般采用无痕阅卷的方式来评卷，通过智能分析模块完成监测数据的采集与智能分析（图2.48）。

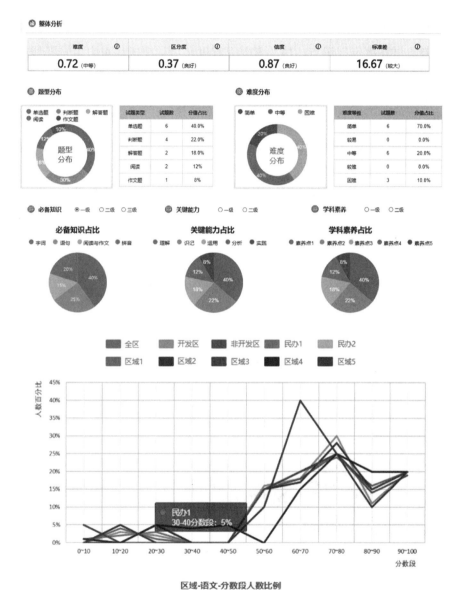

图2.48 "科学测"之区级教育质量监测案例

利用"易加分析"平台开展的区级教育质量监测，通过大数据分析，智能生成多层级报表，涵盖区级、校级、班级、学生个体四个层级，以及综合分析、单科分析等多个维度。以此为基础，教育行政部门引导学校展开基于分析报告的分析研究，评估学生个体学业发展，为每一位学生的学科核心素养个性定位。教师则根据分析结果寻找问题，从备课、上课、作业布置与批改、课外辅导、测试、课外活动、校本研修等诸多方面，落地大数据平台支撑下有效促进学生个性学、主动学的教学行为指导意见，调整教学策略、教学行为，形成个性化培养方案，促进学生全面发展。

（2）校级教育质量监测

学校常态监测与区级监测流程略有不同。在校级监测中，教师可直接进入组卷模块进行组卷，试题绑定知识点、核心素养等维度，组卷完成后可自由选择线上发布检测或纸质打印线下答卷。线上检测模式下，学生线上答卷，教师采用无痕阅卷方式；线下检测模式下，学生线下答题，教师采用有痕阅卷模式。监测数据通过分析模块最终生成相关知识点、核心素养分析报告。

"易加分析"平台为学校常态化监测提供工具支持及有力保障，有效提升学校办学水平。例如，苏州工业园区星洲小学数学教研组深入应用"易加分析"平台，赋能科学使用、快速命题、指导备课、精准讲评、高效教研等，使"易加分析"助力数学教学（图2.49）。

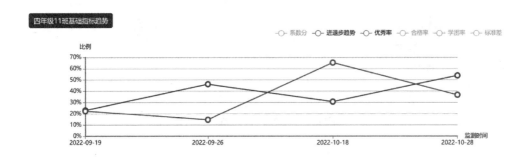

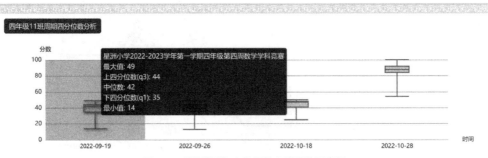

图2.49 "科学测"之校级教育质量监测案例

一是科学使用。为高效应用平台各项功能，学校从阅卷、统分、到分析学情，自制了一套规范化、流程化、制度化的使用流程，规范的流程让教师在平台应用过程中减负增效。

二是快速命题。"易加分析"拥有完备的题库系统，分类精细、标注精准、定期更新，通过选择考试范围，设置题目难度，选择题型及数量，即可完成智能组卷。星洲小学数学组教师巧妙利用平台提供的"三选五填三换"功能步骤，快捷地命制了一份优质的试卷。"三选"即对范围、试题难度、题类进行筛选，帮助教师快速精准定位到相关题类，做系统的初步筛选工作；"五填"即将生成的试卷内容填充完整，通过填写"试卷标题""监测时间""试题栏目名称""每小题分值""题目特殊说明"，保障试卷的完整性和规范化；"三换"即通过"手动换题"进入"手工组卷"模式，选择"区题库""校题库""我的试卷库"里更合适的题目，选择适合本年级学生或者本班的个性化试题，充分反映学生学习中的问题与知识点的掌握情况，智能方便，事半功倍。

三是指导备课。以数据指导教师，突破个人备课的瓶颈，实现信息化时代背景下的精准备课。星洲小学教师巧用系统中的"四查三看"七步骤，轻松实现精准备课。"四查"即查看"基础指标分析""班级成绩分布""基础指标趋势""周期四分位数分析"，帮助教师清晰了解整个班级的整体情况，以及班级学生成绩分布情况，根据整体学情"抓全面"，根据薄弱学生"抓个体"，明晰备课方向，让所备目标与知识更加精准；"三看"即查看学生"知识点""能力点""素养点"，帮助教师精准关注班级学生的学情，根据学生的基础和能力状况理清教学思路，调整教学策略，践行因材施教，全面提升学生数学学科能力水平。

四是精准讲评。教师遵循"易加分析"平台中对试卷的"三讲"和对学生的"两关注"原则，精准把握试卷讲评方向，正确评价学生错因和进步，让练习的效果最大化。"三讲"即在练习讲评中重点讲"得分率低""作答情况差"的题目和"推荐试题"。每次监测结束后，利用系统了解学生错误率最高的问题与掌握水平最低的考点，快速把握学生共性问题与典型考点；同时，根据"推荐试题"的变式练习，帮助学生快速对易错考点进行巩固，实现高效课堂。"两关注"则是关注"个人成绩单报告"和"错题集"。"易加分析"详细记录了学生每次监测的变化情况和难易题得分详情，帮助学生找到本次监测的"薄弱知识点""薄弱能力点"和"薄弱题型"，还可以形成学生的个人错题集，便于教师掌握每一位学生的学习情况，主动开展一些补偿性教学，包括录制一些知识点或者题目的讲解微视频，推送给相关学生，指导他们自主学习，并及时进行答疑。

五是高效教研。"易加分析"平台助力教研备课活动精准高效，切换"校级报告"，查看年级"试题分析"，可以了解本年级学生典型问题和共性问题，利用"题型得分表格"可以了解各类题型掌握情况，巧用数据搞教研，提高集体备课的效率（图2.50）。同时，结合"易加分析"平台数据，各教研组备课组能够根据监测报告中反馈的问题，进行有针对性的教学。如计算能力不过关，备课组统一布置每日一练，强化学生的计算能力；某一方面的知识点学生掌握不清晰，则梳理相关的知识点，并进行分析汇总，为学生提供专项练习。各年级备课组以问题为导向，分析原因，以最精准的方法改革教学行为。

题型	题型权重 ⇕	平均得分率 ⇕	对应题号	题型掌握情况	班级对比
选择题	9.09%	84.74%	三	非常好	查看
填空题	18.18%	85.93%	二.1-7、二.8-14	非常好	查看
计算题	18.18%	94.56%	一.1、一.2	非常好	查看
操作题	9.09%	85.34%	四	非常好	查看
解答题	45.45%	83.14%	五.1、五.2、五.3、五.4、五.5	非常好	查看

图 2.50 "科学测"之年级试题分析案例

（3）常态化作业监测

作业是占据学生大量课余时间的学习任务，对学业质量的提高、教学的诊断改进、家校关系、学生素养的发展等至关重要。学校教师如何设计与实施体现核心素养导向的作业，不仅是遵循义务教育课程标准的难点所在，也是落实"双减"政策的关键所在。

通过"易加双减"平台，教师根据学生特点、课堂教学情况，结合教学目标来确定作业结构、难度、类型、时间以及作业的布置方向和形式，完成分层作业布置；学生则可以实时收到教师布置的作业清单，可以通过在线作答、打印手写作答拍照上传等方式完成作业。平台通过人工或自动的方式完成作业的批阅工作，批阅后学生可查看作业完成情况及教师对该项作业的点评，并可查阅错题及正确的解题方法。作业场景中产生的所有过程性数据均在平台中保留，并形成过程性分析报告，精准刻画学生知识掌握情况（图 2.51）。

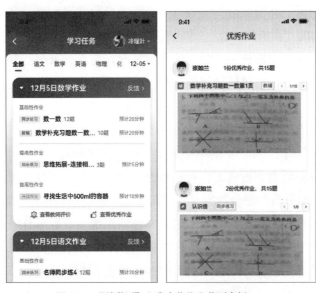

图 2.51 "科学测"之常态化作业监测案例

3. "科学测"的价值实现

（1）促进多元共治的教育现代化治理能力提升

苏州工业园区数字化教育监测平台打破传统教育监测体系中不同层级的数据处于彼此割裂的"孤岛"状态，开启教育现代化多元共治新局面。首先，"易加分析"平台很好地满足了教育行政部门、学校、学生、家长、社会和媒体等对教育的多样化需求，例如，教育行政部门通过区域教育监测报告调整教育资源，保障区域教育优质均衡；学生通过错题集，全面了解个人学习进度及知识点掌握情况，提升自主学习能力。其次，"易加分析"平台构建了跨部门、跨区域和跨学校的动态数据资源体系，教育治理模式不再是单向、线性的指令传导，而是网络交错式的多主体协商共治模式。

（2）强化对教育发展的前瞻性和预警性作用发挥

传统教育监测重在采集、整理和分析教育资源投入（经费、生师比等）和产出的静态数据，但对资源如何转化为产出以及转化过程中出现的问题缺少过程性数据。这个问题可归咎于两方面的障碍：支持数据分析的算法技术落后以及缺乏与政策调整同步产生的过程性数据。而苏州工业园区数字化教育监测平台通过人工智能和机器学习技术的应用提升了算法能力，能基于大数据实时监测学生学习进度，并能通过学生问卷、家长问卷反馈学生身心健康问题，对学生产生消极情绪、学业不良等情况进行早期预警。同时，平台具备连续诊断分析与推送功能，学校数据可通过机器学习被整理、汇总到区级、市级层面，为实时监测教育政策的逐层逐级落实和及时调整提供技术支撑。

（3）提供支撑精准教与学的过程性可靠数据

苏州工业园区数字化教育监测平台整合线上线下监测模式，依据园区创新的监测指标体系，通过知识、技能、能力、方法等维度进行学业质量监测。经过科学的数据处理，不仅为普通监测提供了成绩统计、三类占比、分数线变化、总分与等第融合度等报表，更提供了不同区域学生学业质量、不同性别学生学业质量、典型题目作答分析、各校学生在监测指标上的表现等相关报表，实现评价的全对象、全学科、全维度"用数据说话、以实证诊断"，变经验性判断为大数据分析。雷达图、柱形图一目了然地呈现班级、学生学习的长短板，为教师精准地教、学生精准地学提供过程性可靠数据。

（4）提升服务大规模因材施教的管理能力

苏州工业园区数字化教育监测平台通过全覆盖的取样，横向比较学业负担水平；通过跟进式的监测，纵向对比学生负担变化。在此基础上，苏州工业园区教育局制定了《关于开展义务教育阶段学生学业负担状况监测实施意见》，动态维护监测指标体系和相关信息，并采用平台提供的区域监测流程采集数据，基于分析功能，从联系、动态、发展角度审视学业负担，实行一年一报告、一校一反馈。多样的可视化报表展现了学业负担的变化趋势，变被动学业负担治理为主动学业负担预警。区、校通过监测，科学诊断学生学业负担情况，转变学校办学理念，推进轻负高效教学改革，助力学生快乐成长，实现大规模因材施教，同时也为区域教育决策提供参考和依据，营造适合教育的绿色发展新环境。

（四）"智能评"

1. "智能评"的基本定位

教育评价事关教育发展方向，有什么样的评价指挥棒，就有什么样的办学导向。2020年10月，中共中央、国务院印发《深化新时代教育评价改革总体方案》（简称《总体方案》），提出充分利用信息技术，提高教育评价的科学性、专业性、客观性，明确教育评价改革主要面向五类主体，即党委和政府教育工作、学校、教师、学生和用人。《总体方案》还提出，要创新评价工具，利用人工智能、大数据等现代信息技术，探索开展学生各年级学习情况全过程纵向评价、德智体美劳全要素横向评价。2023年5月，习近平总书记主持中共中央政治局第五次集体学习时强调，要加快建设高质量教育体系，明确提出要建设教育强国，龙头是高等教育。总书记的重要讲话为深化新时代教育评价改革指明了方向。

近年来，随着人工智能、大数据、区块链等新一代数字技术在教育中深入应用，在实践探索中形成了无感式数据采集、多模态数据融合处理、智能化诊断分析、即时性精准反馈等新样态，为破解教育评价难题提供了新的可能。在教育数字化转型的背景下，如何发挥新一代数字技术优势，推动教育评价理念与方式的迭代升级，切实扭转不科学的教育评价导向，为教育高质量发展保驾护航，是一个必须答好的时代课题。

苏州工业园区始终坚持教育数字化赋能教育评价改革，以教育数字化支撑区域大规模因材施教的探索实践，先后设计研发了导向学生全面发展的"易加综素"，导向教师队伍成长的"易加人才"，导向学校内涵提升的"易加评价"三大教育评价平台，满足区域"学、教、测、评、研、管"应用需求，从传统经验判断走向数字化科学循证，从单一的终结性评价走向多元评价相结合，全面发挥教育质量评价的导向作用。三大平台产生的数据，最终都流向园区"易加数据"平台，实现数据的融通，为教育评价改革决策提供依据。

三大教育评价平台的建立，构筑了苏州工业园区"5+1"跟进式多循环测评治理模式和以学为先的"学、教、测、评、研、管"一体化推进的现代办学治理体系。其优势主要体现在以下几个方面。

（1）建构培育高素养时代新人的学生评价体系

"易加综素"平台以新时代立德树人根本任务为指引，改革学生评价，促进德智体美劳全面发展；创新德智体美劳过程性评价办法，完善综合素质评价体系，切实引导学生坚定理想信念、厚植爱国主义情怀、加强品德修养、增长知识见识、培养奋斗精神、增强综合素质。在中小学生"小五星评价"体系基础上，构建培育高素养时代新人的"小五星"评价体系。始终贯彻落实"为党育人，为国育才"的教育方针，关注学生的理想信念、爱国情怀、担当精神、品德修养、法治观念、日常品行表现等方面，实现评价由知识本位转向育人本位，由知识中心转向发展学生的核心素养，回归学生在教育中的主体地位，彰显了评价的育人功能。助力学生成长为有理想、有本领、有担当的时代新人。

（2）构建新时代指向立德树人的教师评价体系

"易加人才"平台围绕新时代立德树人根本任务，在教育数字化支撑下，对现行的评价内容、评价方式等进行改革创新，建立更加具有针对性、发展性、多元性、综合性、增值性的教师评价新机制，搭建和丰富激发教师活力的"易加人才"网络平台，建立一批协同区域打造高素质教师队伍的教师教育、学科培训基地校，以改革评价打造新时代高素质、专业化、创新型的"四有"好教师队伍，形成综合的、科学的教师评价制度和体系。

（3）构建新时代指向绿色发展的学校评价体系

"易加评价"平台立足立德树人根本任务，以"聚力实证引领、聚焦百姓满意"为特质，在"精准、厚实、鲜活、融通"的数据支撑下，通过"数据分析、问题诊断、改进优化"等环节，努力改进结果评价，强化过程评价，更好引领学校内涵发展、自主发展、科学发展，更好地落实立德树人根本任务，促进学生德智体美劳全面发展。在评价理念上实现由上级管理到百姓评价的转变，评价本质上实现由经验指导到实证引领的突破，评价方式上实现由抽样调查到全面关注的突破，评价手段上实现由手工操作到智能分析的突破，评价结果上实现由结论等第到精准诊断的转变，结果运用上实现由外在要求到自我需求的转变。

2."智能评"的场景描述

评价平台要充分发挥导向功能，就要通过积累、挖掘、分析群体数据及个体数据，形成精准刻画，支撑精准发展，一般包含评价体系建立、数据采集、数据建模、数据分析和可视化呈现等基本功能。园区三大评价平台建立了适合园区发展的评价应用场景，形成了以"数据分析—特征提取—形成刻画"为特征的智能评价模式，驱动面向学生、教师、学校、区域的精准发展决策，实现真正意义上"为每一位师生提供'适合的教育'"的评价创新目标。

（1）学生综合素质评价应用

苏州工业园区在充分吸收国内外先进评价理论、认真贯彻国家和地方教育评价相关政策以及借鉴国内广大中小学校优秀实践经验的基础上，研发服务学生综合素质评价应用场景的"易加综素"平台。该平台通过多样化数据采集，形成成长档案，刻画学生发展，呈现学生个体基于"五育融合"的学生画像（图2.52）。

图 2.52　学生综素评价画像

同时,"易加综素"也能很好服务于学校"五项管理"工作的开展。例如,关于"手机管理",班主任可以将班级手机使用公约上传至平台;学生则可以在成长写实板块分享自己的网络畅游计划,包括使用时间、遵守规则、信息素养和网络文明等主题。学生上传记录由班主任审核,通过加分或评星,将汇总结果同步推送家长。关于"课外读物管理",学生通过"易加综素"成长写实模块上传分享阅读笔记,而教师审核笔记内容并指导,学期末平台将自动生成学生阅读素养报告。

基于"五育融合"的学生数字画像的建设及应用在"易加综素"中也有很好的体现。例如,在劳育的指标上,可以利用信息化手段实现学生综合实践活动的科学化管理,为学生综合素质评价提供过程性的数据记录。教师可在"易加综素"成长写实板块发布如家务劳动、社会实践、志愿服务活动等形式多样的任务,学生通过发表文字、图片、音频、视频等内容参与活动,记录自己成长的精彩瞬间。平台会记录学生综合实践活动参与情况、活动内容、学生之间的评论与点赞等,并根据发表情况自动评价。教师也可对学生参与活动的内容完整性等进行主观性评价。评价报告样例见图 2.53。

图 2.53　学生综素评价报告

（2）教师人才指数评价应用

"易加人才"平台是对教师基础信息、荣誉、职称、资质、奖励、招聘信息等相关数据进行统一整合和管理的系统。通过"易加人才"系统的建设，实现高效的人事数据管理、人才指数测评、教师职称评定、教师人才招聘和人事数据统计，从而为教师成长搭建培养体系，呈现教师进阶发展的动态过程以及教师的个人成长轨迹，辅助教师人事决策。

进入"易加人才"，教师只需定期维护基础信息、职称、荣誉、成长轨迹等信息，平台就能自动生成教师个体动态发展报告；教师完成线上问卷，平台自动汇总数据并生成学校教育人才指数测评结果报告。此外，教师还能通过填报、投票、统计等，完成教师职称线上申报和评审，公众也能通过"易加人才"，完成报名、审核、测试、录用、统计等线上教师招聘工作。同时，平台还能独立呈现多元统计分析报表，供教育人事管理部门查阅使用。此外，"易加人才"具备过程性数据积累，能构建完整的教师成长体系，将教师在整个执教生涯的数据进行串联、汇总与统计，统一整合、管理教育人事数据，让数据鲜活可用，为区域教师队伍建设提供依据。

"易加人才"平台为培养适应未来教育变革的教师队伍提供了数据基础，体现了"四个优化"。一是优化教育人才指数，以评价促进创新型教师队伍建设。教育人才指数涵盖"智慧教育人才指数""教育创新人才指数"等，用于测量运用信息技术、人工智能辅助教学的人才占比及在教学方法创新、教学技术创新、教学评价创新等方面的创新人才占比，以评价驱动教师的创新意识、创新能力和创新水平。二是优化教师成长画像，以评价促进专业化教师队伍建设。利用"易加人才"平台数据，建立教育教学履历和成长数据库，形成完整的教师电子档案，并基于大数据开展全面、客观、精准的教师考核工作。三是优化教师教育体系，以评价促进智慧型教师队伍建设。通过培训前问卷分析需求调研、培训后问卷反馈诊断等大数据分析，将园区自主设计的48门教师教育课程演化为现在的"3+X"课程体系，设计针对不同特定群体的"X"系列课程，并结合新课改、新技术、新理念对其中的40门课程进行调整，新增多个有关信息科技的项目化学习课程，形成教师教育体系课程2.0，提升教师数字素养，打造智慧型教师队伍。

（3）学校发展性评价应用

"易加评价"平台具备科学全面的评价体系、高效便捷的采集系统，为学校发展提供支撑服务。该平台服务苏州工业园区开展学校"大五星评价"，通过日常监测、调查问卷、校园安全管理、配置管理、评价分析等功能，从学校发展、学生发展、教师发展、内部满意度、外部满意度五个维度全面客观地评价学校的教学管理长短板，通过过程性采集分析学校数据，全方位反映学校发展的潜力和不足，用数据驱动学校的发展。

学校进入"易加评价",通过数据填报、佐证材料上传完成"日常监测";通过组织师生填报内、外满意度问卷,完成"问卷调查";通过安全上报、材料上传,完成"校园安全"相关内容填报工作。而教育管理部门,则进入"易加评价",对学校上传的材料及数据完成审核,对各类上报的数据进行信息审批,对线上调查问卷进行编制及发放。完成以上工作后,"易加评价"平台将生成学校报告、区域报告以及年度评价报告等。"易加评价"平台全面支撑学校5个维度立体动态的评价,形成了多层级、多维度的区、校可视化发展报告,实现了"学校看发展,校际观差异"。

"易加评价"平台有效支持学校发展性评价研究,促进学校内涵发展,主要体现在两个方面。一是改革评价内容,从根本上引领学校内涵发展。新时代立德树人视域下的"五星评价"由两大部分、五个维度构成。第一部分是"教育内涵发展指数",包括"学校发展水平""学生发展水平""教师发展水平"三个维度,全方位引领学校自主发展、教师专业发展和学生全面发展;第二部分是"教育服务满意指数",包括"内部满意度""外部满意度"两个维度,让教育服务对象和社会各界来评价教育的发展、接受教育服务的满意情况,积极推进区域教育先进文化和绿色生态建设,努力办好人民满意的教育。二是优化指标体系,从源头上破解"五唯"顽瘴痼疾,聚焦人的发展。"学校发展水平"中没有分数或升学率的评价指标,坚决纠正片面追求升学率倾向;"教师发展水平"强化"师资培养""交流互动""师资建设"等提升教师专业水平、促进区域师资水平均衡化的举措,坚决转变教师发展"唯文凭""唯学历""唯论文"的错误观念,积极推进教师践行教书育人使命。

3."智能评"的价值实现

(1)形成区域智慧教育评价新生态

以"评价依靠机制、结论源自实证、诊断催生举措、行动促进发展"为核心理念,以"目标引领—常态监测—精准诊断—行动改进—持续发展"为实践路径,补齐短板、精准发力,通过自主诊断、自主分析、自主改进等实践举措,进一步提升自主发展意识和能力;开放社会性评价,"满意百姓言",提升人民群众获得感,形成基于数字化转型的区域教育评价新生态。

(2)打造"学、教、测、评、研、管"一体化推进的区域治理新体系

形成数字化背景下的以学定教、以测促学、以评优教新模式,建立"你学我教,监测跟进,数据决策,专家治理"的新机制。以平台中"学"产生的数据带动"教",数据说话,实证诊断,基于"学、教、测、评、研、管"数据应用模型,动态刻画学生学情、教师教情以及学校与区域的管理等,赋能学习方式重构、教学方式变革、测评方式优化和治理方式转型。

(3)形成可借鉴、可推广的区域智慧教育评价创新经验

基于教育数字化转型,依托"易加综素""易加人才""易加评价"三大教育评价平

台，构建评价体系、研制评价工具，创新构建学校发展性评价体系，健全教师专业能力评价体系，完善学生综合素质评价体系，科学研制评价工具，坚持互联网思维，实现平台、资源、工具、应用、数据的规范共享。

（五）"高效研"

1. "高效研"的基本定位

教师的专业发展是提升区域教育质量的关键所在，而教师队伍水平的高低则直接影响区域的人才培养成效。开展高质量的教研工作是加强教师队伍建设的重要环节和有力抓手，也是落实立德树人根本任务、促进区域教育教学高质量发展的重要保障和关键举措。

随着 5G 网络、云技术、大数据及人工智能的发展，教研也步入了新的时代，如何充分利用信息化赋能解决传统教研中存在的疑难问题，开展更为高效、高质的教学研究活动，成为一个亟须解决的问题。

传统教研存在的问题主要有四点。一是时空局限大，教研人员必须同时在同一个时间、地点才能开展教研活动。二是"备—授—评—研"几大环节相互孤立、数据无法互通。三是教研负担重，教研资料的收集、整理、汇总、分享需要花费大量时间和精力。四是成果难共享，珍贵的教研成果难以有效沉淀，也难以辐射给更广泛的区域，助推教育的均衡发展。

为了解决传统教研存在的诸多问题，园区教育借助"易加教育"平台，融合人工智能和大数据技术，打造了云端"备—授—评—研"一体化教研新范式。

借助云端协同备课，备课教师可以进行实时在线研讨交流，共同打磨备课思路，完善课程设计，也实现了备课过程中的所有优质教学设计、课件、素材、习题等教育教学资源的云端共建共享，方便后续新教师的查阅、借鉴或引用，从而快速提升课程设计能力。

借助双师课堂远程授课，区域内的教学名师能够更便捷地为偏远的帮扶学校的学生开展高质量课程教学，并为帮扶学校的教师提供宝贵的教学经验和生动的实践展示。通过这种双师课堂开展的协同教研，可以有效促进薄弱学校教师的专业发展，实现优质教学经验的高效传输。

借助 AI 教学评价，平台可以针对课堂实录（音频、视频）数据，结合教育模型进行精准的智能分析，呈现全方位、多维度的课堂教学评价结果，为教师教学追溯、教学研究提供客观化、科学化的数据支撑。通过人工智能的方法循证施"教"、循证助"学"，更精准提升教师教学水平，同时为循证教研提供有效抓手。

借助远程教研，教师可以便捷地开展在线听评课教研，邀请外域专家或教师进行在线评价、研讨。整个听评课环节支持伴随式课程内容采集和评课记录。在课后，教师可以快速查看课堂内容摘要，靶向回溯课堂内容，也可以查看系统智能提炼的评课报告，直观了解授课过程中存在的重点问题，大幅提升教研效率，精准提升教育教学水平。

"易加教育"平台是区域教研活动组织、开展、分析、决策的"中枢大脑"，为提升区域教研水平提供了有力的支撑，其优势主要有以下三个方面。

一是灵活便捷。区域各校教研时间分散、教师队伍庞大、师资水平不一且相距较远，通过"易加教育"，就可以随时随地开展远程协同备课、在线听评课等活动，实现了时时、处处、人人均可参与的联合教研。

二是共建共享。所有教研活动全过程资源完整记录，并可以进行云端上传和共享，可以有效实现优质教研资源的跨区域大范围流转，促进教育均衡，提升教研价值。

三是智能高效。提供了多种高效便捷的智能分析工具，且所有数据伴随式采集。如智能评价课堂教学成效、智能提炼课程内容摘要、智能生成听评课记录等，将教师从繁杂、重复的工作内容中解放出来，只需关注教研本身，从而可以更加专心地提升自身教学教研水平。

2."高效研"的场景描述

场景一：云端共建共享的协同备课。

传统的线下集体备课，由于参与人员少，常规项目多，重复工作多，整理资料繁杂，给备课教师带来了额外的负担。园区学校教师利用"易加教育"平台的"协同备课"功能，开展便捷高效的在线远程协同备课。

教研组长可以邀请相应的教师加入教研小组，所有教研组的教师可依据需要备课的章节知识点，共同在线设计课堂教学环节，并为每个环节添加或引用相应的课堂互动内容、习题、教案或相关的教学资源。所有备课流程在线完成，所有备课教师都可以非常灵活、方便地对备课内容进行修改、调整、研讨和打磨。

（1）教研组长创建备课组

教研组长可邀请指定教师，加入教研小组。创建完小组后，教研组长可选择相应的章节知识点创建备课，并在备课页面将当前备课内容共享至整个教研组。

（2）教研小组协同备课

教研小组可以利用"协同备课"功能，针对前学、共学和延学三个教学环节进行课程设计，通过"三学"模式，打通学生的课前、课中、课后学习通道，让学生主动探求知识，创造性地学习，提升课堂教学成效。

在设计每个教学环节时，所有备课教师都可以直接引用平台提供的各类教学工具和资源。比如可以在前学环节直接添加其他教师共享的导学案或微课视频，或者在共学环节引用一些互动小游戏或学科教学工具，也可以在延学环节直接引用其他名校名师共享的课后检测习题，等等。

通过云端共享的丰富的备课资源，所有备课教师都可以大幅提升备课效率，减轻备课负担，提升课堂设计水平。

（3）发布和共享备课内容

协同备课结束以后，备课教师可以发布备课内容，并可选择共享到学校或者区域，方便其他教师进行学习或借鉴。

通过在线协同备课，可以有效避免传统教研中由时空异步、人员不齐、资料整理烦琐等因素带来的备课困扰，实现随时随地发起，随时随地参与的高效集体备课模式。其他教师也可以全方位查看完整的备课设计和备课资料，实现优质教研成果的有效沉淀和区域共享。

场景二：基于双师课堂的新型授课模式。

园区作为国家级经济开发区，人口密集，学生来自全国各地，区域内既有公办学校，也有为外来民工子女设立的民办子弟学校。在环境不相同、生源不均衡、师资不相等的客观条件下，为了促进区域教育的公平和均衡，体现对薄弱学校的扶持与帮助，园区的名校名师借助"易加教育"平台的"双师课堂"功能，对薄弱学校的学生进行远程授课，并为薄弱学校的教师提供教研指导。

"双师课堂"的开展主要包括以下几大核心流程。

（1）课前准备

课程开展前，由区域内名校名师与薄弱学校教师，名校教研组与薄弱学校教研组等组成在线教研共同体，在深刻分析并了解两校学生的知识基础和能力水平差异的前提下，通过"易加教育"进行针对性的协同备课。

课前准备需要达成两个目标：一是明确课堂分工。双方教师需要提前确定好课堂的流程和配合方式，确保课堂能流畅顺利实施。二是做好课程设计。名校名师在课前设计好教学思路，编写好导学案、教学设计、课件等相关资料，然后将自己准备好的教学材料同步给薄弱学校教师。薄弱学校教师则可以根据这些材料对自己之前的课程设计进行反思和完善，从而使得自身教学设计、资源整合和课程组织等方面的能力获得有效提升。

（2）课程开展

在上课当天，名校名师通过在线直播的方式，将自己的在线课堂同步向薄弱学校实时放送，并同步进行课堂讲授、问答互动、作业布置、同考同批等教学工作，让薄弱学校的学生获得同等高质量的教学。

薄弱学校的教师则可以在名师授课过程中穿插一些师生互动，并在教学过程中采用疑难讲解、问答、讨论等干预手段，帮助学生更好地进行知识理解，提升课堂效果。

（3）课后研讨

课程结束后，薄弱学校的教师可以根据学生的课堂反馈或作业情况，做好学情诊断与分析，并及时通过"易加教育"平台在线上与名校名师及其他教研组成员进行进一步的交流研讨。

（4）精准推送

优质学校名师后续可以根据结对帮扶中了解的具体情况，从"易加教育"平台遴选精品微课、课程、习题等资源，定期推送给薄弱学校的教师、学生，帮助薄弱学校师生共同提升。

双师课堂的开展，使得名校名师的整体教学设计、教学重难点的解决、教学环节组织和课后作业设计理念能够有效辐射给区域薄弱学校的教师，对于迅速提高区域师资队伍的整体素养，发挥骨干教师的引领示范作用，全面推进区域教师队伍高质量均衡发展，起到了显著的促进作用。

场景三：人工智能赋能的精准教学评价。

以往的课程教学评价，由于缺少系统的评价标准、科学的评价工具以及精准完善的数据支撑，所以很难为教师的教学能力成长带来快速、直观的成效。

园区教师借助"易加教育"的 AI 课堂教学评价功能，实现了授课和听课的全过程数据化，确保"教"和"学"全程数据清晰。借助人工智能技术，对"教"和"学"两个环节分别进行智能化的分析，通过可量化的数据支撑，丰富教学评价维度，提升教学评价准确性，进而帮助教师自身提升课堂教学水平。

学校只需在教室里部署好配套硬件，包括摄像机和阵列麦，连接系统后，即可开展精准的课堂教学评价。

课程开展前，教师可以利用 AI 教案分析功能，诊断教师教学设计不足之处，并提供针对性的改进建议，将传统的经验评价通过智能工具科学量化，帮助教师设计出更高质量的教学设计，大大提高教师备课能力和教研效率。

在授课过程中，教师可以借助部署好的硬件设施和 AI 课堂评价功能，伴随式记录和学生的全程交互、行为数据。系统会依据权威的课堂教学量化指标，对这些数据进行智能分析，并呈现多维度、全方位的课堂教学评价报告。教师可以通过教师画像分析、提问层次及教学组织过程的分析，寻找影响课堂教学效益的原点、难点问题，从而重构教学流程，营造教学新生态（图 2.54）。

课堂教学结束后，授课教师可以通过人工智能技术将课前教学设计和课中教学过程对比分析，得到课后教案执行情况分析数据，便于教师课后反思教学过程，改进教学设计，形成课前、课中、课后的全流程闭环的教学量化分析，提升教师教学设计和课堂教学能力，助力教师教学综合能力整体提升。

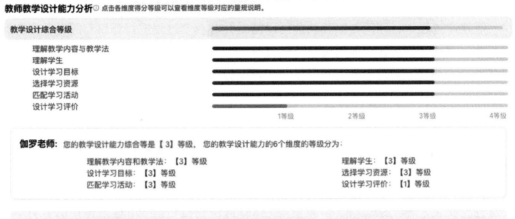

图 2.54　AI 教案分析

"易加教育"的 AI 课堂教学评价功能，为教师个人教学反思提供了有效助力，为学校管理者了解课堂教学质量、推动课堂教学改革提供了有力抓手，也为区域管理者开展针对性教研活动、利用新技术推动教师队伍建设提供了新路径和新思路。

场景四：在线听评课支撑的远程教研。

传统听评课，存在着跨区域组织实施困难、整理听课记录费时费力以及课堂教研成果难沉淀等诸多痛点。园区学校借助"易加教育"平台的在线听评课，大幅降低了听评课开展的组织难度，无须长途奔波，即可随时开展跨区域听评课活动。参与听评课的专家和教师借助人工智能手段，可一键生成课程内容摘要和评课记录，大幅减轻课后整理负担；学校教研组也可以通过听评课资源的云端汇聚，构建系统完整、高效管理和便捷易用的个性化教研资源库。

"易加教育"平台能有效支撑听评课活动的"课前准备、评课研讨、听课记录、总结反思"四大核心流程，推动教研活动高效有序地开展。

（1）课程创建

由教研负责人创建听评课，设置课程主题、开展时间等基本信息，创建完成后，即可通过二维码、链接或表格批量导入的方式，邀请区域内外专家和教师参与课程。受邀专家和教师后续可通过电脑或手机观看课程直播，并进行在线评议。

（2）课前准备

授课教师上传教案和教学计划后，受邀专家和教师可提前熟悉并了解课堂教学内容，让评课有据可依，提高听评课的针对性。

教研负责人也可围绕主题预设问题，让评课教师带着问题进行听评课，通过先思、后评、再思的方式，提高听评课的目的性。

（3）评课研讨

听评课过程中，评课专家和教师可以随时针对教学过程进行评议和研讨。所有评议内容，系统会依据评议的时间节点进行打点，后续回溯时，可以直接点击这个锚点跳转至教学现场，实现更具有沉浸感的听评课体验。无法同步观看直播的教师，也可以通过异步观看录播的方式进行评议。

（4）AI 生成听课记录

在授课过程中，评课教师还可以在线编辑听课记录，系统可伴随式采集评课教师所有的听课记录和实时讨论的内容，在课后智能生成一份个人听课记录报告。

此外，平台也可以智能汇总所有参与听评课教师的课堂记录和讨论内容，在课后为教研负责人生成一份针对本次课程的完整的听课记录报告，并智能提炼所有听评课教师的重要观点和共性问题，为后续研讨提供便利。

（5）评价结果计算

传统听评课采用纸质量表评分，评分项目多，教师们自己计算好总分再统一上交，统计和核对时耗时耗力，而且容易出错。通过线上听评课的方式，教师只需在听课过程中对授课教师各部分情况进行打分，之后系统会自动计算评分，免去评课教师课后统分烦恼。

（6）课后研讨

课程结束后，授课教师也可以发布自评，总结亮点、反思不足。听课专家和教师可通过线下或线上研讨的方式，针对系统智能整理和提炼的课程摘要和听课记录报告进行互动点评。最后由教研负责人针对课程中的不足、教师自评、课后研讨中提出的问题，给予专业引领和改进意见。

通过这种多元评价的方式，引导参与教师不断思辨，深入研讨，从而提升教育教学水平。

（7）区域巡研

区域管理人员可以通过视频墙的方式，直观看到当前区域正在开展的或近期开展的所有听评课，以及评课专家的实时讨论内容。并可点击任意一个当前正在开展的听评课，进入课堂实况，还可以同步看到所有专家、教师的实时评议记录。通过巡研功能，管理人员可以更加高效、实时地掌握区域听评课教研的开展情况。

3."高效研"的价值实现

（1）打破时空局限，实现泛在化教研

"易加教育"充分利用云计算、人工智能、大数据等新技术，打破时空界限，不仅为教师提供更为广阔灵活的在线交流互动空间，提升教学教研效率，还能更好地将校内、校外、区内、区外的教师有机连接，实现时时、处处、人人可参与的泛在化教研，从而进一步开阔教师的教学视野，拓展教研范围，提高教研的整体效益，提升区域教师的整体教学水平。

（2）云端共建共享，打通专业化壁垒

"易加教育"通过深入打造云端"备—授—评—研"一体化教研新模式，淡化了学校间的物理边界，使得优质教育教研资源实现了跨学校、跨区域的云端整合和共享，为云端教研共同体的打造提供了有力保障。

云端共享的优秀的备课稿、珍贵的名师授课影像、专业的评课内容以及丰富的课堂评价数据和分析报告，给新教师，尤其是区域薄弱学校教师的专业发展，提供了良好的借鉴和参考，能够一定程度上弥补教学经验差距，帮他们快速打通专业化壁垒。云端共建共享的教育资源，为区域内不同层次教师的专业发展提供了专业支撑，也为促进更大范围的教育公平提供了新思路和新手段。

（3）融合人工智能，助推教师队伍建设

"易加教育"借助人工智能，实现了数据支撑的深度教研，以摄像机等智能硬件进行教学行为的全程记录，凭借人工智能及数据分析形成详细的教学评价分析报告。以客观数据作为实证支撑，透过数据发掘一些常规听评课中人眼不易观察到的细节，从微小的数据变化探究教学质量的改变。这种数据赋能的智慧教研，有别于传统的田野观察教研方式，让授课教师可以通过更为科学客观的数据模型和评价量表，进行精准的反思总结，从而实现快速提升。

（六）"精准管"

1. "精准管"的基本定位

教育决策的精准落地、教学活动的有序开展都离不开教育治理的优化。因此，园区致力于开发数据支撑的管理功能，基于精准的数据统计分析，实现区域教育的个性化管理和特色化治理，实现全领域应用、多条线贯穿，通过"掌上办、移动办、马上办"让招生、招师、教师发展与校园安全等方面的管理更快捷、更有效、更前瞻，全面支撑教育科学决策，促进教育公共服务水平的提升和教育治理体系的数字化转型。

借助大数据精准分析，园区教育实现了管理手段科学、数据循证诊断，使得全方位的精准管理成为鲜明特征。

（1）以数据实证驱动科学决策

通过"易加办公"，实现信息流转、沟通协作、基础管理；利用"易加评价"，过程性采集学校数据，有效治理教育，实现"历史性数据，过程化记录，校际观差异，学校看发展，问卷全开放，满意百姓言"，真正为学生提供"适合的教育"。

（2）以数据流转助力有为管理

一是师资招聘。园区教育利用"易加人才"实现在线招聘，方便学校与求职者的交流。二是招生入学。园区通过"一网通办"搭建了家校沟通的双通道。一方面，在招生时，家校双方都可以通过"一网通办"的新生信息登记功能，查询施教区，实现房产验证；另一方面，管理者通过组织家长参与针对园区全用户的教育问卷、访谈，助推受访者对学校教育、区域教育建言献策。三是安全防控。园区通过"易加办公"实现学校安全、病情等防控行为的一键上报，这一流程有力助力学校及时发现、及时上报、马上处置相关问题，推进教育教学有序进行。

2."精准管"的场景描述

场景一：数据助力行政决策管理。

园区评价体系的创建实现了多层级对象刻画，既有针对学生发展、教师发展、学校发展的综合分析，也有针对伴随性数据的细化分析；实现了多维度对象刻画，既有针对每一个学校个体的数据分析，也有针对区域整体的数据分析，还有校际的横向对比分析；实现了对象刻画可视化，各类数据表、雷达图、柱状图、折线图等直观呈现各类数据，结构清晰，长短板一目了然。

（1）用数据刻画学校，促进内涵发展

园区教育管理者通过"易加评价"提供的雷达图模型、评价总分报表、日常监测得分报表、问卷得分报表、满意度分析报表等对学校进行精准刻画。

通过雷达图模型（图2.55），园区教育管理者可以直观地看出三个发展水平、两个满意度在区域、同类校之间的比较和差距；通过日常得分汇总统计报表，可以直观地对比校级之间在同一个指标维度上的差距；通过满意度分析报表，可以直接基于柱状图看出学校内、外满意度在区域、同类校之间的差距。"易加评价"通过"差距"的呈现，推动园区教育评价改革与创新的具体实践，推动"学科评价"向"综合评价"发展，推进绿色发展的教育生态构建。

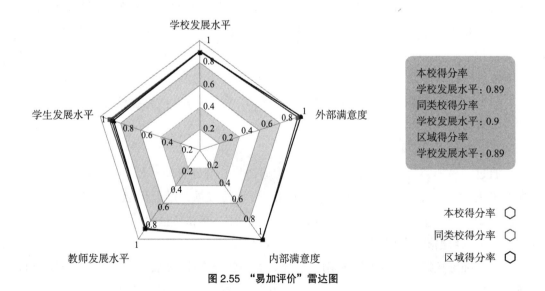

图2.55 "易加评价"雷达图

（2）用数据刻画学生，推动全面发展

园区学校借助"易加综素"建立学生学习数据档案，通过动态分析、数据追踪机制，准确定位每一位学生的动态，研制更适合、更有效的教学策略，促进每一位学生发展。通过"易加综素"雷达图（图2.56），可以直观看出学生某个指标项中的短板，以此帮助学生精准发力，实现改薄与扬长，助推学生全面而又个性的发展。

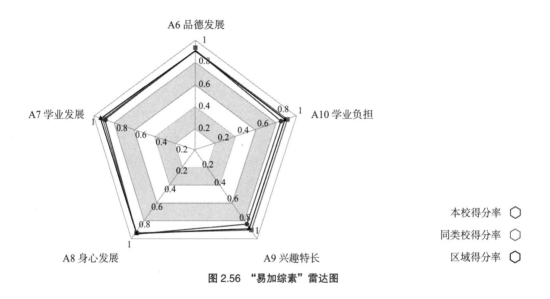

图 2.56 "易加综素"雷达图

（3）用数据刻画教师，提高专业发展

园区教育管理者通过"易加人才"，对区域内教师数量、年龄结构、学历结构、职称结构、各类骨干教师占比情况、新入职教师情况、各校生师比、平均年龄、高职称比例、高学历比例、教师培训完成率、境外研修比例、骨干教师各学段覆盖比例等数据进行采集与动态监控，为教师招聘、教师交流、教师教育工作提供科学、精准的大数据支撑，助推教师专业成长。

比如，在招聘教师过程中，"易加人才"同步预测教师招聘数和实际教师招聘数的差额，通过不同颜色直观反映出各个学校的招师压力，绘制成"招师压力图"，管理者据此"压力图"为区域和学校的教师招聘进行精准决策。

为了把握区域教师队伍建设水平，了解区域教师发展情况，苏州工业园区率先提出了"教育人才指数"这一人才评估概念（表2.1），基于大数据意识，盘摸人才家底。

表 2.1 苏州工业园区"教育人才指数"指标与权重占比

目标层	准则层	指标层	指标权重占比 /%
教育人才指数	刚性指标 80%	1. 骨干教师（含名师）指数	30
		2. 教学能力与教学成果指数	15
		3. 德育人才指数	5
		4. 智慧教育人才指数	5
		5. 教育国际化指数	2
		6. 高学历教师指数	5
		7. 高职称教师指数	5
		8. 青年骨干教师指数	2.5
		9. 青年管理人才指数	2.5
		10. 教师教育人才指数	4
		11. 教育创新人才指数	4
	柔性指标 20%	12. 区域人才交流指数	2
		13. 人才成长环境指数	7
		14. 行政团队综合指数	7
		15. 教育人才绩效指数	2
		16. 教育人才稳定指数	2

教育人才指数测评工作每年度进行一次，通过测评，园区教育管理者可以从师资结构、教学成果、学历水平、职称水平、青年管理人才比例等多个数据维度，对园区教育人才队伍进行诊断评价，精准聚焦人才队伍的典型特征、典型问题，从而靶向指导，精准助力，促进教育人才发展。

（4）用数据驱动教育督导，提升督导成效

园区管理者依托"易加督导"平台，深入推动教育信息化技术在挂牌督导领域中的应用，实现教育督导与互联网的深度融合，基本形成了"互联网+教育督导"的智慧督导新格局。

目前，"易加督导"已经全面覆盖教育督导工作的方方面面，园区管理者可以通过"易加督导"对外发布督导信息，对内进行工作部署、信息报送、交流展示以及督导业务在线培训等，基本实现了对责任督学挂牌督导工作的网络化管理，使园区成为真正意义上的全国中小学责任督学挂牌督导创新县（市、区）。园区在督导管理项目的推进和应用推进了督导模式变革，提供了可复制、可推广的经验。

园区教育管理者通过"易加督导"有效整合学校机构、教师、专家等数据资源，实现随时随地上传督导情况的"移动督导"。园区管理者可进行督导轨迹、督导记录、督学圈分享的"实时查看"；并可通过即时消息，进行督导情况零延时反馈；还可以通过"易加督导"进行督学手册的"一键生成"。

园区管理者通过"易加督导"的图示化、结构化数据呈现，可以有效满足督导业务的实时监测，达成挂牌督导记录、问题整改、流程审核的闭环管理，实现专家督导的全数据存储查阅，同步数据多维度提高学校管理质量，统计数据驱动督导效率及结果，促进教育管理和服务质量更加优质均衡发展。

场景二：数据优化公众服务供给。

在教育信息化 2.0 时代，教育管理平台不仅应确保教育管理正常进行，更应不断提升管理实效和精准度，不断优化公众服务体验。

（1）招生管理

比如园区家长就可以使用"一网通办"的"新生信息采集"功能模块，顺利完成孩子的入学申请。原本需要线下排队几小时才能办理的事项，现在通过"入学一件事"，一键即可提交办理。所有申请、审核流程快捷高效，通过线上办理也省去了工作日请假的麻烦。

曾经，入学报名依赖于现场审核，家长们面临材料多、证明多等痛点；如今，仅需一部手机就可以快捷调取相关证照证明，无须准备纸质材料。作为园区入学报名的一大亮点，"一网通办"将 AI 助审与政务服务有机融合，通过提前梳理审批逻辑、设置智能审批前置条件，推动智能机器人根据前置条件辅助审核亲子、房产、婚姻等材料，可视化展示审批结果，推动审核效率大幅提升。同时，对问题材料进行预警提示，工作人员仅需复核问题材料即可完成审批工作，大大节省人力成本。

相较于 2022 年最快仅用 48 秒即成功报名的"秒速"体验，2023 年，得益于免证调用范围再拓展，AI 助审再提速，幼儿园、小学、初中最快报名速度分别为 9 秒、14 秒和 6 秒，均打破之前纪录。

同时，平台积累的招生数据能够支撑教育决策，让教育资源更均衡。

招生入学时，家校双方都可以通过"新生信息采集"模块下的学区查询功能，正向查询学校和施教区，也可以输入家庭住址，反向查询所属学校，实现房产信息验证。

平台自 2014 年投入使用以来，积累了全面的招生数据，教育行政部门可以对"易加数据"汇聚的"毕业人数、招生人数、班级缺口、班容比"等数据进行建模分析和计算，并利用不同颜色直观反映学校的招生压力，形成"招生压力图"，为区域教学资源的合理化布局提供数据支撑。

（2）日程管理

园区教育工作者借助"易加办公"中"办公日历"模块，可以高效记录并展示办公相关活动和工作安排内容。

在日常教育管理活动中，对于活动组织者而言，需要合适的工具便捷地发起各类活动，记录活动相关信息，以及邀请其他教师参与活动；对于活动参与者而言，需要很方便地浏览自己需要参加或者与自己相关的活动信息，并且可以直观地进行查看和检索；对于教育管理者而言，需要了解相关人员一段时期的工作安排，并希望有多个维度去统计和导出。以往各类教育管理活动多通过"线上＋线下"等多种方式进行，比较零散，无法进行有效的汇总统计。

教师可以在"办公日历"模块选择某一天，点击记录活动和日程安排进行相关记录；记录完成之后，活动和日程安排会显示在对应的日期中；同时，平台也会查询全部与教师本人相关的数据并在日历中予以展示。如果教师需要查看相关人员的活动和日程动态，可以通过发送邀请的方式将对方添加为关注人员，对方收到邀请并同意后即关注成功，后续即可查看对方的日程和活动内容。

教育管理者也可以随时查看"易加办公"平台提供的多维度统计报表，更好地了解教育管理活动开展情况。

（3）民办补贴

园区财政有面向幼儿园民办教育的补贴政策，基于政策要求，园区财政每年会面向区内全部民办幼儿园（包含教育局分管和各个镇、街道管理的幼儿园）发放补贴。以往的财政补贴申请在线下进行，存在着结算流程复杂、审核工作繁重、数据校验易错等问题；同时，每个学校都集中在学期中或者学期末提交申请，对于园区财政而言缺少提前的预估，可能会短时间面临巨大的资金流转压力。现在，园区的民办幼儿园可以借助"易加办公"平台的"民办补贴管理"功能，将线下结算和审核工作转移到线上进行。

区域管理员可以按照学期维度开展补贴项目的申请与审核工作。在新学期刚开始的时候，区域管理员开放财政补贴预申请，各个民办幼儿园负责人只需要提交大致的学生信息和补贴总额信息，平台将信息汇总至区域管理员手中，方便管理员对新学期整体区域的补贴金额有大致掌握，从而提前做好充分的准备工作。在学期进行至期中或者期末的时候，区域管理员可以开放补贴的正式申请，各个民办幼儿园负责人只需要负责导入本学期符合补贴条件的学生信息即可，平台可以通过身份验证和同步历史数据的方式进行智能校验、自动核算，最终将结果提交至对应分管负责人审核；审核完成后平台能够快速、便捷地生成多种报表以便区域管理员及民办幼儿园查看，方便后续开展补贴审计。

管理者可以实时查看"民办补贴管理"模块提供的各项统计数据，从而实时了解民办幼儿园的办学情况，为相关政策的制定提供科学依据。

（4）校园安全监管

安全问题，及时处置。管理者通过"易加教育"小程序，进入"易加安全"监管平台，即可便捷地开展安全监管工作。

园区教育管理者可以在平台开展三类安全隐患排查管理，包括学校内部安全隐患流程管理、学校隐患提档为区级隐患流程管理和区域巡检流程管理。

在学校内部安全隐患流程中，学校安全负责人可以通过平台每天开展校园安全隐患的排查和录入，并向分管副校长及校长实时上报隐患处理情况，隐患处理完成并通过分管副校长或校长审核后，该条隐患流程处理状态变为已闭环。

区域管理员可随时随地检查各学校每日上报的安全隐患，对于严重的隐患，可提档升级为区级隐患，并一键生成整改通知单或督办单，下发学校进行整改；也可以主动对某所学校发起区域安全隐患整改流程。学校收到整改通知后，进行内部整改流转，整改的过程和结果通过短信或微信公众消息实时反馈给区域管理者。

在月末，管理者可以查看平台生成的安全管理月报。报告中汇总各学校的隐患数据，并提供各学校的隐患整改情况分析，区域管理员可以通过月报精准掌握全区各校园安全隐患的上报、整改情况。

截至2023年12月，"易加安全"统计隐患共计3349个，已经整改完成3260个，其中区级隐患807个，已经整改768个，学校参与率非常高。

（5）病情监控管理

防疫病情，及时上报。园区区域管理者和区内各个学校的管理者往往需要了解本地区、校学生的患病情况，以此来对教学工作进行精准调控，对相关教学、医疗资源进行合理分配。

以往学校的健康管理工作，都是校医务人员在线下依靠纸质记录的方式进行学生病情记录，各个学校之间形成信息孤岛，校管理者以及区域管理者无法了解病情整体及分布情况，无法有针对性地开展预警和管理工作。

"易加办公"的"病情监控管理"模块实现了家校之间以及学校与管理层之间的顺畅沟通，助推管理者精准把握管理范围、加强管理力度。

学校医务人员可以通过单个录入或批量化导入的方式维护学校学生病情数据，同时，根据每日上报机制的要求，保证了数据实时更新。区域管理员可以查看各学校每天的报告情况和统计报表，根据国家相关文件定义病情和预警值对特定病情进行预警，跟踪管理；可以在病情统计中查看各学校的报告情况和人数统计，为疾病防范提供参考。平台支持GIS地图可视化查询，根据在病情定义中设置的预警阈值，在地图上显示处于病情预警中的相关学校的情况。病情监控管理功能有效打破了学校与学校之间，学校与区域之间的时空壁垒，实现了学校健康管理的数字化转型。

3. "精准管"的价值实现

（1）行政决策更科学

园区教育能够依托信息技术、虚拟现实、情境感知技术等，嵌入式采集学习者在真实状态下展现出的复杂能力数据，并通过数据建模绘制出学习者综合能力发展轮廓图，从而大大增强教育评价结果的客观性和科学性。

园区教育依托"易加评价""易加综素"等数据平台做出的评价，涵盖了诊断性评价、形成性评价和终结性评价。通过大数据技术对不同阶段的教育活动进行监测评估，对一个完整的教育过程实施前馈控制、实时控制和后馈控制，每个阶段都依赖于从教育信息流中提取数据、分析处理并进行反馈，这种基于数据又超越数据的反馈能够更好地服务于教育管理和决策，更好地为"适合的教育"服务。

园区教育管理者还可以通过"易加督导"强大的数据整合与GIS地图能力，实时获取全面、精准的督导视图，从而可以随时掌握区域教育工作动态与进展情况，有效确保区域教育督导工作科学、规范和高效开展。

（2）公众服务更高效

园区教育通过"一网通办""易加办公"等平台的建设，有效提升了公众服务体验和管理实效，有力支撑了各项常态管理工作的"掌上办""移动办""马上办"。

园区家长利用"一网通办"的"新生信息采集"，能够实现6秒快速报名入学，真正体验到了"让数据多跑路，让百姓少跑腿"。园区教育管理者更能通过平台采集的招生数据，进一步优化管理决策，实现区域教育资源的均衡配置。

园区教育工作者，可以借助"易加办公"平台构建的无纸化办公、一体化移动办公管理体系，实现信息快速流转，沟通协作效率大幅提升。而园区教育管理者则可以借助平台提供的各类多维度的数据统计和报表，实时掌握日常工作开展的具体情况，并基于分析数据制定、实施更加科学有效的各项政策。

第三章
数字化转型背景下新型教与学应用研究

>>> 导 读

　　苏州工业园区坚持问题导向，聚焦教学资源供给不均衡、教学适切度低、评价标准单一等问题，通过自主研发"易加教育"数字化平台，探索教育数字化支撑大规模因材施教的路径。

　　教育数字化对教学关系的重塑是根本性的，对学科教学模式变革的影响是深远的。在教育数字化背景下，园区各学段各学科教学以区域智慧学习平台——"易加学院"为支撑，以满足个性化学习需求为目标，产生了多样化的新型教与学模式，使得素养导向的教学呈现出生动的图景。

　　在教学实践中，教师们充分利用"易加分析"模块，通过前置分析、专题教学、伴随分析、巩固教学、后置分析、拓展进阶和周期分析等，全面了解学生的学习状况，使得教学更加符合学生的个体差异和发展需求，有效促进了学生的全面发展。园区还引入了"人工智能赋能的课堂教学评价系统"，这一系统能够监测和评价教师的教学行为、学生的参与度、课堂的氛围等，为教师提供及时反馈和建议，帮助他们不断改进教学方法和策略。园区坚持对省、市、区质量监测数据进行全方位、多维度的分析，深入剖析相关因素，全面了解教育教学质量的整体状况和发展趋势。通过对这些数据的综合分析，能够更准确地把握教育教学的关键问题，为制定针对性的改进措施提供有力支持。这些举措不仅在教育理论上取得了较为显著的成果，更在教育实践中得到了较为广泛的应用和验证，为提升教学质量、满足学生需求、促进学生全面发展奠定了坚实基础。

第一节 / 数字化转型背景下的学科教学研究

数字化转型赋予园区多学科教学研究以全新面貌。高中政治学科打造的"易加生态课堂"成为学习者充分展现智慧的舞台，数字化工具让初中语文古诗项目化学习得以充分展开，数据支撑的全链式学习与初中物理大单元教学精准匹配，初中地理单元教学在教学评云端一体化课堂模式的构建中整合程度不断提高，小学语文数据驱动教学精准改进，数据与课堂教学无缝对接，成为教学模式变革的"关键变量"。

案例 1　高中思政课堂教与学方式有效转型

为了适应目前新课程改革和育人方式变革的大趋势，提升教育教学质量，我们组织政治学科组教师认真学习国务院办公厅印发的《国务院办公厅关于新时代推进普通高中育人方式改革的指导意见》和"新课标、新教材、新高考"的相关精神，在积极实施"议题式课堂教学"的同时，借助园区研发的支持"个性学""智慧教""智能评""科学测"，基于数据循证，服务各学科教与学的"易加"系列平台提供的各类型教育大数据，尝试进行具有校本特色的"易加生态课堂"教与学方式转型的研究与探索。

在高中思想政治学科教学中，我们目前正在进行的"易加生态课堂"教学实践，借助园区教育大数据资源，通过"引导自学、探究展学、评点省学"等三环六步教学活动环节，营造情境、激发兴趣、明标设问、研读深思、述得存疑、互究释疑、小组归纳、展示所得。强调通过提出合适的议题来给学生指明思考的方向，这不仅是教师引导性功能的典型体现，也为学生提供了自由发挥、发散思维的机会，让课堂从教师的"教堂"变成了学生的"学堂"，最大限度调动学习内驱力，真正做到对学生学科核心素养的启发和培养。"易加生态课堂"教学改变了学生的学习方式，让学生在课堂中实现深度理解，通过改变学生的原有经验来促进学生自主建构知识，通过变式训练最终让学生在不同情境中学会迁移与运用，从而使课堂完成从"教堂"走向"学堂"的有效转型。

一、"易加生态课堂"教学开展的意义

1. 教育大数据驱动，促进教学效果有效提升

借助园区"易加"平台沉淀的结构化和非结构化形成的基础数据和各类应用主题数据等教育大数据，通过大数据技术手段进行数据治理，让数据流转驱动"易加生态

课堂"个性学、智慧教，提升教与学有效性。"易加生态课堂"教学具有探究性、启发性，主要的构成环节有三环：引导自学、探究展学、评点省学。要素为符合学生个体学情的真实议题、多元情景，落实"以生为本"的教育思想。"易加生态课堂"教学具有调动学生兴趣、强化学生主观意识的作用，这是传统教学模式所缺少的。课堂教学中，教师引导学生在数据驱动、自主阅读的基础上，针对所设置的情境议题展开探究，交流分享，最后师生共同进行评点，学生对相关问题进行反省，学习能力得到提升。这样有利于师生、生生和谐关系的形成，让学生脱离传统课堂的禁锢，其天性、天赋、能力等不再受约束，学生学习主体性得到充分发挥。

学生在课堂里的角色和投入状态也发生了很大改变。"在以前的课堂里，我们是知识的接受者，我们的意见得不到重视。而现在我们有机会一起探讨，一起发现问题、解决问题，有一种强烈的氛围把你拉进学习的状态……"有学生这样描述自己对"易加生态课堂"的感受。课堂的"导学""展学"等阶段对学生有明确要求，学生从进入课堂就被赋予课堂任务，必须拿起纸笔开动脑筋，才能进入后续环节。同时，课堂通过组织学生分组、分层，实现学生之间的学习互动，讨论和思辨成为课堂常态。

2. 教育大数据驱动，促进核心素养落地达成

在"易加生态课堂"中，教师在"易加"教育大数据驱动下所设计的情境议题包含经济、社会等不同领域的知识信息，在教学过程中能延长学生学习兴趣，促使学生的学习动力得到保持，让学生与教材、社会生活的距离拉得更近，使学生的学习体验更丰富。同时，在探究展学过程中，情境议题活动型课堂教学的实施能增强学生发现、分析、解决问题的能力，让学生更快拥有良好的信息搜集、整理及自主探究等能力，为学生提供阐述想法、表达观点的机会与平台，促进学生认知水平、实践能力的提高。情境议题下深入探讨当前社会生活热点话题，有利于强化学生的政治认同感，使其具备良好的社会责任感，从而推动学生核心素养落地达成。

二、"易加生态课堂"情境议题选择的原则

1. 层次性

在进行"易加生态课堂"教学时，教师事先借助"易加"平台整理和分析得出的教育大数据，从不同角度掌握学生现阶段实际水平及具备的知识基础，从而立足学生的学习特点及学生之间存在的差异，优化问题设计，保证学生与课堂融为一体，更好地进行个性学，实现育人目标。在个性刻画学情的数据的基础上，教师设置相关情境议题，有效传授知识，提高学生学习兴趣。尤其针对学习兴趣弱、能力欠缺的学生，教师更从学生实际需求着眼，让情境议题设计更合理，真正激发学生的参与热情，让学生掌握更多的必备知识。针对基础较好的学生，设计的情境议题要有拓展性，要能

帮助学生增强关键能力，促进学生全面发展。

2. 实践性

教师设计的情境议题不仅要具备层次性特点，还须具备实践性特征，让议题与生活情境高度贴合。同时，教师应将教材作为基准，挖掘现实生活中存在的议题素材，指导学生探讨生活中的问题，从而使学生形成强烈的思想共鸣，真正沉浸在问题探究过程中。除此之外，教师要重点将教材与生活情境连接在一起，灵活运用有效方法，凸显教材内涵，避免出现本末倒置现象。

3. 时效性

新课程标准提出："高中思想政治教学的开展需要重点培养学生实践能力。"因此，教师应遵循新课标理念，引导学生参与实践，了解社会相关领域的发展现状，使学生的思维更加灵敏，应用能力得到提升。此外，教师设计情境议题时应保证议题具有一定的时效性，根据时政热点及教材内容设计议题，从而提高学生的能动性，让学生自觉关注时事、关心社会。

三、"易加生态课堂"教学开展的策略

下面以人教版高中思想政治必修4《哲学与文化》第八课"文化的民族性与多样性"教学为例，阐述开展"易加生态课堂"教学的策略和步骤。

1. 借助平台数据驱动创新情境议题活动任务，激发学生参与热情：个性学

在政治学科教学中合理开展"易加生态课堂"教学，教师需要根据教学内容，借助"易加"平台提供的符合学情的相关教育大数据资源，选定一个合适的可探究的情境议题和活动任务。情境议题是一切的基础，事关学生接下来所能够思考的范围，必须要有明确的指向性来保证学生思考的有效性。同时，要有足够的内涵，帮助教师根据自身的教学进度进行适当引申，促进学生发散思维。因此，教师选定议题时既要考虑教学内容，又要考虑学生的理解能力，让学生在能力所及范围内发挥潜力。

例如，教学高中思想政治必修4"文化的民族性与多样性"时，教师在上课前通过"与你共赏"环节，以北京奥运会开幕式"击缶"视频，引出总议题"感悟文化的民族性与多样性"。在引导自学环节，教师提出："请大家快速阅读教材第103至105页内容，将你认为重要的内容用红笔画出来，并完成内容梳理填空部分，用时3分钟。"这主要是让学生通过自主阅读，记录重要语句，提升阅读理解能力。接着进入探究展学阶段，设置两个子议题：议题一，"各美其美"的价值碰撞——认识文化的民族性（情境材料播放《南疆和田建筑和徽派建筑风格的不同》视频内容，时间约2分钟），引出议题探究展学1；议题二，"美美与共"的文化共情——尊重文化多样性（情境材料播放《为世界抗疫贡献智慧的中国方案》视频内容，时间约4分钟），引出议题进行探究

展学2。通过设置这两个情境议题，鼓励学生根据自身的生活经验踊跃发言。按照学生先讨论、教师再纠错的流程来引导自学、探究展学和评点省学，最大限度地调动学习内驱力，这样，这部分知识就能够在议题引导下给学生留下深刻印象。学生有了足够的参与度之后，自然会更加喜欢政治课堂，可谓一举两得。

2. 借助平台数据驱动开展学生合作学习，丰富情境议题交流范围：互助学

进行"易加生态课堂"教学，教师应鼓励学生们在数据驱动下组成相关学习小组，通过平台数据收集、交流相互合作完成对某一知识的组团学习。课堂通过"营造情境、激发兴趣、明标设问、研读深思、述得存疑、互究释疑、小组归纳、展示所得"，引导学生针对议题进行自学，鼓励学生以小组为单位针对议题开展自觉探究，并展示学习成果。难能可贵的是，教师组织学生开展"评点省学"，学生在师生评点中反思自我，纠正学习策略，形成自我概念，主动参与对主体的塑造，从而进入自主发展快车道。这种教学相较于传统教学的一个很大的区别就在于给学生更大的自主权，学生可以通过与同学合作，体验对某一观点或知识从了解、验证到形成自身理解的全过程。这样，过程本身就是对学生搜集资料、分析总结等综合能力的一种锻炼，对学生核心素养培育具有重要作用。例如，在上述课例中，播放子议题一相关视频后，教师引出情境议题让学生以小组合作形式探究并展学。

议学单任务1：每个具有民族特色的文化现象和产品是如何形成的？你认为其有何地位和重要性？

讨论后形成学生展学结论1。

议学单任务2：民族文化的核心和灵魂是什么？南疆和田建筑和徽派建筑风格不同，主要是因为什么不同？

讨论后形成学生展学结论2。

讨论完成后教师提示学生派代表将讨论结果向全班同学展示，教师根据学生展示情况引导学生得出结论，并以PPT形式逐步出示议学结论。教师通过学生展学和修正的结论，联系教材内容，与学生共同评点总结相关知识点，并以思维导图形式巩固相应知识点。

播放子议题二相关视频后，教师引出议题让学生以小组合作形式探究并展学。

议学单任务3：请从文化角度分析中西医为何会形成不同的治病逻辑。

讨论后形成学生展学结论3：理解"一方水土、一方文化"。

议学单任务4：你如何看待拉踩中西医某一方的做法？我们又应如何理性对待中西医文化？

讨论后形成学生展学结论4。

通过学生展学和修正的结论，教师联系教材内容，总结文化具有多样性的相关知识点，并以思维导图形式巩固相应知识点。

在传统课堂中，教师是知识的权威，是知识的占有者，学生被动学习。在"易加生态课堂"议题式课堂教学活动中，教师是学习的引领者、参与者和促进者，学生在数据驱动下，是知识的建构者，是主动的学习者。这样，学生的各方面能力得到锻炼，潜力得到充分激发，其综合素养自然得到提升。有位学生谈及"易加生态课堂"时说："在以前的课堂中，很多时候我们是知识的接受者，时常扮演课堂'观光客'，我们的意见得不到重视，显得毫无价值，就像我们不存在一样。在'易加'课堂里，我们一起收集数据、合作探究，共同发现问题、解决问题，学习充满挑战，我们非常喜欢这样的课堂，因为在这样的课堂里人人都会被欢迎、被关注，人人都会获取成长。"

3. 借助平台数据驱动激发学生创新多元思维，丰富思考视角：智能评

进行"易加生态课堂"教学，合理开展情境议题教学，教师指导学生借助"易加教育"平台大数据资源，学会多角度看待一件事情，激发多元思维，丰富思考视角，实现智能评。在教学中，十分重要的一点就是关注学生有效思维的长度，让学生的思维得到成长，而其中的关键在于思维的开放性。在以往教学中，教师大多推崇标准答案，实际上，一件真实的事情无法简单地用好和坏评价，角度不同，得到的结论也会不同。因此，在"易加教育"平台大数据条件下，教师教学时鼓励学生通过平台收集、分析、筛选与学习中相关的教育大数据，结合教材学习内容多方面评价事物，建立多元评价体系。例如，本课中教师评点环节，除了以思维导图形式巩固知识，以小试牛刀方式讲练外，还以"请你欣赏，共同感悟"活动进行思维提升。教师通过阿图什市昆山育才学校昆曲社团传承"非遗"项目昆曲片段和十二木卡姆两个音乐欣赏活动，让学生回归议题，欣赏、感悟文化的民族性与多样性，结合上述视频和两则材料，运用文化民族性与多样性的有关知识，引导学生思考说明保护传承昆曲、十二木卡姆等"非遗"项目的合理性。

4. 借助平台数据驱动支撑教师筛选教学资源，丰富教师精准备课：智慧教

教师在教学中合理开展"易加生态课堂"教学，对备课提出了更高要求。"别看我们课堂上讲话时间少了一半，但备课时间增加了一倍还不止。"这种教学方式将教学分为课前、课中、课后三个阶段，整个过程需要教师将有效的时间花在"智慧教"上，如对"易加"平台各类大数据进行收集、积累、筛选，设置符合学情的情境议题、教学流程设计、教学效果巩固方式等。课前，教师要借助"易加"平台相关教育大数据资源精准备课，分为个人自备、集体议备、个体复备，完成教学情境议题设计，编制导学提纲和课后限时练习材料等；课中主要分为引导自学、探究展学、评点省学三个环节；课后分为巩固自省、检测练习、变式提升三个环节。"易加生态课堂"的每堂课背后，凝聚着授课教师、备课组、学科组的辛勤付出和高效协作。在"易加生态课堂"中，教师需要根据学生认知逻辑建构全新的课堂，创设吸引力强的情境议题，组织学

生合作探究，引导学生借助平台相关数据深入思考。对于学生个别理解差异，通过随堂练习、课后作业精准追踪来解决。教师从传统的"讲师"，变成了学习过程的策划者和组织者。这些环节保障了学科核心概念和素养真正在学生心中落地生根，最终转化为实实在在的能力。

我们借助苏州工业园区"易加"平台提供的大量教育大数据，探索开展的"易加生态课堂"教学方式，顺应了数字化转型能力、新课改大趋势，也为高中思政课在激发学生能量、提升学生学科核心素养、培植学生自学能力、追求质量与效率和谐共生等方面提供了非常有价值的实验样板。苏州大学附属中学的"易加生态课堂"体现了信息化教育大数据背景下教学实践与理念双向建构的过程，体现出了"易加"智慧平台的创新应用，在此过程中，如何通过更多的教育大数据使课堂的教与学模式形态进一步优化、理念进一步提升，更好地使教学实践回归学习本真，使课堂成为学生学会学习的场所，是每一位教育工作者要不断探索的课题。

案例2　数字化工具在古诗项目化学习中的实践应用

在语文教学领域，数字化不仅丰富了教学手段、拓宽了知识获取渠道，而且在培养学生的语言能力、人文素养和创新思维等方面呈现出显著的优势。如何将数字化技术深度融合到语文教学中，实现教学方式的创新升级，进一步提升教学质量与学习效果，成为当前我国教育界亟待深入探讨的重要课题。

一、数字化推动初中语文古诗项目化学习的可行性分析

《义务教育课程方案（2022年版）》在"课程实施"部分提出："整体理解与把握学习目标，注重知识学习与价值教育有机融合，发挥每一个教学活动多方面的育人价值。探索大单元教学，积极开展主题化、项目式学习等综合性教学活动。"语文教学应该冲破过去单一、刻板的形式，走向多样化，不断适应时代的发展，其中数字化教学为我们探索多样化、有效的课堂提供了一个有力支持。苏州工业园区研发了"易加"系列平台，支持"个性学""智慧教""智能评""科学测"，基于数据循证，服务各学科的教与学。在语文教学领域，"易加"提供个性化学习方案，即根据每个学生的学习情况和需求，制订个性化的学习计划和路径，实现因材施教。通过在线互动答疑，解决学生在语文学习过程中遇到的问题，增强学习体验和效果，从而实现文化素养拓展，将数字化教学融入中国传统文化教育，培养学生的人文素养和社会责任感。

项目化学习是从美国教育家杜威"做中学"的理论发展而来的教学模式。项目化

学习强调以学生为中心，以学习为主线，学生在完成项目任务的过程中，建构知识和经验。[1]基于上述认识，语文"项目导学"是指在真实或模拟的情境中，整合相关课程资源，将现行语文教材中的内容从相对碎片化、封闭式的状态，转化为系统化、开放性的项目设计，通过综合、开放、自主的语文实践活动，完成项目，丰富学生语文学习经验，培养其语文关键能力，从而发展和提升其语文核心素养。

由此观之，项目化学习与数字化工具有机结合，相互作用，既保留了项目化学习的真实情境与探究性特点，又发挥了数字化教育的优势，使得教学过程更加高效、灵活且具有针对性，从而促进学生的深度学习与创新能力的培养。

二、基于"易加学院"的初中语文古诗专题项目化实施路径分析

结合统编语文教材八年级下册《唐诗三首》学习要求，教师尝试将项目化学习与数字化工具（即"易加"）相融合，根据课本剧教学的特点，整合《新安吏》《石壕吏》《茅屋为秋风所破歌》三首杜甫叙事诗作，将文本中那些故事情节生动、集中的内容改编成剧本，然后组织学生进行表演和评价；指导学生在贴近人物的过程中揣摩情感，去体验人物的生命历程，从而真正掌握语文核心素养，并能迁移运用到自主阅读实践中去。本次诗歌专题围绕项目化学习六个维度（核心知识、驱动性问题、高阶认知、学习实践、学习评价、公开成果）初步形成实施路径和策略，激发学生学习兴趣，实现习得知识的迁移和深度的理解。

（一）纲举目张，以核心问题引领全篇

诗歌教学课堂一直以来充斥着大量琐碎的知识和机械重复的学习方法，知识点太过琐碎导致的结果是学生只知道抓细节，看不到细节之间的关联。项目化学习需要不断地聚集更多的知识信息，将事实性知识以一种有效的方式整合起来。[2]能否借助项目化学习，帮助学生实现点—线—面的知识点覆盖，形成系统、全面的认知，是本项目需要解决的首要问题。鉴于学生在初中阶段两年语文学习打下的基础，以及对于杜甫的基本了解，教师选取了统编教材八年级下册第六单元《唐诗三首》中的《石壕吏》《茅屋为秋风所破歌》，以及一首课外诗作《新安吏》作为本次项目化学习的依据。这三首诗作中都充斥着杜甫内心的矛盾与深沉郁勃的情感。与此前学过的多数诗歌侧重描绘自然景物不同，这三首诗均有较强的叙事性，应当结合注释理解诗中所叙之事，并感受诗人巧妙的叙事手法。根据统编版语文教材八年级下册第六单元"憧憬美好的

---

[1] 夏雪梅.项目化学习设计：学习素养视角下的国际与本土实践[M].北京：教育科学出版社，2018.
[2] 夏雪梅.项目化学习设计：学习素养视角下的国际与本土实践[M].北京：教育科学出版社，2018.

社会生活，反思现实的生存状态"的学习要求，以及《唐诗三首》阅读提示"感受诗中所描述的社会现实，体会诗人的情怀"[1]，我们最终要引导学生思考：我们为什么要学习杜甫的诗作？项目化学习需要将这种教学目标与项目或问题结合起来，在解决问题的过程中实现上述教学目标。

在项目启动阶段，教师利用"易加"发布项目任务，通过平台内置的教学资源库，提供与杜甫相关的拓展阅读材料、背景知识视频等多媒体内容，帮助学生构建起对诗人及其作品的立体认知框架。通过研读教材和教参，教师提炼了本次项目化学习的核心知识：感受杜甫复杂的内心世界，体会杜甫沉郁顿挫的艺术风格，理解"诗圣"的伟大情怀。从核心知识出发，围绕教学目标，教师设计了六项具体的学习活动：

① 入项：明确任务——剧社即将在学校文艺汇演上进行杜甫诗歌专题会演；

② 学生实践：依托文本，编写剧本，排练课本剧；

③ 探索与形成成果：每个项目小组根据自己排练的成果进行彩排；

④ 评论与修订：所有成员在观看完演出之后，依据文本对剧本的编写和演员的表演进行点评，各项目小组结合点评意见对剧本和表演进行修正；

⑤ 公开成果：在学校文艺汇演上进行课本剧展演活动；

⑥ 反思与迁移：回顾整个项目的历程，撰写小诗《致杜甫》，并将自己的感受形成作文记录下来。

综上所述，"易加"不仅成为项目化学习的有效载体，更是在核心知识的传递、驱动性问题的探讨、高阶认知能力的培养、学习实践的落实、学习评价的反馈以及最终成果的展示等多个维度上，全方位地赋能了本次初中语文古诗项目化教学实践，使得整个过程更加高效、更有互动、更显个性化。

（二）真实依托，在情境中驱动项目落实

借助"易加"这一数字化教育平台，项目化学习能够更加高效地构建和实施。项目化学习强调对真实问题的解决，追求知识与能力在新情境下的迁移运用，而要实现这一目的就需要依托真实情境的创设。在本次以杜甫诗歌为载体的课本剧活动中，"易加"扮演了关键角色：创设真实的情境。学生借助自己与自然、社会、他人互动的经验，探索自己对事物的感受，表达自己对于事物的体验。项目化学习凸显情境的功能性目的，促使学生把学科知识和技能运用到真实世界中。学生是通过自己的实际体验来认识世界的，这种教学方式可以有效激发他们的感性思维和探究事物的渴望及内在动力。

活动设计通过课本剧表演将文学知识转移到生活中，组织学生开展编写剧本、排

---

[1] 温儒敏. 语文：八年级下册 [M]. 北京：人民教育出版社，2018：124.

演剧目、汇报演出这3个活动任务，使学生在解读自己扮演人物的过程中形成文学作品解读和改写的一系列策略。这也是本次项目活动中学生所要习得的重要知识技能。为实现最终目标，我们将项目大任务转化为一个个子任务，具体分课时来达成。例如"编写剧本"（图3.1），可分为三步骤展开，第一步是形成剧组，第二步是确定剧本，第三步是确定角色。教师通过"易加"发布"剧本创作"的线上任务，引导学生利用平台上的资源库查阅相关背景资料、诗词注解及专家解读，帮助他们深入理解杜甫诗歌中的故事内涵与情感表达。

编写剧本 ┤
- 确定剧目→确定每组负责人→形成剧组
- 初读文本→编写剧本→小组内部测评→确定剧本
- 公开角色信息→成员竞演→确定角色

图3.1 "编写剧本"子任务流程

在情境创设阶段，全体学生能够在平台上实时了解活动进度、参与讨论以及获取剧本创作指导材料。学生可以在平台上组建剧组群组，进行跨时空的交流与协作，共同确定表演篇目并分发任务。依据班级人数以及作品内容、演出时长等相关因素，我们将表演剧目确定为《新安吏》《石壕村前半夜》《石壕村后半夜》《茅屋为秋风所破歌》。

编写剧本环节，各小组成员能够借助平台进行云端协作编写，在创作的过程中也可以随时查阅其他小组的进度。同时，教师可以通过平台对学生提交的剧本初稿给予在线点评与建议，促进剧本质量的提升。

角色选拔阶段，"易加"可作为展示平台，学生们上传自我介绍视频或表演片段，全班同学和教师都可以在线观看并投票，形成公开透明的角色选定过程。此外，排练过程中，"易加"可用来记录各个重要节点的彩排视频，方便剧组成员回看改进。

最后，将成果汇总时，"易加"能整合各剧组的表演视频、剧本文本以及排演花絮等素材，形成一套完整的剧社影像资料库。这些内容既可用于学校元旦、六一文艺汇演的宣传预热，也可供后续的教学分析和学生成长档案建设使用。

在整个项目化学习过程中，"易加"不仅为学生搭建了一个真实、生动的情境体验环境，还有效促进了文学知识与生活实践的深度融合，确保了每一个环节都能够环环相扣，核心知识在不断探索与实践中得到巩固和深化。

（三）妙笔生花，在创作中走向高阶认知

依据马扎诺的学习维度框架，认知是从低阶认知发展到高阶认知的，高阶认知策略包含问题解决、创见、决策、实验、调研和系统分析。在本次项目化学习过程中，面对真实、有挑战性的问题，学生需要自主解决问题，这对于帮助他们实现从低阶认

知到高阶认知的转变具有重要意义。

由于古诗文篇幅短小，语言精练，在改编的过程中常常需要对其进行加工来丰富剧本的内容。在创作的过程中，学生会在所学知识的基础上，不断运用高阶认知，将知识进行迁移和提升。创见，即学生运用想象力与创造力来创造一个新的文本或方案。本次项目化学习过程中，一剧组认领的任务是编写《石壕吏》中从"暮投石壕村"到"老妇出门看"的剧本。寥寥数句，很难形成一个看似完整的故事，该组同学在负责人的带领下群策群力，为了填补原诗中对三兄弟战死情况描述的空白，一剧组借助"易加"平台查阅相关历史背景资料、战争场景描绘等信息，通过对这些知识的有效整合与提炼，扩充了"三男邺城戍，一男附书至，二男新战死"的内容，实现了高阶认知策略的应用。

（战场上，远处传来战鼓声）

（士兵跑步上场，绕场一圈）：那边石壕村的三兄弟，别磨蹭了，赶紧准备一下，马上整队了！（士兵下场）

（儿子甲此时在写信）

儿子乙对儿子甲（一边说一边扯着儿子甲的衣服）：别写了，哥，要开战了！

儿子甲（着急状，眼睛还看着本子在写）：知道了，知道了。我要不写个信给娘，她该担心了，以她的性子，准是还在家里急着来回走呢。

儿子丙（轻声默念）：爹，娘，是我不好，没能让你们安心！（鼓声响）

（儿子甲、儿子乙、儿子丙上战场，开始战斗）

杀——杀——杀！！！

（儿子乙和丙战死，倒地）

儿子甲（抱着他们两人的尸体痛哭）：不——！！！

在剧本创作阶段，小组成员通过协作讨论，将所学知识点迁移到具体的剧本创作情境中，展现出强大的问题解决能力和创新思维。他们创造性地插叙了三兄弟战前写信、准备上战场的情节，这一创见不仅源于团队成员对诗歌内容的深入理解，还体现了他们系统分析和决策的过程。

在这个过程中，"易加"平台提供了便捷的知识梳理工具，让学生能够清晰地组织提取已掌握的信息，同时结合高阶认知策略中的抽象与分析能力，对原始文本进行合理且富有情感张力的扩充。这种依托于"易加"的数字化教学方式，极大地激发了学生的内在动力，使得知识不再是单向灌输，而是通过层层激疑、步步探究的方式引导学生自主建构和深化理解。

综上所述，在数字化平台的支持下，《石壕吏》项目化学习活动成功地促进了学生由低阶认知向高阶认知的跃升，通过实践与创新设计，他们不仅锻炼了语文核心素养，更是在解决问题的过程中，充分展现了独立思考、合作探究以及运用高阶认知策略的能力。

（四）千锤百炼，在实践中深度理解

项目化学习是一种包含知识、行动和态度的学习实践。"实践"这个词强调的是"做"和"学"的不可分割性，这就意味着项目化学习不仅包含"做"和技能，同时也包含着"学"，包含着对知识的深度理解。项目化学习在"易加"的数字化教学环境中得到了全新的诠释与发展。借助"易加"平台的强大资源整合能力，学生能够在排练课本剧《石壕吏》的过程中，无缝对接线上资源库查阅相关文献资料，自主探究杜甫的人物背景和历史情境；可以借助平台将发现的问题、研究结果实时分享，形成一个基于网络的合作探究环境。多元的学习实践丰富了学生的多元需求，他们的能力也得到了多元提升。

在《石壕吏》剧本排练的具体环节中，小组同学对杜甫身份产生了疑问：为什么晚年的杜甫可以幸免于难？教师引导他们进行研讨活动，让学生围绕排练中出现的问题进行深入探讨。最终，学生们通过教师上传的相关资料，确认了杜甫任华州司功参军的历史事实，从而成功解决了剧本中的逻辑矛盾。在此基础上，他们对剧本进行创作，形成以下内容：

官吏一（押着杜甫）：这个老太婆可真不老实，屋里明明有男人。

官吏二：就是，我看，这就是你那第三个儿子吧！

杜甫（挣脱束缚）：你们知道我是谁吗？我是新上任的华州司功参军——杜甫。这是我的委任状。

官吏头子：原来是杜子美大人，失礼了。

"易加"平台上的创作工具也发挥了关键作用，教师能帮助学生随时记录下排练过程中每一次调整的心得体会。针对"杜甫自曝身份"这一情节转折点，教师指导同学们结合"易加"提供的历史背景资料和文学分析材料，重新构思和编排对话，使得剧情过渡更为自然，角色心理变化更加合理。同学们推断杜甫一路从新安走到石壕，目睹了满目疮痍，民不聊生，此时的征兵也从原先光明正大"点兵"变成"夜捉人"的盗寇行径，诗人目睹了战争灾难，内心更多的是悲痛的感叹。鉴于此，同学们一边排练揣摩人物心情，一边将排练过程中获得的深度理解形成文字，进一步完善剧本与表演。

官吏一（押着杜甫）：这个老太婆可真不老实，屋里明明有男人。

官吏二：就是，我看，这就是你那第三个儿子吧！（推搡杜甫）

杜甫（踉踉跄跄）：你们……你们抓我干什么？真是欺人太甚！我，我是华州司功参军——杜甫。

扮演杜甫的同学更是借助"易加"的多媒体辅助功能，反复观看历史上著名演员演绎老年角色的视频片段，不断揣摩与模仿，以求在表演上更贴近杜甫的真实状态。整个排练过程中的点滴进展与深度理解都被记录在"易加"的学习档案中，成为每个参与者成长轨迹的有力见证。可见，学习实践能有效地深化学生的认知，提升语文核心素养。

在"易加"平台支持下的项目化学习实践中，学生得以在一个整合了知识获取、思维锻炼、团队协作和成果展示于一体的综合型环境中，深化对《石壕吏》及杜甫诗歌背后社会历史背景的认知，切实提升了语文核心素养，实现了理论学习与实践操作的有效融合。

（五）多样呈现，在评价中不断深化

在项目化学习中，学生评价是检验教学是否达到预设的教育目的必不可缺的一环。在项目进行的过程中进行自我评价和同伴评价，分析彼此的行为和成果，是非常重要且有意义的内省时机。

在项目初始阶段，确定入项目标以及本次项目的教学目标：感受杜甫复杂的内心世界。教师将评价的重心放在引导学生感受杜甫诗作的复杂性上。无论是《新安吏》《石壕吏》，还是《茅屋为秋风所破歌》，都诉说着杜甫内心的矛盾与复杂，但是每一首诗歌中的表现形式各不相同，为了实现这一目标，教师设计了以下评价模式：

我想点评……，课文中某字或某句的意思是……，他们在表演的时候……，我觉得这一点比较好（很好），达到了……的效果。

我想点评……，课文中某字或某句的意思是……，他们在表演的时候……，我觉得这一点不是很好，可以……改进，如果是我表演，我会……，达到……的效果。

学生A通过"易加"提交评价："在观看小组演绎的《新安吏》时，我认为'喧呼闻点兵'一句中的'喧呼'表现得尤为到位，通过高声呼叫的动作设计，成功传达出征兵场景的紧张有序，这恰恰反映了官吏虽然执行严苛任务，但仍保持了一定的职业操守。"学生B则利用"易加"在线评价功能指出："在《石壕吏》一剧中，扮演官吏的同学在'有吏夜捉人'一幕中加入的打哈欠动作，我感觉颇具深意，这既突显了深

夜劳顿的艰辛，又暗示了战争后期征兵资源枯竭的社会现实。如果是我来表演，我会强化这一细节，让观众更深刻地感受到诗中透露的时代悲剧。"教师在"易加"平台上能够轻松查看并汇总所有学生的评价反馈，通过对不同视角的梳理和引导，促进全班对诗歌内涵及人物塑造多维度理解的发展。

因此，在整个项目实施过程中，"易加"作为辅助评价工具，有力推动了学生批判性思维和深度学习能力的培养，同时也使得评价环节成为一种富有成效的内省过程和知识建构手段。

（六）层层推进，成果助力项目推进

项目化学习最终的导向是要形成一个公开的、有质量的成果，在群体中进行交流。公开展示自己的作品可以让学生的学习变得更有动力，让学生再次审视自己的项目历程，促使学生思考，最终形成深刻的经验总结与独特的人生体验。

在"易加"的支持下，"风雨人生我演，四海升平吾愿——杜甫诗歌专题阅读"项目的成果展示更加生动立体且具有深度。在项目推进过程中，"易加"提供了便捷的资源管理与分享平台，各剧组可以通过线上空间记录排练进展，上传视频片段，进行阶段性的汇报演出。

第一阶段，学生剧组借助"易加"的多媒体功能，将他们的剧本解读和舞台表现以数字化形式呈现给全班同学，增强了展示的直观性和互动性。

第二阶段，"易加"内置的评价与反馈系统扮演了重要角色。同学们观看完线下的汇报演出后，可在课堂实时提交对其他剧组表演的评价。教师可通过"易加"提供的写作工具，引导学生创作并发表各自的小诗《致杜甫》，让学生的思考与感悟得到即时分享和交流。

第三阶段，利用"易加"的个性化作业功能，每位同学都能在线上提交反思性作文，回顾整个项目过程中的所学所得，形成600字以上的深度体验总结。教师则能借助"易加"的数据分析能力，全面了解学生在项目化学习中取得的进步和遇到的挑战，为今后的教学提供有针对性的改进建议。

基于"易加"平台，成果展示不再局限于一次性的线下活动，而是贯穿在整个项目实施周期中，形成了持续、动态的学习循环。这种环环相扣、层层推进的方式使得每一次展示都成为深化理解、巩固知识的重要节点。最终，借助"易加"的技术优势，学生们能够在模拟的真实情境中充分展现他们对杜甫诗歌以及相关历史背景的理解与情感共鸣，使项目化学习真正达到以终为始、知行合一的理想效果。

数字化教学如同一座桥梁，将教师与学生紧密相连。对于教师而言，它是一把开启教育新天地的新钥匙，教师不再是知识的唯一传递者，而是转变为引导者和策划者，他们借助这座桥搭建起的知识宫殿，精准投放教育资源，如园丁般根据每一株"智慧

幼苗"的不同需求进行灌溉和修剪。而对于学生来说，数字化教学则是一条通往自主学习、深度探索的通途大道。学生们不再仅仅是被动的信息接收器，而更像是在广袤的知识海洋中独立航行的探险家，手握智能罗盘，既可以按照预设路线稳步前行，也能随时调整航向，挖掘自己感兴趣的宝藏。他们在这座桥上畅行无阻，通过互动交流、在线实践，不断提升自我，实现个性化成长。

案例3　数据驱动物理项目化精准教学实践

在新课标育人导向和教育数字化转型时代背景下，立足"易加学院"提供的大数据支撑，对学生进行课前、课中、课后全流程跟踪画像，通过立足学生、立足数据、立足整个知识体系框架、立足实践，去设计更适合的教学方案和学习路径。

一、数据驱动的基本原理和范式

大单元视阈下的数据驱动以苏州园区"易加"平台为技术支撑，它依托良好的网络平台以及结构化的概念图贯通课前、课中、课后，实现教、学、管、评、测云端一体化，从而让施教者对学习者进行全时空、全流程动态画像，并不断调整教学策略，它的基本范式支架如图3.2。这里的大单元并不是传统意义上的一个章节内容，而是在整个初中物理知识框架内去整理统合，形成前后知识的关联，构建知识脉络，为学生搭建攀云梯。通过结构化的概念导图达成很好的教学效果，通过绘制"大单元"概念导图，在课前、课中、课后进行不同程度的渗透，从而让学生在潜移默化中形成大概念、结构化的认知，而不是碎片化的、零星的知识片段。

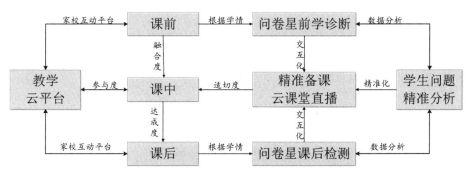

图3.2　数据驱动的基本范式

本次物理项目化教学是将物理课本中有意义、有研究价值的综合实践活动、实验、概念等，通过可拆分的任务单元，以项目为线索、以任务驱动，寻找学科教学内容的真相和本质，通过项目深化对知识的理解，通过实践实现理论与实践的螺旋式上升。

混合式教学，是指将学科教学与网络化学习有机结合起来，将园区"易加"平台多种优质教学资源融入物理学科课程的学习中，经过整理、组合，相互融合，实现学习路径的重构，优化学习方式，实现教学的智慧度和有效性，实现学科内部的统整和跨学科融合。

二、大单元视域下数据驱动精准教学的模型构建

依托园区"易加学院"的大数据画像和技术支持，教师和组内同伴通过几年的共同努力，设计了大单元项目化纵横教学的基本范式（图3.3），它主要包含横向的课堂教学设计以及纵向的课后项目化实践活动设计两个部分，两个部分互为支撑，实现理论和实践螺旋式上升，帮助学生逐步形成物理高阶思维，逐步培养学生解决实际问题的能力。通过该教学模式，教师可以实现精准教学，学生可以更系统性地掌握知识，并在合作探索中形成更高阶的思维。

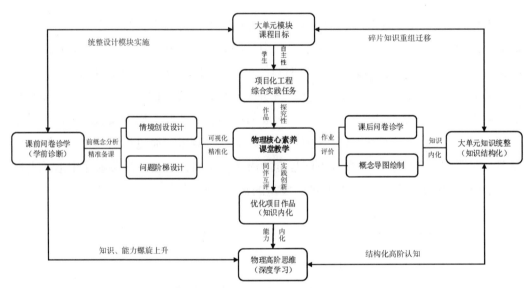

图3.3　大单元项目化纵横教学基本范式

三、大单元视域下数据驱动精准教学的典型样态

1. 概念图引领大单元知识自主重构——前概念画像

初三学生对物理的知识已经有了比较好的领悟，并形成了良好的物理观念，又具备自主复习的能力，教师需要做的是站在物理全局中再次深化已有的知识，在整个框架中盘活物理知识，打通知识间的壁垒。显然传统的教学模式是不够的，教师课前可

以绘制大单元概念导图并推送给学生，帮助学生进行宏观层面的梳理；学生通过扫码的形式获取概念导图，并依托概念图的支架进行自主梳理，在梳理中对自己已有的碎片化的知识进行重构统整，形成知识点间的联结，从而碰撞产生新的认知和疑问。学生自主梳理知识更易于对书本知识留下深刻的印象，实现学习方式的转变。学生带着问题而来，带着思考而来，不再坐等老师灌输式的教学。

物理是一门以观察和实验为基础的学科，一些重要的实验在时间的冲刷下，一些细节性的问题已经变得模糊不清。利用园区"易加"平台前学中的概念图功能，可以插入视频、音频、图片等，增加学生在自主复习时的乐趣。学生在自主复习的过程中可以再次回到实验情境中，再次审视实验，当然，有条件的学生还可以根据视频导学做现场实验，加深印象。

在"易加"技术云平台的支撑下，教师以结构化的概念导图为支架引领，实现学生自我导向的个性化学习，实现学生学习前概念画像为教师精准教学提供理论基础。

2. 数据分析直击问题核心——精准备课

教学应当根据学生原有的知识状况展开。那么问题来了：如何得知学生已经掌握了些什么？他的困惑还有哪些？显然传统的课堂大部分都是来自教师的经验，这样的课堂往往不够精准，不能抓住问题的关键所在。本项目教师和组内同事通过两年多的实践，利用"问卷星"这一软件对课前学生掌握了些什么进行了大量的问卷调查，结果往往出乎我们的意料。下面以15章大单元复习基于园区"易加"云平台的数据反馈为例一一说明。

为了更全面地了解初三学生对苏科版物理第15章电功和电热的整体掌握情况，教师利用"易加"平台前学的作业功能向学生发布了一份前测问卷，问题主要涉及以下7个方面：①电流做功与消耗电能之间的关系是什么？②电能表常量参数辨析，以及如何利用电能表常量推演解决生活中的实际电学问题。③电热和电功之间的关系，基本公式是什么？推演公式的使用条件是什么？④电功、电功率、电热实验探究过程如何？实验结论如何表述？⑤实验过程中的各类故障如何排查？⑥电热器的高、低温档的简单计算，以及热效率的问题。⑦通过概念导图自主复习时，你还有哪些不清楚的知识内容？

学生在规定时间内登录"易加"学院完成测试。在前学作业结束之后，教师在"易加"后台及时进行批改，系统会及时形成数据画像并形成系统的书面统计。教师根据数据反馈，便可以了解学生对知识的整体掌握情况，这些数据将成为教师大单元设计、精准备课的一手宝贵资料。此次参加第15章复习课前学诊断的学生共计185人，数据反馈表明，教师本以为初三刚学没多久的第15章的基本公式应该没有大问题，但是居然有33人有混淆问题，电热、电功、电功率相关概念辨析学有困难的人数也分别达到了19、14、11人次；相反，在教师觉得有问题的高低温档的计算问题以及故障分析问题上，学生反而掌握得很好。

两年的实践告诉我们，经验往往是不可靠的，我们不得不再次审视课堂，学生有时候不想听课，可能真的不是不想听，而是我们花费大量时间讲解的内容已经不能再激起学生的兴趣，而学生真的觉得有问题的地方我们反而没有为他们解决。

在初三阶段有限的复习时间里，地毯式的复习显然是不可取的，抓住问题的关键所在显然尤为重要。通过学生的前测反馈，教师可以更精准地定位学生的问题，对症下药，精准备课，精准设计课堂互动活动。比如上面提到的苏科版第15章的内容，教师将复习的重心向两个方面倾斜：①基础实验情景回归；②基本公式的辨别和简单计算中公式的选择。为了兼顾所有学生和一轮大单元统整复习的全面性，教师课上还是以概念图进行层层展开，只是对学生集中出现的问题进行各个击破。

在物理大单元统整复习中，教师还可以通过现场直播演示实验、仿真实验或者利用学生手边的材料进行的创新实验，增加线上课程的趣味性，提高效率。比如在复习浮力和密度的大单元复习中，教师完全可以让有条件的学生利用家里的烘焙电子秤或量米的两个量杯，根据浮力的相关知识去测一测一只小碗的密度。通过虚实结合的线上实验互动形式，让学生参与到课堂学习中来，从而对复习课中的重难点问题进行"靶向治疗"，各个击破。

3. 问题反馈"知识胶囊"——哪里不会点哪里

传统的课堂时常在课堂教学结束后就画上了句号，学生生成的新的问题和困惑并不能得到很好的处理，如何解决这个问题呢？如前所述，大单元视域下数据驱动教学模式可以实现课前、课中、课后的闭环教学，学生课后的个性化问题，同样可以通过园区"易加学院"的研学部分进行数据采集。针对学生的高频问题，利用希沃白板5中的"知识胶囊"这一功能，录制针对性的"胶囊"问题，使问题迎刃而解。教师只要录制好"学习胶囊"并发布到"易加"平台上，学生便可以根据自身所需，选择所要观看的内容，自主控制播放进度，可以反复看，实现哪里不会点哪里，这样的胶囊使学习更具有针对性，能很好地满足课后个性化学习的需求。

4. 项目化驱动——实践和理论有机融合

物理和生活往往有着千丝万缕的联系，经过项目化任务的驱动，学生能更好地提高沟通能力、合作能力、创新能力。比如上文中提到的电功、电功率、热效率等问题，学生在掌握了丰富的理论知识的基础上，可以利用所学的知识测量家用电器的实际功率，将测量结果和电器的铭牌参数进行对比，寻找测量值和铭牌参数之间存在差距的原因，不断改进实验方案，激发更多的思考。

第15章内容学习结束后，教师也可以布置测量电热水壶和煤气灶热效率的任务，可以将比热容、热值、内能、热效率等一系列物理问题串联起来。学生在测量过程中将物理知识前后关联起来，通过测量引发对电加热和化石燃料加热效率新的思考。比如学生会想到锅的材料和造型对热效率有何影响，如何让燃气更充分燃烧，用多大的火加热更合理，等等，以一个问题为中心，引发一系列问题，在解决问题中不断深化对知识的理解，并以此为契机引发新的认知冲突，从而实现理论和实践螺旋式上升。

再如学生在学习"蒸发"这一内容后，通过土冰箱的制作，加深了对蒸发制冷知识的理解，还主动去探索家里冰箱制冷的原理，加深了对蒸发器和压缩机功能的理解，将理论落实到实践中去。再如声现象内容的学习中，学生在学习了声学音调内容以后，利用家中的碗筷、杯子等器材，自制了水乐器，加深了理论知识的理解的同时，还实现了跨学科融合。学生通过瓶子项目，不断深入探索物理和音乐，将两门学科紧紧地联系在一起，项目的推进和新的问题的出现，不断激发学生探索的欲望。

实践表明项目化教学活动具有极强的互动性和整合性，学生能很好地将项目化任务中不同学科的知识整合起来，更有利于知识的整体架构，项目化任务为学生物理核心素养的落地搭建了脚手架。"易加学院"为项目化教学搭建了平台，教师只要在"易加学院"的项目化作业中设置好项目化作业，便可以实现全流程跟踪，实现线上、线下个性化指导，并通过图片、视频、研究报告、汇报PPT等对学生的阶段性项目成果进行收集和展示，对于优秀的项目作品可以直接在平台上给予奖励和评价，实现跨校际的分享，实现资源数据的共享。

四、大单元视域下数据驱动精准教学的典型成效

1. 改变教学模式

"互联网+"时代，课堂模式正在悄然改变，"易加"云平台为园区师生架起了一座知识的桥梁，并实现了基于数据画像的精准教学，让每一个学生都能在特殊时期在家中得到更好的学习指导，真正做到停课不停学。该学习模式也在改变着课堂的广度和深度，让教学不仅仅发生在现实空间中。课后，教师为学生留有思考和学习的空间，让学生站在整个知识体系中去理解知识，运用知识，盘活知识，通过这样的形式打通学生知识之间的屏障，为以后物理的学习打下更深厚的基础。

2. 促进学生整体性思维的形成

大单元视域下数据驱动精准教学站在了知识全局中，打开了一种思考在课前、领悟在课堂、内化在课后的课堂新局面，可以有效打破以教师的教为中心的传统教学模式，转向以学生的学为中心，大单元视域更利于学生站在知识全局中整体性思考问题。"大单元项目化纵向工程项目设计"可以化静态的知识为动态的知识，在项目工程实践中深化对学科知识的理解，并打破学科间的知识壁垒，活学活用。

3. 改变评价方式

大单元视域下数据驱动精准教学能较好突破传统教学中以分数为主要依据的评价

方式，实现课前、课中、课后全阶段知识、解决问题能力的综合素养评价；项目化工程活动作品的制作能很好地激发学生的主观能动性和内驱力，同时在合作交流、师生评价、生生评价中，提高成就感和获得感，实现从育分走向育人。

4. 促进学生高阶思维的形成

通过项目化实践架起理论与实践之间的桥梁，促使理论与实践螺旋式上升，最终使之成为一个整体，为学生终身学习打下基础。通过发现问题、分析问题、解决问题到迁移、应用这种思维模式的反复锤炼，促进学生形成高阶思维，为学生在将来解决真实而复杂的问题时创造性地整合不同学科核心知识和能力夯下基石。

案例 4 初中地理教学"教学评云端一体"的单元教学实践

《义务教育地理课程标准（2022年版）》指出，初中地理课程改革的重点之一即"使评价真正成为教育过程的组成部分"，明确"将现代信息技术与地理教学充分融合"。过往的地理教学中存在一些尚未融合信息技术的弊端，比如学情分析偏差导致教学实施受阻，数字资源匮乏导致抽象空间思维局限，评价不及时导致单元各课时脱节等。地理教学需要利用信息技术创设多样化的真实情境，实现师生的即时互动和学生的深度参与。园区研发了"易加"智慧教育云平台，基于"以学定教""以教促学""以评促学""以评优教"的"教学评云端一体化"形式，依循数据赋能"教—学—评"。本文以《天气与气候》单元为例，探索"教学评云端一体"的单元实例设计与实施，努力发挥数字化教学优势，提高单元教学连贯性，达到提升学生核心素养的目的。

一、素养导向下"教学评云端一体化"的构建基础

在数字化转型的背景下，构建地理数字化智慧教育的基础要素之一便是云平台的技术支持。园区"易加"智慧教育云平台从一线教学场景需求出发，基于信息技术充分融合课程标准、教材，充分挖掘数字资源，充分利用应用数据，促进教师的"智慧教""高效研"和学生"个性学""智能评"。在初中地理智慧教育中，应尝试多元化的学习方式。有了云平台的数字化辅助，各类新型学习方式得以实现，如主题式学、项目式学、协作式学、全链式学等。平台从多角度满足学生的个性化学习需求，激发学生的学习兴趣，帮助学生构建地理知识的整体结构。作为教师的"数字化百宝箱"，"易加"平台的构建降低了信息技术与地理教学融合的门槛，修筑了课堂教学与数据反馈的桥梁，使教师和学生在反思中实现多样化教与学，实现"教学评云端一体化"。

以发展学生核心素养的目标为统领，"教学评云端一体化"的单元教学设计步骤如图 3.4 所示。课前根据学生完成导学单、云问卷的数据把握学情，确定学生感兴趣的单

元主题，厘清课程内容与核心素养的关系，依据课程标准指向明确单元学习目标，体现"以学定教"。课中将真实情境下的评价任务嵌入共学活动，引导学生带着问题分组协作探究，利用课堂观察和个性化实时数据反馈及时进行师生互动，完成知识的迁移、建构和创新。评价任务设计先于教学活动设计，是"评价先行"的大单元逆向设计思路，体现了"以评促学、以评优教"的思想。课后动态衡量学生学科核心素养的表现程度，用数据同步融合线上线下的教学过程，以更加广阔的整体视角进行单元内容再调整和分课时活动再设计，体现"以教促学"。云平台辅助下的"教学评一体化"不仅实现了师生、生生之间数字资源的快速同步和共享，更是在整个教学过程中实时提供数据反馈以帮助师生不断反思、不断螺旋式上升、不断趋近学习目标，体现了智慧教育云平台的高效性。

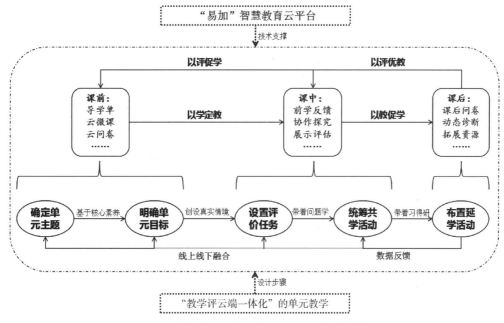

图3.4 "教学评云端一体化"的单元教学设计步骤

二、素养导向下"教学评云端一体化"的教学样态

（一）巧以学生画像定主题及目标

本项目选择人教版地理七年级上册第三章《天气与气候》作为教学内容，在学生自主前学阶段，教师利用"易加"平台发送"讨论交流"活动，以"关于天气……关于气候……"作开放性引导，帮助学生在小组讨论中碰撞灵感。学生的交流结果会同步汇总到互动会话框，通过对会话文本的分析可大致绘出个性化学生画像：大部分学

生对"天气"有直观印象和感受,却很难表述"天气"与"气候"的区别;也有学生认为二者没有区别;能够提及天气与气候对人们产生影响的学生较少。说明学生的人地协调观念较弱。因此,结合学生的知识经验和兴趣点,选择用时事热点"卡塔尔世界杯"激发学生参与学习的动力,故确定单元主题为"世界杯进行时——玩转气候"。

逆向单元目标设计要求精准分析学生画像,根据学生需求制定更具有指向性和有效性的教学目标,促使课堂教学聚焦核心素养目标指向。综合分析学生画像和新课标内容要求,单元目标应聚焦气候的概念辨析、时空分布和对人们生产生活的影响。从"识别常见的天气符号"落实地理实践力,从"气温、降水、气候类型的空间分布"形成区域认知素养,从单一要素到多要素联系,如"时间、空间—时空"和"气温、降水—气候",逐步掌握综合分析的思维方法,从了解"自然要素与人类活动的相互影响"走向人地和谐的人地协调观。

(二)巧融平台资源实现内容整合

围绕单元主题的核心概念"天气"和"气候",合理使用"易加"智慧教育平台的区域共享资源,重构与整合单元教学结构,让学习内容更贴近生活,更具有延展性。确保在真实情境的推进下知识内容之间的逻辑性与承接性,建立符合学生认知的内容结构框架(图3.5)。与教材结构相比变动较大的地方主要在第二部分,目的是从时间变化和空间分布这两条支线来捋顺核心概念和次级概念的关系脉络。主体思路是各地理要素之间相互联系,与人类活动相互影响,形成统一的、密不可分的整体。在帮助学生形成思维导图的过程中,可以利用筛选出的有效资源(如"沙土和水对升温降温的对比实验"微视频)指导学生理解知识,将平台资源高效且积极地融入地理教学。

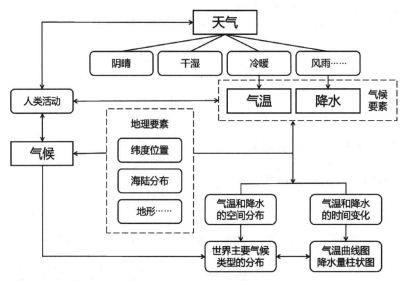

图3.5 《天气与气候》单元内容结构

（三）巧借信息技术助构真实情境

本主题的单元教学设计从多个视角和维度梳理卡塔尔世界杯中的地理要素，因此大量运用卡塔尔的数字区域资料和参加世界杯的32支球队所在国家及地区的位置地图等。在数字化环境下，学生获取的信息丰富多样，但碎片化严重，教师有必要结合具体的教学内容，从真实情境中引发问题，再将其转化成解决问题的具体评价任务。借助信息技术平台可以相对轻松地构建出真实的教学情境，优化教学情境的信息量和结构关系，创设含有不同要素的任务环境，更大限度地辅助教学。

以"气温和降水的分布"教学组织为例，该课时的情境设置依托于卡塔尔世界杯中的参赛球队所在国家及地区的位置分布，但初一学生空间感知能力较弱，故充分利用"易加"学科工具中的"地球与地图"功能，使学生能够从多个视角观察地理事物，促进学生对空间—区域分布的理解，提升区域认知核心素养。摒弃机械枯燥的文本练习，设计评价任务"32强连连看"，不仅增添了学习的乐趣，还潜移默化地为下一课时"气候类型的分布"做了铺垫。

（四）巧用数据反馈实现即时交互

在整个单元教学过程中，学生可以登录自己的"易加"账户随时随地完成教师在云平台发布的学习任务，还可以展开班内的交流讨论，体现了智慧教育云平台不限时空的特点，为即时交互式教学提供了可能。在课中探究环节，学生利用数字化资源进行任务驱动合作，通过学习任务单记录学习过程，并将探究成果汇总上传至云平台。教师不仅能在活动中观察学生的参与情况，还能通过任务数据反馈为小组提供个性化引导。

在提倡"评价先行"的大单元逆向设计思路中，设置评价任务的环节位于单元目标设计与共学活动设计之间：前接目标，可以检验其与教学目标的匹配情况，及时完善目标；后接活动，可以将设计好的评价任务嵌入共学活动中，使得课堂教学体现"教—学—评"的一致性。新课程标准强调"强化过程评价"，倡导多途径收集学生在活动过程中达成教学目标要求的表现。设计线下课堂所用的单元任务评价表，依照表中的评价要点，在线上云端利用"易加"平台课堂授课中的互动工具，根据教学进程实时发起"分屏推送""收集图片""小组评分""课堂评价"等，实现即时的多元评价，构建智慧交互课堂。课后学生能够结合多元评价及时评估自己的知识掌握程度并自我查缺补漏；教师能够便捷调取教学过程大数据，动态诊断学生群体和个体的学习情况，再次绘制学生画像，以调整后续单元课时的教学设计，改进课堂教学。

三、素养导向下"教学评云端一体化"的实践成效

基于"易加"平台开展的"教学评云端一体化"的单元教学实践，利用平台数字资源敏锐捕捉适于课堂的关键信息，并将数字资源加工为适宜课堂教学的真实情境，营造良好的学习氛围，并依托情境生成驱动性任务链。系列任务的螺旋式递进，促使学生主动参与探究；数字化智慧教学的形式，促使学生借助知识经验积极搜寻所需要的信息资源，找到知识的生长点，完成对新知识的理解应用。信息技术与地理教学的深度融合不仅突破了传统教学时空束缚的限制，更发挥了学生的主观能动性，提升了学生解决实际问题的能力。地图作为地理学习的"第二语言"，在智慧云平台实现了动态化应用，增强了学生的空间立体感，使学生能够更加直观地看到地理事物的地理位置和相关的地理要素，进一步锻炼了学生的识图、析图能力。评价任务的即时交互使得学生参与学习的主动性明显提高，在提出、分析、解决、深化问题的过程中逐渐收获自信和动力，对身边的地理事物和地理现象也多了一些停留和思考，有效提升了地理学科核心素养水平。对于教师来说，数字化智慧教育有效利用信息技术帮助教师掌握更精准的学情，有利于教师实施更具针对性的教学安排与指导，拉近与学生之间的距离，加强师生间的沟通交流；同时也强化了教师的信息化素养，帮助教师创新多元化教学，构建现代化地理课堂。当然，在云平台实施单元教学的过程中，也会存在一些问题，如课时数较多导致数字资源重复利用、线上线下对接教学评价结果有出入等，这些问题还需要在今后的教学实践中不断修正。

总体来看，基于"易加"平台开展"教学评云端一体化"的单元教学能为初中地理教学提供极大的便利，显著提升了教学有效性。在信息化社会的大背景下，教育数字化转型已是大势所趋，"教学评云端一体化"的单元教学是一条通往核心素养的康庄大道。如何将"教学评云端一体化"的模式更好地应用到地理教学中，仍需要更多教学实践的尝试和探索，争取让更加多彩的核心素养之花在评价功能的引领下绽放在每位学生的心间。

案例5　数据驱动让小学语文教学更精准

语文教学中存在教学资源匮乏导致教学整体性欠缺、学情了解不细导致教学适切度不够等弊端，在这样的语文学习中，学生往往会呈现出思维片面化、表达碎片化、阅读肤浅化等问题。因此，需要教育大数据的融入供给丰富的学习资源，感知、刻画学生后形成个性化的资源推送，从而帮助教师实现精准的语文教学，落地学生核心素养的培育。

一、数据驱动精准教学的逻辑理路

（一）内涵：数据分析落地因材施教

借助教育大数据能够对学习者的所有信息进行系统的整理和分析，例如可以运用大数据设计教育环境、优化学习路径等，这些都能够充分调动学生群体在学习领域中的主动性和积极性，对教育领域的发展有不可估量的作用。

将学生在整个学习过程中所产生的以及根据教育需要所采集到的数据，用于重构学习路径，可以有效达成学习目标，激发学习兴趣，保证教育质量。通过大数据的支撑，自动识别学生学习需求，根据学生特征信息（如学习偏好、知识水平等）动态适应性，呈现个性化学习活动序列（含学习对象），制定差异化学习方案，改变以往"大水漫灌"的做法，提供具有丰富性、选择性的课程资源，实施"精准滴灌"，真正落实"教学评一体化"，让学生的学习精准化、个性化，让每一个学生在语文学习中得到发展。

（二）逻辑：数据流转驱动学教测评

园区教育大数据"易加"平台日常沉淀结构化和非结构化数据，形成基础数据和各类应用主题数据，通过大数据技术手段进行数据治理，为"学、教、测、评"提供"显性"画像和"隐性"数据关联驱动，让学生的学习不断走向精准。

1. 数据驱动"个性学"

传统的学习以"统一"为主要特征——统一的课前预习、统一的课后作业。漫无目的的题海战术，让学生就像流水线上的产品，平庸而缺乏个性。数据驱动下的"个性学"，将通过个体数据刻画，让学生对于自己的学习状况从模糊到心中有数，从而更好地认识自我、规划自我、发展自我。

2. 数据驱动"智慧教"

数据驱动下的"智慧教"，则是基于平台对学生个体的数据刻画，可视化展示学生个体的学科知识掌握情况、薄弱知识点、学科素养形成情况等，教师可发现每个学生的学习长短板，避免"一窝蜂""一刀切"，从而科学智慧地制定教学计划，改变教学策略，与学生更加通畅地沟通。

3. 数据驱动"科学测"

数据驱动下的"科学测"，不再把测试的成绩作为衡量学校表现的唯一方式，而是全面收集数据，基于知识体系和学科素养体系进行深度分析，精准诊断学生短板，形成多层次、多维度的综合性分析报告，为学生核心素养的精准发展提供依据。

4. 数据驱动"智能评"

数据驱动下的"智能评"，是从宏观到微观、从甄别到选拔、从量化到质性、从单一评价到综合评价、从课堂内部到课堂外部，重新建构一套评价标准和评价工具，改进结果评价、强化过程评价、探索增值评价、健全综合评价，促进学科教学评价改革创新。

二、数据驱动精准教学的模型构建

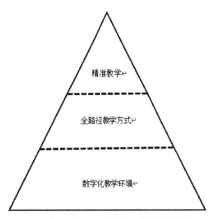

图3.6 教育大数据支撑语文精准教学体系

基于区域语文教学的需求，为促进每一个学生的语文学习与成长，我们探索了"三层级"的教育大数据支撑语文精准教学的体系（图3.6）。在以数字化技术为基座的"易加学院"的支持下，整合学习硬件、软件和智能环境，采集学习数据，调控学习过程，提供不同路径，服务不同场域，帮助教师精准教学，从而实现学生语文学习的高质量发展。

大规模因材施教是智能时代教育的应有表达。因此，以上教学体系分为三层级：一是教学的环境，主要包括大数据、"易加"平台、硬件、软件、人工智能等，回答"用什么教学"的问题；二是教学的路径，主要包括全链式、项目式、主题式和混合式教学策略等，回答"怎么教学"的问题；三是教学的追求，着眼"精准教学"，回答"教学到什么程度"的问题。明晰了以上三大问题，有了清晰的实施理路后，小学语文教学才能真正走向精准，立足全人，发展人人，落实核心素养，达成五育融合，立德树人。

三、数据驱动精准教学的典型样态

基于这一教学模型，园区小学语文开展了基于大数据的课堂教学探索，形成了数据驱动精准教学的典型样态。

（一）基于数据刻画的全程驱动

园区"易加学院"的语文学堂为语文教学提供全学程的支持。教师可通过关注课前、课中和课后全过程，综合协调学习资源的供给、学习动机的激发、学习进程的调控和学习结果的评测等。以《伯牙鼓琴》一课教学为例。前学，教师通过微视频和学习任务单引领学生自主学习、翻转学习，明确学习目标、激发学习动机，教师还能根据学生对小古文字词、文意的学习效果评测，进行共学内容的调整、学生分组的安排等。共学，借助"共学导学单"进行学习，重在吸收内化，重视培养合作探究的关键能力。在这里可采用四步法流程：第一步，平板端实时反馈学生对字词等基础知识的掌握情况，落地语文基础型学习任务群的要求；第二步，用学习单引导开展《伯牙鼓琴》文本内容的学习，提升把握文本、深入理解的能力；第三步，用学习单的第三板块协作探究，针对"知音文化"展开探究性学习；第四步，提供展示平台，通过互动评价、质疑或阐释，提升思维，推进深度学习。每一步，都会有议一议、对一对、改一改的环节，教师可以根据现场学习状态进行引导，让学生学会质疑，学会评价，学会思考，以"教学评一体化"让学生实现自主学习，获得发展。延学，教师可根据平台反馈的学生学习数据，分层发放"延学导学单"，指向基础、提升或拓展的学习，鼓励更多形式的探究、更深层次或者更高水平的问题解决方式，使学生学以致用，使知识走向生活，实现素养提升，获得可持续性发展。

（二）基于问题分析的针对驱动

学习的最终目的不在于学生学会，而在于学生会学。园区小学语文依托"易加分析"平台进行学业质量监测，利用雷达图、柱形图呈现学生学习的长短板，及时发现问题、分析问题、追溯源头，明晰学习通路，实现精准改薄教学。在某次区域质量监测中，区内一学校呈现出学生语文阅读理解能力薄弱的问题。四年级语文组根据这一现状，通过线上线下整合，创造性地将一批五年级文体阅读线上课程布置给学生观看学习，实现线上线下混合学习的方式。结合四年级教材，配以相应的拓展练习，采用"线上教育社区"的小组管理办法，形成互帮互评的学习共同体，结果取得令人惊喜的成绩。对比2023年4月份学校前测数据和6月份区域监测数据，发现学生说明性、文学性文本的阅读得分率明显提升，原先最为薄弱的"欣赏评价"能力，得分率提升了5个百分点。另一学校的语文教研组针对校内学生家庭教育相对缺失、家庭环境相对贫寒以及学生思维能力相对薄弱的学情特点，提出"目标导引＋任务驱动"的主体性语文教学策略，打造任务群驱动课堂。学校在进行语文教学设计时，从学生实际出发，分析学生学情起点。以云痕系统、可视化工具等，开展以大数据为支撑的学业监测和诊断分析，诊断教师的"教"与学生的"学"，实现"教学评一体化"，让教与学精准有效，排除无效教学的行为。

（三）基于自主评测的补短驱动

学生基于"易加学院"自主完成语文学习的拓展和自我总结，能开阔视野、增长见识、锻炼思维、涵养性情；注重知识体系的建构，能让学生提纲挈领、高屋建瓴、站得高、看得远。园区的小学语文教学立足于提升核心素养，让学生从主动学习出发，扎实完成学习过程，将记忆、思考、运用融为一体，真正品尝到学习的乐趣。

从落地语文基础型学习来看,"易加"平台通过日常对学生学习行为数据的积累,不断刻画每个学生的语文学习发展画像。教师一方面可以通过实时更新的语文学科画像,为学生量身定制语文学习的提升路径,另一方面可以引导学生使用"我的资源""自主测评""我的错题",获得平台提供的自适应学习路径。教师可以微调平台通过学生个人画像推送的学习资源,让学生进行学习,学生学完后借助平台的丰富试题库资源选择跟学习资源相关联的试题组卷进行自主测评。系统还能针对错题调整资源,并将其推送给学生进行二次学习,学生学完再关联检测,消灭错题。教师在平台上对每个学生的自主学习情况一目了然,基于此,教学的精准度也能进一步提升。

(四)基于项目开展的个性驱动

为了促进学习从"知识立意"转向"素养导向",发展学生的核心素养,培育学生的高阶思维,园区小学语文团队还基于"易加学院",研究学习与技术的融合,构建了"自我测、独立学、个性探、协同学、共展评、动态测"的项目式学习新路径。

前学阶段,为了让项目走进学生内心,把选择权交给学生。通过"易加学院"的"自我测",进行课前调查与测评分析,为统一开展项目、动态化分析学情、课程开发建立合适的起点。如整本书阅读项目"中外神话故事有什么异同"、跨学科文化类项目"如何讲好苏州街巷故事"等驱动性问题,均是高效地开展学情调查,了解学生对真实世界的困惑、需求与兴趣后讨论确定的,实现了学生的自主性,让项目真正走进学生的内心。教师通过"自我测"对学生进行学情诊断,精准画像,并通过"独立学"精准推送学生需要的学习资源,提供个性化资源,让学生夯实前概念、补充知识以满足每一个学生的学习所需。为加强指导与互动,设计高阶学习活动,在共学阶段,"易加学院"提供了"个性探—协同学—共展评"的"教学评一体化"学习路径。通过信息技术和大数据的介入让教师精准把握学情,了解并调动每一个学生的学习状态,实现师生深度交互。为了让学生在课外依旧有法可循、有惑可解,在延学环节建构了"动态测"的学习路径,以需供学,精准反馈,形成学习的螺旋闭环。

(五)基于主题开展的双轮驱动

新课标提倡主题式、大单元教学,以此实现学生学习的结构化,促进知识与能力的内化与外化。大单元教学基于情境、问题统整学习内容,激发学生学习语文的兴趣,让学生通过语文实践活动完成具体任务。一方面是基于教育大数据平台的兴趣驱动。学生能根据自己的兴趣在"易加学院"语文学堂上选择特色资源,围绕国学、书艺等确定学习主题,发展自己的特长,并通过"成长纪实"记录自己的成长点滴,收获、分享成长的喜悦。信息技术的支撑,激发了学习兴趣,形成了挑战自我、合作探究的自适应学习闭环。另一方面是教育大数据平台上的伙伴驱动。利用"易加学院"建立学习生态圈，教师可以引导学生开展线上线下交流，随时随地找到学习伙伴，及时得到名师辅导，充分体现了伙伴驱动效应。例如，整本书阅读教学过后，区域学校指导学生在学习圈中发布"好书推荐""好文共赏"，还引导学生将跨学科学习的收获以图文形式沉淀，学生在语文学习圈里表达自己，倾听他人，在不了解的领域补全知识面，在感兴趣的层面进一步"扬长"。

四、数据驱动精准教学的育人成效

小学阶段是学生视力保护的黄金期，大单元教学中若要产生数据积累，势必会增加师生面对电子产品的时长，而线上线下混合学习也增加了学生使用电子产品的频率。这就倒逼学校和教师创新多样化线上资源和管理模式。园区不少学校已实践音频作业、音频打卡等创新手段。以某学校语文团队为例，为基于学情进一步培养阅读和写作素养，还要防止学生用眼过度，该校语文团队在暑期开发研制"《俗世奇人》十讲"整本书阅读音频指导课，对该书做适合倾听的阅读指导，学生仅需在班级阅读交流QQ群中语音回答或拍照上传即可，教师对学生发言进行点评。开学后，每个学生都根据《俗世奇人》的写作手法仿写身边的人物，涌现出一批大有冯骥才风范的小作者。当次的习作优秀率较平时提升26.5%，该学期期末考试中阅读得分率也明显提升。值得注意的是，完成整个课程，学生无须紧盯电子屏幕，每个学生平均减少32.3分钟的电子阅读时间，有效保护了视力。

在苏州市对学生相关学习因素的监测分析中，园区学生无论在学习品质、学业负担还是身心健康等方面，都呈现出积极向上的态势。对于语文学科而言，数据循证让"教学评一体化"更加凸显，让教师教得更适切，让学生学得更适合，有效的学习革命在教育大数据的加持下不断生发。

第二节 / 数字化转型背景下的教学评价研究

苏州工业园区深耕教育评价改革，积极探索区域教育评价新模式，构建区域教育评价新路径，全面推进区域教育评价改革新实践。运用"教育大数据应用技术国家工程实验室"技术力量，创新研发"易加分析"平台（图3.7）。平台包含监测管理、考务管理、试卷管理、阅卷管理、调查问卷和智能分析等多项功能模块，支持电脑端和移动端应用，实现"学科常态检测、学校过程评测、区域阶段监测"的全场景应用，以及全过程、全方位的数据采集。

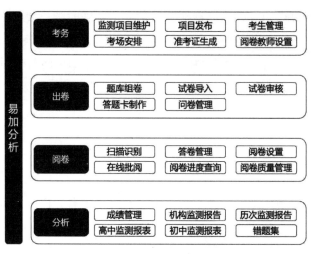

图 3.7 "易加分析"平台功能架构图

同时,"易加分析"平台充分发挥人工智能技术在教学评价中的作用,支持有痕阅卷、无痕阅卷,实现学生线下做练习、平台线上出报告,并通过大数据分析为教师科学、准确、及时"把脉"学生学习情况提供有效依据,使教学评价从经验主义、因果分析走向科学诊断、发展评价,赋能评价的导向、诊断、反馈作用,对学生的学和教师的教进行精准刻画,为全面评价提供素材,全方位落地中小学生发展核心素养的培育工作。

与平台研发共同起步的还有"新型教与学模式研究和教育评价改革"等重大课题项目,通过研究完善基础教育段知识点、能力点、素养点监测体系,健全工具量表,获取鲜活的过程性评价数据和增值性评价数据,形成基于数据的实证报告,推进下一步循证改革,保障"学—教—评"一致,实现以评促教、以评促学,促进学生全面发展。

案例1 数据赋能"教学评一体化"实施策略

利用大数据创新评价工具,探索"学为基点"的"教学评一体化"范式变革。

一、数据赋能对深化课改的驱动向度

信息技术在教育教学中的运用正从工具优化走向生态建构的深度领域。作为区域化智慧教育枢纽的重要构件,"易加分析"的精准化分析、可视化呈现、智能化延学的设计理念指向了学习过程中的自我认知、评价导向和个性化深度学习,对教育教学尤其是贯通"教""学""评"三者关系具有明显的多向度驱动。

（一）基于课堂与学习，驱动新型教与学样态的转变

"易加分析"聚焦学生的学习状态，其常态化运用于课堂让学生站在了课堂的中心，驱动课堂样态从教师的教转向学生的学，继而教师的问题设计、活动设计、评价设计都紧密围绕学生的真实学力，这样就能够畅通学生从发现问题到解决问题、教师从发现学生的学习问题到帮助学生解决学习问题的路径。课堂重心的转移，让"教"更具针对性，让"学"更具成就感，让"评"更具导向性，并牵引出新一轮次的发现问题、解决问题、评价深化的过程，推动形成学生能力素养螺旋上升的发展样态。

（二）基于备课与教研，驱动教师发展与学科建设的转型

能力点与素养点的绑定是"易加分析"区别于其他同类工具的特征。也正因为这一点，教师在使用"易加分析"平台的时候，需要具备对能力点与素养点的充分认知。对"易加分析"本身的认知与运用方式，决定了其可能产生的效能，由此带动起教师对课程改革深化、对新课标把握、对评价体系变革的研究行动。运用"易加分析"，把握学科体系、聚焦课程改革、加快行动创新，成为教师发展的逻辑链条。

（三）基于能力与素养，驱动学生个性发展与自适发展的转化

"易加分析"中能力点和素养点的绑定，试图为学生的能力与素养画像，通过能力树与素养树的数据叠加，直观呈现孩子的能力发展与素养提升过程。清晰客观的自我认知是实现自主、自适发展的原点和基础。合理适切地运用，可以让"易加分析"成为学生成长的动力源，促进其自我规划、自我学习、自我实现。

（四）基于理念与文化，驱动学校发展与教育创新的进阶

"易加分析"的全面应用，对学校的教育教学生态影响深远。教育改革正迈向"数智化"发展的新阶段，在新的赛道上，"易加分析"能否作为学校发展的新引擎，是教师们关注的另一个话题。而"易加分析"的运用在形式、内容上改变了当前的课堂结构则是显而易见的。基于情境化"易加分析"运用、基于跨学科融合的"易加分析"运用、基于交互式的"易加分析"运用，正在不断更新着教师们的教学认知。"融合·致美"是学校基于"美美与共"的办学理念下提出的课堂范式，"易加分析"加速了教师对数据背景下"融合·致美"课堂的追求步伐。

二、"易加分析"的课堂应用模式

基于当前对"易加分析"课堂运用的观察，从"易加分析"在课堂结构中介入的

图3.8 "易加分析"课堂应用模式

时机及其功能来看,较为适合的应用策略有以下几种形式(图3.8)。

(一)前置分析+专题教学

前置分析指的是在课堂授课之前已完成相关试题或作业扫描和数据分析,专题教学是指根据已有的数据分析(含基本数据、能力点、素养点分析),针对学生突出异常的某一个或几个学习问题,设计并实施专题化的课堂教学,以期精准施策。这一运用模式坚持问题导向,要求教师在日常教学中基于"易加分析"的数据结果提高课题整合的意识和能力,探索设计开发基于"大概念"思维的"微型单元"教学实践。

(二)伴随分析+巩固教学

伴随分析也可以称为随堂分析,指在课堂教学过程中,根据实际需要进行课中检测并依靠学习平板或扫描仪等设备同步完成数据分析,直接反馈当堂学习情况,让学生的学习效果验证课堂教学效果,并决定后续课堂教与学的进程与方式。这一应用形式让学生的学习真实在场发生,突出即时过程性评价对学生学习的促进作用、对教师教学的促进作用。从这一点上讲,"易加分析"的课中运用是推动"教学评一体化"研究的重要动能。

(三)后置分析+拓展进阶

后置分析从发展思维视角出发,试图通过"易加分析"对课后作业的数据采集与分析来贯通学生课前、课中、课后的学习流线,让原本容易分散的预习、学习、复习更聚焦,并促使学生逐渐养成自主自适应的学习行为习惯。从整体思维出发,"易加分析"介入的并非只是独立的一节课,而是学生学习的全过程,构成"教学评一体化"的"学程视角"。

以上三种"易加分析"课堂应用策略既对教师传统教学思维和行动提出挑战,也为教师适应新形势下教与学关系的变革提供了方向路径。在"易加分析"的有效参与下,"以学习者为中心"的课堂呈现出更为具象的样态。而教师对于课程的理解、对学生能力分布的认识、对学生素养提升路径的把握等都成为落实新课标的课堂教学行动。

（四）周期分析 + 素养画像

数据赋能教学的效果是以数据库容量大小为重要衡量标准的。让"易加分析"采集的数据流量达到对学生知识点、能力点、素养点的精准画像，是"易加分析"持续、深入、有效推动学生学习变革、教师教学变革、学校教育生态变革的关键变量。因此，在上述三种应用策略的基础上，从可持续发展的角度，教师需要通过"周期分析"设计来连点成线。教研组、备课组或教师，需要有"易加分析"课堂应用的学期、学年甚至学段的动态整体规划，有目的、有计划、有步骤、有内容、有机动地实施大数据"教学评一体化"应用。

三、基于"易加分析"的"教学评"整体设计策略

（一）教学理念与教学方式的协同落地

2022年颁布的义务教育课程标准，旨在构建具有中国特色、世界水准的义务教育课程体系，更为"聚焦中国学生发展核心素养、培养学生适应未来发展的正确价值观、必备品格和关键能力"。从语文学科来看，2022年版的课程标准凝练了义务教育阶段的语文核心素养——文化自信、语言运用、思维能力、审美创造。从"双基"到"三维目标"，再到核心素养，语文课程经历了从分析到综合、从语文知识训练到语文实践运用的变革历程。华东师范大学教授崔允漷在一次报告中讲到，"以学习者为中心，以高阶位的素养目标为导向，依据大观念、大问题、大任务来组织学生的学习单元"，注重以学科实践推动育人方式变革。因此不难发现，在素养立意下，谋求以学习者为中心的教育转型成为更多教育者的共识。

通过实践发现，"易加分析"的课堂运用的逻辑流线是由"学什么—怎样学—学怎样—教什么—怎样教—学怎样"组成的"8"字形循环模型（如图3.9）。在这个教与学的互动过程中，把"学生学习效果"置于中心位置，"易加分析"通过对"学怎样"维度的分析，关联起知识点的掌握、能力点的发展情况、素养点的累积情况，从而有效引导教师对"教什么""学什么"和"怎样教""怎样学"进行优化，再通过数据支撑、验证教学行动的有效性并形成良性的循环，最终通过"教学评一体化"的实践，达成素养画像的精准描绘和素养提升。

当前，教师配套推进"易加分析"应用的测评形式有两种。一是以日常作

图3.9 "8"字形循环模型

业、随堂练习为主体的小微监测,二是以期中、期末考试为主的阶段性监测。在小微监测方面,学校、备课组及教师个人的主动权更大。因此,科学设计微监测内容是有效推进基于"易加分析"的"教学评一体化"走向深入的基础。

(二)微监测与专题教学的双向催化

"教学评一体化"设计与实践要求教师对教学内容进行适切的整合,而"易加分析"的数据支撑提供了更多的专题开发角度。例如,初一语文在一次日常作业中发现孩子对漫画画面描述及寓意阐释无从下手,教师就设计了一份以漫画描述和寓意解读为内容的微监测,经"易加分析"后发现得分率之低超出感受预估,反映出大多数学生对该类问题缺乏解决的方法。因此,教师开发了"图文转化——漫话漫画"的微型教学专题,针对"内容不全、表述散乱、寓意不明"等问题给出了学习路径。一周后,备课组设计了第二份相同主题但提高要求的微监测,数据显示第二轮的答题得分率大幅提升,如图3.10所示。

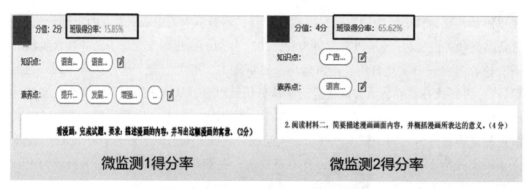

图3.10 漫画描述及寓意得分微监测数据对比

微专题教学的设计开发是本项目所在学校推进"易加分析"校本应用的载体和策略。在此过程中,微专题教学的主题选择是否覆盖多数学生,微专题教学的内容是否提供学习支持策略,微专题教学的学习效果是否达到预期,这些问题都可以通过"易加分析"的合理运用得出结论。在指向学生关键能力序列化培育的"易加分析"校本实施中,我们同时主张加快加深指向学生个性化学习的校本课程建构研究。这些由来自实践催化形成的微专题组成的教学体系,也加快了学校构建自适应学科课程的脚步,加快了教师提升课程理解与课程整合能力的速度。

(三)教学测评形式与内涵的双重转变

苏州某中学吴老师教学《活板》,以成立"活字印刷社"学生社团为情境展开课堂,设置了多个探究环节,如梳理活字印刷流程、撰写成立自主社团的申请书等。无独有偶，某学科网络提供资料显示，浙江宁波鄞州区一份多校联考中考模拟试卷对《活板》的考查也以"活板印刷"社团为考查情境，从了解印刷流程、成员招募、成员培训等维度设问，设置了"从'活'字谈起，关注科学智慧与科学精神"的对话式问题。由此可见，考试命题和课堂类型间的关联越来越紧密，多样化任务型、情境式的课堂样态与命题形态的同频重合加速"教学评一体化"融合。

教学测评形式的转变和教学测评内涵的转变也必然要求课堂样态的形式和内容发生转变。换言之，教、学、评三者均须关注"知识—能力—素养"的关联结构。本项目所在学校的语文教师施老师执教"易加分析"诗歌专题课时，设计了三层进阶的结构。她从设问入手，第一层直接发问："该诗歌尾联表达了怎样的情感？"第二层设问："你能根据两位诗人的不同经历分析两首诗歌表达情感的异同吗？"第三层设置情境："某同学把这首诗歌的尾联写给远方的朋友寄托情感，是否合适？"

这三个层次分别属于知识性的直接回答、关联性的比较回答、情境化的应用回答。通过"易加分析"提供的学生对应作答的得分率，发现学生涉及关联文本考查比较分析能力的得分率较低，涉及没有明确作答提示的情境化问题得分率最低。因此，课堂上对同一个知识点（语文要素）的多种设问的比析研究，以及同一情境下的多知识点（语文要素）的结构化设问（如诗歌意象梳理、情感挖掘、联系迁移、语言形式转化等）是值得持续关注的。

学生的学习沉浸于课堂，更超越于课堂。在"易加分析"的运用基础上，遴选问题、开发微专题、创设真实的生活化实践任务（作业），是促进学生从学到用的必要手段。基于上文提及的"图文转化"专题，教师创设了"班徽设计与解读"的作业，两周时间内让学生从创意、绘制到解读、讲演，最终通过评比确立了班徽造型。这是对"图文转化"专题及其测评的延展，将课堂学到的知识运用于真实、具体的情境任务中，以语言实践为基础，综合锻炼学生的语言表达、逻辑思维、演讲交际等能力。

数据赋能教育教学的深层次实践直接作用于教育教学形态的变革。发展优化中的"易加分析"作为数据赋能课堂的典型平台，仍将持续在数据贯通、智能学习、多维分析等角度发力。在素养立意的视域下，"易加分析"所兼具的数据工具和能力素养摹刻功能为学生自主发展、教师应然发展、学校内涵发展提供了更多的突破空间。

案例2　依托"易加分析"改进教育教学

大数据时代，莲花学校数学组紧跟潮流，不断探索实践，2020年学习使用"易加学院"，2021年学习使用"易加分析"。2023年3月，莲花学校小学数学组正式全面使用"易加分析"。

一、深入分析、精准把脉

学校六数组从 2021 年开始尝试在"易加分析"平台上组织学生进行计算专项练习，并对期末综合练习做质量分析，组内所有老师均能使用"易加分析"独立完成命题、制卡、阅卷、扫描、识别异常数据处理、生成和阅读监测报告的流程。过去老师们需要自行计算和质量分析，现在有平台、工具和数据，可以更深入地、更细致地分析数据，点对点地改进提升。

"易加分析"可以直接生成丰富直观的各类数据。一次课堂训练的数据可以分为两类，一类是评价学生学习情况的数据，一类是评价试卷质量的数据。

在"易加分析"平台上，我们不仅能够看到传统的整体的统计数据，更有班级内部横向比较的数据。这意味着我们能够了解到每个学生在班级中的相对位置，以及他们与班级整体水平的差距。这种比较有助于我们识别出班级中的学习强者和学习困难者，从而给予针对性的教学。"易加分析"还允许我们对学生个体的几次测试得分进行比较。通过追踪学生的成绩变化，我们可以清晰地看到学生的进步与退步，从而为他们提供更具针对性的学习建议。同时，这种比较也能够让我们更加准确地评估教学方法的有效性，为未来调整教学策略提供参考。更值得一提的是，"易加分析"还提供了各层次学生成绩数据的比较。这意味着我们可以将学生按照不同的能力水平进行分类，然后比较各类别学生的成绩表现。这种分析有助于我们了解不同能力层次学生的学习特点和需求，为差异化教学提供有力支持。"易加分析"还允许我们对单个学生成绩进行纵向比较。通过对比学生不同时间段的成绩变化，我们可以深入了解学生的学习轨迹和成长过程。这种比较不仅有助于我们发现学生的潜在问题，还能够让我们看到学生的点滴进步，为他们提供持续的鼓励和支持。

我们可以将每个班级的数据与全年级进行对比，这样，不仅能够看到各班级在整体上的表现，还能发现各班级之间的差异和特点。比如，某个班级的平均分可能高于全年级的平均分，但标准差却较小，说明这个班级的学生成绩相对集中，没有出现太大波动；而另一个班级的平均分可能略低，但标准差较大，说明这个班级的学生成绩分布较为分散，有较多高分和低分的学生。

通过这样的分析，我们可以清晰地看到全年级学生的学习表现及其分布情况。对于教师而言，这些数据可以为他们提供有针对性的教学指导，帮助他们更好地了解学生的学习需求，调整教学策略；对于学生而言，这些数据则可以激励他们明确自己的学习目标，找到自己的薄弱环节，努力提升自己的学习成绩。

二、多元评价、素养落地

过去我们讲解试卷和习题时，只关心一个题目有哪些学生做对了、哪些学生做错了，仅靠平均分、合格率、优秀率和学困率来评价学生，对于学生的能力和素养评价比较模糊。现在新课标要求准确地把握学生核心素养的达成水平，素养落地。

在"试卷讲评"中，可以迅速找到所教班级的优势和不足，并把题目分类绑定知识点、素养点和能力点，更准确地把握学生核心素养的达成水平。在反复绑定的过程中，教师对题目的认识发生变化。过去只看题目"难不难"，现在对题目考查的核心素养越来越清晰。过去，教师对学生的核心素养是模糊不清的，现在数据结果快捷、全面、准确、直观地描述了学生核心素养发展的水平。

三、定位学情、高效反馈

"易加分析"平台的作用不仅仅体现在做练习后的数据分析上，前测部分还能精准定位学生的学情，帮助教师在教学设计中及时做出调整。以前教师通常根据个人经验来分析学生学前水平，确立一节课的教学起点；现在可以根据数据，了解学生知识储备情况，更精准、更科学地确立教学起点。

例如，在教学"立体图形的表面积和体积总复习"一课时，就利用"易加分析"进行前测，准确了解学生对这个专题知识点的掌握情况，课上有针对性地讲解，达到有的放矢的效果，提升了课堂的教学效率。

四、一生一案、取长补短

每次统一考试之后，教师总想知道自己所教班级的平均分在整个年级中的排名，但是对班级之间的差异不怎么做深入的分析。"易加分析"解决了这个问题，是可借助的重要分析工具。

监测过后，教师要对学生个体针对性地制定方案，进行个别指导，达到"一生一案"的效果，"易加分析"为个性化教学和分层教学提供了抓手。

通过对学生的表现进行持续的监测，教师可以更好地了解每个学生的学习状况，从而为他们制定个性化的教学方案和指导策略。这种"一生一案"的教学模式旨在确保每个学生都能得到适合自己的教育资源和关注，以发挥他们的最大潜能。

在监测过程中，"易加分析"这样的工具为教师提供了有力的支持。"易加分析"能够收集学生的学习数据，包括成绩、参与度、学习态度等多方面的信息。通过对这些数据的分析，教师可以更准确地了解学生的学习特点和需求，从而为他们制定更具针对性的教学方案。

个性化教学和分层教学是两个重要的教育理念，它们在"一生一案"的教学模式中得到了充分的体现。个性化教学强调根据每个学生的独特性进行教学，确保教学内容、方法和节奏都能满足学生的需求。而分层教学则根据学生的学习水平和能力，将他们分成不同的层次，并为每个层次的学生制定相应的教学计划和目标。

通过"易加分析"这样的工具，教师可以更加便捷地实施个性化教学和分层教学。例如，教师可以根据学生的学习数据，为他们推荐适合的学习资源和练习题目，以帮助他们更好地掌握知识。同时，教师还可以根据学生的表现，及时调整教学策略，确保每个学生都能得到适合自己的指导和支持。

"易加分析"以其便捷的数据采集功能，极大地简化了教师的工作流程。在传统的教学模式下，教师需要花费大量的时间和精力去手动整理和分析学生的学习数据。而现在，通过"易加分析"，教师可以轻松地收集到学生的学习数据，包括课堂表现、作业完成情况、考试成绩等，无须再为烦琐的数据整理而烦恼。

"易加分析"能够精准地诊断学情。通过对收集到的数据进行深度挖掘和分析，"易加分析"能够准确地反映出学生的学习状况，包括学习进度、掌握程度、薄弱环节等。这样，教师就能够更加全面地了解学生的学习情况，从而制定出更具有针对性的教学方案，帮助学生更好地掌握知识。

"易加分析"还能够高效地指导教学。基于精准的数据分析，"易加分析"可以为教师提供详细的教学建议和指导，帮助教师调整教学策略，提高教学效果。同时，"易加分析"还可以帮助教师追踪学生的学习进步情况，及时发现问题并采取措施，确保学生能够在最短的时间内取得最大的进步。

通过使用"易加分析"，我们可以让分析和诊断成为教学的常态。以学定教，根据学生的实际情况来制定教学方案，确保教学的针对性和有效性；以教促学，通过精准的教学指导和及时的反馈，激发学生的学习兴趣和动力，帮助他们更好地掌握知识。

案例3　人工智能赋能初中英语课堂教学的实践研究

2023年，苏州工业园区启动了人工智能赋能课堂教学评价项目，通过开发一套基于人工智能技术的课堂教学评价系统，实现对教师教学行为、学生参与度、课堂氛围等方面的实时监测和评价，提高课堂教学评价的准确性和有效性。本案例基于人工智能技术提供的教师教学行为和学生学习行为等方面的数据，分析人工智能技术对促进教师自我认知、提升课堂教学效能和加速教师专业发展的影响，探讨教师在使用人工智能技术赋能课堂教学评价中产生的困惑，以期为教育现代化的发展提供经验和启示。

一、拥抱数智时代，学有所获

教师成为人工智能的应用者是信息技术与教育教学融合的第一步。教师不仅需要积累所教学科的知识，而且需要更新教育技术性的知识。在教育数字化战略的推动下，教师应主动成为人工智能技术的学习者，熟练掌握新兴技术，这样才能够准确应用人工智能的技术手段为教学赋能。

（一）明晰个人画像

人工智能对教师的教学能力进行客观精准的画像，促进教师自我认知。基于同一教师所授8次录课的数据（图3.11），发现教师"综合等第"大部分是等级3.0（最高等级为4.0），在一次次分析数据、改变尝试的过程中，课堂类型实现了从一开始的"教师主导型课堂"到最终"自主探究型课堂"的转变。

教学内容	U4 Reading	U5 Reading	U5 Task	U6 Task	U8 Welcome	U8 Reading	U8 Inte skills	U8 Task
综合等第	2	3	2	3	3	3	3	3
理解教学内容以及教学法	等级4.0	等级3.0	等级3.0	等级1.0	等级3.0	等级4.0	等级4.0	等级4.0
理解学生	等级1.0	等级3.0	等级1.0	等级3.0	等级3.0	等级4.0	等级1.0	等级1.0
设计学习目标	等级3.0	等级3.0	等级3.0	等级3.0	等级4.0	等级4.0	等级3.0	等级3.0
选择学习资源	等级1.0	等级3.0	等级3.0	等级3.0	等级1.0	等级1.0	等级1.0	等级1.0
匹配学习活动	等级3.0	等级3.0	等级3.0	等级3.0	等级3.0	等级3.0	等级3.0	等级3.0
设计学习评价	等级1.0	等级4.0	等级3.0	等级3.0	等级3.0	等级4.0	等级3.0	等级3.0
课堂教学过程和行为占比分析	（饼图）	（饼图）	（饼图）	（饼图）	（饼图）	（饼图）	（饼图）	（饼图）
教师提问分析	高阶思维7% 初级思维71% 非思维22%	高阶思维2% 初级思维80% 非思维19%	高阶思维0% 初级思维75% 非思维25%	高阶思维0% 初级思维76% 非思维24%	高阶思维11% 初级思维68% 非思维22%	高阶思维0% 初级思维77% 非思维23%	高阶思维4% 初级思维61% 非思维35%	高阶思维0% 初级思维62% 非思维38%
学生活跃度分析	参与度17.23% 专注度44.54%	参与度21.90% 专注度50.98%	参与度22.69% 专注度48.00%	参与度38.63% 专注度1.40%	参与度24.01% 专注度57.89%	参与度19.27% 专注度63.98%	参与度23.37% 专注度63.71%	参与度43.31% 专注度37.94%
学生金字塔分析	被动学63.48% 主动学11.82%	被动学54.93% 主动学8.14%	被动学50.59% 主动学11.76%	被动学33.90% 主动学19.71%	被动学46.05% 主动学5.39%	被动学60.69% 主动学10.76%	被动学49.12% 主动学8.74%	被动学38.75% 主动学34.55%

图3.11 AI数据汇总表

第一次录课建立初始数据时，教师以常规经验来设计、实施教学环节，拿到AI报告的数据后发现有部分数值偏低，如"理解学生""选择学习资源"和"设计学习评价"等。"理解学生"数据报告显示"教师不了解学生的发展特征，对学生的期望不现实，教师对学生在学习方法、知识、技能、特殊需要、兴趣等方面的差异了解甚少。教师对学生在上述方面的差异并不太在意"。经过不断地调整、改进，在经历多次失败之后，终于在第6次录课中通过加入图文并茂的单词教授环节，将"理解学生"这一数值提升到4.0，报告中等级4.0量规的表述为"教师理解学生学习的主动性，并了解有关学生个体发展水平的信息。教师系统地从多个渠道获得关于每个学生个体在学习方法、知识、技能、特殊需要、兴趣等方面存在的差异"。报告中显示教师在"选择学习资源"方面作为比较缺失，第二次录课开始便加入了录音、视频等多模态教学资源，数据也发生了相应的变化，从等级1.0跃升到3.0。初始报告中显示缺乏评价学生表现的量规，于是增加了学生自评、互评的形成性评价。

教师基于数据分析，进行思考和尝试，最终分值偏低的方面都有所提升和突破。人工智能常态化记录课堂教学行为数据，对师生教、学行为分别进行分析，依据课堂观察量表的层级式标准的打分情况，生成教师能力雷达图，并自动生成数据化分析报告，让教情、学情以及教师、学生行为可追溯、可分析、可总结，使教师能力画像直观呈现，对于精准定位教学问题、改进教学能力、确定诊断方向提供实证性依据。

（二）实践新课标理念

《义务教育英语课程标准（2022年版）》（以下简称"新课标"）提出要将"互联网+"融入教学理念、教学方法、教学模式之中，深化信息技术与英语课程的融合，推动线上线下学习相结合，提高英语学习效率。因此，教师应重视教育信息化背景下英语课程教与学的方式的变革，充分发挥现代化技术对英语课程教与学的支持和服务功能，合理利用、创新使用数字技术和在线教学平台，开展线上线下的融合教学，为满足学生个性化需要提供支撑，促进义务教育发展。人工智能技术在实践新课标理念的过程中可以提供数据辅助和支撑，具体的数据让授课教师更加清晰地认识到在落实新课标要求过程中的不足之处及改进方向。

1. 践行学思结合、用创为本的英语学习活动观

新课标倡导学生参与到指向主题意义探究的学习理解、应用实践和迁移创新等循环递进的语言学习和运用活动中。在第一次拿到数据后看到课堂提问集中在理解、记忆和非思维问题，报告建议，在教学中教师应该适当提出非思维问题，减少初级思维问题，增加高阶思维问题。于是，教师在后续的教学中尤其注意问题链的设计，增加应用实践类和迁移创新类问题的比重（图3.12），注重引导学生对语篇背后的价值取向、作者或主人公的态度和行为做出判断，加深对主题意义的理解，进而运用所学知识、技能等解决新情境中的问题，促进能力向素养转化。

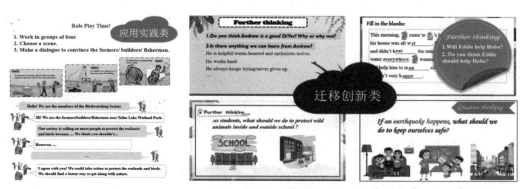

图 3.12 应用实践类、迁移创新类问题设计

2. 注重"教学评一体化"设计

新课标明确了教学评价的基本原则，教学评价应以学生核心素养的全面发展为出发点和落脚点，评价结果应为后续教学决策提供依据。教师要提供针对性强的描述性评价结果和及时、准确的反馈，促进学生学习。随着人工智能技术的不断发展，课堂教学评价体系由传统的以学生学业成绩为主的终结性评价，发展到多元化、多渠道、多视角、多维度的动态形成性评价。同时，由教师的主观经验评价发展为主客观相结合的课堂教学评价体系。

人工智能报告中的数据提醒教师应充分发挥学生的主体作用。数据显示教师的课堂教学未将形成性评价纳入考虑，因此，在后续课程中教师增加了自评、互评表，指导学生进行海报制作并以小组为单位上台展示，全班投票选出最喜爱的小组，这样丰富有趣的课堂评价，学生得到了及时的鼓励和反馈。

3. 提升信息技术使用效益

新课标提出教师要充分认识到，现代信息技术不仅为英语教学提供了多模态的手段、平台和空间，还提供了丰富的资源与跨时空的语言学习和使用机会。教师要借助互联网平台，积极开发和利用丰富的个性化的优质课程资源。随着互联网等技术发展的深入，教育数字化内容的形式（图文、音频、录播视频及直播视频）与数量逐渐丰富，内容传递的速度、形式的多样性得到提升，特别是 AI 技术的广泛应用，使得教育内容的传递逐步实现智能化，即根据学生需求个性化推送学习内容、学习方法。网络上的教学资源越来越丰富，但也存在安全性、健康性和有效性等方面的隐患，因此教师应当为学生甄别、筛选适合他们的优质资源，借助现代信息技术对资源进行优化、整合，以确保学生学习资源的适切性和有效性。

看到 AI 报告中学习资源方面数值较低，在教授第八单元"自然灾害"时，教师以 12 月的时事热点"甘肃地震"为主线，使用图文编辑软件制作了一页电子版报纸，搜索网络上对这一热点的音视频资源，并进行整合、完善，形成具有整合性、关联性和发展性的课程资源，帮助学生更加直观地了解单元主题，建构完整认知。

（三）促进专业发展

近年来，随着人工智能技术的快速发展，教育形态不断改变，给教师专业发展带来了很多机遇和挑战，同时也对教师提出了新的要求。教师应当正确认识人工智能等新技术的发展与应用对教育教学产生的影响，保持终身学习的意识，注重提升自身的信息化素养和甄选、分析、整合、加工等信息化技能，为学生个性化发展助力，为自身专业发展赋能。

1. 转变教学观念，树立终身学习观

教师应当是一个终身学习者，不断学习是未来教师不变的属性。数字化受益的不

仅仅是学生，在学习新的教育理念和教学方式的过程中，教师也不再是被动的参与者，而是成为终身学习者。人工智能时代带来了多样化的智能教学工具，教师要勇于接受新鲜事物，保持"进取、创新、开拓"的思想观念，不断学习各种智能化的教学模式，保持终身学习的意识。

2. 紧跟时代步伐，提升信息化素养

信息素养是可以通过教育所培育，在网络信息中获得信息、利用信息、开发信息的修养和能力。随着社会信息环境的迅速发展，网络已经成为师生获取信息的主要渠道之一。教师需要与时俱进，具备对网络信息进行获取、分析、甄别、优化的能力以及利用信息技术解决教育、教学及工作等方面实际问题的能力。因此，教师需要不断加强自身在网络信息检索、分析、处理等方面的能力，以适应数智时代的发展要求，更好地服务于教育教学工作。

3. 整合优质资源，拓展多元化内容

由于教材中的知识具有一定的滞后性，学习者在掌握基本知识和基本方法的前提下，需将视野投放到教材之外，尤其需要关注能够体现时代发展的智能学习，即在开放的环境中快速检索有价值的信息，在泛在学习环境中体验学习乐趣。在人工智能时代，课堂教学资源变得更加丰富、多样，除了传统的书本知识，还有大量的互联网教学资源可供使用。这种变化对教师提出了新的要求，需要教师具备甄选、分析、加工、优化信息的技能，帮助教师从海量的网络资源中筛选出有价值的、多元化的优质资源，并将其转化为课堂教学中的辅助材料。

4. 适应角色转变，尊重个性化发展

人工智能在教育领域的应用正逐渐改变着教师的教学方式和学生的学习体验。在这样的背景下，教师需要适应角色的转变，尊重学生的个性化发展。教师要适应从传统的知识传授者向学习引导者和辅助者的角色转变。同时，人工智能时代的学生都能获得适合自己的学习资源和方案，教师应该尊重并满足学生的个性化发展需求，提供个性化的指导和建议，关注学生的学习过程，及时调整教学策略，帮助学生解决个性化的问题。

二、基于客观数据，教有所惑

人工智能技术在课堂教学评价方面提供了新思路、新路径和新可能，但是教师在分析、使用人工智能提供的数据的过程中，也产生了一些困惑，可见智能技术赋能教育从而促进教育发展方面还有一些关键问题需要解决。

（一）数据诊断分析是否可以更明确、更精准

1. 数据的分析和解释比较笼统

在人工智能反馈的报告中，问题表述基本一样或类似。例如报告中"理解学生"这一部分等级为2的表述如下："教师对学生的发展特征以及在学习方法、知识、技能、特殊需要、兴趣等方面存在的差异具有大概的了解。教师可能会将上述对学生的这些了解应用到对整个班级的教学，但并不会对学生进行个体化教学。"研读之后，教师并没有非常理解报告所体现的问题及改进方向，但是教师依然不断摸索、尝试，终于在加入与课文情境相关并配有关联图片的单词教授环节后，才将这一数值提升到4.0——"教师理解学生学习的主动性，并了解有关学生个体发展水平的信息。教师系统地从多个渠道获得关于每个学生个体在学习方法、知识、技能、特殊需要、兴趣等方面存在的差异。"如果人工智能技术能够更加精准地体现问题所在，也许教师摸索的过程可以缩短一些，调整的效率可以提高一些。

2. 数据的准确性存在一定误差

教育人工智能的变革关键是算法，算法的科学性和准确性尚不稳定。在第5次录课中，作为一节单元导入课，教师希望借助网络优质资源，帮助学生更快地了解单元主题，激发学生的好奇心和求知欲，为此，教师精心制作了一页电子版报纸，搜索网络上关于这一热点的音视频资源，也增加了关于自然灾害的视频资源，并将资源进行加工、完善。但是，AI报告显示"教师只使用学校或地区提供的教材，并无寻求其他学习资源帮助学生学习的意识。教师不知道或无意寻求可能的学习资源提升自己的专业技能"。这样的数据似乎和实际情况并不相符，存在比较明显的误差。因此，从数据来看，人工智能在算法的准确性方面还有很大的提升空间。

3. 思维问题分层的标准比较模糊

高阶思维是培养未来社会创新型人才的需要。就目前而言，数据、算法对高阶思维特征的分类和解释在教师实践应用中存在偏差。以第八单元阅读课为例，报告显示"本堂课一共提问30次，其中初级思维问题有23个，占比最高，为77%，其次为非思维问题，有7个，占比23%，最后为高阶思维问题，有0个，占比0%"。授课过程中，教师提问："如果地震发生，我们应该怎样保护自己？"AI显示该问题为非思维问题。同样，在一节写作课中教师提问："在写作中，除了语言表达，我们还需要关注什么？"这也被归类为非思维问题。另外，本节阅读课的高阶思维问题数量为0，实际上教师设计了包含推理与论证、批判与评价、想象与创造等活动的问题，在数据分析中却未被识别。从教师实际体验来说，目前，人工智能的算法存在对深层次特征分析的缺失等问题，导致实际应用还难以对高阶思维进行深层解析和有效干预。

（二）不同课型的评价标准是否应该有所区分

当前人工智能在教育教学领域的开发和实施仍处于试点阶段，评价指标还不完善。目前针对不同学段、不同学科已经开发出相应的标准，但是同一学段、同一学科的不同课型依然使用共性指标，尚未形成体现不同类型课堂的课堂特征、教学开展方式差异性的观测指标。本次试点项目教师所录制的 8 节课中，听、说、读、写等不同的课型都有涉及，但是人工智能呈现的报告体现的是课堂教学的共性特征，无法使评价深入学科的不同课型，专业性有待提升。

例如，第六单元写作课，由于第五单元的写作主题是保护野生动物，本节课的写作主题是保护鸟类，于是教师课堂环节的第一步是邀请学生小组展示关于保护动物的海报并投票，自然过渡到本节课保护鸟类的主题。然而，AI 报告显示理解教学内容及教学法的等级是 1："在备课或上课过程中，教师会犯内容错误或者不纠正学生的错误。教师在备课或上课过程不考虑知识的前后联系。教师对适合本学科的教学方法了解甚少或根本不了解。"教师在反思的过程中认为可能是因为本单元的主题是"鸟类"，而导入的主题是"野生动物"，不符合系统中提前设定的模式化标准，因此等级很低。由于报告未能清晰阐述课堂的具体问题，教师推断人工智能的课堂评价标准可能相对固化。人工智能下的课堂教学评价应充分发挥其大数据采集与处理的技术优势，根据不同的课型、主题，开发具有学科特征、学段特征、主题特征和课型特征的课堂教学评价指标。

（三）人工智能与同行评价相结合是否更全面

人工智能在课堂教学评价方面取得了令人瞩目的进展，但是目前依然存在一些局限性。人工智能系统高度依赖于可用的数据，数据的质量、数量、准确性和科学性等方面存在一定偏差；人工智能数据报告尚不详尽，教师难以充分理解其阐释；人工智能系统通常是在特定的训练环境中进行学习和优化，当面临与其训练环境不同或未知的情境时，系统可能无法有效地适应和应对。

人工智能仍然是一个不断发展和进步的领域，基于目前人工智能辅助课堂教学的数据和体验，教师认为将人工智能评价和同行现场观察评价相结合，以人的评价为主、AI 识别数据为辅，可以给出更加全面、准确的结果。教师可以制定课堂观察量表，在使用人工智能辅助课堂教学评价的同时邀请同行进行课堂观察与诊断，听课教师在课堂观察量表中进行实时打分，课堂教学结束后，授课教师结合人工智能平台给出的教学数据分析、建议及同行的课堂观察量表数据、评价，可以更加科学、全面地优化教学设计，提升教学能力。

三、结语

人工智能通过长周期的常态化课堂数据采集,建立了课堂教学数据常模,教师借助数据分析课堂教学质量提升点和教师专业素养生长点。在人工智能技术的支持下,教师在自我认识、教育理念和专业发展等方面建立了新的认识。人工智能改变了教师的教育方式,强调教师指导的精准化和评价的科学化。教师不再是仅仅凭借经验,而是可以采用先进的信息技术手段,实时了解学生的学习主题,及时采集、存储与分析学生的学习数据,更直观地掌握学情,最大限度地将教育资源进行优化配置,从而实现动态的、灵活的、开放的课堂教学。未来的人工智能平台需要不断提高算法的准确性和信息的全面性,不断建立有效的分析方法,在如何更智能、高效、准确、全面地反映学生的学习过程方面,需要更加深入的研究和实践。

案例 4 数据赋能、综合施策助力幼儿体质提升

中共中央、国务院印发了《"健康中国 2030"规划纲要》,提升公民体质成为国家顶层战略,幼儿体质发展在国家战略中有着非常重要的意义。在每年的新生入园体检统计时发现,随着人民物质生活水平的提升、营养状况的改善,幼儿身体形态发育水平不断提高,体弱儿占比逐年下降,但肥胖儿、感统失调儿童的占比呈现上升趋势(以下统称这三类儿童为"帮扶对象"),近三年尤为明显,新生整体呈现"身高长、体质差"的特质。实践证明,科学的体育运动锻炼,既可以促进血液循环和呼吸系统的功能,增强机体的新陈代谢,刺激骨骼和肌肉的生长,还可以提高幼儿机体的调节能力和适应能力,促进幼儿心理发展和智能发展,也有利于良好的意志品质和行为习惯的形成,对幼儿体质提升具有不可替代的重要意义。在《幼儿园保育教育质量评估指南》《学龄前儿童(3~6岁)运动指南》的精神引领下,在科技蓬勃发展的当下,园所如何利用大数据赋能幼儿健康教育,助力幼儿体质提升,是值得我们努力探索和持续研究的问题。

一、数据研读、寻根溯源

《幼儿园保育教育质量评估指南》指出:"充分发挥评估的引导、诊断、改进和激励功能,注重过程性、发展性评估。"为了让评估能真正发挥其作用和实效,园所组建了一支高素质的研究团队,基于幼儿智慧健康云平台,利用智能化穿戴设备和测评系统为后续的幼儿健康教育、体质提升指引方向、精准施策。

定期体测反应体质水平(图 3.13)。园所在期初和期末时段创设智能化运动大循

环游戏情景,分别采集十米折返跑、走平衡木、坐位体前屈、网球掷远、双脚连续跳、立定跳远等 6 项前测、后测数据,以便了解班级整体幼儿现有体质水平以及个体前后对比体质改善情况。

测评背景

本次统计数据来源于【大5班】3-6岁学员最近一次体测数据,共计32人,数据时间跨度为2021-10-21至2021-10-21(1天)。

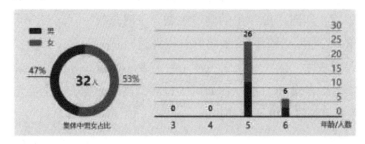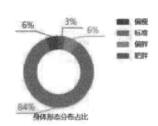

评价占比

评价占比统计各项目的合格率(获得"合格"评价的人数占比)、良好率(获得"良好"评价的人数占比)、优秀率(获得"优秀"评价的人数占比)。通过这些数据了解集体体质情况,定制个性化运动方案,节约教学和分析的成本,使运动效果最大化,同时,也能更好地促进孩子在各方面均衡、健康、全面发展。

	坐位体前屈	双脚连续跳	走平衡木	立定跳远	十米折返跑	网球掷远
不合格率	12%	62%	9%	6%	38%	47%
合格率	41%	16%	13%	22%	31%	44%
良好率	25%	22%	28%	41%	28%	9%
优秀率	22%	0%	50%	31%	3%	0%

项目均值

项目均值主要由三部分组成,分别是:全国平均值、集体平均值、全校平均值。全国平均值用以在更加客观、更加宏观的层面了解集体在某个项目所处的水平,能够清晰集体的定位;全校平均值用以了解集体在全校中的水平,从不同维度充分了解集体短板与优势,扬长补短。

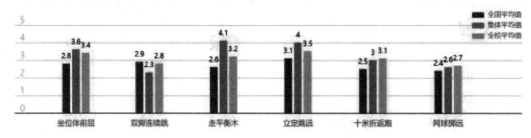

图 3.13 班级体质监测报告

1. 实时监测反应运动状态

幼儿每日入园后佩戴运动手环,在一日活动的过程中进行幼儿体温、运动强度及睡眠质量的实时监测。最大的好处在于方便教师通过热闹的运动形式和可视化的数据,发现孩子真实的运动状态,判断运动强度、时长是否科学合理,中高强度的运动是否达标。

2. 数据分析找出问题所在

基于各类数据分析，找出问题所在，引发园所思考：环境提供与运动技能、强度、密度之间的关系；课程设置与运动兴趣之间的关系；师资水平与运动成效之间的关系；个体差异与指导方案之间的关系；家园配合与矫治成效之间的关系。让数据赋能园所健康教育，综合施策助力幼儿体质提升。

二、数据赋能、综合施策

依托数据分析，找到问题关键，创新一系列举措和机制，开展健康教育改革，提高教育成效，提升幼儿体质。

（一）改造拓展，让环境更具挑战性

环境作为隐性课程的主要载体，对幼儿各方面的发展都起着潜移默化的影响作用。实时监测数据显示，由于班级人数多、户外活动面积不足，幼儿中高强度的运动始终无法得到保证。为此园所因地制宜，以平面立体相结合、实用美观同兼顾为原则，挖掘内外资源，改造原有场所，拓展立体空间，提供多样器械、巧设运动项目、营造挑战氛围，激发运动欲望，体现幼儿与环境的有效互动、帮扶对象与环境的差异化互动，真正让不同类型、不同层次的幼儿都能沉浸在富有野趣和挑战的环境中享受运动、锻炼玩乐，逐步提升体质。

1. 拓展内外活动环境

园所充分挖掘场地的健康环境内涵，打造了"一场两廊""一室两墙""立体空间"的运动环境。"一场两廊"即中心竞技场、勇士拓展廊、丛林越野廊；"一室两墙"即体操室、攀岩墙、健身墙；"立体空间"即旋转楼梯攀爬空间、连廊高空滑梯空间。同时，园所对周边的环形步道设置了绿化、坡洞、滑索等，巧妙设计野战游戏区域，打造富有野趣而充满挑战的运动场所。

2. 提供多样运动器械

依据园所健康特色和幼儿运动发展水平，对照《学龄前儿童（3~6岁）运动指南》，创设打造了快乐体操室、体能挑战区，并提供了富有挑战性的运动器械，例如跑酷设备、跳马、小单杠、三阶跳箱、梯形架等，通过不同难度的器械，来激发幼儿运动兴趣，促进幼儿动作技能的掌握，提高幼儿的体质素养。

3. 设置楼梯运动格局

园所利用墙面、转角、台阶等展示面，由师幼共同创设运动活动区域及环境，设计出新颖有趣的游戏内容和规则，例如地面跳跳棋、楼梯挑战区等，既融合了教师的

智慧预设,又激发了幼儿大胆的想象力和创造力,真正让幼儿在自主的运动的环境中玩中学、玩中思。

(二)多元可选,让课程更具丰富性

由于幼儿都是独特的个体,天赋特长不同,兴趣爱好也有不同,为了吸引帮扶幼儿运动起来并且坚持下去,园所体锻活动课程也需要多元化,来满足不同幼儿的需求。为了保证课程的丰富性、可选性,园所加大力度借鉴国内外先进经验,对接专业机构,引进优质课程,研发园本课程,初步形成了体能游戏、快乐体操、阳光足球组成的三大基础课程和武术、击剑、篮球、街舞等十大运动社团选修课程,不断完善各类运动课程体系,及时调整优化课程内容和课程架构,使其遵循循序渐进、层层深入、逐步提高的原则。通过基础课程和选修课程相结合的方式,在保基本、全覆盖的基础上增加个性化选择机会,幼儿运动兴趣度增加了,运动坚持性增强了,监测数据也显示幼儿运动强度、时长、总量均有明显提升。

(三)多措并举,让师资更具专业性

幼儿园教师普遍存在体能科学的认知盲区,体锻的关注点往往集中于"时间的保证""形式的多样""内容的趣味性",觉得只要幼儿每天在户外开心地运动起来了,如跑步了、跳跃了、游戏了、玩大型器械了……幼儿就锻炼了,对于幼儿体能的类型、强度、发展路径与保护技术所知甚少,在体能科学培育上显得有些盲目。为了改变这一现象,园所聘请中小学或专业机构的专业体育教师带领幼儿一起玩体育游戏,带着孩子参加体操、足球、击剑、橄榄球等社团活动。在解决问题的过程中,另一个问题同时暴露出来,那就是体育从业者存在幼儿游戏教学盲区。专业体育人士普遍存在训练取向,忽视对幼儿身心发展非常重要的过程性教学特征——游戏化,这违背了幼儿的身心发展特征。因此"幼儿教师缺专业,体育教师少游戏"的现象尤为显著。为了破解这一难题,园所多措并举,不断提升师资的专业素养,让课程质量得到充分保障。

1. 内外联动

园所通过"请进来、走出去""外培内培共联动"的方式,以特邀专家讲座、特聘专业教练指导、特长教师外出培训等途径,大力支撑师资队伍的培养计划。

2. 双师课堂

园所开展"在线双师课堂"。例如,利用5G网络实时传送优势,体操课上幼儿跟着线上外教一起做各类体操游戏,园内教师辅助指导。再如,足球课上教师利用视频,把难点动作交给专业教练进行示范和讲解,园内教师组织幼儿在游戏中练习,做到师资的优势互补。

3. 做优教研

园所开展"数据分析比对式教研""帮扶对象观察式教研""户外游戏体验式教研"等系列化园本教研活动,形成了以"聚焦真问题""引发真思考""提出真策略"为特点的多元化教研模式,促进教师专业成长。

4. 调整计划

依据监测数据和评估报告,调整班务计划,形成"一班一案";制订递进式体锻计划,做到"逐步提升";优化每周计划,确保"运动时长、强度双达标";完善帮扶对象指导计划,落实"一人一案"。

5. 完善考核

为了鼓励教师因材施教,提升指导有效性,园所对教师的考核机制也进行了不断的优化和完善,如:幼儿出勤率、传染病发病率与每月绩效挂钩;班级幼儿身高体重达标率、双超率、特殊体质幼儿转化率、前后体质测评提升率与年度绩效挂钩。

(四)因人而异,让指导更具针对性

基于数据分析,为帮扶对象设定"跳一跳、够得着"的发展目标,定制多元化个性指导方案,使其更具针对性、可操作性。多元化个性指导主要体现在指导对象、指导方式的"多类型、多层次"。

1. 多类型指导

园所针对肥胖、体弱、感统失调等多种类型幼儿的帮扶需求,分别对其测评数据进行分析,了解幼儿现有体质水平,剖析问题,制定饮食、睡眠、运动、心理多元化个性指导方案,做到全园覆盖、年级互通、班级共促、个体凸显,并定期、实时追踪幼儿的动作发展情况和体质水平现状,及时调整指导策略,逐步完善个性化指导方案资源包,助力帮扶对象尽快提升体质。

2. 多层次指导

不同的帮扶对象往往在体质水平、不同运动项目能力之间存在巨大差异,教师根据体质测评报告,将他们在力量、速度、灵敏、协调、平衡、耐力、柔韧等方面的能力分为强、中、弱三个层次。园所整合现有游戏资源,按照不同运动技能的要求,分层制定星级难度指数活动方案,便于教师依据幼儿个体最近发展区选择最为适宜的运动项目和运动难度,引导幼儿扬长补短,循序渐进地接受挑战,克服畏惧心理,慢慢建立自信,享受运动乐趣,逐步提升体质。

(五)协同合作,让家园更具同步性

基于体质测评数据前后对比、帮扶对象家庭配合情况的分析发现:那些在饮食、运动、心理多方面配合度高、坚持性强的家庭,幼儿矫治效果好,体质提升快,这也

充分说明家庭是幼儿园重要的合作伙伴,只有家园一致、协同配合才能取得 1+1>2 的效果。因此,园所精心制作"童年味道"健康食谱发送到家长手中;录制"健康故事小主播"音频推送到社区;和九龙医院建立党建联盟,定期开展健康育儿沙龙、宝宝门诊;研发与园本课程配套的亲子运动游戏视频推送给家长;每月组织不同项目的趣味运动赛;开设家庭亲子运动会;组织每日动起来打卡赛,以多种方式让家长获得健康育儿的理念、关注幼儿体质水平的发展,参与幼儿运动能力的培养,持续建立家园共育关系,稳步促进幼儿健康、全面发展。

三、数据对比、成效显著

通过数据赋能、综合施策,短短一年时间,体质测评数据让我们惊喜地发现部分帮扶对象各项指标恢复正常,无须再进行个案管理。体弱儿结案率达85.71%、改善率达14.29%;肥胖儿结案率达58.82%、改善率达35.29%、维持率达5.89%;感统失调儿结案率达33.33%、改善率达50.00%,维持率达16.67%;成效非常显著(图3.14)。

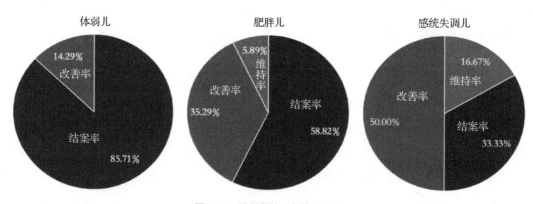

图 3.14 园所帮扶对象情况数据

帮扶对象所在班级其他幼儿体质也明显提升了。从妇幼保健对幼儿生长发育的评价指标来看,血色素达标率2020年为99.4%,2021年为99.8%;身高、体重达标率、双超率2020年分别为95.9%、92.6%、47.6%,2021年分别为96.8%、97.9%、67.5%(图3.15)。将6项指标的体质测评数据对比发现,2020年优秀率为10.95%、良好率为27.14%、合格率为54.29%、不合格率为7.62%,而2021年优秀率为25.71%、良好率为44.76%、合格率为28.10%、不合格率为1.43%,优良率明显提升,不合格率明显下降(图3.16、图3.17)。幼儿传染病发生率从0.47%下降为0.36%。幼儿在各级运动类比赛中获奖人次同比上升52%。

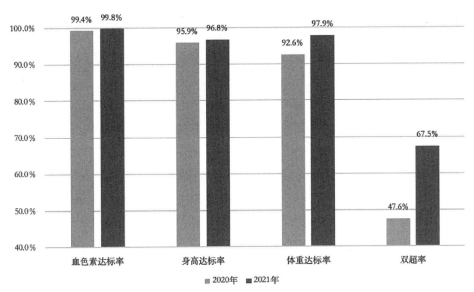

图 3.15　2020 年、2021 年幼儿各项指标对比

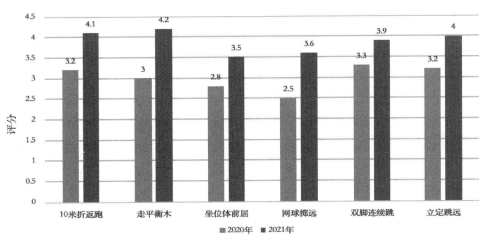

图 3.16　2020 年、2021 年幼儿体质测评 6 项指标数据对比

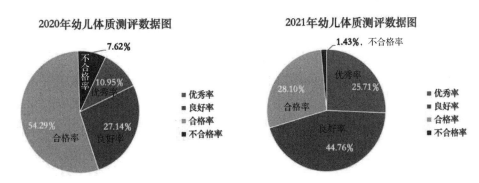

图 3.17　2020 年、2021 年园所体质测评数据对比

总之，基于幼儿智慧健康云平台，依托智能化穿戴设备、数字化测评系统，用大数据赋能幼儿健康教育，实现教师对幼儿体质水平、运动能力的评估，从主观到客观、从共性到个性、从片面到全面、从定时到实时的四大转变，进而促使园所在环境改造、课程开发、师资培养、科学评估、个性指导、家园协同等方面多措并举、综合施策，优化健康教育，全面提升幼儿体质，提高园所保育教育质量。

第四章
数字化转型背景下新型教与学案例设计

>>>> 导 读

  教育数字化正在重塑新时代教育。数字赋能的课堂革命，既为广大教师提供了课堂提质增效的新机遇，又带来教学实践的新挑战。如何利用新技术落实云端一体化的新型教与学模式，进一步深化课堂革命？如何依托数字化赋能打破传统固定教学空间，重构对话式、开放式的教学新场境？如何借助平台资源，帮助学生自主规划个性化学习路径，激活学习力，提升学科核心素养？课堂变则教育变。园区教育将教育数字化转型的主阵地放在课堂，推动课堂革命，推进教与学方式的变革。

  本章呈现的具体教学案例，选取了语文、英语、美术、综合实践、信息技术和化学等学科，纵贯小学、初中、高中全学段，探索了数字化转型背景下混合式、跨学科、大单元和情境化等教学模式，力求呈现园区中小学数字化转型背景下新型教与学变革的学科实践全景。

  案例设计的整体思考如下。一是数字赋能，全时空联通。打破传统课堂的围墙，实现优质教与学的资源共享，同时聚焦学生的真实学习与生活问题，跨越时空，突破课堂教室边界，联通课堂与生活情境、线上资源，构建开放式、互动式、探究式的教学新场境。二是精准施策，教学评一体。易加学院支撑"前学、共学、延学"全学程；大数据分析识别作业效度、问题解决、素养点达成等全学情。教师制定差异化学历案和配套评价量表，形成对学习情况的即时反馈；学习者在做中学、用中学、创中学，实现精准教、个性学、泛在学。三是素养立意，个性化成长。尊重学生主体地位，以培育学生核心素养为旨归，开辟学习新路径，形成课堂新样态，建构新时代创新人才培养新范式。

第一节 / 数字化转型背景下的小学教学案例设计

案例 1 "微项目"引领下的小学英语教与学
——四年级上册"Unit 2 Let's make a fruit salad"教学设计

一、学习内容缘起

本课教学内容为《英语》(译林版，三年级起点)四年级上册"Unit 2 Let's make a fruit salad"，单元主题是水果创意自制。学生有着强烈的水果创意自制的愿望，渴望在动手 DIY 的过程中体验劳动实践的快乐。但是学生也产生了一些问题：制作什么样的 DIY 作品？制作过程中要注意些什么？该如何展示 DIY 过程呢？我们开展"Let's make a fruit salad"的项目化实践活动，在创意自制的同时，拓展相关阅读资源 What a Mess，引领学生体验劳动的乐趣，激发学生创作、表达的热情。

二、研究方向

信息化环境下优化小学英语教与学的实践研究。

三、课标要求

《义务教育英语课程标准（2022 年版）》指出，课程内容由主题、语篇、语言知识、文化知识、语言技能和学习策略等要素构成。其中，主题具有联结和统领其他内容要素的作用，为语言学习提供语境范畴。同时，课标还提出了"学思结合、用创为本"的英语学习活动观。本单元教学内容属于"人与自我"主题范畴，适合进行指向主题意义探究的学习理解、应用实践、迁移创新等相互关联的项目化主题实践活动。本案例将结合单元主题，践行英语学习活动观和推进信息技术与英语教学的深度融合的课程理念，研究在信息化环境下如何优化小学英语教与学的实践。

四、学习目标

（一）语言能力目标

① 依托"易加学院"，完成前学任务"DIY 水果创意制作"，并能熟练运用句型："I have some…""Look at my…""It's…""How…"对作品进行介绍。

② 通过主题阅读，共学绘本 What a mess，讨论其制作过程，学习新授语言"I wash and cut the…/I mix the fruit and add some…"，为写作中运用所学语言介绍作品 DIY 制作过程做好准备。

③ 运用过程化写作 Brain storm → Write it down → Make it better 三步走落实写作，围绕本课 DIY 主题进行真实表达。能积极分享自己完善后的创意作品和故事。

（二）英语核心素养目标

① 通过小组合作，学生再构绘本，想象场景、输出语言，融新知于旧知中，促进学习能力的提升。（学习能力）

② 学生能够熟练运用单元句型及新旧词汇进行 DIY 创意水果秀，在思考与表达的过程中拓宽思路，提升创造性思维。（思维品质）

③ 学生运用所学语言，联结主题意义，在阅读与实践的过程中，感受家庭的自制氛围，体验自制的快乐。（文化意识）

（三）劳动实践目标

① 在 DIY 水果创意制作的过程中，学生树立正确的劳动观念，形成必备的劳动能力，加强与生活和社会实际的联系，培养积极的劳动精神。

② 在项目化主题实践的过程中，学生进一步提升解决问题的能力，培养团队协作精神和实践创新精神，激发自己创作、表达的热情。

五、教与学过程设计

教学环节	学习活动	教学策略	信息技术应用
Step 1 Autonomy Learning and Feed Back	1. 入项挑战：Join the project 2. 项目探究——前学任务 你打算制作什么 DIY 创意水果作品？（拍照记录制作过程，上传到"易加学院"）	• 学生进入"易加学院"项目化学习板块，完成入项挑战。 • 学生完成前学任务，激活旧知。	资源利用： • 反馈项目化学习"前学作业"完成情况，实时呈现学生作品。 • 呈现"小组反馈评价"，激发学生更积极地参与。

续表

教学环节	学习活动	教学策略	信息技术应用
Step 2 Revision	1. Review and activate the language to be used （1）复习单元主题与语言 T：What fruit do you have in your fruit salad? S1：I have a…, a… and some… in it. （2）教师示范单元主题语言运用 Look at my… It has… on it. It's… and … It looks like a… I like the… in it. How…! 2.Try to show and tell （1）复习单元目标语言 T：Can you talk about your DIY salad using these expressions? Look at my… It's… and … It looks like a… I like the… in it. How…! （2）学生运用单元目标语言 Show and tell	利用"易加学院"项目化活动中上传的图片，教师和学生进行自由问答，帮助学生激活旧知。同时，教师示范性进行 DIY 水果秀，促进单元主题语言运用。 在联结学生项目化实践活动的基础上，自然切入单元主题语境，学生进行个性化呈现。	交互：利用"易加学院"随机点人功能，激发学生参与积极性。 可视化：通过白板移动功能，对教师DIY水果秀的过程进行可视化呈现，帮助学生感知与理解。 交互：根据学生回答实时点击超链接，展示学生在"易加学院"提交的作品，辅助学生表达，增强课堂互动性。
Step 3 Reading	1. Read and match T：Today, we are going to read a book. (Read the title) T：The family DIY a lot of things. What did they make?（Watch and match ★★分享图片） 2. Read and learn （1）Read and answer T：How did they make the things and how did they make the mess? （2）Try to think T：Who made the biggest mess? How? What do you want to say to him? （★★★截图提问） （3）Chant T：With good habits, I think they can enjoy doing DIY more.	学生通过白板连线、互动提问，对绘本内容进一步感知——由整体感知到逐图分析，再到理解感悟、语言输出。学生逐步内化语言，探究主题意义。 自编 Chant：Let's clean up! 在轻松愉悦的氛围中深化主题意义，提升思维。	反馈、跟踪：通过"易加学院"的"分享图片""截图提问"功能，教师有针对性地帮助学生对绘本中内容进行理解、记忆，同时通过情境可视化，促进学生个性化表达，大大提高了课堂有效互动性。
	3. Reconstruct the story （1）绘本再构：Read and fill T：Kipper 还想再为妈妈做一份蛋糕，他该如何制作呢？选择板书上的4个单词，进行文本增页填空。 （课堂训练，柱状图结果呈现★★） （2）绘本续编：Let's number T：How does Kipper show and tell? Kipper 如何介绍自己的 DIY 作品？ （★★★白板拖拽）	学生对所学绘本进行创编性再构，进一步运用语言，深化语言习得。 初步呈现写作例文，让学生阅读、感知，为写作做好初步准备。	可视化：通过"易加学院"的"课堂训练"，帮助学生直观感知动词使用是否准确。 交互：利用"易加学院"白板功能，学生通过拖拽的方式，对文本排序，有效提高了语言的实践性。

续表

教学环节	学习活动	教学策略	信息技术应用
Step 4 Writing	1. Pre-writing （1）范文学习 Read and learn （2）策略跟进 文章结构 Make it logical. 丰富度 Make it rich. 流畅度 Make it correct. 美观性 Make it beautiful. 2. While-writing （1）Brain storm：讨论写作内容 What did you make? How do you make it and how do you show and tell? （★★★"易加"平台，小组加分） （2）Write it down：独立完成写作 3. Post-writing 通读全文：Make it correct.	教师基于DIY story内容，师生一起分析，助推写作技能内化，为最后的写作做好充分准备。 基于语篇结构特征，以过程化写作"三步走"搭建脚手架，落实真实语用，学生围绕本课DIY主题进行真实表达，激发学生创作、表达的热情。	交互：通过平台的小组加分功能，增强学生发挥想象、输出语言的积极性。
	4. Show time DIY主题写作分享点评，总结归纳。 （1）展示与分享：分享点评，巩固写作技能 （2）欣赏与体会：习近平总书记建设创新型国家的视频（★★★） The meaning of DIY: To improve ability, to give help, and to live a beautiful life. 感受DIY意义，建设创新型国家，让生活更美好！	写作初稿完成后，教师引领学生进行写作分享，并总结归纳。最后，师生共赏中国创新智慧生活的视频，感受DIY的意义，升华主题价值。	资源：欣赏习近平总书记建设创新型国家的视频，激发学生的创新意识。
Step 5 Homework（After class activities）	1. Try to think （你还想DIY哪些小制作？你需要哪些材料？它的外观和功能如何？） I want to make a _____ . It's for my _____ . Look! It _____ . 2. Edit your work 完善你的创意作品和故事，在"易加学院"的"项目化主题实践"板块进行分享。	学生观看校园乐创节DIY视频，丰富学生创作内容，激活学生创作思维。学生完善课堂写作，进一步落实语用。	延学："易加学院"项目化课程互动性强，学生乐于参与生活化实践，展示自己的作品。
Step 6 Post-thinking and sharing	1. Try to think 欣赏DIY乐创节小视频，培养创新型思维 T: What else do you want to make?	延学推动： 课堂结束后，教师引导学生欣赏DIY乐创节小视频，引导学生进行思考与创新。	交互：通过"易加学院"思考与创新，引导学生进一步分享创作，将学习从课内引向课外。
	2. Share your writing online 项目化成果展示与评价。	延学推动： 课堂结束后，教师引导学生将写作内容在"易加"平台"项目化主题实践"课程中进行分享。	交互：通过"易加学院"过程评价，学生在欣赏、点评中进一步领会写作知识，并巩固写作技能。

续表

教学环节	学习活动	教学策略	信息技术应用
Step 6 Post-thinking and sharing	Project achievements	成果分享：单元结束后，教师引导学生将项目化成果在校园展位进行分享。	交互：学生在欣赏成果的过程中，体会到用英语思考、表达、写作的乐趣。提高自己动手能力、交际能力。

六、作业、活动与评价任务

	作业/活动名称	作业/活动要求	评价任务
前学	入项挑战：你打算制作什么DIY创意水果作品？	拍照上传：拍照记录制作过程，以小组为单位，选出小组最佳作品，推优上传至项目成果。	项目化"过程评价"：哪一组准备最充分，作品制作最有创意？
共学	项目活动1：主题阅读——白板连线、思考问答	白板连线：What did the family make? 截图提问：Who made the biggest mess? What do you want to say?	易加学院"分享图片、截图提问"，个性化评价促进绘本理解与观点表达。
共学	项目活动2：绘本再构、绘本续编	增页填空：阅读绘本，选择单词，进行文本增页填空。白板排序：拓展阅读DIY小故事，白板拖拽排序。	易加学院"课堂训练"柱状图直观呈现结果；"分享图片"直观呈现排序结果正确率。
共学	项目活动3：范文学习、习作展示	过程化写作：学习范文，完成习作My DIY Story，选择部分同学的作品分享图片，点评学习。	项目化"过程评价"：DIY story语言是否准确？内容是否丰富？书写是否美观？
延学	项目成果：成果展示、思考创新	成果展示：完善习作，小组最佳作品推优上传至项目成果。思考创新：你还想DIY哪些小制作？它的外观和功能如何？	项目化"出项评价"：作品设计是否美观、富有创意？故事介绍是否书写美观、内容丰富？

七、板书设计

八、设计创新

教学目标	学习资源分析、新型教与学突破方法
① 依托"易加学院",学生完成前学任务,熟练运用句型"I have some…""Look at my…""It's…""How…!"对作品进行介绍。 ② 通过主题阅读,学生共学绘本 What a Mess。 ③ 运用过程化写作 Brain storm → Write it down → Make it better"三步走"落实写作。最后,结合延学任务,学生积极分享完善后的创意作品和故事。 ④ 在项目化主题实践的过程中,学生进一步提升解决问题的能力,培养团队协作精神和实践创新精神,激发自己创作、表达的热情。 ⑤ 在 DIY 水果创意制作的过程中,学生树立正确的劳动观念,形成必备的劳动能力,加强与生活和社会实际的联系。	课前,老师反馈"前学作业"完成情况以及"小组反馈评价",激发学生更积极地参与项目化实践活动。 通过"易加学院"在平板上分享图片、截图提问,有针对性地帮助学生对绘本中的 DIY 作品内容进行理解、记忆,促进学生表达。 利用"易加学院"白板功能,学生通过拖拽的方式,对文本排序。 "易加"项目化课程互动性强,学生乐于参与生活化实践,通过项目探究、过程评价、成果展示,实现了"教学评云端一体化"。 在项目化实践的过程中,能真正体会到用劳动的乐趣,在实践的过程中提高动手能力、交际能力。
教学媒体及用具	
"易加学院"、希沃白板、平板电脑、一体机。	

九、教学反思与改进

(一)关注信息技术在真实课堂中使用的效度,充分体现信息技术的优势

新时代课堂中信息技术与英语学科的融合由单一变得日益丰富和多样化。本节课,教师深入思考了如何发挥信息技术的优势,如:如何基于单元主题,从生活实践出发,设计基于单元主题的驱动性问题;如何基于项目驱动问题,逐层设计具体的主题实践活动,有效突破重难点;如何开展单元微项目学习,促进英语学科课程高质量、创造性实施……

(二)聚焦多种备课方式、学习方式与教学策略,关注新型教学模式框架的构建

本课实践过程中,教师充分利用多种备课方式,如同步备课、项目化备课;多种学习方式,如主题式学、项目式学、全链式学;多种教学策略,如整体地教、开放地教、融浸地教,以期达到最优化的信息技术融合的效果。在同伴协作学习模式上,从分组活动内容、分组评价模式上进一步创新,从而满足同学们英语学习的个性化需求,进一步落实学习目标。但是,在个人学习方式研究过程中,教师在信息资源(音视频或题库)的分层构建、根据所记录学生的学习情况给学生分层推荐上可进一步研究。

（三）目标引领，践行英语学习活动观，落实教学评云端一体化

本课实践过程中，教师充分关注目标设计，整体规划前学、共学、延学。每个板块都设计了过程性评价，引领学生在评价标准的引领下，逐步达成单元目标。但是，本节课实践的过程中如何更有效地运用过程性评价，激发学生个性化地学，略有不足。在新型教与学模式的引领下，教师可积极尝试对整个单元持续性全流程评价，引导学生在学习过程中逐步构建对单元主题的认知，发展能力，形成素养。

十、专家点评

小学英语项目化主题实践活动课是一种新型的教与学模式，符合当下小学英语教学现实需求，反映了当下学校教育教学变革的创新发展。本案例充分展现了新型模式在教学实践中的优越性和潜力，在整体设定目标的基础上，以"易加学院"为技术支撑，开展项目化主题实践活动，整体规划前学、共学、延学系列教学活动，引导学生在主题实践的过程中，逐步建构和生成围绕单元主题的深层认知和价值判断，促进其英语核心素养综合表现的达成。

在本案例实施过程中，教师以课堂为基点向两端延伸，学生课前带着问题自主学、课中互动合作学、课后带着习得个性研，打造完整的学程链，促进深度学习。前学环节，教师充分考虑学生语言能力与学习能力，创建入项挑战任务，引领学生进行项目化主题实践挑战，并完成前学任务。共学环节，教师充分注意项目驱动问题的创设、主题实践活动的逐层设计，以及过程性评价的设置，在进行项目探究（主题阅读、绘本再构、过程化写作）、展示项目成果（DIY创意小故事）、过程性评价（DIY创意水果秀作品及介绍）等活动中逐层推进。延学环节，教师设计延学任务，引领学生思考、创新，带着习得个性化延学，最后进行线上出项评价（学生综合表现）。

通过创新教与学模式，本案例有效提高了学生的学习兴趣和参与度，促进了学生自主学习和合作学习的能力培养。同时，本案例在教学反思中提出了聚焦多种备课方式、学习方式、教学策略，以及关注"教学评云端一体化"，加强课堂教学评价的"全流程评价"模式。这种新型教与学模式的成功实践，将为教与学模式的改革和创新提供有益的借鉴和启示。

案例 2　项目化引领　数字化赋能

——"电从哪里来"教学设计

一、学习内容缘起

本课教学内容为星洲小学项目化学习"碳中和理念下的光伏小镇"中的第一课时。学生从身边的停电现象出发，感受能源的紧缺和改革，了解国家、社会大力发展清洁能源——太阳能。学生提出问题：生活中已经有很多利用太阳能的产品和设备，但离我们的校园似乎有一些遥远，我们能不能通过学习，将我们的校园打造成一个光伏小镇，利用太阳能满足我校的用电需求呢？基于此，学生和教师一同进行思考，创设"电从哪里来"的学习内容。

二、研究方向

5G 支撑下核心素养导向的混合式教学。

三、课标要求

《中小学综合实践活动课程指导纲要》和《义务教育课程方案（2022 年版）》明确提出，强调学生综合运用各学科知识，认识、分析和解决现实问题，提升综合素质，着力发展核心素养，特别是社会责任感、创新精神和实践能力，以迎接信息时代和知识社会的挑战。同时要求学生能在教师的引导下，从真实生活出发，发现并提出自己感兴趣的问题，并能将问题转化为研究小课题，体验课题研究的过程与方法，提出自己的想法。

四、学习目标设计

（一）关键能力目标

① 通过查阅不同能源知识，学生提升文本阅读和关键词提取分析的能力。
② 通过对比能源优劣势，培养学生信息检索、筛选和处理分析的能力。
③ 在前学、共学和延学任务分配等环节当中，培养小组合作、共同商议的能力。

（二）核心素养目标

① 科学：光能、热能等相关科学概念；碳排放、碳达峰和碳中和等核心概念。
② 信息科技：文本输入、信息检索等相关知识。
③ 数学：使用计算器进行大数据计算；绘制统计图并进行简单的数据分析。
④ 综合实践：发现问题、提出假设、思考方法、尝试并反思的能力。

五、教与学过程设计

教学环节	学习活动	教学策略	信息技术应用
创设情境	1.情境导入：欣赏金鸡湖夜景 美丽的金鸡湖夜景和音乐喷泉，都需要电才能产生。 2.项目驱动：问题思考 ① 如果城市发生停电现象，生活会受到什么影响？ ② 为什么我们的城市会发生停电现象？ ③ 我们怎么知道用电量有多大？		资源利用： ① 课堂情境创设：利用金鸡湖夜景视频吸引学生注意力。 ② 以电子黑屏的动画效果，让学生身临停电的现场，感受电对于生活的重要性。
"慧"前学：分毫析厘，数据分析——电是源源不断的吗？	1.前学活动 【任务】预估我们学校教室一个月用掉多少电。 【教师】以小见大，计算一下我们学校用电量。我们需要哪些数据？ 【学生】电器、数量、每小时耗电量、用电时间、班级数量等。 【教师】请你们来说说怎么计算。（展示2分钟） 学生展示并介绍。 【教师】我们即将在教室安装空调，你觉得用电量会怎么样？ 2.项目驱动：发现问题——提出策略 【教师】当我们用电量不断增长，而电力供应不足，就很容易出现新的问题。我们来看看会出现什么问题。 【教师】那我们苏州会不会发生？给出苏州市的用电数据。你有什么感受？	利用"易加学院"，关注学生前学结果和成果，再结合现实数据，培养学生对大数据的感知与判断能力。 在联结学生项目化实践活动的基础上，自然切入生活情境。	资源利用：利用"易加学院"前学模块，实时查阅学生学习成果，并进行数学解题思维的展示及指导。 可视化：利用"易加"前学的实际数据，让学生直观感知自己前学成果。 资源利用：利用相关影像视频材料，激发学生提炼问题，进一步提出自己的思考。
"慧"思考：格物致知，自主研学——电从哪里来？	1.自主共学：探索不同能源 【问题】你们知道我国主要的发电能源是哪几种吗？它们的特点如何？我们该如何进行对比研究、如何做出合适的选择？ 【教师】我们应该选择哪一项能源在城市大力发展呢？ 【学生活动1】对比研究不同能源发电的优劣势（跨信息、语文学科）。 活动指导： ① 以小组为单位，选择一项能源（太阳能、水能、风能、潮汐能、核能、地热能、生物质能、煤炭、石油天然气），在5G信息技术支撑下，利用平板电脑"易加学院"查阅前学资料，并用思维导图记录。 ② 小组分工，查阅前学资料、记录导图、汇报展示。	通过资料的阅读、文本的整理归纳、思维导图的创建，对复杂的连续性文本内容的解读能力得到提升。 学生逐步提升语言整理归纳、分析和语用表达的能力。	学习支架：通过"易加学院"前学，不同小组利用思维导图工具进行资料的整理与分析。 可视化、交互：通过"易加学院"推屏功能，直观展示学生小组学习成果，做到实时互相补充和评价。

续表

教学环节	学习活动	教学策略	信息技术应用
"慧"思考：格物致知，自主研学——电从哪里来？	2. 互动共研：对比探索 【教师引导】通过能源发电优劣展示，我们再来结合家乡苏州的城市特点看看，你们大力推广哪一种能源作为发电的补充？说说理由和想法。	提供"苏州城"资料卡片，学生进行对比分析和选择，锻炼逻辑思维和解决问题的能力。	双屏互动：通过一体机的双屏功能，结合苏州城的特点，以及学生能源知识整理的思维导图，共同进行讨论研究，探索适合在苏州、在校园发展的能源形式。
"慧"创想：别具匠心，创意思考——星洲光伏小镇计划	1. 自主共学：头脑风暴 【教师引导】今年8月份，苏州就出台了《苏州市教育系统屋顶分布式光伏发电开发利用实施方案》，现在我们学校计划建立一座属于我们星洲的光伏小镇。请大家进行头脑风暴，思考一下，我们在设计前后，还需要做哪些方面的学习和研究呢？ 【学生活动2】头脑风暴（跨综合实践、科学学科）。 活动指导： ① 以小组为单位，思考如果在我校建立太阳能光伏发电小镇，需要做哪些方面的研究和学习。 ② 利用平板扫码，填写问卷。 2. 互动共研：制订研究主题和计划 【教师指导】依据学生在"问卷星"等软件上填写的词条，自动生成相关关键词检索，教师汇总，引导并帮助学生梳理接下来的研究主题（初步设计）。 ① 太阳能发电原理、光伏发电微实验。 ② 校园内光伏发电选址问题，屋顶光伏铺设设计。 ③ 校园内太阳能结构模型的搭建与调试。 ④ 如何解决太阳能发电受到的影响（天气、季节、城市建筑等影响）。 ⑤ 向学校、政府提出相关建议和实施过程的可能性问题。	教师联系实际文件，肯定学生在本节课时内容上的探索，激发学生做好研究计划和准备。 基于"问卷星"的词云图功能，帮助学生整理学习思考的过程和结果，为学生头脑风暴提供有力的思维工具。	学习支架：学生对于太阳能的相关内容做出的思考可能是杂乱、不成体系的，利用问卷星的学习工具支架，更迅速地汇总全体学生思考和想法，并进行分析，做出直观表达。 可视化：通过"问卷星"的词云图功能，进一步整理和分析学生的思考，展示学生的真实表达，激发学生进行下一步的计划和探究。
"慧"评价：互动优选，多元评价——评选能源之星	延学评价：评价维度。 ① 探索研究：能够准确计算校园用电量，通过查阅资料准确概括不同能源发电的优劣势，合理选择城市适合推广发展的能源类型。 ② 合作交流：能够友好进行小组合作交流，合理分工并完成小组任务。 ③ 表达展示：能够结合图文准确表达小组活动成果，展示有自信，逻辑清晰简明。		延学：利用评价支架对学生进行进一步的评价。
"慧"小结：承前启后，继研前行——课后延学思考	【教师】我们的项目组正式成立了！制定好我们下一步的研究、设计方案，一起来建设属于我们星洲的光伏发电小镇，为我们的城市充满电！	延学推动：引导学生进行下一步的学习和研究。	资源利用：通过"易加学院"的活动、微课资料等，指导学生进行下一步的研究和思考。

六、作业、活动与评价任务

学习阶段	学习内容	学习时间	学习难度	学习支持	呈现形式	评价方式
课堂前学	根据自己调查的各电器数量、种类、单位时间内用电量，以及老师给出的相关数据，预估我校教室一天乃至一个月的用电量。	3分钟	简单	素材收集/校园资源	"易加"数据分析	自我检测
	借助信息技术搜集我国主要发电能源的相关资料。	10分钟	简单	素材收集/相关文献	"易加"展示	同伴互评
课堂共学	以小组为单位，选择一项能源，利用"易加学院"相关资料，概括能源发电的优势和劣势，利用"易加学院"思维导图工具，进行具体分析。	5分钟	中等	思维导图工具/素材收集	思维导图	同伴互评
	小组分享展示，共同思考哪一种能源适合在城市推广发展，作为发电补充。	6分钟	中等	"易加"推屏	"易加"展示	同伴互评
	以小组为单位，头脑风暴，如果在我校建立太阳能光伏发电小镇，需要做哪些方面的研究和学习？利用"问卷星"扫码工具，进行分析整理。	3分钟	中等			同伴互评
课后延学	借助信息技术搜集太阳能光伏相关资料进行学习。	10分钟	中等	素材收集/相关文献		同伴互评

七、板书设计

八、设计创新

教学媒体及用具
"易加学院"、希沃白板、问卷星平台、平板电脑、一体机。
学习资源分析、新型教与学突破方法
①"易加学院":在前学、共学、延学三个阶段,"易加学院"的使用贯穿整个过程。前学阶段计算答题模块;共学阶段利用前学搜集的文件材料进行学习、整理分析,学院互动推屏、共学共评;延学阶段发布延学任务。 ② 思维导图软件:共学阶段借助思维导图软件,进行资料整理分析,建构知识体系。 ③ "问卷星":学生头脑思维风暴,借助词云图进行呈现和梳理。

九、教学反思与改进

(一) 5G+教育技术融入课堂

在整个课堂中,充分将5G+教育技术贯穿学生的活动过程,包含前学中的思考预估,共学中思维导图的绘制、"问卷星"的词云图,再到延学阶段的任务发布。积极通过信息融合的手段,主动探索园区"易加学院"、苏州线上教育平台和江苏省名师空中课堂平台资源的使用路径,将5G+信息技术工具融入项目学习活动,助力学生探索。

在前学阶段,学生可以提交自我学习收获,并将疑惑和问题带到课堂上来进行研究;在共学阶段,通过互动投屏、提交讨论、思维导图等,实现小组与小组的互动和交流,记录学生的成长过程;在延学阶段,通过"易加学院"学堂活动、"易加综素"的平台记录自己的成长与收获,并互相评价,做到多元评价。

在整个项目化教学的过程中,立足信息化的技术手段,构建完整的信息环境,切合综合实践活动学科特色,学生的素养能力得到进一步提升。学生视野得到拓宽,学习能力得到提升,思维结构由单点、多点结构迈向多点、关联结构,思维方式得到更新。

(二) 问题引领知识建构

"碳中和"理念下的星洲光伏小镇的项目活动,基于5W1H的分析方式进行能源专项研究,跨科学、语文、数学、英语、综合实践等学科,让学生综合运用多种学科知识,经历综合建构知识、运用知识、解决问题以及创造价值的过程。在火力发电带来的碳排放过高等负面影响下,温室效应显著提升,城市暑假升温现象明显,城市生活和生产的用电量激增,存在用电紧张、供给不均衡等现象。与此同时,苏州市人力推行教育系统内屋顶分布式光伏发电利用,我们可以在学校内设计并制作我们的光伏小镇,供应校园用电。作为社会小公民的学生,同样可以积极投入低碳生活、节约用电的队伍当中。

这样一个项目活动可能对于学生而言是比较大的议题，更需要教师帮助分解问题：为什么会出现用电紧张甚至停电现象？选择什么合适的能源在我们的城市中大力推广发展？太阳能光伏是如何发电的？太阳能光伏发电的优势有哪些？如果要在我们学校搭设太阳能屋顶光伏，建设属于我们自己的光伏小镇，我们需要学习哪些方面的知识？一步步引导学生深入研究，攻克一个个难关。

十、专家点评

当前的综合实践活动课程多融合多样化的现代信息技术，如"易加学院"、资源载体和多媒体工具，为学生提供了一个更为丰富、多元和互动的学习环境。信息技术的运用增强了课程的互动性，学生通过合作项目，互相学习，共同成长，不仅有助于提高学生的学习效果，还有助于培养学生的沟通能力和团队合作精神。

本节课对五年级的学生进行大胆创想设计，引导学生从身边的停电现象出发，感受电能的紧缺和改革趋势，了解国家、社会大力发展太阳能的现状。同学们经历估算、头脑风暴、导图探究等多项活动，学会使用不同信息技术工具。项目活动中，依托"易加学院"，信息技术的运用无处不在。课堂前学，使用平板查阅能源知识；课堂共学，利用思维导图和词云图工具，整理、分析前学成果，讨论分析；课后延学，通过微信与校外导师互动，学习能源知识！更为我们星洲小学建立一座太阳能光伏小镇制订下一步的研究计划，进一步锻炼了自己动手制作的能力、科学实验探究的能力、语言表达的能力，充分发挥自身的综合素养，培养创新与实践精神。由此构建不同学科知识的整合与联系，充分发挥学生的综合素养，培养学生的创新能力与实践能力。

案例 3　基于平台的跨学科学习
——萃行生鲜"双十二"筹备会

一、学习内容缘起

统编版小学语文四年级上册第二单元。
苏教版小学数学四年级上册"统计表和条形统计图"。

二、研究方向

教智融合背景下儿童"体验·发现·建构"自主学习历程的校本研究。

三、课标要求

《义务教育语文课程标准（2022年版）》在第二学段（3～4年级）课程目标中指出："能就不理解的地方向人请教，就不同的意见与人商讨。"《义务教育劳动课程标准（2022年版）》在第二学段（3～4年级）的课程目标中指出："初步体验简单的种植、养殖、手工制作等生产劳动。"《义务教育数学课程标准（2022年版）》在第二学段（3～4年级）课程目标中指出："经历简单的数据收集过程，了解数据收集、整理和呈现的简单方法；理解平均数的意义，会用平均数解决问题；形成初步的数据意识。"

四、学习目标设计

① 能在真实情境中运用提问策略进行提问，提升分析问题与解决问题的能力。

② 能在调查、呈现和分析数据中，认识简单的数据调查表；能用调查表收集、整理数据，并能用条形统计图表示；能简单地评价和分析统计获得的数据，设置促销方案，提高运用知识解决实际问题的能力。

③ 能根据驱动性问题，写一封推荐信，写清推荐理由，尝试运用合适的音量和语气与他人交流，提升表达力与感染力。

④ 能够从事简单的农业劳动，初步学会与他人合作劳动，在此过程中不怕困难，养成有始有终的劳动习惯，提升责任感。

五、教与学过程设计

【任务设计】

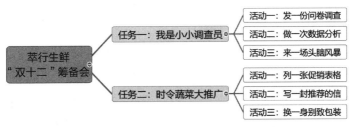

图4.1 萃行生鲜"双十二"筹备会整体任务设计

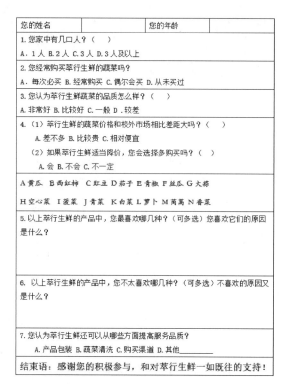

图 4.2　萃行生鲜顾客需求调查问卷

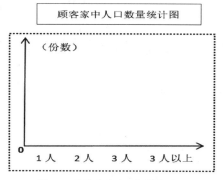

图 4.3　顾客家中人口数量统计图

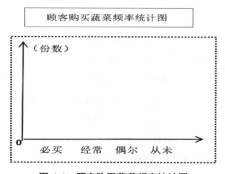

图 4.4　顾客购买蔬菜频率统计图

【活动流程】

任务一：我是小小调查员

【前学入项·体验问学】

项目板块：入项探索，含跨学科项目介绍、驱动性问题。

平台支撑：云问卷、导学单、云讨论。

学习活动一：发一份问卷调查。

小组合作，登录"易加"平台，完成"云问卷"，整理问题清单，适当归类，筛选出对解决问题最有帮助的问卷内容，形成最终的《萃行生鲜顾客需求调查问卷》（图 4.2）。

【共学实践·发现探学】

项目板块：合作探索，含数据分析、项目练习、项目成果、思维导图、过程评价。

平台支撑：数据分析、发起讨论、思维导图、成果共享、互动评价。

学习活动二：做一次数据分析。

（1）将问卷中问题 1、2 的调查结果形成条形统计图，并针对数据结果进行小组讨论（图 4.3、图 4.4）。示例 1：

① 从问题 1 和问题 2 的柱状统计图中，你发现了什么？

② 将问题 1 和问题 2 的问卷内容进行汇总分析，你又有什么新的发现？

③ 如果你要把滞销的时令蔬菜推荐给学校的顾客，你会把消费人群集中在什么范围？原因是什么？

（2）将问卷中问题 3、4 的调查结果绘制成条形统计图（图 4.5、图 4.6、图 4.7），并针对数据结果展开小组讨论。

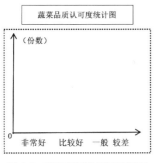
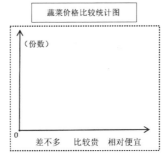
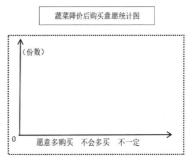

图 4.5　蔬菜品质认可度统计图　　图 4.6　蔬菜价格比较统计图　　图 4.7　蔬菜降价后购买意愿统计图

① 从问题 3 和问题 4 的统计图中，你发现了什么？

② 从图 4.7"蔬菜降价后购买意愿统计图"中，你发现了什么？

③ 图 4.5、图 4.6 对于思考"冬季时令蔬菜为何滞销"这一问题有何启发？

（3）先分别统计问题 5、6 每种蔬菜的数量，记录数据，并利用平台生成饼状图的功能，分析数据（图 4.8）。示例 2：

① 从问题 5 和问题 6 的统计图中，你发现了什么？

② 结合问卷调查中的内容，把顾客喜欢和不喜欢蔬菜的理由进行简要的分析概括。

③ 结合图 4.8 和问卷调查的内容，对于如何解决"冬季时令蔬菜滞销"这一问题你有何想法和思考？

（4）将问题 7 的数据制作成条形统计图（图 4.9），并把相关信息做简单记录后，小组针对数据和汇总信息，在"讨论主题"中发起讨论。

① 观察图 4.9，你有什么发现？

② 结合统计图和问卷调查的内容，对于如何解决"冬季时令蔬菜滞销"这一问题你有何想法和思考？

学习活动三：来一场头脑风暴。

借助"易加"资料库，阅读几则材料，开展小组合作讨论。

材料一：一条朋友圈创意，4 万斤（1 斤 = 500 克）蔬菜滞销变畅销。

材料二：感谢这些热心人。

材料三：农产品滞销，该怎么解决？

图 4.8　最受欢迎蔬菜统计图

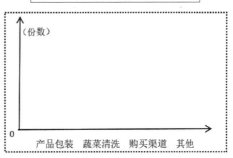

图 4.9　萃行生鲜提高服务品质策略统计图

任务二：时令蔬菜大推广

学习活动一：列一张促销表格。

项目板块：掌握学科知识、提出问题、给出方案。

平台支撑：微课、作业收集。

（1）小组讨论：你在生活中都见过商家有哪些打折的方式？列举在表格中。

（2）查找资料或请教老师，学习每种打折方式中的数学知识。

（3）萃行生鲜为即将到来的"双十二"准备了时令蔬菜白萝卜和大白菜，我们自产自销，原价均定为2元1棵。

设置了两种促销方式：①买3送1；②每满5元减1元。

（4）小组前去耕耘项目组，调研萃行生鲜种植的蔬菜所需成本包括哪些方面，并在"易加学院"内填写相关表格。

（5）以表格所统计的数据，在不亏本的前提下，设置单价，并从两种促销方式中选择一种方式帮助萃行生鲜进行"双十二"促销。

学习活动二：写一封推荐的信。

项目板块：知识回顾、自主阅读、小组分析、优化方案。

平台支撑：大数据查询、作业收集、分享对比。

（1）根据统编版语文四年级上册习作七的内容，回顾书信的格式是由哪几个部分构成的。

（2）自主展开小组讨论，思考时令蔬菜有什么样的优势和值得购买的理由，从不同角度来推荐，注意还要把理由写充分。

① 请小组从这4个方面来分析讨论，并借助网络查阅相关资料，对收集的资料进行辨别和筛选，提取有用的信息，初步完成萃行生鲜冬季时令蔬菜的SWOT矩阵分析图。

② 根据SWOT矩阵分析图，小组交流讨论：可以从哪几个方面来说服那些不爱吃时令蔬菜的老师们购买时令蔬菜？

③ 小组用柱状统计图的方式将搜集的文字资料简明扼要地呈现出来。

（3）小组合作完成《推荐购买时令蔬菜的公开信》。

要求：①格式正确，字迹端正工整；②条理清晰，分点说明，语言生动；③图、文、表并茂，创意发挥；④拍照上传至"易加学院"。

（4）请各小组选择一名发言人上台发表本组的公开信内容。展示完成后，教师点评、小组互评。利用"易加学院"设置小组内打分（总分50分），实时反馈。得分最高的一个小组将成为本次萃行生鲜"双十二"筹备会的"公开信推广组"。

学习活动三：换一身别致包装。

项目板块：明确分工、创造性思维。

平台支撑：作品收集、小组互评。

（1）学生根据自身的特点分成不同的小组从事劳动实践：采摘小组、搬运小组、清洗小组和分装称重小组等。

（2）小组前去不同的食品销售场所，收集不同的包装袋样式，并将不同的包装袋按照材料、种类和大小等进行区分，挑选成本低且外观别致的作为样本。

（3）在美术老师的带领下小组合作设计产品包装的外形图案，并在"易加学院"内投票选出最佳方案，对萃行生鲜的食品进行包装。

【出项延伸·建构展学】

项目板块：出项评价，含学习体会、出项评价、项目证书。

平台支撑：拓展资源、在线答疑、互动评价、电子证书、电子奖杯等。

（1）学生在平台上晒出学习体会与心得。

（2）借助教师设置的评价指标体系的工具量表，完成本组和他组的项目互评。

（3）完成学习的同学，获得电子证书、电子奖杯等奖励。

六、作业、活动与评价任务

本设计借助"易加"平台，使用过程性评价、诊断性评价、表现性评价等评价策略，真正探索跨学科项目化学习"教学评一体"，体现评价与教学目标、教学内容的一致性，突破评价理念在核心素养时代的变革困境。采取如下支架工具，形成有具体评价指标体系的量表（表4.1）。

表 4.1　萃行生鲜"双十二"筹备会过程性评价指标一览表

评价	内容	基本要求
过程性评价	（一）我是小小调查员	① 能够通过不同角度思考提问，设计好调查问卷，采访校内顾客（老师），了解冬季时令蔬菜销售市场行情。 ② 运用柱状图的统计方式呈现调研结果，小组合作探讨分析，并汇报总结萃行生鲜冬季时令蔬菜滞销原因。 ③ 依据前期的调查结果，与同学合作探索解决问题的具体方法，在阅读短文案例过程中进行总结归纳，拓宽解决问题的思路。
过程性评价	（二）时令蔬菜大推广	① 能在调查数据、表示数据和分析数据等活动中，认识简单的数据调查表，能用调查表收集、整理数据，并能用条形统计图有效地表示，能简单地评价和分析统计获得的数据。 ② 了解商品促销方式中的数学知识，并会算以下两种类型促销方式的折扣力度：①买几送几；②满多少钱减多少钱。 ③ 能够依据前期的调研结果，小组合理分工，利用多种信息渠道获取资料，合作完成一份《推荐购买时令蔬菜的公开信》。 ④ 能够在老师的启发下，结合自己对生活的观察，合作完成蔬菜的采摘、清洗、搬运和包装等工作。

续表

评价	内容	基本要求
诊断性评价 表现性评价	（三）萃行生鲜"双十二"筹备会	① 在保证盈利的情况下，能设置适当的满减活动来保障萃行生鲜"双十二"的促销。 ② 能用生动有趣的语言，通过不同的语调和节奏来演讲《推荐购买时令蔬菜的公开信》，通过充满感染力的语言吸引顾客。 ③ 能够力求讲述生动，根据不同场合，尝试运用合适的音量和语气与他人交流，让信的表达更具有感染力。

七、板书设计

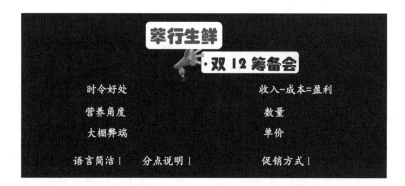

八、创新设计

1. "体验问学"，数据循证，以学定教

采取问题链思维策略，以真实生活问题为主线，以知识为纽带，将知识学习转化为思维发展。在真实情境中，提出"冬季时令蔬菜滞销怎么办"的驱动性问题和子问题链。以问题驱动任务，带着问题开展前学前测。基于"易加学院"的前学问卷，调查统计，提供精准的学习数据和导学案。

2. "发现探学"，学科融浸，解决问题

依托"易加"平台的"项目教学"板块，借助任务链，让学生反复观察、探索试误、实践探究，开展进阶学习。本设计涉及语文、数学、美术等学科的核心知识，创生跨学科、多课时的双师、多师课堂，依托"易加"技术支撑与教育融合，展现系统化解决问题的全新教学模式和学生"慧学"路径。

3. "建构展学"，迁移运用，素养提升

学生基于"易加"平台的"项目教学"板块的参与态度、行为方式等多元评价量表，将推荐信和包装袋进行展示，小组互评，并开展项目成果修订，实现"教学评一体化",从而建构儿童的积极品质和学习力,提升核心素养。

九、教学反思与改进

"萃行生鲜'双十二'筹备会"跨学科项目化学习,体现了"数字赋能"智创未来,探索了"教智融合"课堂改革,彰显了"教学评一体化"评价机制,展示了学校在"体验·发现·建构"学习历程革命的研究。

第一,学习活动的设置指向学习任务的完成。学生或从供需关系等角度进行市场调查、数据统计,组织集体讨论,在思维碰撞中探究蔬菜滞销原因和推销策略;或借鉴生活与学习经验策划有效的促销措施,如设计折扣比较表,借助促销激发老师的购买欲望,设计倡议海报,美化产品包装,打破时令蔬菜滞销的僵局等。

第二,"易加"平台的支撑呈现系统化的学习。六个学习活动体现了从调查问题、分析问题到解决问题的逻辑关联。数字赋能,平台支撑,将"前学入项·体验问学""共学探索·发现探学""出项延伸·建构展学"的学习历程,与"易加"平台的"项目教学"各板块进行系统整合。

第三,在学习活动中有机融入跨学科知识。调查分析是数学和语文学科的融合,打折促销活动整合了数学、语文、劳动、美术等多个学科的知识。可以看出,以实践活动为主线,引导学生走进生活、观察生活,调查访谈、搜集整理资料,发现某些典型现象与问题,思辨分析,尝试运用不同学科知识解决问题,并运用不同媒介表达自己的感受与观点,这些是适合跨学科学习的方式。

十、专家点评

"萃行生鲜'双十二'筹备会"学习主题,源于冬季时令蔬菜滞销这一生活中真实的问题。"一锄一禾园"是江苏省苏州市"菜篮子工程"在苏州工业园区文萃小学的实践基地,"萃行生鲜"是品牌项目。学生在"一锄一禾园"中种植蔬菜,蔬菜长成后卖给校内老师,作为项目经费。寒冬腊月,园内白菜、萝卜、香菜、茼蒿等冬季时令蔬菜大丰收,但这一拨时令蔬菜却不受老师欢迎,面临滞销难题,学生深感困惑。捕捉到"冬季时令蔬菜滞销"这一生活问题,结合即将来临的"双十二"购物节丰富多样的推销促销方式,学校老师设计了跨学科学习活动"萃行生鲜'双十二'筹备会",引导学生主动探究,尝试解决时令蔬菜滞销的问题。

"萃行生鲜'双十二筹备会'"的设计与实施,突出了"以评促学"的理念。制作折扣表、绘制倡议海报、设计食品包装,既考虑到了对学习成果的评价,又顾及了对学习环境和制作过程的形成性评价,从参与态度、行为方式等层面制定评价量表。同时，引导小组同学、相关学科的老师参与评价，也考虑到了评价主体的多元性，力求做出全面合理的评价。"跨学科学习"是长周期学习，基于此特点，教师要注意设计阶段性学习目标，引导学生展示阶段性成果，发现典型问题，反思、改进学习策略，收获学习经验，促进学生核心素养的发展。

第二节 / 数字化转型背景下的中学教学案例设计

案例1 趣享虚实 慧玩化学
——以"颜·盐·研"铁盐复习课为例

一、学习内容缘起

本课的内容是基于上海教育出版社九年级化学下册第七章"应用广泛的酸、碱、盐"展开的。本章内容属于初中化学课程中的重点章节，在学习了本章课程以后，可以将整个初中化学所有章节有机地串联起来。因此，学生在学习过程中往往会感觉本章难度较大、问题较灵活。在此基础上，教师可以带领学生以盐这类物质切入，开展项目化实践活动。课程中围绕铁红颜料的制备，对实验操作以及铁盐的转化进行复习。我们还通过"易加"平台登录了NOBOOK虚拟仿真实验室，学生可以在虚拟实验中自由探索，并用真实实验操作验证方案。虚实结合的方式，可以极大地提高学生的实验热情，并真正激发出学生的求知欲和探索精神。

二、研究方向

基于"易加"平台的初中化学情境化教学实践研究。

三、课标要求

2022年版课程标准指出："要有针对性地选择学习情境素材，引导学生从真实的学习情境中发现问题，展开讨论，在解决化学问题的同时，形成和发展认识化学知识的思路和方法，以及科学态度和价值观。同时，在方法上要注重运用启发式、探究式、建构式、线上线下混合式等多样化的教学方式，促进学生自主学习和深度学习。"本单元教学内容为九年级下册第七章"应用广泛的酸、碱、盐"，属于物质的性质和应用主题下的内容，适合进行"创建真实的驱动型问题和成果、指向核心知识的再构建"的项目化主题实践活动。本课程采取虚拟和真实实验相结合的方式，开展基于"易加"平台的初中化学情境化教学实践。

四、学习目标设计

学生通过讨论、实验、活动探究等多种学习方式，对盐及其相关知识进行整理和归纳。

① 从生活中常见的颜料入手，结合历史情境和实验情境引出主题，挖掘学生的想象力与好奇心，开拓学生科学探究的兴趣。

② 通过虚拟仿真实验，结合盐的相关性质，深入探究制备流程。引导学生从微观角度思考、分析工业流程，并培养学生推理、综合概括的科学思维，赋能学生全面发展、终身发展。

③ 通过独立设计实验，培养学生科学思维，提升学生从理论到实践的科学探究能力。在科学探究的过程中，进一步激发学生对学习化学的兴趣。

五、教与学过程设计

本节课从颜料出发，展开对铁及铁的化合物的项目化学习。教师希望能在复习课中带给学生不一样的体验，让学生突破固有的思维框架，建构更完善的知识体系，并将知识运用于实践（图4.10）。

（一）课前准备

学生登录"易加学院"，通过下载课堂素材、导学案等，了解本节课的学习目标。

【设计意图】由于整节课的课程容量较大，类型较新，因此需要学生在课外了解知识背景。这也能节约课堂时间，以便留有更多的时间让学生利用虚拟仿真实验室进行自由探索实验。

（二）课中共学

利用"易加学院"共学环节，将本节课中需要用到的素材、课件、游戏等整合到一起，以便课程中随时使用。

环节一：跨越千年历史而不朽的文化艺术余韵。

师：在课前，相信大家已经观赏过我们色彩绚丽的敦煌壁画，也已经了解到这些色彩源自各种无机颜料、矿物颜料的运用。这些矿物颜料中都蕴含着化学物质，大家

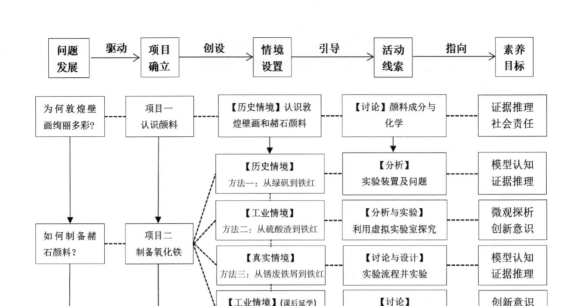

图 4.10 "颜·盐·研"项目化复习课教学流程

能够结合之前所学习的知识,把颜色和主要化学物质对应起来吗?(基于"易加"平台的连线游戏)

生:学生动手进行连线,并回顾知识。

【设计意图】从生活中可见的颜料入手,激发学生从化学角度思考问题的意识,增强学科应用的兴趣,感悟学科学习的价值。在回顾前学环节时利用"易加学院"中的游戏环节,使课堂氛围更轻松,拉近与学生的距离,同时检查学生的预习情况。

环节二:传承百年技艺而经典的科技化学理论。

① 方法一:从绿矾到铁红。

师:我们今天就从赭石这一种世界上最古老的天然颜料出发开始今天的课程。管子曰:"山上有赭者,其下有铁。"赭石的红棕色来自我们今天的主角——氧化铁。那么今天铁红颜料在生活中是如何运用的呢?请大家观看视频。有什么办法能够制备铁红呢?

生:让铁生锈来制备。

师展示样品,比较铁锈和铁红颜料的不同。

师:其实制备铁红的方法有很多,我国《唐本草》和《天工开物》等古籍均记载中国很早就焙烧绿矾(主要成分为 $FeSO_4·7H_2O$)制备铁红。

师:展示实验室高温加热绿矾视频。

师:实验的现象是什么?老师刚才的实验是否有不足之处?

生：本来浅绿色的固体变成了红棕色粉末。缺乏尾气处理装置。

师：实验室常采用这一套装置焙烧绿矾，结合信息说说看，这套装置有哪些好处？（图4.11）

学生观看实验视频，结合相关资料，思考并回答问题。

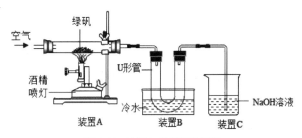

图4.11　高温加热绿矾装置图

【设计意图】本环节上传了大量素材到"易加"平台上，以供学生自行观看学习，夯实基础。在讨论如何制备氧化铁时，可以让学生直观观察铁锈和氧化铁的差别，并解释铁锈的主要成分和形态结构。更新学生的定式思维，开阔他们的视角，同时培养学生经观察实验、阅读信息、分析原理后对实验装置进行研究的能力。

② 方法二：从硫酸渣到铁红。

师：老师继续查阅资料，发现了第二种方法，用硫酸渣制铁红。结合题干信息（图4.12），大家思考下，实际上我们只需要做什么就可以获得氧化铁了？那怎么去除这两个物质呢？

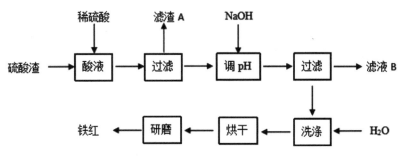

图4.12　硫酸渣到铁红制备流程图

生：去掉二氧化硅和氧化镁就行，可以往混合物中加酸。

师：结合流程一起来分析下，第一步加酸目的是什么？金属氧化物和酸反应生成什么？请大家先在学案上书写方程式。反应以后生成了硫酸镁和硫酸铁，它们从物质类别上属于什么？由什么构成？大家有没有发现，在许多流程题中，我们往往都会以生成盐作为过渡，这样做有哪些优点呢？

学生归纳生成盐的反应和盐参加的反应。总结优点：①盐的种类很多，有很多物理性质可以加以利用；②来源广，很多反应能够获得盐；③盐的化学性质丰富，可以和很多物质反应。

师：接着我们来看生成了两种盐后发生了什么。硫酸铁和硫酸镁遇到氢氧化钠，根据复分解反应原理，都会生成沉淀吧？接着再经过一次过滤，收获固体后进行干燥研磨就可以获得铁红了。初步整理流程后还有一些信息没有出现，同时一些原理还没有解析清楚。今天我们就借助虚拟实验来模拟这个流程。

学生通过"易加"平台登录NOBOOK虚拟仿真实验室，自由探索，完成实验流程。

师：在实验过程中思考下列问题：

① 向硫酸渣中加入稀硫酸发生的反应方程式是什么？② 滤渣A的成分是什么？③ 实验过程中加入的硫酸不能太多，原因是什么？④ 生产过程中，为了确保铁红的产量、纯度，需要调节溶液的pH，那么它的范围是什么？（部分阳离子以氢氧化物形式沉淀时溶液的pH见表4.2）

表4.2 沉淀物pH变化范围

沉淀物	开始沉淀pH	完全沉淀pH
$Fe(OH)_3$	2.7	3.2
$Mg(OH)_2$	9.4	12.4

⑤ 滤液B的主要成分是什么？⑥ 为得到纯净的$Fe(OH)_3$固体，需洗涤沉淀，判断沉淀$Fe(OH)_3$是否洗净，方法是取最后一次洗涤液于洁净的试管中，滴加少量，若无明显现象，则沉淀已洗净。

学生自由探索进行实验，总结从金属氧化物氧化铁生成了盐硫酸铁又生成了碱（氢氧化铁），最后加热氢氧化铁生成了铁红。（进行板书）

【设计意图】结合流程，利用NOBOOK虚拟仿真实验室演示实验过程，学生可以自由探索，无须担心实验出错等问题。同时虚拟实验还能分析肉眼看不到的溶液中的微粒，进而帮助学生理解实验过程中物质转化过程中的本质。这个环节围绕盐的相关性质进行复习，学生在完善实验流程的过程中，提高"基于证据推理的实证与质疑"等化学素养，并且能够产生生成性问题，为后续深化学习做铺垫。

环节三：面对真实情境而创新的时代青春少年。

师：现在大家已经学会了理论，但是有一句话叫"纸上得来终觉浅，觉知此事要躬行"。最后，实验室有一批生锈的铁粉，能否来制备铁红呢？请大家结合刚才所学以及相关资料进行讨论。（过氧化氢、高锰酸钾溶液可以把溶液中的Fe^{2+}氧化成Fe^{3+}。）

学生展开讨论，自主设计实验过程，并通过"易加学院"拍照上传流程，进行班级分享。

师：很好，大家都找到了方法。我们一起来实践下，按照流程，我们可以做一个对比实验。分别将等浓度、等体积的盐酸和硫酸加入烧杯中，并进行搅拌。用注射器吸取 2 mL，并用一次性过滤器过滤后转移至试管中，再加入一定量的过氧化氢进行氧化。接着先向试管中少量添加 NaOH 溶液，观察现象。

学生动手进行真实实验，实现理论到实践的升华，在实验中发现新的问题。

师：大部分同学都得到了氢氧化铁，但是从氢氧化铁到铁红这个转化中还有很多难关在等待着大家。

师：通过"易加学院"推送实验过程视频，让同学们看到转化的不容易，并解释原因：

① 制备过程中，一部分 $Fe(OH)_3$ 易形成胶体。

② 加热 $Fe(OH)_3$ 时，如果放置在试管中用酒精灯加热，能够看到有红棕色固体出现，停止加热后固体变黑。其中部分固体能被吸铁石吸引。

③ 查阅资料发现，$Fe(OH)_2$ 和 $Fe(OH)_3$ 在一定比例下混合加热会生成 Fe_3O_4。

④ 不同煅烧温度下，获得的氧化铁质量分数不同。

师：结合我们整个探究过程，大家有没有发现，从理论到实验需要思考，从实验到工业生产更是有很多注意事项。

师：最后，我们一起来用白水泥和铁红颜料制作一个小样品作为纪念吧。

【设计意图】引导学生能够初步学会设计实验，并动手进行实验。在实验过程中，对生成性问题进行思考并讨论。从理论到实践再到运用，让学生体验整个项目的完整过程，并且有所收获。

（三）课后延学

环节四：一脉相承、强化巩固。

师：请大家结合今天的学习，完成从硫铁矿到铁红颜料的相关练习，并查阅资料思考还有没有其他方法。

【设计意图】在共学部分，让学生进行了自主探究实验，针对实验中出现的问题进行了探讨和总结。后续延学部分还需要针对本课内容进行强化和巩固，同时欢迎学生上网自主探究，并结合自身知识提出创新性的意见。

六、板书设计

铁及其化合物的转化如下：

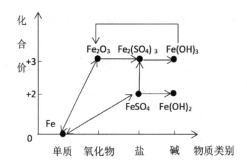

七、新型教与学模式设计说明

1. 利用 NOBOOK 虚拟仿真实验室进行探究性实验

工业流程题一直是初中化学教学中的一个难点知识。由于工业的特点，很多实验往往在教室的环境下无法进行，同时，很多试剂超出了初中化学的范畴，甚至具备一定的危险性。为了规避这些问题，在一般教学中，教师常以讲解的方式进行教学。学生在这个过程中缺乏动手实践，因此常常伴有疑惑。如果能够让孩子们自由地进行实验，探索其中奥秘，就能更好地发现问题，从而改正，所以教师考虑使用虚拟实验室来进行实验。

利用 NOBOOK 虚拟仿真实验室进行实验，一方面可以规避实验过程中存在的危险性，另一方面可以真实地模拟实验过程。对于学生来说这是全新的体验，可以极大地激发学生动手实验的热情。在教学中，可以感受到每个孩子都非常开心地投入了化学实验里，特别当通过实验发现了很多以前从来没有思考过的问题时，学有余力的学生往往能够积极主动地去解决它。

2. 利用"易加学院"改进教学方式

初中化学知识点比较琐碎，这就要求教师在上课的时候需要将知识链接在一起。在我们进行课堂教学前，可以借助"易加学院"的"前学、共学、延学"三个板块开展备课，对本课资料、知识点等进行整合。

前学部分为线上预习，让学生自主学习探究。我们可以把部分创设情境的课堂素材（如壁画资料、各种颜料、微视频等）放在线上，同时根据课前学习内容制定学习任务单，明确要求，保证学习效果。

共学环节为线下课堂，这是我们作为教师引导学生学习的主阵地。教师在批阅学生学习单后，根据学生反馈的问题，有侧重地讲解本节课内容。整个课堂，学生通过动手探究、小组合作探究等方式解决课前提出的问题，教师作为引导者还可以结合虚拟和真实实验让学生在实验过程中继续发现生成性的新问题。在这个过程中，给予学生更多的时间去思考和实践，同时给予学生探究成果展示和交流的机会。

延学环节混合式进行，教师根据学生的学习效果，布置符合水平的课后作业。同时针对课堂中可能出现的较深奥的问题，让学生利用网络继续深化学习。

八、教学反思与改进

本课是围绕氧化铁红的制备而展开的项目化学习，通过虚拟仿真情境和真实实验情境对整个流程进行深入分析。首先重点介绍硫酸渣到氧化铁的过程，带领学生先以自身知识对制备流程进行分析，复习并回顾盐的制取及盐的化学性质。然后对制备流程中还存在的疑问展开讨论，并通过 NOBOOK 虚拟仿真实验模拟整个实验流程。同时，结合虚拟仿真实验中溶液中的微粒，引导学生从微观的角度对反应流程深入探索。在此基础上，进行真实情境实验（从生锈铁粉到氧化铁红），让学生真正动手实践。从理论分析到虚拟实验，再到真实实验，在逐步递进的过程中，不断发现新的问题，不断思考化学学科知识，不断提升化学学科素养。整节课里应当给学生更多的时间、更大的自由度，同时，如果能够有更多设备的支持，且学生对虚拟实验、真实实验足够熟练的话，整节课的进程会更加流畅。

案例 2　基于"易加学院"的初中信息技术跨学科教学融合研究
——"水平仪——方向传感器"教学设计

一、学习内容缘起

本节课是《玩转 APP Inventor 2（初级本）》第 13 节的内容。教学对象是八年级学生。本节课，学生将接触 APP Inventor 组件面板中的传感器，重点研究方向传感器，理解倾斜角、翻转角、方位角的含义和简单应用，理解手机屏幕上坐标系的确定。学生在八年级上学期都在学习使用 APP Inventor 制作 APP，在界面设计、程序分析、程序设计方面已具备一定基础。教学难点是水平仪中竖球、横球、中心球的 x 坐标、y 坐标的确定，需要用到数学学科的平面直角坐标系和一次函数的知识，而这是该学期数学的教学内容，因此，学生已具备一定的数学能力进行竖球、横球、中心球的 x 坐标、y 坐标的计算。本节课本属于信息技术学科和数学学科的跨学科教学。

二、研究方向

基于"易加学院"平台的初中信息技术跨学科教学的实践研究。

三、课标要求

信息技术新课标指出要优化课程内容结构和组织形式,设立跨学科主题学习活动,加强学科间相互关联,带动课程综合化实施。信息技术核心素养在计算思维方面提倡学生在实践应用中熟悉网络平台中的技术工具、软件系统的功能与应用。在数字化学习与创新方面提倡学生主动利用数字设备开展创新实践活动。根据任务要求,借助在线平台,与合作伙伴协作设计和创作作品。数学新课标则提倡学生感悟平面直角坐标系是沟通代数与几何的桥梁,理解平面上点与坐标之间的一一对应关系,会用坐标表达图形的变化、简单图形的性质,能够从实际情境或跨学科的问题中抽象出核心变量、变量的规律以及变量之间的关系,并能够用数学符号予以表达。

四、学习目标设计

① 能够区分方向传感器中倾斜角、翻转角、方位角(信息技术)。
② 能够计算出竖球、横球、中心球的 x 坐标和 y 坐标(数学)。
③ 能够实现水平仪的界面设计和程序设计(信息技术)。

五、教与学过程设计

(一)课前准备

学生登录"易加学院",下载课堂素材,了解本节课的学习目标。

【设计意图】学生课前下载课堂素材和导学案,留出更多时间进行课堂探究。同时,学生查看学习目标,从而更具方向感。

(二)情境导入

教师播放视频"手机自带水平仪"。
师:同学们有用过手机自带的水平仪吗?用来干什么的?
生1:用过!检测桌子摆放。
生2:拍照时查看画面是否水平。
揭示主题——利用 APP Inventor 制作水平仪。展示"水平仪"样例视频。

【设计意图】由学生生活经历导入激发其学习兴趣,引出课题,培养学生使用信息科技服务生活的意识。展示"水平仪"样例视频,让学生能够熟悉本节课制作的 APP 基本效果。

（三）实践探究

探究一：界面设计。

师：请同学们根据"水平仪"样例分析界面元素。（"易加"随机点名）

生：4个标签组件、1个画布组件、3个精灵组件、2个水平布局组件。（学生借助板贴讲解，"易加学院"小组加分）

【设计意图】通过板贴和同伴讲解，学生形象地明晰"水平仪"界面的布局设计，知道所需要组件的类型和个数。通过学生上台讲解，提升学生的表达能力。通过"易加学院"小组加分机制，调动全员的课堂积极性。

师：想要实现水平仪的平衡感应功能，还需要什么组件？

学生自行查看传感器组件面板及参考手册，寻找合适的组件。

生：方向传感器/位置传感器。

教师补充讲解方向传感器中倾斜角、翻转角、方位角的概念，及本项目中使用该传感器的原因。

【设计意图】学生通过自主查看传感器组件面板及参考手册、教师讲解，掌握方向传感器中倾斜角、翻转角、方位角的概念和本项目中使用方向传感器的原因。

教师引导学生观看"易加学院"微课"水平仪——界面设计"，三人一组完成水平仪的界面设计。（"易加"倒计时5分钟）

【设计意图】通过任务驱动分组探究水平仪的界面设计，让学生在组内合作、组间竞争中提升学习的积极性。在"易加学院"观看微课，帮助学生在有疑惑的地方停顿或者反复观看，有效控制小组的学习进度与效果。

小组学生上台演示，并讲解其中遇到的问题，如：倾斜角值、翻转角值的文本忘记设置为空；标签字的颜色忘记设为白色，导致预览看不到字……其余学生观看、反思、学习。

教师点评、引导学生发现问题，解决问题，完善制作。

【设计意图】通过上台演示，为学生提供展示表达的机会，并代替教师传授新知，充分体现以学生为主体。同时，学生在演示时会提出遇到的问题，针对某些共性问题，大家共同解决。

探究二：程序分析。

师：界面设计已经完成，下面我们开始进行水平仪的程序设计。

教师引导学生上台根据教师准备的板贴补全程序流程图。

生：只能补全倾斜角值和翻转角值的显示。

【设计意图】让学生填空流程图板贴，使其理解程序的大致思想，为后续编写程序奠定基础。

师：球的移动轨迹实际是精灵坐标的改变。请根据画布素材图片上相关尺寸信息（图 4.13），小组探讨计算出竖球、横球、中心球 3 个球的 x 坐标、y 坐标。

学生根据画布素材图片上相关尺寸信息，小组探讨计算 3 个球的 x 坐标、y 坐标。计算结果写在"易加"探讨区。（"易加"倒计时 8 分钟）

【设计意图】通过任务驱动、分组探究，计算 3 个球的 x、y 坐标，让学生掌握坐标系的应用。

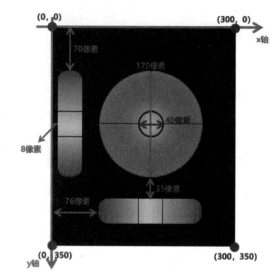

图 4.13　画布尺寸信息图

教师根据探讨区结果，让结果正确的小组代表上台讲解计算过程。其余学生观看学习。

教师播放数学老师的补充讲解视频。（揭晓答案和计算过程）

教师强调要点：角度换算移动距离的方法、角度数值化。

【设计意图】计算正确的小组代表上台讲解计算过程，给学生提供展示表达的机会，并代替教师传授新知，实现了以学生为主体。对于学生的讲解，则通过数学老师的视频来进行验证。通过小组协作、教师指导促进坐标计算的掌握，突破教学难点。

探究三：程序设计。

师：程序流程我们已清楚，请同学们根据流程板贴和"易加"微课"水平仪——程序设计"，完成水平仪程序设计。（易加倒计时 5 分钟）

【设计意图】让学生发现问题、分析问题、解决问题，加强学生的计算思维。通过流程板贴辅助、微课引导，帮助学生探究水平仪的程序设计，让学生在组内合作、组间竞争中提升学习的积极性，突破教学重点。

教师随机请两个小组展示完成情况和遇到的问题。其余学生观看学习，对于问题发表自己的建议。

教师点评，引导学生发现问题、解决问题。对共性问题进行讲解。

共性问题：a. 数学代码块的嵌套关系；
　　　　　b. 复杂代码块的快速编写小技巧；
　　　　　c. 单位（度°）的输入方法。

学生完善，提交界面设计和程序设计截图至"我的作业"。（小组互助、学案、微课帮助）

【设计意图】随机展示学生完成情况，把握学生在制作过程中遇到的问题，对共性问题进行集体讲解。

（四）评价展示

教师引导学生在"易加学院"点赞、互评。（提供评价标准）

学生通过"易加学院"点赞、互评，学会分析与评价。（对照评价标准：界面美观、程序正确、协助交流）

学生展示优秀作品。

【设计意图】学生根据教师提供的评价标准在"易加学院"点赞、互评，学会分析与评价作品，培养批判性思维。学生的优秀作品将在平板端进行现场效果展示，学生在展示过程中体验到成功的喜悦。

（五）延伸探究

师：如果包含 z 轴（方位角）运动变化，还可以设计哪些应用？（讨论区）

学生"易加"讨论区：指南针。

【设计意图】通过讨论区思维的碰撞，提升学生的创新思维，激发学习的延展性。

（六）课堂总结

课堂测试：

① 通过"易加学院"进行知识测试、结果呈现和点评。

② 对照板书和思维导图，回顾教学内容，总结提升。

最佳小组：

揭晓最佳小组，颁发奖励。

【设计意图】通过当堂测试，检测本节课重点知识的掌握情况，对学生错误率较高的题目进行讲解。通过思维导图，帮助学生回顾本节课的内容，推动学生知识系统性的构建。揭晓课堂最佳小组，颁发奖励，提升学生的课堂积极性。

六、作业设计

① 成果提交：提交界面设计截图和程序设计截图至"易加学院"的"我的作业"中。

② 课堂检测：判断题。

③ 延伸探究：如果包含 z 轴（方位角）运动变化，还可以设计哪些应用？

七、评价任务

一是在线加分。学生讲解方向传感器中倾斜角、翻转角、方位角的概念及本项目中使用方向传感器的原因；小组在"易加"讨论区展示 3 个球的 x 坐标、y 坐标的计算结果，并请个别小组进行现场讲解。

二是评价展示。小组提交界面设计截图和程序设计截图至"易加学院"的"我的作业"板块中，全班同学通过"易加学院"点赞、互评，学会分析与评价，优秀作品将安装至平板端进行现场展示。

三是课堂检测。通过"易加学院"进行判断题的课堂检测，重点检测学生对于水平仪 APP 制作中的方向传感器的应用，方向传感器中倾斜角、翻转角、方位角的掌握，以及精灵坐标在软件中的应用规则。

四是延伸探究。水平仪 APP 的制作使用了方向传感器中的倾斜角、翻转角，但是没有使用方位角。因此，让学生能够在本课学习的基础上拓展创新，结合方位角的运动变化规律，设计出更多、更实用、更新颖的应用。

八、板书设计

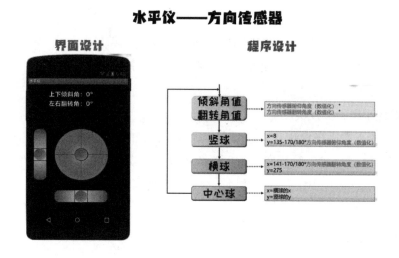

九、设计创新

本节课让学生利用方向传感器制作水平仪 APP，教学重点是让学生实现水平仪的界面设计和程序设计，难点是计算出竖球、横球、中心球的 x 坐标和 y 坐标。因此，在特色学习资源上，教师将软件平台自带的参考手册和自主制作的导学案、对应知识点的微课发布在"易加学院"给予学生学习支架，让学生能够在此基础上协作学习。在技术手段应用上，本节课利用"易加学院"平台的小组分组功能、在线抢答功能、在线加分功能、倒计时功能等促进小组的组内协作和组间竞争。同时，由于本节课最终任务是制作 APP，所以检验成果需要通过将作品安装至平板端进行现场调试，以便发现不足，有助于培养学生发现问题、解决问题、优化方案的能力。

十、教学反思与改进

（一）跨学科教学：新型教与学模式的关键要素

当信息技术学科和其他学科进行相互融合时，一节课由多位不同学科老师共同参与，不论是多位老师共同现场教授，还是线上讲解，学生们都会变得非常感兴趣。同时，新课标也提倡各学科每学期投入 10% 的跨学科课程进入课堂。老师们一般认为跨学科教学对于学生很有帮助，但需要老师在备课、上课方面投入更多的时间和精力。而在本节课中，信息技术与数学的跨学科融合推动了教学，减轻了教师的备课压力，节约了课堂时间。备课时，信息技术老师对于学生在直角坐标系、一次函数方面的掌握程度不够了解，而数学老师对学生的数学水平非常了解，因此，在数学老师的精心讲解下，学生对于坐标的计算思路有了清晰的认识，学习效率立竿见影。所以，跨学科的好处就是能让专业的老师讲专业的学科知识。这也成为新型教与学模式的关键要素。

（二）"易加学院"：跨学科教学的强劲技术支持

在日常的信息技术教学中，教师时常发现某些内容需要借助其他学科的专业力量，那么该如何将这些专业力量轻松完美地呈现出来？这就需要"易加学院"平台的支持。如果想进行微型的跨学科教学，或者其他学科老师帮助有限，可以在"易加学院"中发布其他学科老师的讲解视频供学生观看学习。比如本节课中学生需要计算竖球、横球、中心球 3 个球的 x 坐标和 y 坐标，这就需要学生掌握坐标系和一次函数的知识。于是教师请数学老师录制了坐标计算的讲解视频发布在"易加学院"课程中，验证学生答案的同时也帮助其他学生再梳理了一遍计算过程。如果想进行频繁交叉式的跨学科教学，"易加学院"平台也为我们提供了成熟的项目教学板块，其中可以支持不同学科老师跨学科备课。各学科老师可以在入项探究、项目探索、项目实践、项目成果、出项评价等环节进行自己学科内容的设计。

十一、专家点评

教学设计充分利用了 5G+ 智慧教育的先进技术，遵循新课程标准的理念，为学生提供了多元化的学习机会。使用"易加学院"平台和在线资源，激发了学生的学习兴趣和主动性。项目式教学方法培养了学生解决问题和实践的能力，有助于他们在实际情境中应用所学知识。通过小组协作和竞争，在协作任务和评价展示环节的在线加分激发了学生的学习动力，促进了学生参与和教学互动。

对于基础知识掌握和深入思考的引导仍需加强。教师应该在项目启动前确保学生已经具备必要的基础知识，以便能够有效地参与项目活动。同时，在项目过程中，教师应提供指导和反馈，帮助学生将项目经验与理论知识结合起来，促进思维和分析能力的提升。此外，教师还应关注学生的个体差异，根据学生的需求和水平，合理运用"易加"平台提供个性化的指导和支持，确保每个学生都能积极参与并达到学习目标。

总之，教学设计充分体现了 5G+ 智慧教育的优势，有助于学生开展创新性和合作性的学习活动，能够更好地满足学生的学习需求，促进学生的全面发展。

案例3　数字化背景下"游戏化"单元探究

——"长卷中的盛世"教学设计

一、学习内容缘起

工笔长卷风俗画是学生既陌生又感兴趣的事物，《清明上河图》是学生在小学、初中、高中各个学段都会接触到的画作。学生提出疑问："为什么我们在各个学段都会学习《清明上河图》？这张画到底有什么价值呢？"以学生的疑问作为情境基点，聚焦于盛世长卷《清明上河图》，单元目标指向"十大传世名画之一的《清明上河图》有什么价值"这一基本问题，并展开探索研究，激发学生的探究欲望。同时，以"将《清明上河图》做成一个有创意的展览"作为单元表现性任务，在提升多元能力时，也帮助学生理解"绘画，是时代生活的记录，也是历史的记忆"这一单元大观念。

二、研究方向

信息化环境下，以"游戏化"大单元为载体，优化高中美术教与学在情境教学中的实践研究。

三、课标要求

课标提出本学习任务主要为组织学生以个人或小组合作的方式，结合校园现实生活，探究各种问题，通过策划校园展览，将不同学科的知识融为一体，增强综合探索与学习迁移能力。本单元依据课标的内容要求和学业要求,在教材中依托主题具体落实学习内容、形成学习策略(表 4.3)。

表 4.3 课标要求与教材指向

	课标要求	本单元教材指向
内容要求	• 通过查阅、搜集资料的方式,了解中外著名美术家及流派。	• 能提炼关键词,通过图书馆、网络、"易加"平台等多种渠道收集、筛选材料,发现绘画中记录的盛世。
	• 了解不同时代和文化的美术作品,尝试运用描述、分析、解释、评价等美术欣赏方法进行学习和研究。	• 能进行图像识读,发现绘画中记录的时代生活,触摸历史的温度。
	• 通过观摩和讨论,感受作品的特征,分析作品的审美性和历史性。	• 能知道《清明上河图》重要的历史价值和文化价值。
	• 对小组的研究成果进行简单的解读、分析和评述。	• 能理解绘画长卷背后传递出的历史盛况和文脉绵延的文化胜景。
学业要求	• 能用图像、文字、声音等形式记录调查与思考的结果,对素材进行整理和分析。	• 能围绕单元主题,自主查阅资料,规划探究小组单元任务。
	• 能以个人或小组合作的方式,进行创作与展示,表达自己对美术与传统文化、美术与多元文化之间关系的认识和理解。	• 能选取长卷中自己感兴趣的片段进行临摹、感知,并创造性地艺术表达心中的《清明上河图》长卷。
	• 能积极参与校园文化建设,增强团队协作意识,培养探究能力。	• 能小组分工、临摹创作,分配任务,策划展览。 • 能根据其他组的分享进行信息的补充与更新,能与观众保持眼神交流,声音洪亮,用词准确。

四、学习目标设计

本单元课程以《清明上河图》为主题,引导学生以美术的视角去欣赏、发现和描绘盛世长卷中那些平凡而别有深意的生活瞬间。

我们要做的是通过调查、参观和研读古画等形式,发现绘画中记录的盛世,并将《清明上河图》做成一个有创意的展览。学生以小组协作式的学习方式,通过调查、研读、临摹、创作、策划等方式,最终以《清明上河图》为主题做一次校园展览策划,并组织观展赏析。

我们要知道的是《清明上河图》重要的历史价值和文化价值。引导学生从不同角度和层次去欣赏和识读《清明上河图》;识读画中描绘的盛世胜景,帮助学生理解绘画长卷背后传递出的历史盛况和文脉绵延的文化胜景。

我们要理解的是绘画长卷背后传递出的历史盛况和文脉绵延的文化胜景。通过将

《清明上河图》做成一个有创意的展览，学生可以锻炼多维能力，理解绘画是时代生活的记录，也是历史的记忆。

五、教与学过程设计

单元主题	长卷中的盛世——相约画中人，共谱千年调					
学科	美术		学段	初中	年级	九年级
大观念	绘画，是时代生活的记录，也是历史的记忆					
基本问题	十大传世名画之一的《清明上河图》有什么价值？					
单元学习目标	• 能通过调查、参观和研读古画等形式，发现绘画中记录的盛世。 • 能知道《清明上河图》重要的历史价值和文化价值。 • 能理解绘画长卷背后传递出的历史盛况和文脉绵延的文化胜景。					
单元评价方案						
单元表现性任务	单元任务评估要点					
将《清明上河图》做成有创意的展览	• 能对艺术作品做初步的感知和赏析，能创造性地运用新方法。 • 能在完成任务的过程中积极思考，主动解决问题。 • 能通过调查、参观和研读古画等形式，形成自己的观点并能发现绘画中记录的盛世。 • 能对美术学习保持好奇，能临摹画作片段，进行美术表达，并用自己的想法进行创意实践。 • 能分享小组研究成果，愿意表达想法和感受，并尊重和理解他人看法，理解长卷的文化、历史、艺术价值。					
单元结构设计						
学习阶段	学习任务	小问题	学习活动	学习评价		
第一阶段 初见 （1课时）	全班合作调查、搜集资料	《清明上河图》中所画的宋朝是一个什么样的时代？	学生明确小组分工，在校园图书馆中搜集宋朝相关时代背景知识。	• 积极参与资料搜集、整理工作。 • 运用图书馆、网络、手机软件等多元途径准确找到需要搜集的相关内容。		
	小组研究图像识读	《清明上河图》是一张什么样的画？	（1）了解《清明上河图》相关知识。 （2）识读画中描绘的盛世胜景。	• 能在收集的资料中选出与《清明上河图》相关的知识内容。 • 能将自己组的考察结果通过学习单表达出来。		
	同伴互助分析、筛选资料	《清明上河图》有什么价值？	根据收集的资料，小组互助分析《清明上河图》的历史、文化价值。	• 能够合作互助。 • 能理解《清明上河图》的文化价值与历史意义。		

续表

第二阶段 相约 （2课时）	古今对比汇报成果	美术与历史、文化、社会等之间有什么关系？	（1）分小组汇报第一阶段收集到的材料、相关知识。 （2）古今对比，分组展示研究成果，做汇报演讲。	• 能够充分表达清楚《清明上河图》的背景、内容、价值意义。 • 能尊重、理解其他小组的不同审美与价值判断。
	向艺术家学习	《清明上河图》是怎么画的？	选择感兴趣的片段进行临摹、感知。	• 能充分准备材料。 • 能找到自己感兴趣的片段并运用《清明上河图》的美术表达方式进行临摹再现。
	小组创意表达	"我"的《清明上河图》怎么画？	创造性地艺术表达心中的《清明上河图》长卷。	• 从艺术家那里学习方式方法。 • 通过小组合作，使用合适的方法，能完成自己组的作品。
第三阶段 共谱 （1课时）	年级合作展览策划	我们的《清明上河图》怎么展览？	进行校园展览策划，组织观展。	• 能高效地完成展览的布置。 • 能通过作品的展示、交流，表达自己的审美体验。

单元教学过程摘要

一、聚焦核心素养，组织课程内容

审美感知·初见宋风貌

相关准备：《清明上河图》长卷，到图书馆收集相关资料的学习单等。

教学过程摘要

① 创设情景。《清明上河图》几度丢失、被争抢，它到底有什么价值呢？学生通过教师提供的学习单，运用图书、网络、手机软件等多元途径准确找到需要搜集的相关内容。

② 利用多媒体手段，结合高清长卷，明确自己组选择的片段内容，图像识读，并描述盛世胜景，了解《清明上河图》的历史、文化价值。

③ 全班合作，在小组间分享交流想法和观点。

艺术表现·相约画中人

相关准备：学生利用周末时间完成小组汇报PPT，准备好毛笔等绘画工具。

教学过程摘要

① 围绕"《清明上河图》怎么画"这个问题展开，学生通过课前对时代背景、画作内容、历史文化价值的调查形成实践报告，讨论总结出长卷背后传递出的历史盛况和文脉绵延的文化胜景。

② 通过赏析长卷，学习临摹片段，感悟风俗画、工笔界画的画法。

③ 结合临摹选择的片段，运用形式美等法则设计小组艺术再现表达的展呈形式。

创意实践·共谱千年调

相关准备：教师的示范作品，学生依据小组展呈方案准备宣纸、牛皮纸袋、颜料等相关工具材料。

教学过程摘要

① 通过教师的示范，激发学生的创作热情。

② 学生尝试运用合适的工具、材料，通过小组分工合作，运用多种制作方法，将《清明上河图》以自己独有的形式呈现出来。

文化理解·盛世长卷

相关准备：布置好展览，准备好评价表等。

教学过程摘要

① 小组分工合作，对作品进行布置与展示。

续表

② 小组代表向同学、老师介绍本组的作品，小组间相互交流。展示创意表达的《清明上河图》，与校园环境巧妙融合，古今交汇。在现代策展、信息技术等跨学科融合的学习活动中，注重引导学生理解：绘画，是时代生活的记录，也是历史的记忆；艺术是丰富人们认识世界和表现世界的方式。引导学生体会艺术给生活带来的美好，提升学生的审美素养。

二、立足"游戏化"，在做中学的教学设计

在单元教学设计上重视知识与实践的内在关联，加强教学内容有机融合，促进学生对知识进行整体联系和构建，努力实现从知识、技能的掌握到意义构建的发展。在教学方式上采取更为开放的学习方法。为了让学生主动探究问题解决的方法，本单元课程注重学生的实践体验，让学生到生活中、到校园中，去观察、记录、学习。强调学生在情境化主题的真实性学习任务中，以小组合作的形式，通过对每个课时设定的小目标的完成，层层递进，从而完成单元教学设定的目标，提升综合解决问题的能力，最终实现审美品位和审美能力的提升，并形成对生活的深度思考与长久关注。

三、坚持"教学评一体化"

评价是检验、提升教学质量的重要方式和手段。在单元教学实施的过程中遵循评价促进学习的理念，对学生的学习态度、过程表现、学业成就等多方面予以中肯的评价。

附：学习自评表

《相约画中人，共谱千年调》学习自评表

姓名		班级	
单元学习阶段	照片	评价内容	达成情况
第一阶段 初见		· 能够合作互助。	
		· 积极参与资料搜集整理工作。	
		· 运用图书馆、网络、APP等多元途径准确找到需要搜集的相关内容。	
		· 能在收集的资料中选出与《清明上河图》相关的知识内容。	
		· 能将自己组的考察结果通过学习单表达出来。	
		· 能理解《清明上河图》的文化价值与历史意义。	
第二阶段 相约		· 能够充分表达清楚《清明上河图》的背景、内容、价值意义。	
		· 能尊重理解其他小组的不同审美与价值判断。	
		· 能充分准备材料。	
		· 能找到自己感兴趣的片段并运用《清明上河图》的美术表达方式进临摹再现。	
		· 能够从艺术家那里学习方式方法。	
第三阶段 共谱		· 通过小组合作，使用合适的方法，能完成自己组的作品。	
		· 能高效地完成展览的布置。	
		· 能通过作品的展示、交流，表达自己的审美体验与价值判断。	
		· 能够完成学习评价、学习材料归档。	
最后我想说：			

六、作业、活动与评价建议

1. 作业（表现性任务）建议

单元表现性任务为：将《清明上河图》做成一个有创意的展览，理解绘画长卷背后传递出的历史盛况和文脉绵延的文化胜景。在美术鉴赏的基础上进行美术表达和创意实践，能帮助学生更好地去形成自己的审美判断和文化价值判断。展览活动在提升学生多元能力的同时，帮助学生理解单元大观念。

2. 艺术实践活动的设计

7个小问题和包含4个任务的教学引导，使学生非常清楚学习目标，熟悉学习内容，即使没有教师的面授，学生也容易自主学习，分层完成各级小任务，最后完成单元表现性任务。这些任务能充分拓展学生思维的广度，增加学生思维的厚度和深度，从而发展学生思维的复杂性。

3. 评价建议

评价是衡量学习目标达成度的关键手段。每课既有针对性的单课评价，也有针对单元的单元总结性评价。教师可以通过"学习评价"板块的图文内容，结合多主体、多维度和多样态评价方式，落实"教学评一体化"原则。

七、板书设计

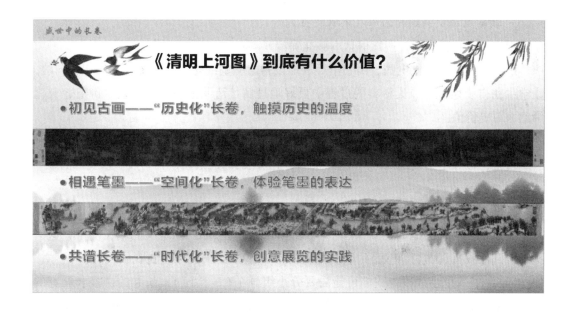

八、设计创新

本单元知识结构包含三个层级：单元任务、单课任务和学习活动。单课任务具有具体的目标并有层层递进的特点，区别于传统目标设计，具有创新性。

九、教学反思与改进

工笔长卷风俗画是学生既陌生又感兴趣的事物，他们对于要探究的项目结论不能直接做出判断，因此能很好地激发学生的探究欲望。教师从教学目标达成度、内容难度、教学过程中遇到的困难及采取的措施、学生评价四个方面对本单元课程进行反思总结。

1. 教学目标达成度

通过单元课程的学习，100%的学生能够发现绘画中记录的盛世；90%的学生能够知道《清明上河图》重要的历史价值和文化价值；70%的学生能够理解绘画长卷传递出的历史盛况和文脉绵延的文化胜景。总体教学目标达成度良好。

2. 内容难度

本单元内容难度适中，既符合学生的学习能力，又符合他们的认知水平和兴趣爱好。然而，仅仅读图并不能让学生深刻理解《清明上河图》的价值文脉绵延，因此，教师要因地制宜，给予学生适当的指导和帮助，使学生克服困难，完成挑战。

3. 教学过程中遇到的困难及采取的措施

困难一：资料有限，搜索信息不够准确。

措施：给学生提供电脑、图书馆等场地设备，明确细化小组需要收集的相关内容，让学生在自主研究、收集材料的过程中更好地理解《清明上河图》的艺术价值、文化价值、历史价值。

困难二：课堂时间有限，导致美术表达任务、展览任务不能按时完成。

措施：带领学生利用课间、午休等一切可利用的时间进行画作再现、展览布置。

4. 学生评价

"合作完成《清明上河图》长卷是一件十分有成就感的事情。虽然前期有很多困难以至于想放弃，但绘画时的欢笑与看到展览时的成就感都鼓励着我们成长前进，这一次的尝试让我真真切切地感受到盛世的风貌。"一位小组研究学生在观展后说。

"长卷里几个小片段，我们可能需要分小组画1~2个小时，长卷的拼接和展览的布置需要细化每一个细节，虽然耗时久、工程量大，但是看到自己的手稿变得像《清明上河图》这份盛世长卷一样，成就感满满，也更能理解盛世的繁华，长卷的价值。"某学生说。

"在盛世长卷中触摸历史的温度",《清明上河图》的"感知、描绘、展评"是一个充满挑战的过程,能够极大地满足学生个性化、多元化需求,能在一定程度上激发学生自我表达的欲望,更是学生体验艺术之美、历史之风貌、盛世文脉之绵延的最佳途径。

十、专家点评

好的美术课堂要融入生活,与学生关心的问题紧密相连,在"游戏化"的过程中激发学生的主动参与性、思维性和竞争性。《盛世中的长卷》美术大单元围绕学段目标,单元构架设计环环相扣、层层递进。

1. 跨学科的感知历史

第一阶段"初见"历史化长卷,触摸历史的温度。以驱动性小问题引导学生关注历史文化背景,让学生在多元途径中准确找到需要搜集的资料,帮助学生理解文化价值与历史意义。

2. 空间化的自我表达

第二阶段"相约"空间化长卷,体验笔墨的表达。以图像识读,引导学生理解小问题,培养专家思维,激发学生创作欲望。再进行笔墨体验,引导学生进行美术表达,创意表现。

3. 时代化的创意实践

第三阶段"共谱"时代化长卷,创意展览的实践。根据驱动性小问题,师生共同完成汇报、交流、策划展览、评价等创意实践。满足学生个性化、多元化需求,激发学生自我表达的欲望,拓宽学生体验艺术之美、历史之风貌、盛世文脉之绵延的艺术路径。

从生活切入,"盛世中的长卷"单元教学触摸历史温度,共谱时代长卷。不仅融合科学、历史等学科知识,让学生主动参与并构建知识体系,更将美术课堂变成一段师生相伴,慢慢走、细细品的欣赏旅程。

第五章

数字化转型背景下新型教与学校本化实践研究

>>>> 导　读

　　数字技术与教育的深度融合，具有催生新的教育形态、革新教与学关系、推进教与学方式变革的巨大潜力。教育数字化带来教学的资源升级、结构重组和时空拓展，从而重塑教与学模式体系。园区面向新时代，积极探索新形势下"教智融合"的新路径、新方法，基于教育数字化转型，聚焦教学模式创新和教学方式变革，探索全学段、全学科应用范式和实践路径。

　　本章内容从两个方面展示新型教与学的校本化实践，第一节展示数字化转型背景下的教学模式创新，围绕区域新型教与学大模型，园区各个学校结合校情学情，创新各具特色的校本化教学模式。如星洋学校的基于数字化转型的"云端一体化课堂"教学创新模式，苏州大学附属中学的基于数字化转型的"易加生态课堂"实践探索模式，莲花学校的基于数字化转型的"教学评一体化"课堂教学研究模式，中科大附中独墅湖学校的基于数字化转型的"学导课堂"教学模式研究等。第二节探讨数字化转型背景下的教学方式变革。园区通过平台建设与应用研究，借助系列化"创新月度汇"活动，逐步形成了基于数字化转型的项目化学习，基于数字化转型的探究式学习，基于数字化转型的协作式学习，基于数字化转型的实践性学习，基于数字化转型的游戏化学习，基于数字化转型的情境化教学，基于数字化转型的大单元、大概念教学等方式。每种学习方式均有理性认识、模式建构、实践路径和推进策略等。

第一节 / 数字化转型背景下的教学模式创新

传统的教育模式往往基于课本和教师的传授，而如今，数字化技术为学生提供了更广阔的探索空间，同时也为教育者带来了前所未有的机遇和挑战。教学模式的创新，正是在这样的背景下应运而生。基于数字化转型的教学模式创新是一个系统工程，涉及教育理念、教学资源、教学方法和评价方式等多个方面。它要求教育者不仅要有深厚的学科知识，还要掌握数字化技术，以更好地引导学生在这个信息爆炸的时代中探索和成长。因此，在教育数字化进程中，教师应提高数字能力，发挥核心作用，成为富有创造性的组织者。

本节中，"云端一体化课堂""易加生态课堂""学导课堂"等新型教学模式，就是基于数字化转型的探索和实践。

案例1 基于数字化转型的"云端一体化课堂"教学创新

苏州工业园区星洋学校是一所诞生于"互联网+"风口的九年一贯制公立学校。2015年，学校成立伊始，就明确了建一所预见未来的智慧学校的办学愿景。学校秉持以教育信息化支撑和引领教育现代化的办学理念，紧紧依托国家及省、市、区智慧教育创新实践，立足新时代育人价值导向，聚焦"云课堂"，开展了系列化校本探索。在专家指导和充分实践的基础上，学校提出基于数字化转型的"云端一体化课堂"概念，并以此为引领，扎实推进教育数字化转型，实现了学校的快速发展、创新发展、优质发展和智慧发展。

一、明晰"云端一体化课堂"概念内涵

近年来，人们对"云课堂"的研究与实践持续深入，但如何在中小学常态课堂实现"教—学—评—研"全流程云端一体化，这方面的研究成果相对缺乏，系统性的创新教学范式建构与技术资源体系化支撑还有待完善。我们认为，"云端一体化课堂"是指利用移动互联网、大数据、云计算、物联网和人工智能等新一代信息通信技术，实现课程教学、课程管理与评价流程由端到云，由云到端的一体化课堂。既包括师生之间的纵向一体化，也包括师师、生生，乃至家长端的横向一体化，体现了大课堂和大教学的观念。

"云端一体化课堂"可分为两类，一类是云端一体化虚拟课堂，在线教学就属于这

一类别，比较适合家庭教育和社会教育；另一类是云端一体化实体课堂，虽然师生面对面，但是借助云端资源和技术，同样可以实现教学呈现、互动、诊断与评价、教与学的方式的转变与流程再造，这是目前学校信息化课堂改革的主要形式。这两类课堂互有优势，互为支撑，可以有效互动，也可以深度融合。

"云端一体化课堂"并非技术单一驱动的变革，也不是千人一面的电视课堂，更不是穿新鞋走老路、固化传统教学方式的课堂。学校立足系统思维，重点从五个维度对"云端一体化课堂"进行整体架构：一是全维度，线上线下一体化推进、融合推进；二是全时空，课前、课中和课后全覆盖，形成教学闭环；三是全流程，"教—学—评—研"各个环节云端一体化，形成管理闭环；四是全要素，不仅包含传统的课程、教师、学生三要素，还引入有效陪护学生开展云端学习的家长，拓展为四要素；五是全系统，"云端一体化课堂"并不是简单地把课堂从线下搬到线上，而是带动课堂教学过程中各个要素和环节的系统性、整体性、结构化变革，涉及理念、环境、组织、教学法、评价量表、认知流程、教师培训、大数据管理分析与评价等多个方面。

二、构建"云端一体化课堂"实施路径

"云端一体化课堂"如何有效落地，并与常态教育教学深度融合，是学校在数字化转型中着重思考的问题。学校通过基础设施建设、技术实际运用和教学范式改革等措施，有效推进并带动区域内外教学模式创新。

（一）智慧环境支撑课堂数字化转型

教育数字化转型与其他产业和行业一样，离不开以 5G 移动通信技术、云计算、大数据、人工智能、物联网等为代表的新一代信息通信技术和资源的广泛应用，这些都需要新基建的有力支撑。学校自建校以来，累计投入教育信息化经费 1164 万元，用于软硬件的增添与更新、运维、保养，专款专用，不断夯实课堂数字化转型环境支撑。

目前南北校区共配置 8 间未来教室双板教学系统，并配备 5G 直、录播系统和 AI 诊断反馈系统，可以全方位满足师生基于 5G 的核心素养导向的创新教与学的多元化需求。普通教室均配备 86 寸交互触控一体机，依托全覆盖实名认证的智能无线网络环境，可以承接移动互动教学的各种应用场景，有利于教师常态化的应用实践。

为满足校本创新实践需求，学校装备了 Zspace ARVR 系统、DIS 数字化实验探究系统、人工智能实验系统、3D 打印系统，以及基于 5G 物联网的生态大棚智慧管理系统；引进了海码课堂、NOBOOK 仿真实验、矩道物理 3D 实验室、"PhET""Phypox"等国内外优秀的云课程与资源平台，不断丰富学科实验教学与综合实践项目化学习的线上线下混合式应用场景与学习体验。

为与各学科教师个性化云资源应用相融合，学校率先建构了简易高效且可满足各类教学场景需求的数字化资源支撑环境。学校还主动对接国家、省、市智慧教育平台，先行先试，应用与开发并举。截至2023年7月，累计创建课程6万余节，建设资源约10万余份，师生登录超145万人次，应用绩效居园区前列。

（二）技术应用赋能课堂数字化转型

应用是对教师最好的培训。学校高度重视应用驱动，技术赋能，扎实推进教育数字化转型。一方面，立足区域实践，率先常态化用好国家、省、市、区智慧教育云资源平台，如国家中小学智慧教育平台、江苏省名师空中课堂、苏州线上教育中心、园区易加系列平台等；另一方面，立足校本实际，认真遴选并引进国内外优秀的教育云技术平台，拓展个性化创新应用。

学校立足课堂主阵地，建构了以"云问卷、云教研、云教学、云评价、云直播、云阅卷、云合作、云课程"八朵主干教育云及相应的APP应用为支撑的技术架构图谱（图5.1），以系统性、开放性、融合性和创新性四大显著特质，为师生搭建了个性化的"云超市"，避免了单一云平台下"云课堂"被同质化的倾向，使教与学变得更为多元、灵动、自由。

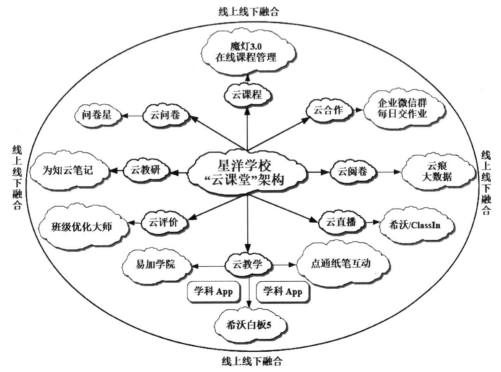

图5.1　星洋"云课堂"技术架构图谱

引入"易加学院"、点通纸笔互动系统,实现课堂学习主客观题诊断的无感式数据采集与智能分析,即时反馈学习成果,指导教师精准教、学生个性学,促进大规模因材施教。引入 NOBOOK 等虚拟实验仿真平台,实现实验探究跨平台跨终端跨系统跨时空交互分享,智能反馈,虚实融合。引入"易加阅读"、超星学习通,线上线下、校内校外深度融合,实现阅读的泛在化、交互化和精准化。引入希沃知识胶囊 IV 交互视频功能,不仅能构建简易高效、智能反馈的人机互动前学后学课程,而且能实现双师课堂云端互动分享。引入希沃云课堂、立知校长、腾讯会议等,构建深度互动的 OMO 混合教学,生态汇聚校本化优质云课程。引入园区"易加问卷"、"问卷星"平台,及时掌握学情,精准引导教学。引入 AI 课堂教学评价系统,专家经验与人工智能大数据评价相融合,精准助力教师 TPACK 能力提升。引入"易加分析""云痕大数据",实现了线下线上兼容的云出卷、云阅卷,全面优化基于人工智能的学业质量监测和大数据分析评估,实现学业质量精准画像,教学改薄智能驱动。引入"易加综素""班级优化大师",实现伴随性数据常态记录,优化学生过程性、表现性评价和多元评价。引入为知云笔记平台,实现了听课、备课、研讨与协同分享"七认真"管理的全流程云端一体化。引入希沃信鸽,不仅实现集体备课、听课、评课线上线下的深度融合与云端互动分享,而且实现了全流程教研数据的无感式采集与智能化分析,不断助力教、学、评、研走向精准高效,深度融合。引入企业微信家校通讯录和每日交作业小程序组合,不仅优化练习的在线布置与批阅、管理与评价流程,同时也进一步密切家校无缝衔接和深度互动。在企业微信中引入简道云系统,个性化设置室场预约、采购、审批、调课、请假、外出、疫情防控等管理流程,智能化汇总数据,显著提升管理效能……

以技术应用赋能课堂数字化转型,不仅实现了"教—学—评—研"等流程的再造和优化,而且培育了数字化转型理念、思维与创新生态,实现了数据治教和数智治校。

(三)范式建构深化课堂数字化转型

1. 建构"云端一体化课堂"教学范式,规范课堂数字化转型

"云端一体化课堂"并不意味着可以天马行空,同样应遵循一定的流程规范(图 5.2)。"云端一体化课堂"教学范式下,立足园区"易加"智慧教育平台,课堂时空交互进一步延展,包含前学课程引导学、在线问卷诊断学、课堂互动精准学和课后个性化研学四个流程,整体以"学"为中心,凸显翻转融合创新的时代教学特征,不仅符合建构主义理论倡导的认知情境化、知识结构化、学习交互化、最近发展区精准化的具体要求,也很好体现了引导、适切、自主、合作、探究、建构等新课程改革的核心理念。同时,依托教育云平台,以智能化交互学习诊断反馈贯通课前、课中、课后,突出了大课堂、大融合和数据驱动的大规模因材施教等核心理念,引导教与学的结构性变革,也有利于构建核心素养导向的新型教与学,促进教育数字化转型背景下

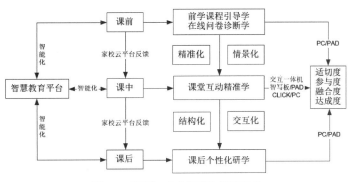

图 5.2 "云端一体化课堂"教学范式

学生自我导向的个性化学习与深度学习,让学习发生在学生身上,让学生以自己的方式学习,让学习变成学生自己的事情。

同时,学校将"四度"(适切度、参与度、融合度、达成度)评价和"四化"(精准化、结构化、情景化、交互化)教学核心要求融入其中,具有较强的跨学科、跨学段、跨区域、跨平台的指导性与示范性。学校坚持骨干引领,范式支撑,全员联动,不仅高质量应对多轮在线教学的挑战,而且为线下复学的有效衔接,以及常态教学的深度融合起到了很好的范式支撑作用。

2. 建构"教—学—评—研"云端一体化范式,深化教学全流程数字化转型

课堂只是教学数字化转型的一个中心环节,要实现教学高质量的数字化转型,离不开"教—学—评—研"全流程协同发力。学校将区域"易加学院"平台和希沃信鸽平台相融合,有效达成了"教—学—评—研"的云端一体化。主要分为以下几个步骤:一是执教者提前上传教学设计与教学课件,并在线邀请校内校外老师集体备课和听评课,设定自主直播课堂开放时间,发布课堂教学信息;二是结合云平台集体备课的评论,完善课件与教学设计后,按时开启课堂线上直播,听课老师根据邀请信息,选择线下观摩或云端收看,亦可选择回看教学视频,对课堂云视频进行切片式互动研讨,并结合线上评课表进行定量与定性评价;三是执教者登录云平台查看自动生成的 AI 课堂数据报告,进行自我诊断与改进。全过程线上线下兼容,硬件设备仅需要手机(平板电脑)、云台(三角支架)和一对双通道蓝牙智能耳机,即可完成教研组过程性资源常态化走向云端,精品化资源生态化汇聚云端,跨校区教研泛在化互动云端,从而实现"教—学—评—研"常态化数字化转型。

"教—学—评—研"云端一体化范式(图 5.3)与"云端一体化课堂"教学范式相比,重点体现教学整体性数字化转型。借助这一范式,可便捷高效地实现"教—学—评—研"业务流程和数据流程的双闭环,全面带动教学数字化转型,形成大场域、大教学、大教研新生态,可以更好地实现数据智教、数据治学,全方位提升教育数字化转型背景下师生的数字胜任力和新课改倡导的面向未来的学习核心竞争力。

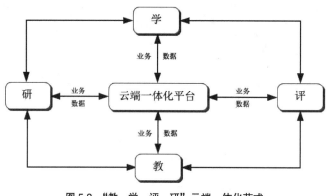

图 5.3 "教—学—评—研"云端一体化范式

（四）联动机制推广课堂数字化转型

以江苏省前瞻性项目为引领，以园区教学融合培训基地为依托，学校立足"云端一体化课堂"教学范式和"教—学—评—研"云端一体化范式，建构"云端一体化课堂"分享机制，开设"云端一体化课堂"展示研讨课，引导"互联网＋"时代课堂教学的数字化转型，影响力突破长三角，辐射全国。同时，学校积极建构"云端一体化课堂"帮扶机制，分享课改创新成果，常态化开展与结对学校、苏北六所联盟校，以及周边多所民工子弟学校的远程互动教学与研讨。学校通过共享"互联网＋"时代优质教育资源，有效带动了跨区域课堂教学的结构性变革与创新。

三、依托"云端一体化课堂"创新实践

在数字化转型的引领下，课堂的呈现方式、互动方式、教研方式、管理评价方式乃至教与学的方式都在悄然变革，数字化背景下核心素养导向的新型教与学在逐步确立。令人欣喜的是，在苏州市质量监测中，我校学生对学校教师教学方式评价认可指数排名全区第一，教师人才指数连续两年位列园区同类学校第一。在市区质量监测和调研反馈中，星洋教学质量节节攀升，跻身区域前列。这些变化表明"云端一体化课堂"创新实践是富有成效的，不仅真正赋能了教师数字化背景下的专业发展，同时也显著提升了学生面向未来的学习竞争力，并赢得了学生的广泛认可，教与学正在以学生喜爱的方式发生。研究成果获评江苏省 2021 年教育研究成果奖二等奖和 NOC 教育信息化最高奖——发明创新奖。

在"云端一体化课堂"以及"教—学—评—研"云端一体化高质量数字化转型的带动下，学校逐步建构起了"学—教—测—评—管—研—培—服务—家校共育"全流程数字化转型的应用场景和教智融合的创新生态，先后荣获首批江苏省智慧校园示范校、教育部 2019 年度网络学习空间应用普及活动优秀学校和江苏省教科研先

进集体等称号,有力推动了教育数字化转型背景下学校发展的质量变革、效率变革和动力变革。

教育数字化是我国开辟教育发展新赛道和塑造教育发展新优势的重要突破口。星洋学校将以此为指引,坚持与时代同频,依托"国家级信息化教学实验区"区域优势,积极落实国家教育数字化战略行动,立足"易加"智慧教育平台应用与"易加"数据基座建设,深入推进"基于教学改革、融合信息技术的新型教与学模式"的探索与创新实践,打破数据壁垒,最大限度激活不同教育应用与平台间的数据融合互通,引导由经验驱动的教学决策向基于理论和数据智能双驱动的循证与决策转型,实现素养导向的"人机协同"的教学模式重构与变革。不断提升数据"智"理效能,积极构建面向未来教育的新发展格局,并努力为区域内外教育数字化转型提供可供借鉴的创新案例和智慧分享。

案例2 基于数字化转型的"易加生态课堂"实践探索

新课程方案和《关于新时代推进普通高中育人方式改革的指导意见》等文件对课堂教学提出了合作互动、探究体验、创新融合、教学相长、思维创生、管学能力、多元共生、建构生态等要求和指向,这与建构主义的知识观、学习观、教学观的要素和特征基本一致,因此,苏州大学附属中学(简称"苏大附中")在进行校本课堂模式优化改革时,以建构主义为基本理论依据,从知识建构视角来考察、构架"易加生态课堂"。

一、"易加生态课堂"的建构背景

《国务院办公厅关于新时代推进普通高中育人方式改革的指导意见》(简称《意见》)可以看作高中近阶段办学的指导性、方向性文件,《意见》共 8 个模块,涉及 23 个方面,为深化普通高中改革提供了关键的政策支持。随着高考考试招生制度改革和高中课程改革的推进,普通高中深度变革的现实之路已经开启,在这样一个时间节点,出台一个目标、思路和举措都非常明确的政策文件,对支撑改革全面落地极其重要。

建构主义的最早提出者可追溯至瑞士的皮亚杰。建构主义是近些年来新课改的重要理论依据,对新课改产生了非常大的影响,该理论认为学习是学习者主动构建的过程,是学习者以自己已有的经验为基础,通过与外界的相互作用,进行主动发现、主动探索、主动建构的过程。人本主义学习理论强调要突出学生的主体地位,不仅让学生学会在团体中合作学习,更要培养学生独立学习的能力,强调要有创新精神、独立精神和自由的思想。诱思探究理论提出以"掌握知识,发展能力,培育品德"为三维目标，明确其教学思想即"以学生为主体，以教师为主导，以训练为主线，以思维为主攻"，充分体现"探索—研究—运用"的教学过程，最后，实现变"教"为"诱"，变"学"为"思"。

根据《国家中长期教育改革和发展规划纲要》《国务院办公厅关于新时代推进普通高中育人方式改革的指导意见》等文件要求，审视学校教育教学中存在的重预设轻生成、重知识传递轻思维创生、重教师讲解和漫灌轻学生思考与表达、重教师立场轻学情实际等问题，确立本次"易加生态课堂"项目建构。

二、"易加生态课堂"模式建构

"易加生态课堂"教学分为课前、课中、课后三个阶段。课前主要是教师备课，分为个人自备、集体议备、个体复备，需要完成教学设计、编制导学提纲和课后限时练习材料等；课中主要分为"引导自学、探究展学、评点省学"三个环节；课后侧重拓展学习。课前是方向与准备，课中是执行与落实，课后是巩固与迁移，三个部分相互依存，缺一不可。"易加生态课堂"主要特征有四个方面：一是着力改造原有经验，促进主动建构；二是着力改变学习方式，实现深度理解；三是着力改变训练方式，学会迁移与运用；四是基于学生立场，重视思维创生。

"易加生态课堂"建构倡导教师依据教学内容、学情实际、学习资源等方面确定三维教学目标；基于对教学内容的研究分解、结合学生的最近发展区来预设问题，问题须具备有向开放、梯度适宜等特征。提倡教学中的师生是一种平等的"我与你"间的双主体关系，教师的主要任务是组织、支撑、管理、引导、评价等，对教学共同体建设、教学情境及环境的营建、共同体知识的维护、学生的引导促进等起到重要作用；学生则主要是通过观点分享、协作探究等来建构共同体知识、创生个体知识。在操作中基本是按照知识建构的序次展开，一是教师对学生进行情感态度激发，使其进入一个问题情境；二是引导学生根据材料独学深思，完成个体观点的初步建构；三是通过多边活动完成共同体知识的建构；四是对共同体知识进行反刍体悟、迁移应用等，完成对个体知识的深层建构。在教学评价中强调体现全面全员、多元共生等（图5.4）。

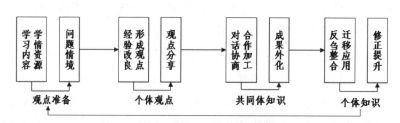

图5.4 课堂教学知识结构模型图

三、"易加生态课堂"实践路径

多年来，苏大附中按照"决策规划—理念学习—多域联动—架构论证—培训实施—分层分步—全员全面—个性探索"的路径推进课堂样态实践研究。

一是引入书院体制，加强理论学习，促进教师理念转向，增强生本理念，提升教师素养，促进专业发展。

学校坚持以教师学员自愿参加、开展辈朋研修为主，以聘请名家开坛讲学、理念引领为辅，通过营造书院氛围，传承书院精神、锻造书院课程，明晰"想发展—能发展—会发展"的教师专业发展之路。首先是"想发展"，营造书院氛围，激活教师发展动力，"半塘书院"开设了教师兴趣研修社，比如书画社、古琴社、太极拳社、瑜伽社等，并为这些社团开辟专门的场所，配置专业的设施。其次是"能发展"，传承书院精神，明确教师发展方向。"半塘书院"目前成立"文化淬炼"项目组、"工具撬动（E学习）"项目组、"模式架构"项目组、"智仁勇"德育体系项目组和"易加生态课堂"项目组。最后是"会发展"，锻造书院课程，破解教师发展难题。"半塘书院"的课程设置主要从师德师风、教育理论、专业知识和教学技能四个维度出发，打造师德师风、生涯规划、课程开发、教育理论、读写共生五类必修课程。

二是推进多域联动，重视文化建设，开展离场实验，引导自我赋能，提升核心素养，促进个性发展。

多年来，学校构建多模块联动、全面全程育人的教育改革方案，以文化淬炼为起点，促动工具撬动、自我赋能和离场实验等方面的实践，聚焦模式架构，进行育人方式的探索创新。

聚焦赋能，推进"五域联动"。学校围绕"五域联动"工程，聚焦主业、自我赋能，提高学生学习兴趣。通过师德师风建设和学生德育活动，促进行为规范内化，以"管理者离场"的方式逐步提升师生自我认识、自我约束、自我管理、自我发展的能力和水平。在校园"智仁勇"文化景观建设的基础上，着力建设廊道文化，开辟学生文化板块、教师文化板块，大力打造高三年级文化板块，促进师生行为文化内化，引导学生发现自我、定位自我、发展自我与完善自我。

对待差异，实施分层教学。导学提纲是"易加生态课堂"的"导航仪""罗盘针"，科学分层编写导学内容，是提高课堂效率、保证学习效率和促进个性发展的有力保障。在导学提纲编制上，要注意做到"三化"：容量适度化，知识问题化，问题层次化，坚持"分层教育"的原则，努力做到统筹兼顾，设计出适合不同基础、不同能力层次学生的多样化的问题。

三是制定评价细则，丰富评价主体，建立定期反馈机制，增强学生的参与感和获得感。

为了更好地推进"易加生态课堂"坚守，学校以"践行爱与智慧的教育"为办学理念，坚守生本理念，重构以学生为主体的评价理念。在学生评价方面，学校的基本认识是：提高学生评价主体地位，开展多元评价，激发学生评价兴趣，引导学生养成积极的态度、情感与价值观，以理解自我、发现自我和完善自我。

细化评价方案。制定《苏大附中"易加生态课堂"集体备课制度》《苏大附中"易加生态课堂"教学评价细则》《苏大附中"易加生态课堂"学生课堂教学行为规范》《苏大附中教师"魅力之星"评选条例》《苏大附中学生"学习之星"评选与奖励办法》等一系列评价制度。教学评价体系主要涉及四个方面：教学目标、教学内容、教学过程和创新教学。评价教学过程，主要结合"引导自学""探究展学""评点省学"三大环节分别进行评价。如评点"探究展学"的维度有有效合作、积极展学、大胆质疑、环节推进、点拨合理等。

丰富评价主体。学校采用班主任、任课教师、学科长、小组长师生结合的方式，对"教"与"学"两种行为进行多角度评价，丰富评价主体，激发学生的积极性与参与感。小组建设中，班主任培养学科长和小组长两级管理体系，学科长主要对学生的学习过程、学习结果等进行评价，小组长主要对学生的学习行为和教师的教学行为进行评价。

四、"易加生态课堂"推进策略

十多年来，学校坚持生本理念，秉持教智融合原则，立足"易加"，不断探索课堂教学样态，本项目探索过程大致分为四个阶段。

第一阶段：研究准备阶段。学校坚持教智融合理念，着手研究技术与学科的融合、工具对教育教学效率的影响、如何有效提高学生核心素养、如何提升师生信息素养等方面的问题，逐步构建起E教室、E课堂、E巡课、E辅导、E文印、E管理、E教研、E评价等分平台，初步明确了学校"E学习"平台的典型场景样态。为推进本项目研究，学校提出"五域联动"工程：文化淬炼工程、模式架构工程、自我赋能工程、离场实验工程、工具撬动工程。其中，模式架构是"五域联动"工作中的核心工作。按照学校统一部署，成立学校项目领导小组和研究小组。学校组织骨干教师深入青岛等地进行考察与学习，邀请华东师范大学、苏州大学、园区教师发展中心的专家和领导来校为项目进行把脉与论证；组织骨干教师认真学习项目培训教材。

第二阶段：实施推进阶段。在宣传发动的基础上，项目研究周期内，主要围绕课堂"易加生态"专题开展研究与学习；重点研读促进教师专业发展专著，展开专业思想、专业知识、专业技能大学习；做好几项重点工作；要形成特色、抓出成效。在取得初步成果的基础上，学校首先明确先行年级、先行科目，然后依次逐步推广"易加生态课堂"模式。具体时间安排是：首先是模式提炼月，主要工作有三：①定模式、统一认识；②定规范、统一操作；③样板课、做好准备（文、理各按课型录制、剪辑）。其次是模式规范月：严格课堂环节，明确教学规范，固化课堂模式，开展组际竞赛，打磨样板课堂。

第三阶段：优化反思阶段。固化是优化的基础，优化是固化的提升。在优化反思阶段，以备课组为单位，对项目研究进行全面系统的自我总结与评估，提炼形成"易加生态课堂"操作建议和优化方案。学校引导教师组织开展主题沙龙、课堂竞赛等活动，搭建多样平台，提供展示机会，扩大模式影响，促进转型升级，追求提质增效。

第四阶段：总结提升阶段。通过对固化阶段的全面梳理，特别是对"固化与优化"的再反思、再认识，每个教师的思路更清、方向更明；升华思想境界，掌握研究方法。在项目研究过程中，学校要从教学管理、教学规范、课堂管理、模式架构等方面，重点检查"易加生态课堂"存在的薄弱环节和突出问题，以生本观为指导，分析原因，制定改进措施，把学习、讨论、反思、改进融为一体。

五、"易加生态课堂"研究成果

一是着眼校本教育实际，基于建构主义视角提炼课堂教学核心理念，引导教师实现内隐理念的转向。

学校以解决校本教育问题为导向，研究传统课堂中存在的问题，构建了课堂教学知识结构模型，提炼并践行"建构知识、深化理解、学会迁移"的校本课堂教学核心理念。

二是探索技术与学科融合，构建教育教学典型应用场景样态，分环节促动课堂转型。

通过以新技术为依托、以学习者为中心、以学习者需求为导向的学科融合的校本探索，构建了E课堂、E评价、E教室、E教研、E辅导、E文印、E反馈等十大典型应用场景样态，并实现了常态化应用。

三是全面建构实践"易加生态课堂"，实现知识建构、思维创生和人的成长。

学校以文化淬炼为起点，营构共同愿景和文化氛围，激发热情和动力；通过工具撬动、自我赋能和离场实验等方面的实践，解决了工具、效率、形态等方面的问题；聚焦于模式架构，确定范式，提升内涵，实现育人生态的全面优化。

通过"易加生态课堂"实践与理念的双向建构、转型，更好地使教学实践回归学习的本真，使课堂成为学生学会学习的地方；面向师生的未来，改变师生的生存状态，从生命生长的高度引导师生过一种幸福完整的教育生活。

成果创新主要体现在以下方面。

一是技术应用创新。依托"E学习"中心课程基地，在"易加生态课堂"分环节建构过程中，将知识、教师、学生、课堂情境、信息技术有机结合起来，打造了基于学生立场的校本技术应用场景样态，构建了E课堂、E评价、E教研、E辅导、E文印、E反馈等十大典型应用场景。

二是课堂样态创新。提炼出以模式样态为统领，以集体研备、导学提纲为抓手，以自主学习、合作探究为特质，以教学相长、全程高效为目标，以多元共生、生态营构为指向的"易加生态课堂"样态（图5.5）。通过践行"易加生态课堂"模式，达成师生生命生长、学校生态转型的目标。

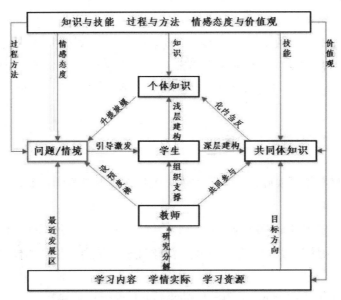

图5.5 基于知识建构视角的教学模式样态模型

三是推进方法创新。坚持传承融创和文化引领，推行多域联动工程，以文化淬炼为起点，通过工具撬动、自我赋能和离场实验等解决工具、效率等方面的问题；聚焦于模式架构，促进学校内涵螺旋梯次提升。

四是评价体系创新。构建E评价与E文印融合机制。借助大数据，学校相关部门能实时统计教师、学科、年级印制的统计信息，并对相关数据进行分析，以控制调节各科的作业量，指导教育教学。

五是师培方法创新。引入书院体制，依托"半塘书院"，在注重专家引领的同时强调朋辈交流，重视通过思考教育教学改革和实操性培训，促进教师专业素养和专业技能的全面提升，为实施"易加生态课堂"做好师资准备。

多年来，为更好地提升教育教学效率，学校经多方学习、多次论证后，决定在课堂教学中实施有助于学生主动学习的"易加生态课堂"教学模式。从教师角度看，这种教学模式使教师重构教学观念，促进专业成长，提升教师素养。从学生角度看，这种育人模式打破被动接受，激发学习内驱，提高核心素养。"易加生态课堂"遵循着人们对客观事物的认识规律，充分调动学生的主观能动性，使其积极参与到课堂活动之中，变"填鸭式"教学为学生对知识积极主动的索求。与传统教学模式相比，"易加生态课堂"真正做到了让学生做学习的主人。

在实践中，我们感觉到：这种育人模式，促使传统课堂向生态课堂转变，促进育人方式转变，促进师生全面发展，给整个校园带来新风貌、新风尚。

案例 3　基于数字化转型的"学导课堂"教学模式研究

中科大附中独墅湖学校借力区域"易加"智慧平台，努力推动教育教学变革，紧跟教育数字化转型的时代发展步伐，探索建立以学历案为载体的"学导课堂"教学模式，在实践运用中不断完善。

一、"学导课堂"的内涵解读

"学导课堂"是"以学为先、以导为脉、学导相融、以活见长、以实为要"的课堂。"学导"分别指向学生和教师的行为活动，"学"是指学生的自主预学，"导"则是指教师的引领指导。学在先、导在后的顺序，与现实教学中"先学后教、以学定教"的要求相吻合。学导课堂是师生交往与互动的课堂，真正实现了由"教"的课堂向"学"的课堂的转变。

我们通过本项目的研究和实施，形成以学历案为抓手，以园区"易加学院"互动平台为载体，以"预—学—评—练"为基本环节的课堂模式，充分发挥信息技术的强大互动功能，撬动学校课堂教学模式的深入变革。对学生而言，"学导课堂"是要凸显他们的主体性，表现个性和创造性；对教师而言，"学导课堂"是要体现尊重生命、关爱学生，与学生分享认知，促进学生深度学习；对学校而言，"学导课堂"是教学质量提升、教育内涵发展的关键，是实现育人树人目标和教育理想的重要举措。

学历案是课堂教学的重要载体，也是对学生进行过程性评价的重要依据。通过充分利用"'易加分析'+"系统，实现了用"易加学院"平台制作学历案，并将每节课的过程性分析评价纳入学生"易加分析"系统中，使学生评价贯穿整个初中三年的全过程，有效实现了信息技术赋能课堂。

二、"学导课堂"的模式建构

"易加学院"授课环节包括"前学""共学""延学"三个部分,可与学历案"学习理解""应用实践""迁移创新"三个板块实现一一对应。通过"易加学院"制作学历案,推动课堂实施,及时分析评价,实现"预(课前预习)—学(自主学习)—评(反馈评价)—练(练习巩固)"等课堂环节,发挥学生学的主体地位和教师导的辅助职能,促进学生深度学习,实现素养培养(图5.6)。

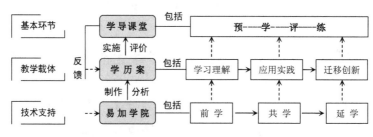

图 5.6 "学导课堂"实施模式

三、"学导课堂"的实践路径与推进策略

根据学校实际情况、教师研究能力现状及已经取得的课堂教学改革经验成果,按照"准备—实施—总结"三个阶段设计了如下研究路径。

(一)准备阶段

一是组织架构。学校成立项目领导小组,不定期通过全体大会以及年级组、教研组会议等形式,在全校层面动员、推广,提高了全体教师对本项目的认知度和认可度,调动了全体教师积极参与教学改革的积极性。二是现状分析。教务处组织各学科组总结前期"简约·智慧"课堂改革实践取得的经验和成果,反思现状与不足,提炼下阶段研究和实践的方向、内容和方法。研训处深入各教研组的教研活动,充分调研"学导课堂"存在不足及教师疑问困惑,收集一手材料,并从顶层设计和实施路径的角度优化、细化项目设计,形成指导性文本,对各组的教学活动开展指导。成立工作小组,制定项目实施方案,明确分工,细化责任。研训处组织项目培训、聘请专家讲座,深度解读项目内涵,帮助教师全面深入领会项目要旨。信息处聘请信息技术专家,现场指导"易加学院"的使用,提高教师信息技术运用和课例开发实施能力。教务处推动教研组积极跟进,利用每周教研组例会围绕项目进行研讨交流,各教研组制定出本组具体的实施方案,确保项目研究有效落地。

（二）实施阶段

一是确立课堂模式。由项目工作小组牵头各教研组组长组成项目研究团队，研讨"学导课堂"模式，确定了"预（课前预习）—学（自主学习）—评（反馈评价）—练（练习巩固）"的基本模式。二是确定学历案模板。根据课堂模式，由教务处牵头研制学历案的模板，包括"学习理解""应用实践""迁移创新"三大板块，注重提升学生自主预习、合作学习以及在新情境中运用知识解决问题的能力。三是开展课堂实践。各教研组运用"易加学院"开展课堂实践，要求每节新课都有学历案，每周至少开展1节"易加学院"课堂教学。信息处每周以教研组为单位对实施情况进行统计及反馈，教务处每月开展"教学七认真"检查，重点关注各学期学历案使用情况。四是提供技术保障。信息处负责对SDN（Software Defined Network）智能网络进行综合改造，安装、调试并优化校园网络，完成全部改造工作，确保校园无线网络覆盖面及运行速度，确保每个班级和专业室场均能快速连接无线网络，为开展基于"易加学院"及其他相关网络平台的课堂教学提供有效支撑。

推进教学改革的过程中，经常会遇到一些新问题需要研究解决。学校多次开展以教学变革为主题的教师论坛、班主任头脑风暴、案例分析等主题培训研讨活动，通过专家引领、同伴互助，提升教师教育理念和水平。2022—2023年，共邀请学科专家18人次进校指导，使专家参与到教研组的日常建设中来，为学科组建设把脉问诊。鼓励骨干教师与兄弟学校结成教学联盟，发挥校际教研优势。学校针对学历案预习指导功能弱、无法运用"易加"平台进行监测的现状，调动"种子教师"攻坚克难，寻找到了运用"'易加分析'+"系统制作学历案并用于分析和评价的方法，将"学导课堂"、学历案及"易加"平台深度融合，为课堂模型的落地奠定基础。信息处分批培训、培养了"教智融合"的"种子教师"，通过"种子教师"先行、带动广大教师的模式，在较短的时间内提升了教师运用信息技术开展课堂教学的能力。

（三）总结阶段

一是资源汇总、优化完善。以教研组为单位，收集、汇总、整理学历案前期使用情况，对出现的普遍问题和不足及时反馈纠正，并再次进行课堂实践和二次修改完善。结合校内公开课对相关课例进行打磨、听课、评课和研讨，发挥集体智慧，帮助授课教师进一步改进课例。经过多轮设计、试上、研讨、反馈，最终形成成熟课例。在项目研究期间不断完善课例资源，形成学历案库，逐步做到每个学科每节课均有对应的学历案，每人每学期积累1～2节基于"易加学院"的精品课。

二是评比展示、分享经验。由教务处、研训处等开展相关成果评比展示，如基于"易加学院"融合信息技术的优质课评比、"易加分析"优秀应用案例评比、"学导课堂"教学设计评比、相关论文评比等，帮助教师明确优秀应用案例的标准，同时组织优秀案例教师进行经验分享，促进教师间相互交流、共同学习和进步，做到以赛促练，促进教师反思提炼。同时，研训处将项目评比展示与青年教师培训有机结合，举办案例分享、研讨沙龙等活动，让优秀青年教师分享经验和做法，发挥榜样示范作用，带动全体青年教师积极投身项目研究。学校每学期举办一次"树人杯"教学论文和教学设计大赛，围绕"新型教与学"课堂教学模式展开，每位教师必须提交至少 2 篇教学设计和 2 篇教学论文，教务处在每个月的"教学七认真"考核中，重点跟进"学导课堂"中学历案的运用情况，教师课程实施情况纳入本年度教科研考核范畴。研训处还将"学导课堂"展示评比作为考核青年教师教学基本功的重要内容。

四、"学导课堂"研究成果

一是构建了基于"易加学院"的"学导课堂"教学模式，转变了教师教育理念，促进了学生深度学习。

国家级信息化教学实验区落脚点是学生发展，最终目的是育人。学校通过项目研究，从顶层设计到多轮实践、改进、优化，初步构建了基于"易加学院"的"学导课堂"教学模式，将"预—学—评—练"课堂基本环节以学历案为主要载体落实在课堂中，并与"易加学院"中"前学""共学""延学"授课板块实现了深度融合。教师在项目实践中，逐步更新教育理念，转变教学策略，突出学生主体地位，发挥引导、助学作用。在"学导课堂"中，学生由原来的被动学习，转变为在教师引导下的主动学习、多样化学习，在"前学""共学""延学"各环节中实现了学生的全程参与探究，主动构建知识，促进了学生深度学习的发生。

二是形成了一批研究成果，促进了学生、教师、学校的发展。

经过两年多的实践，全校师生共同参与，取得了一定的经验和成果。目前初中部各学科已积累全套成熟的学历案资源，做到了每节课都有学历案，小学部也在语数外学科中推广运用。学校教师已经把制作学历案作为"教学七认真"中的重要一环，学历案运用及反馈评价已成为教师教学常态。同时，各学科骨干教师开发了一批基于"易加学院"等信息技术的精品课例，其中吴兰兰、相银芝老师的课例入选 2022 年江苏省"基础教育精品课"省级精品课，王岠、吴兰兰老师的课例在江苏省名师空中课堂展示活动中获评"苏 e 优课"。项目研究期间，学校教师共开设苏州市线上教学直播课 20 余节，4 位教师参加园区信息化教学优质课评比，且均获奖。2021 年 12 月，学校"学科素养取向下学历案设计与运用的实践研究"课题立项为苏州市教育科学"十四五"规划重点课题。

"学导课堂"的实施整体提升了教师队伍素质。在以园区"易加学院"平台为代表的智能技术的支持下，对学生学习情况的过程性数据进行收集及动态分析，可以更加全面、科学地反映学生认知提升过程，从而为教师整个教学流程的时效性、准确性以及针对性提供支持，提升了教师专业教学能力。在实际教学中，信息化平台和工具的使用直接提升了教师信息化素养，同时，快速发展的信息技术也使教师意识到要加强自身学习，教师变被动培训为主动求知、变短期学习为终身学习，主动接触信息技术，不断提升自身专业能力。

"学导课堂"的落地使学生成为最大受益者，深度学习的高阶思维培养逐显成效。学生的学习方式更加主动、多样，知识来源由原来的以书本为主，扩展到了书本与网络资源并重；在线学习、混合式学习等，使学生不自觉地利用数字化学习资源和工具解决问题。这些改变，培养了学生学习过程中的主动性、批判性和建构性，利于知识迁移、问题解决和创新，而这些正与智能时代强调培养人才的核心素养与关键能力等要素直接对应。近三年，学校在初中部中考、小学部园区抽测中成绩逐年攀升，社会口碑越来越好，学校成为老百姓口中"家门口的好学校"。从学校毕业进入高中学习的独墅学子，表现出强劲的学习动力和能力，受到了高中学校的高度关注。

三是构建了"基于数据的学生学习分析"评价新样态，实现了精准测评，赋能精准教学。

项目立项期间正值新冠疫情暴发，学校线上线下课程紧紧围绕"学导课堂"这一核心，重视监测数据分析，落实学生过程性评价。初中部每月进行学情阶段检测，建立完善合理的教学质量评价体系，定期召开年级组质量分析会，激发师生的质量意识。在教育大数据背景下，基于园区教育监测大数据分析，组织中小学生学业水平质量监测，认真分析数据，撰写分析报告，主动找短板补短板。重视质量分析，在期中、期末等学科阶段检测后，每一位学生都要在教师指导下进行各科自主分析，每位教师都要细致到位地分析数据，撰写分析报告，剖析学情教情，找原因，定对策，以增强教学针对性和实效性，切实推进课堂教学的优化，打造高效课堂。学校借力园区"易加学院"，融合信息技术，实现了学生基于网络的自主学习和个性化学习、教师基于监测分析的精准教学和精准评价。尤其是运用"'易加分析'+"系统制作的学历案，实现了对学生实时的、动态的、全过程的精准评价，不仅使学生评价机制更加全面和完善，而且能够及时精准地反馈学生学习情况，有效提升了教学质量，落实"减负增效"目标。

第二节 / 数字化转型背景下的教学方式变革

在数字化时代，教学方式发生了显著的变化。传统的以教师为中心的教学模式正在逐渐转变为以学生为中心的教学模式。数字化技术使得教育资源更加丰富和多样，为学生提供了更多个性化学习的机会，满足了学生的不同需求。学生不再仅仅依赖于课本或教师的讲解，而是可以通过互联网获取海量的学习资源，从在线课程到各种学习平台，学生可以根据自己的兴趣和需求进行深入学习。这种自主性不仅有助于培养学生的独立学习能力，还为他们提供了更广阔的视野和更丰富的知识体系。与此同时，数字化技术也为学生提供了更多的互动和社交机会。在线学习社区、论坛和社交媒体使得学生可以跨越地域界限，与全球的学习者交流和分享。

园区积极构建数字化转型背景下素养导向的新课堂、新教学，并将其作为提质增效的重要抓手。历经十年打造的"易加学院"实现课前、课中、课后教与学的无缝衔接，通过平台建设与应用研究，借助系列化"创新月度汇"活动，逐步形成了以项目化学习为核心，以5G支撑下核心素养导向的"1+7+N"学习场景全面应用为基本模式的混合式教学策略，通过资源推送、智能交互、数据循证，让学习更个性、教学更精准、课堂更智慧。不仅拓展了传统课堂的边界，而且有效促进了大规模因材施教，"人人皆学、处处能学、时时可学"成为新常态。

案例1 基于数字化转型的项目化学习

项目化学习研究团队以"五育并举、教智融合"为方向进行顶层设计，在"易加"平台等技术赋能下，开展学科和跨学科项目化学习，成效较为显著，形成了系列成果。

一、理性认识

在研究中，项目组进一步深入理解了项目化学习的概念内涵，形成了对项目化学习较为深入的理性认识。

1. 深刻体会项目化学习的教育价值和创新意义

2022年新修订的义务教育课程方案及课标，明确要求各学科开展不低于10%课时的跨学科主题学习，要增强课程综合性、实践性，引导育人方式变革，着力发展学生核心素养。这与项目化学习的培育方向高度契合。项目化学习，使学生在一段时间内通过对真实、有挑战性的问题进行持续探究，达到对核心知识的再建构和思维迁移。5G支撑、素养导向的混合式学习把传统学习方式的优势和数智化学习的优势结合起来，给学生提供了一种以项目为中心的学习情境，激发学生学习的积极性和主动性，有助于进一步引发学生深度学习，培养学生高阶思维和核心素养。本项目研究引领我们对教育领域的数字化创新进行更深入的思考，也有助于我们加深对5G技术在教育领域的应用和推广路径的认识，为数字教育的发展提供更加科学的理论支持。

2. 初步构建项目化学习的创新思路和实践方法

5G 技术的高速、低延时、大带宽等特点为项目化学习提供了更加优质的数字化环境，可以实现更多元化的学习方式和更深入的学习体验。项目组通过"思路创新""模式创新"等，研究和拓展项目化学习的应用场景，丰富教学手段和方式，研究 5G 支撑下项目化学习内容、教学范式、教学评价开发等，促进学生跨地域和跨学科协作，增强学生的创造力和综合能力，培养更具竞争力的人才。

二、模式建构

项目组以"二旨归、三阶段、五色图、全评价"为抓手开展研究。

（一）项目化学习内容开发

"二旨归"，即指向核心素养，指向培育全面发展的人。5G 支撑下的项目化学习课程的开发，包括目标设计、主题选择、内容资源、组织实施等，助力学生个性化、自适应学习。"三阶段"即即项目准备阶段、项目实施阶段及项目复盘阶段，覆盖前学、共学、延学全学程，优化基于新课标的教学资源、支架系统的搭建，实现 5G 高速、高效地推送，及时为学生夯实概念、补充知识、提供个性化资源，以满足学生个性化学习。"五色图"，即核心素养、主要环节、教师活动、学生活动、5G 应用教学模式图五要素。"全评价"，即围绕五育融合的过程性、发展性评价。

（二）项目化学习活动设计

明确项目化学习的基本流程，探究项目化学习 5G 应用策略，研究基于 5G 支撑的学科和跨学科项目化学习的活动设计范式。

1. 项目化学习全过程的 5G 应用

根据夏雪梅博士的框架[1]，我们把项目化学习分为"三阶段"，并研究 5G 的应用策略。如在项目准备阶段、项目实施阶段及项目复盘阶段，构建包含学习环境搭设、学习资源供给、展示交流方式、科学评价工具等在内的框架体系（图 5.7）。

2. 项目化学习典型课型的 5G 应用

研究跨学科项目学习各阶段关键课时、典型课型的 5G 应用范式（图 5.8）。这张"五色图"是"入项探索"课型的范式，基于 5G 支撑，迭代"易加学院"平台各环节，匹配对应的教师活动和学生活动。如项目实施过程学习中，运用"虚拟仿真实验""5G+VR/AR""5G+ 全息投影"等技术，设计高阶学习活动，加强指导与互动，让

---

[1] 夏雪梅. 项目化学习设计：学习素养视角下的国际与本土实践 [M]. 北京：教育科学出版社，2018.

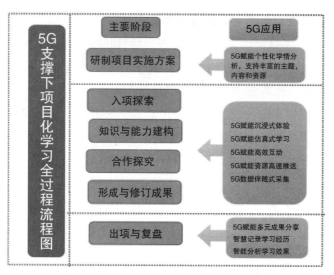

图 5.7 5G 支撑下项目化学习全过程流程图

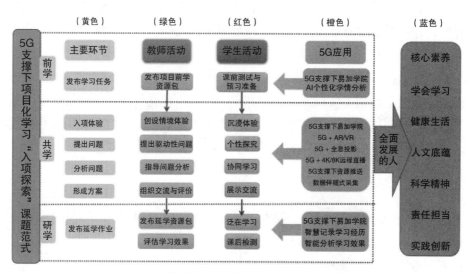

图 5.8 5G 支撑下项目化学习"入项探索"课型范式

学生在更为真实的沉浸式学习中,探究合作、展示分享、学以致用。在出项阶段特别是"公开成果"环节中,使用"5G+4K/8K 远程直播"等技术,可以实现跨校区远程互动,搭建虚拟仿真会议室,交互式在线连接社会各界相关人士参与活动,学生在线上实现成果汇报和展示,更真实、更高效。

3. 5G 支撑下学科项目化学习的范式

项目研究组结合课程特征、新课标要求和项目化教学的基本流程,在深入研究的基础上,初步构建了各学科项目化教学模型。

如小学数学,基于真实情境的项目化学习面向学生的现实生活世界,引导学生从真实情境中发现感兴趣、想解决的问题;招募有相同兴趣的同学组队对问题进行分析分解；制订计划，分工合作解决各个问题；用科学的方法验证问题是否得到解决，迭代升级方案；提交能解决最初问题的作品或方案（图5.9）。

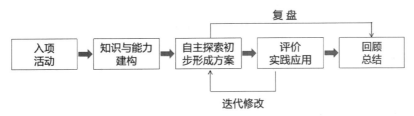

图 5.9　基于真实情境的小学数学项目化教学范式

如中小学信息科技课堂形成了"基于技术支架的信息科技项目化教学模型"，项目化教学六部曲，基于"导学库""资源库""成果库""学力库"四库的构建，形成结构化、体系化的内容支架、组织支架、评价支架和管理支架，支持项目化教学的各个环节，并耦合信息科技课堂项目化教学，流程清晰、目标明确，节奏感既体现在环节的设计中，更体现在学生的成长中（图5.10）。

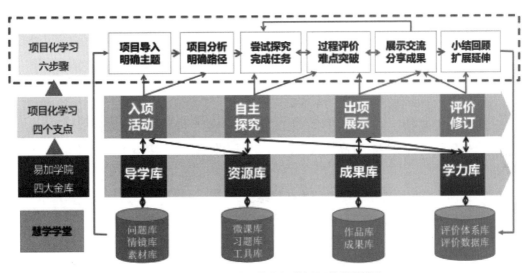

图 5.10　基于技术支架的信息科技项目化教学模型

（三）5G支撑下的项目化学习评价模式

探索5G支撑下项目化学习"全评价"方式，进行学习数据伴随式采集、学习经历智能记录，学习行为智能分析，体现过程性、发展性评价，实现"易加"评价全覆盖，促进育人方式改革，使五育评价落地。

三、实践路径

1. 以问题为导向：5G 技术赋能，优化项目化学习实施

实践过程中，我们也发现了一些问题，如：如何进一步促进学生薄弱素养的提升？如何进一步技术赋能，突破空间与时间，省时省力地让学生拥有更真实、更引人入胜的学习体验？如何使项目研究具有高持久度，为学生提供更丰富、更自主、更公平的学习资源、学习环境？如何在减负增效中，提升师生获得感？在 5G 项目研究中，我们以这些问题为导向，研究如何基于 5G 技术突破这些难题，重点探究 5G 在学习环境搭设、学习资源供给、评价方式创新等方面的赋能优化作用。

2. 以应用为中心：5G 技术应用，构建各学习阶段范式

围绕 5G 支撑下的项目化学习应用场景，聚焦打破边界，泛在学习。基于"梳理确定主题，设计学习方案，开发学习资源，开展项目研究，成果展示评价"的学习流程，探索 5G 支撑下的跨场域、沉浸式、虚拟仿真学习等应用策略，研究新型评价方式，构建 5G 支撑下项目化学习各学习场景教学范式。

四、推进策略

项目组在研究中，首先明确了问题清单：

① 如何进一步促进学生薄弱素养的提升？

② 如何突破空间与时间，让学生拥有更真实、更个性化的学习体验？

③ 如何使项目研究具有高持久度，为学生提供更丰富、更自主的学习资源、学习环境？

④ 如何在减负增效中，提升师生获得感？

⑤ 如何促进教师掌握项目化学习、跨学科学习的方法、策略等？

基于以上问题，以"教学评价创新""教学模式创新""教师研训创新"为策略推进项目组研究。

教学评价创新解决了"走向哪里——师生哪些薄弱素养需要提升"的问题。项目组以评价明方向，以"两卷两表"为抓手，设计了"学生综合素养测试""教师跨学科项目化学习素养调查""基于 5G 的项目化学习的课堂观察评价量表""项目化学习作业属性分析表"。"两卷"对教师、学生素养进行现状调查研究，了解学生素养情况，了解教师在项目化学习范畴内的疑惑和面临的困境；"两表"抓住课堂观察、作业评价，为课堂教学提供评价量规，为教与学模式研究诊断现状、指明方向。

教学模式创新解决了"怎样到那里——如何通过教与学方式的改革达成学生素养提升"的问题。一是深入学习，加强培训。围绕"双新、双减、5G 智慧教育"开展多

次学科研训活动，邀请北京教科研专家刘玲，常州武进区学校和教师发展中心副主任、特级教师钱新建做讲座指导等，引导教师提升理论认识。二是问题研究，攻坚克难。依托子项目组，聚焦问题，围绕"课型打磨、模式提炼、技术应用、作业革命、评价改革"主要任务清单，做有方向、有证据、有成果的研究。三是以评促教，积累成果。开展"项目化学习教案评比、优质课评比、创新作业设计评比"等一系列比赛，促进教师课堂研究，形成了一批优秀课例与案例。

教师研训创新解决了"怎样更好地到那里——如何借助团队与制度达成目标"的问题。5G项目启动以来，项目组进行应用场景研究，打造了"五动力"系统，通过区域"行政推动"提供高位发展的规范标准，"教研牵动"研究5G技术与项目化学习深融，"学校行动"根据特色进行主体性建设，"基地互动"建立联盟校共同研究，"教师联动"主动卷入式研究，形成了较好的研究态势。

五、研究成果

1. 理性思考

项目研究以"让每一个孩子经历'好的学习'"为行动纲领，以"发现问题→提出假设（如何通过教学改革、技术赋能来改善）→实证研究→得出结论→研究成果"为研究思路，以"二旨归、三阶段、五色图、全评价"为研究抓手，以"五动力"为教研策略，开展项目研究。

2. 实践成果

在项目研究过程中，研制出5G支撑下的项目化学习"两卷两表"，梳理出"前学、共学、延学"全学程技术应用方式，提炼出5G支撑下的项目化学习全过程和典型课型教学模式图，开发出一批5G支撑下的学科和跨学科项目化学习课程、典型课例、"易加学院"课程，撰写了一批"5G支撑下项目化学习"案例、论文等，为项目化课堂实施提供了优质教学资源支撑。《技术赋能项目化学习：让每一个孩子经历"好的学习"》案例入选国家级"智慧教育示范区"优秀案例，并在2022全球智慧教育大会、国家级实验区"信坛"会议上做分享。

案例2　基于数字化转型的探究式学习

《义务教育课程方案（2022年版）》要求："依据学生终身发展和社会发展需要，明确育人主线，加强正确价值观引导，重视必备品格和关键能力培育。精选课程内容，注重培养学生的爱国情怀、社会责任感、创新精神和实践能力，奠基未来。"教育的目的是培养能适应未来社会所需要的人，创新精神、实践能力是其应该具备的核心素养。

一、理性认识

探究式学习以问题和猜想为先导,以寻找证据为关键,以解释与交流为归属,在自主与合作中培养学生"以科学精神为灵魂、以科学思维为核心、以科学知识为基础,通过科学方法自主地探究世界、创造知识、应用实践"的能力,这样的学习方式必能促进高质量人才培养,表 5.1 为探究式学习基本概念及 5G 赋能价值。

表 5.1 探究式学习基本概念及 5G 赋能价值

探究式学习				
构成要素	关键环节	主要模式	价值意义	5G 赋能
问题、证据、解释、交流	任务设置、工具提供、活动组织、思维激发、问题解决	自主探究、合作探究、实验探究、理论探究	建构科学知识、掌握科学方法、发展科学思维、涵养科学精神	便捷交流途径、丰富探究资源、生动探究环境、健全评价机制

1. 问题是学会学习的起点

问题是整个探究活动的起点和关键,直接影响探究的成效。通过探究使学生学会学习,要求教师能创设良好的问题情境,为学生学习作铺垫,进而培养学生的问题意识,使之学会设问,有效提问。学生通过观察日常生活中现象间所产生的矛盾关系,培养提出问题的意识,体现对未知世界的探索与求知欲,具有一定的开放性思维和系统性思维,能够提出有价值的问题。

2. 证据是学会学习的核心

证据包含了学生动手和动脑相结合的多途径学习过程。在方案设计环节强调逻辑性、系统性和自治性,系统规划证据获取的实施路径;考虑器材的功能特点、使用规范等因素,围绕设计的要求选择合适的探究工具,将理论与实践相结合,学生合作完成高质量的探究活动。实施探究环节中要求学生确定观察目标和对象,进行有目的、有序列的观察,并分类梳理,形成分析和解决问题的证据。

3. 解释是学会学习的关键

解释是基于证据得出结论,并对结论加以说明、解读。学生通过推理因果关系、归纳数据规律等总结数据之间的关系特征,寻找数据间的内在联系,经历归纳、总结和提炼得出结论。在得出规律或结论后,再对实验现象做出科学合理的解释,即通过演绎再次反证证据的科学性。通过思维加工推动学生知识的建构和观念的形成,丰富学生的认知结构,培养学生良好的科学态度与责任意识。

4. 交流是学会学习的归宿

交流的过程是开放、平等、包容的。学生通过积极表达,乐于共享知识,发现不同思维的优点，取长补短，共同进步，是合作精神的升华体现。在交流的过程中，深化学生对结论的认识，不局限于结论本身，而是对科学本质的探寻与追求，培养学生严谨的科学态度和求真务实的科学精神。

二、模式建构

探究式学习指学生在教师指导下，对教学知识点进行自主学习、深入探究并进行小组合作交流，它既是一种科学学习方法，也是科学研究方法，"教师主导、学生主体相结合"是其基本特征。通过灵活的探究学习活动开展，充分培养学生的科学思维和科学精神。

应用场景一：基于"易加学院"平台开展探究式学习。

开展方式：以常态化教学中"课前、课中、课后"三阶段探究式学习活动为背景，将研究目标落脚到多维度挖掘信息技术各项功能，探索赋能新型探究式学习的可能路径。教学模式和流程如图 5.11 所示。

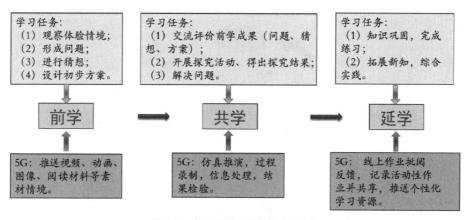

图 5.11 探究式学习教学模式和流程

经过实践应用和完善升级，项目组苏大附中构建了"易加生态课堂"教学。"易加生态课堂"主要特征有四个方面：一是着力改造原有经验，促进学生主动建构；二是着力改变学习方式，实现深度理解；三是着力改变训练方式，学会迁移与运用；四是基于学生立场，重视思维创生。

应用场景二：用"尝试反馈"推动低年级探究式学习。

开展方式：在常态课堂教学中开展探究式学习；用"尝试反馈"的教学策略，培养学生的初步探究意识；科学体验课程，为"双减"提质增效的课后服务；发明创造活动等。教学模式和流程如图 5.12 所示。

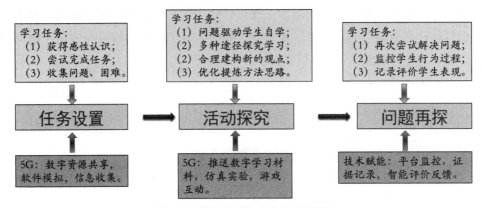

图 5.12 "尝试反馈"教学模式和流程

项目组跨塘实验小学各学科铺开"教智融合背景下尝试反馈教学促进深度学习"实践研究,通过3年的实践应用和完善升级,建构起全学科推行"教智融合背景下尝试反馈教学促进深度学习的实践"的"尝试教·深度学"教学模型1.0,如图5.13所示。

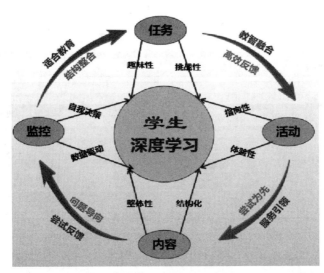

图 5.13 "尝试教·深度学"教学模型 1.0

为更好地实践尝试课堂,各学科开发融合并设计推广了符合自身学科特色的尝试课堂教学流程,各学科先入格再出格,先严格执行再灵活变通,呈现参差多态的景象,促进学生从"被动学"走向"愿意学",最终走向"有梦想、善学习、真本领"的学生样态。

应用场景三:5G赋能的探究式学习。

探究式学习强调以学生为主体、问题为中心,以提出问题、探究问题和解决问题为主线,以自主和合作探究为主要学习方法,如图 5.14 所示。其典型学习流程:利用 5G 技术丰富情境素材,基于真实的问题情境,学生运用既有知识经验,运用情境所给线索,借助 5G 技术互动交流,多维度搜集分析资料,辨别、澄清问题本质,形成问题猜想;基于探究活动,学生围绕问题展开设计探究方案,使用仿真技术推演方案的科学性与可操作性;通过 5G 技术全程录制实施探究过程,在信息处理的基础上进行分析与论证,形成基本观点;学生依托仿真实验交流评估、检验观点,若达成共识则进入解决问题流程,反之回溯问题猜想,重新审视问题。5G 呈现新的问题解决思路,帮助学生反思、总结所学知识,为学生在新情境中运用所学知识提供智力支持。

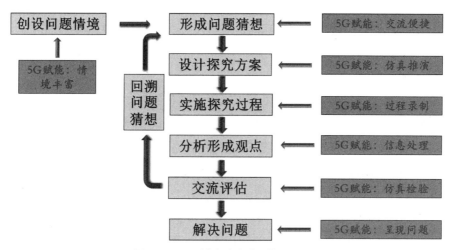

图 5.14　5G 赋能探究式学习模式流程图

经过实践应用和完善升级,项目组星洋学校以义务教育课程方案和课程标准(2022 年版)为指南,以"云端一体化课堂"整体架构的技术与资源平台为支撑,立足课堂,坚持育人价值导向,融合创新,率先建构了"云端一体化课堂"教学范式。实践表明:"云端一体化课堂"教学范式是有效的线上线下融合的学习系统,有利于促进课堂教学的数字化转型,提升师生面向未来的数字胜任力与核心竞争力。

三、实践路径

1. 丰富探究式学习的组织方式和课堂内涵

研究在常态课教学中如何开展探究式学习,利用 5G 技术帮助教师基于情境设置高质量的问题,引导学生通过动手做、做中学主动地发现问题,并尝试解决问题,采用类似科学探究的方式去建构新知,把对学生探究能力的培养有层次地落实到常态教学之中。

以"尝试反馈"推动低年级探究式学习为例。小学生的思维从以具体形象思维为主要形式逐步向以抽象逻辑思维为主要形式过渡，"尝试反馈"能够让学生在感性认识的基础上，主动提出问题，尝试解决问题，有计划、有目的、有步骤地实施探究过程，表达观点，教师根据学生反馈情况开展针对性的指导。

研究要点：

① 在常态课中开展探究式学习的组织方式。

② 5G 技术支撑对常态课上开展探究式学习的应用策略。

③ 利用 5G 技术开展常态课上探究式学习效能评价。

2. 基于"易加学院"平台探究式学习

在前学环节，5G 技术的优势体现在交互式、动态化的问题情境的创设，教师需要优选与学习主题相关、贴近学生实际的情境资源，考虑情境的科学性、适切性、开放性等特点，引导学生提炼学科问题。

研究要点：

① 适合"易加学院"平台开展的探究式学习课程的特点。

② "前学""共学""延学"三环节中探究式学习的典型模式。

③ 5G 技术支撑平台开展探究式学习的应用策略。

④ 基于平台开展的探究式学习效能评价。

3. 探究式学习中的技术赋能策略

以常态化教学中"课前、课中、课后"三阶段探究式学习活动为背景，将研究目标落脚到多维度挖掘信息技术各项功能，探索赋能新型探究式学习的可能路径。

研究要点：

① 分析梳理现阶段支撑探究式学习的信息化工具。

② 构建信息化技术支撑探究式学习的应用模式。

③ 研究信息化手段支撑探究式学习的效能评价。

四、推进策略

1. 确立问题清单

① 完整的探究式学习一般耗时比较长，往往在 45 分钟的一节课内无法全面完成，课时上难以保障。

② 有质量的探究是从已知走向未知的过程，活动具有较大的开放性和不确定性，学生产生的众多个性化问题难以得到即时解决。

③ 教师开展探究教学的水平薄弱，如探究问题太小、太偏，使探究缺乏价值；探究的问题太大，使探究活动无法有效开展；探究教学形式化，实施质量不够。

2．制定任务清单

① 开展实验学校骨干教师集中研讨活动，重点研究三个问题：一是提炼探究式学习的模式；二是研制探究式学习课堂评价量表；三是研制探究式学习学生和教师调查问卷。

② 各学校开展探究式学习应用场景的实践。"创新月度汇"专场活动，完成两项任务：一是探索和展示基于探究平台的常态课教学中探究式学习的策略运用；二是探索和展示针对探究大课题的学习实施。

③ 开展探究式学习"创新月度汇"成果物化，完成如下任务：一是授课教师提交教学设计、教学课件、教学反思；二是主办学校提交课堂实录视频；三是提炼优化5G支撑下探究式学习的模式。

3．设定研究目标

通过探究式学习模式研究，力求在如下三个方面形成突破。

① 指导教师提高探究式教学的实施水平。通过开展探究式教学，促进学生在创新思维、探究能力、科学精神等各素养上获得更好的发展。

② 探索在不同课型中开展探究学习的实施路径。一是在常态化教学中，如何灵活开展探究式教学，分解探究能力培养；二是以探究的理念建构探究课程，实现强基创新，如大概念、大单元、大情境下的探究主题教学，基于创新拔尖、竞赛内容的探究学习课程，促进高层次探究能力发展等。

③ 构建信息化技术支撑探究式学习的应用模式。分析梳理现阶段支撑探究式学习的信息化工具，研究信息化手段支撑探究式学习的效能评价。

案例3　基于数字化转型的协作式学习

2018年，《人工智能＋教育》蓝皮书正式发布，提出了智能教育环境、智能学习过程支持、智能教育评价、智能教师助理和教育智能管理与服务五大"人工智能＋教育"的应用场景，全面勾画了人工智能时代的教育信息化发展蓝图。

一、理性认识

协作式学习倡导教师为主导，学生为主体，以评价和反思为促学手段，采用成品与过程并重的评价理念和方法。学生在语用实践中实现语言、技能、知识、思想情感、思维品质、文化修养等多层次、多维度目标的协同发展。结合教材内容，遵循项目学习的路径，适当运用信息化手段，将语言学习与内容学习有机融合。学生运用所学语言进行有意义的思考、建构、交流和表达，实现学以致用、学用一体。丰富又便捷的协作环境是保障学习质量的关键。

二、模式建构

协作式学习是在教师的引导下，学习者以小组形式对同一学习目标进行合作学习，以达到良好的学习效果的学习活动。协作式学习中的学习者可以跨越年级、知识水平、知识背景组成学习共同体，活动中学习者可以发挥其不同的认知风格优势，在协作式学习中进行知识建构，同时促进自身的个性化发展（图5.15）。

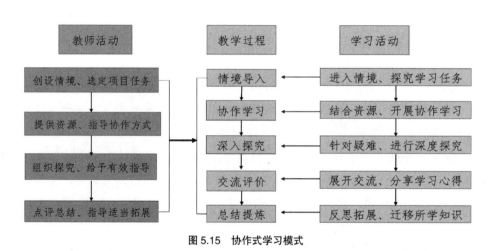

图 5.15　协作式学习模式

三、实践路径

通过协作式学习模式研究，力求在以下三个方面形成突破。

一是在常态课中通过协作式学习7种教学模式的推广实施，引导教师进一步落实"学生为中心"的教学理念，激活学生的内在动力，培养心智自由的学习者。

二是通过共建课堂中的协作式学习，突破时空局限，更好汇聚优质教育资源，充分发挥"协作学习群"的作用，实现大规模因材施教、区域间均衡发展的目标。

三是通过跨学科融通课程中的协作式学习研究，促进学生用关联的视角认识世界和解决问题，促进学科观念形成，同时助力一贯制学校发挥学段优势，充分盘活学习资源，实现师生共同成长。

应用场景一：常态课中的协作式学习。

抓好常态课是提高教育教学质量的根本。用协作式学习的理念指导常态课，让常态课不"常态"，让每一节常态课都成为一节好课。"易加学院"可以发挥支撑作用，让教师的教学更有针对性，让学生的学更有自主性，促进深度学习的发生（图5.16）。

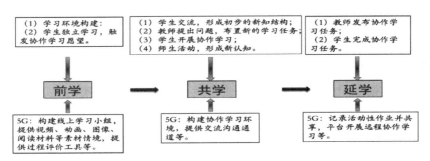

图 5.16　常态课中的协作式学习模式和流程图

应用场景二：共建课堂中的协作式学习。

学习过程是基于资源的活动，每一所学校、每一位教师都是学生学习过程中的资源。我们区域内的不同学校、校内的教师和专家都是可以利用的学习资源。通过共建课堂，我们可以将这些优质的资源聚拢在一起，共建多师多生的课堂，而协作式学习在这方面具有显著的优势（图 5.17）。

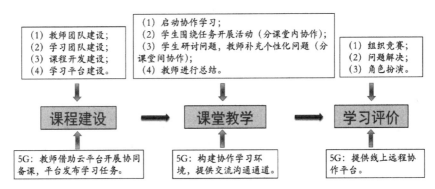

图 5.17　共建课堂中的协作式学习模式和流程图

应用场景三：跨学科融通课程中的协作式学习。

课标要求各门课程用不少于 10% 的课时开展跨学科主题学习，培养学生应用知识解决实际问题的能力，学生之间的互相协作是必然选择（图 5.18）。

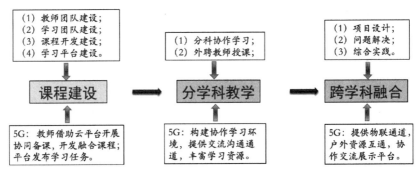

图 5.18　跨学科融通课程中的协作式学习模式和流程图

协作式学习的观察维度：

① 观察协作学习发生的时机：学生是否在独立思考后，在有交流需要的时候，主动与伙伴进行协同学习？

② 观察协作学习的对象范围：学生协同学习的伙伴是局限于某一人还是所有伙伴？

③ 观察协作学习的投入程度：协作学习过程中，每位学习者是否都有机会充分发表自己的看法？不一样的观点（例如从不同角度、达到不同深度）能否得到尊重和倾听？

④ 观察协作学习的推进：协作学习中，相对正确深刻的观点给同伴什么样的积极影响？有明显错误的观点是否得到了指正和纠正？

⑤ 观察协作学习的实际效果：协作学习之后，学生原有的认识是否得到了提升？观点是否补充完善？

⑥ 观察协作学习的效果展示：学生通过什么样的形式来交流自己协作学习后的新想法从而体现思维或认识的提升？

四、推进策略

一是探索信息技术与不同课型的整合。提高教师对信息技术与教学融合的意识和能力，将信息技术应用于多种课型中，例如信息技术与听说课型的整合，信息技术与读写课型的整合等。

二是开发和丰富线上学科教研的资源。区域"易加"互动平台中建设了全套课内同步的微课资源和园区特色的课外阅读系列微课资源，实现全教材、全年级全覆盖。

三是多方共同推进项目实践研究。充分发挥"创新月度汇"的辐射作用，与项目学校、学科基地校、名师工作坊开展深度合作，推进项目研究。

① 创新月度汇活动＋项目学校。在教师申报的研究方向的基础上组建四个研究小组，并以核心成员所在学校教研组为参研团队，确定好各项目的召集人。各应用场景小组接受园区总课题场景项目领衔人的指导，参与"创新月度汇"项目实施活动，与区域研究保持同频共振。

② 学科基地校＋名师工作坊。通过课题理念再宣讲，教研活动再示范，充分扩大教师课题研究的参与面，结合学科教研活动、骨干教师共同体活动以及名师工作坊、基地校活动，通过主题研讨、研究课展示等方式进行研究，积累活动素材。开展5G支撑下的实践性教学和情境化教学。

五、研究成果

用协作式学习的策略助力项目化教学、情境化教学、大概念大单元教学等项目研究不断推向深入,形成了一批优秀案例,在省、市教改活动中展示,形成一定的影响。引导区域教师逐步确立起以协作学习作为普遍适用的教学新策略、课堂实施的新样态的意识,引领教师在教学上不断形成新的突破。2022年,在中小学教师优质课评比活动中,园区1位教师获得全国青年教师教学竞赛特等奖,8位教师获省一等奖,2位教师获省二等奖,14位教师获市一等奖。

案例4　基于数字化转型的实践性学习

实践性学习是一种以实践操作和体验为基础的学习方式,它强调学生通过实际操作、实验、实地考察等方式获得知识、掌握技能和培养能力。相较于传统的理论知识传授,实践性学习注重学生的参与和主动性,更加贴近现实生活,能够培养学生的实践能力和创新思维。

实践性学习具有以下几个特点:①学生参与度高,实践性学习鼓励学生积极参与课堂活动,通过亲身实践,更深入地理解知识和技能;②知识与实践结合,实践性学习注重将理论知识与实际操作相结合,促使学生将所学的知识应用于实际问题解决中;③培养综合能力,实践性学习通过情境设置和任务导向,培养学生的解决问题、团队合作和创新思维能力;④强调学科整合,实践性学习倡导跨学科融合,通过跨学科的实践经验,促进学科之间的沟通和交流。

本案例将介绍实践性学习在苏州工业园区中小学教学实际中的应用,同时探讨一些新型教学模式对学生学习效果的影响。

一、理性认识

2014年,教育部印发了《教育部关于全面深化课程改革落实立德树人根本任务的意见》(以下简称《意见》),《意见》指出:"人才培养模式改革不断深化,自主、合作、探究的学习方式与启发、讨论、参与的教学方式不断推广";"编写、修订高校和中小学相关学科教材……要创新呈现形式";"改进学科教学的育人功能……充分发挥学科间综合育人功能,开展跨学科主题教育教学活动,将相关学科的教育内容有机整合,提高学生综合分析问题、解决问题能力"。《意见》的印发使得基础教育改革如火如荼。同时,党的十九大提出我国教育总体目标"要总体实现教育现代化,迈入教育强国行列,推动我国成为学习大国、人力资源强国和人才强国"。可见,在基础教育改革背景下，人才的培养更注重能力与素养的培养，如何培养学生的能力和素养是每个教育工作者现阶段关注的问题。

随着社会的快速发展和科技的日益进步，教育领域也在不断变革和创新。传统的教学模式在满足学生需求和提高教学效果方面已经面临一定的挑战。实践性学习是一种以实践操作和体验为基础的学习方式，它强调学生通过实际操作、实验、实地考察等方式获得知识、掌握技能和培养能力。相较于传统的理论知识传授，实践性学习注重学生的参与和主动性，更加贴近现实生活，能够培养学生的实践能力和创新思维。实践性学习和新型教学模式因其注重学生主动参与和实践操作，已经逐渐受到人们的关注和推崇。新型教与学模式融合了一些新技术，有助于提高教学效率和质量。

二、模式建构

实践性学习是在实践情境中解决实践性问题的学习过程，因而对实践性问题解决过程的深入分析就是探究培养实践性思维核心成分的切入点。基于已有实践性问题解决过程的相关研究成果，我们认为实践性学习的运行过程主要分为四个阶段（图5.19），即现实生活问题化、问题意识信息化、解题方法发散化、问题解决情境化。

图5.19 实践性学习阶段示意图

第一，现实生活问题化是指从现实情境或日常生活中发现问题、提出问题的思维过程，即问题的提出源自实践情境。

第二，问题意识信息化是指为了解决已有问题，从各方面去搜集资料，统整个体的认知系统、经验系统与情感系统的思维过程。值得一提的是实践性思维的问题意识信息化，其出发点是问题情境和个体的经验系统，即以具体的问题情境和个体的相关经验为基点去统整个体所具备的与问题解决有关的材料系统，包括经验系统、显性知识、隐性知识等。

第三，解题方法发散化是指在统整个体知识系统、经验系统的基础上从不同角度出发，用不同方法去解决问题的思维过程。在此，应特别注意的是个体解题方法的产生与选取也是基于具体的问题情境和个体已有的经验系统的，即从与问题解决有关的经验和情境出发，产生与选取解决问题的方法。

第四，问题解决情境化是指个体得出符合日常生活中的真实情境的结论的思维过程，即问题的解决应与实践情境相适应。

根据以上实践性学习的运行过程，为了促使实践性思维的提升，不断发展促使学生学会知识、完整发展的有效手段和重要途径，实践性学习的核心教学目标的系统设计如图 5.20 所示。

而实践性问题的有效设计则至关重要，关键要处理好知识、社会、学生与问题的关系。图 5.21 可说明它们之间的关系。

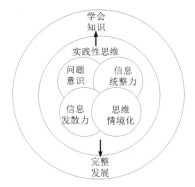

图 5.20　实践性学习的核心教学目标

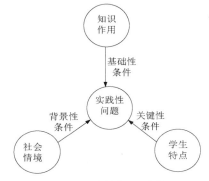

图 5.21　实践性学习要素关系

知识作用是有效设计实践性问题的基础性条件，脱离知识作用的实践性问题设计是虚无的实践性问题设计；社会情境是有效设计实践性问题的背景性条件，去除社会背景的实践性问题设计是虚构的实践性问题设计；学生发展水平与生命感受是有效设计实践性问题的关键性条件，无视学生特点的实践性问题设计是虚假的实践性问题。换言之，有效的实践性问题设计，就是既要挖掘知识的价值与作用，又要观照知识的现实背景，更要遵循学生的发展特点与生命感受。

综上，本项目组提出实践性学习的一种有效教学模式：

问题表征 → 选择与生成解决方案 → 实施与评价解决方案 → 调整解决方案。

在 5G 技术支撑下，努力实践，从"新技术支撑浅层学习"转向"新技术赋能深度学习"、从"新技术支撑学科讲授"转向"新技术赋能跨学科学习"、从"新技术支撑教室听讲"转向"新技术赋能无边界学习"。

三、实践路径

（一）以问题为导向：5G 技术赋能，优化实践性学习实施

进一步梳理实践性学习在"培养学生核心素养，发展学生高阶思维"中亟待突破的"思维训练、动手实践、真实场境学习"等若干难题。研究如何基于 5G 技术突破这些难题，如研究 5G 在学习环境搭设、学习资源供给、展示交流方式、科学评价工具方面的赋能优化作用。

(二)以应用为中心:5G 技术应用,构建典型学习场景范式

围绕 5G 支撑下的实践性学习应用场景,聚焦问题解决,做中学。基于"问题驱动,探究实践,交流分享,评价拓展"的学习流程,强调真实情境下的实践探究。研究 5G 支撑下的 AR、VR、全息投影、高仿真实验室、远程直播、智能评价系统等技术,积极推动学生开展高阶认知学习,经历真实实践学习,实现不同场景下知识、技能等迁移运用,构建 5G 支撑下实践性学习典型学习场景教学范式。

1. 思维类实践性学习

思维类实践性学习主要指向培养学生空间思维、逻辑思维、发散性思维等。运用"5G+VR/AR""5G+ 全息投影"等技术,通过设计高阶认知活动,使得模型可视化、思维外显化,同时加强指导互动、智能分析,让学生在更为真实的沉浸式学习中,探究实践、展示分享、学以致用。

图 5.22 为数学思维培养教学模式图。5G 支撑下"做数学"教学模式着眼于借助 5G 环境高速度、大带宽承载下的 AR、VR、全息技术与"易加学院"数学学堂,引导学生经历直观的、具体动手的"做"数学和抽象严谨的动脑"想"数学的过程,培养学生数学核心素养及关键能力。

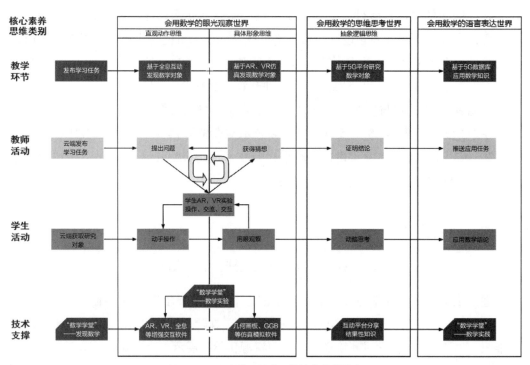

图 5.22 5G 支撑下数学思维培养教学模式

2. 探究类实践性学习

探究类实践性学习主要指向培养学生探究能力、动手能力、创新能力及科学素养等。运用"虚拟仿真实验""5G+VR/AR""5G+全息投影""人工智能"等技术，基于教学资源、支架系统等，设计高仿真探究学习任务，聚焦培养学生设计思维、建模思维。同时，进行学习数据伴随式采集、全维度分析，智能记录学习经历，促进深度学习。

图 5.23 为探究类实践性学习教学模式图。5G 支撑下的探究类实践性学习教学模式围绕 5G 支撑开展实践性学习研究：教学分为前学、共学、延学三个阶段，均以技术应用、学习环境、资源支持三方面为技术支撑，设定发布任务、任务驱动、实践探究、交流分享等学习流程，提升学生的实践能力和核心素养。

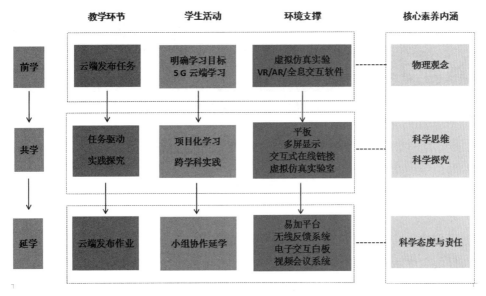

图 5.23 探究类实践性学习教学模式

（三）社会参与类实践性学习

基于这类学习主要在课外、校外实践，最需要链接真实世界、链接社会的特点，运用数字技术支持、"5G+VR/AR""5G+4K/8K 远程直播"等技术，实现跨时空、跨场域互动和链接等。同时研究指向"五育"的学习经历智能记录，助力学生线上线下、校内校外混合式学习，使得实践更真实、更高效。

图 5.24 为 5G 支撑下社会参与类实践性学习教学模式图。社会参与类实践性课程的教学流程由创设情境、提出问题、设计方案、合作探究、展示交流、总结提升构成，并形成循环。在 5G 技术 + 可视化混合学习平台支撑下，充分利用 AR、VR、MR 等虚拟影像再现生活场景，激发学习兴趣，引导学生发现问题，开展探究实践活动。5G 高清直播连线，多场景切换，利用"五育伴随式记录系统"生成的项目评价报告对学生

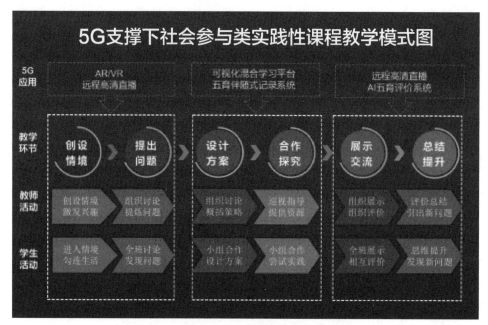

图 5.24　5G 支撑下社会参与类实践性学习教学模式

个体、小组的整个研究活动进行过程性评价。

四、推进策略

推进思路上将采取"区域主导、平台赋能"的"五动力"多维推进。区域"行政推动"提供高位发展的规范标准，业务部门"教研牵动"研究 5G 技术与实践性学习深融，"学校行动"根据特色进行主体性建设，"基地互动"建立联盟校共同研究，"教师联动"进行主动卷入式研究。点线面结合的联合推进，打破业务系统壁垒，半年时间迭代优化，加快打造 5G 支撑下实践性学习的新生态。

成立区域研究小组，确定研究方向、进行顶层设计，制定区域项目实施方案及时间表、路线图。建立实践性学习实验学校，开展实践应用先试及交流研讨活动，进行检测评估，摸索实践经验，修正并形成迭代后的实施方案。

不定期开展整个区域的交流展示活动，如苏州工业园区"月度汇"活动，各学科的实践性学习公开展示活动。

最后，研究 5G 支撑下实践性学习的范例收集及模式提炼，研究重点为：梳理实验成果、撰写学习场景项目研究报告；完成教学模式应用场景配套的课例、案例及论文汇编。

案例 5　基于数字化转型的游戏化学习

教育数字化转型为游戏化学习提供强有力的支持。高速、稳定的 5G 网络使教师教学更加智能化、学生学习更加自主化、学习资源更加多元化，极大地拓展了智慧教学的愿景和实现路径。在教育数字化转型的当代，线下应用注重学习氛围的渲染、情感的沟通和真实的学习反馈，同样具备无法比拟的优势，游戏化学习应借 5G 应用之东风，结合线下应用之长处，以"线上自主探索＋线下互动研讨"的混合式教学为课堂教学的主流模式，打破学习的壁垒，实现优质资源的整合性共享。

一、理性认识

1. 厘清概念，5G 技术赋能游戏化学习

游戏是一种包括一定的目标、规则和奖赏的娱乐化活动。所谓游戏化不是单纯做游戏，而是将游戏设计的元素应用到非游戏的场景之中，关键在于"游戏元素"和"非游戏场景"。

游戏化学习与学习游戏化区别在于如何将游戏元素整合到学习体验中。学习游戏化是指将学习以游戏的形式呈现，将学习化为游戏，从游戏中来，到游戏中去，注重游戏的形式。游戏化学习则以学习为本，指在教育情境中教师以核心概念、关键能力为主线，通过设计具有游戏要素的学习活动来组织儿童的学习，它是儿童的一种学习方式，是由积极情感引发和维持的主动学习。

2. 追本溯源，学习立足核心素养导向

游戏化学习以学生为主体，符合学生认知特点，满足学生好奇心理和个性化发展需求。

游戏化学习符合课程标准，强调素养发展、自主学习、实践体验和个性成长。

游戏化学习是未来教育的主流学习方式，支持教育元宇宙发展、5G 和"易加"平台的使用。

3. 适合教育，混合教学浸润个性成长

游戏化教学情境中，教师是学习的促进者，为学生提供学习支架，激发学生的学习动机，并辅助学生进行知识体系构建、合作能力提升等。游戏化教学设计应满足六项基本原则：以学习为核心，以学生为中心，竞争合作平衡，注重学生参与，关注自主探索，满足个性化学习。

二、模式建构

1. 游戏化学习的要素研究

游戏化学习要契合知识的"类"。以安德森为代表的心理学家将知识划分成陈述性知识、程序性知识和策略性知识三类。第一类,利用"易加"平台趣味游戏,设计陈述性知识理解的游戏活动;第二类,利用比赛、扮演等,设计程序性知识理解的游戏活动;第三类,利用还原生活原型、模拟演练等,设计策略性知识理解的游戏活动。

游戏化学习要扣紧内容的"核"。游戏是载体,问题是学习的心脏,思维是学习的内核。因此,游戏化学习的目标设定、活动组织、评价反思都要指向问题和思维。游戏化学习应以"游戏元素"为载体,基于真实情境提出驱动问题,紧紧扣住内容这一内核,有效发展学生思维。

游戏化学习要凸显思维的"形"。游戏化学习始于游戏,但最终需要跳出游戏情境应用的"表层化"现象。做到让学生在游戏中生疑、在游戏中感悟、在游戏中发展,将游戏化作为学习机制,促进儿童持续探究的动力。

游戏化学习要彰显评价的"魂"。在游戏化活动实施过程中设置激励机制,及时给予评价,是促进活动高效实施的重要保障措施。教师在应用游戏化教学方式时,可以加入一定的竞争元素,如排行榜、勋章墙、宝藏、随机惊喜,利用小学生的求胜心,边指导学生建立正确的竞争观,边激励学生勇于展现自己。

2. 游戏化学习的模式研究

基于5G技术,探索5G技术有效运用的游戏化学习模式。将游戏动机、游戏思维和游戏精神融浸于学习全要素、全过程,构建"结构化、进阶性"学习目标,创设"激趣型、融浸式"学习环境,结合"数字化、个性化"的游戏元素,落实"定制化、智能化"的评估反馈,强化学习动机,促进认知体系的自我构建,最终指向儿童自适应学习能力的培养(图5.25)。

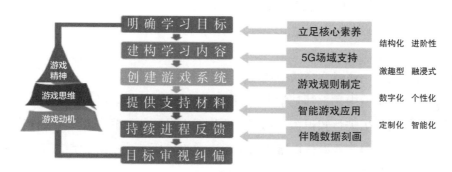

图5.25 游戏化学习模式

三、实践路径

1. 从 0 到 1，构建一个良好的教育生态模式

遵循儿童身心发展规律，以游戏化学习为内核驱动，聚焦身心适应、生活适应、社会适应和学习适应，达成物理空间游戏化、课程内容游戏化、教学评价游戏化，形成游戏化学习的良好生态。

2. 从 1 到 N，构建 N 个智能化的场景模式

构建智能化场境模式是借助 5G 技术，为学生创设集成化、智能化、开放性的学习场域和情景，让学生在学习过程中能够对学习细节拥有真实的认知体验，进而产生群体互动的耦合，形成学生与学生、学生与教师、学生与场景有效互动。

3. 从 N 到 ∞，构建无穷个适宜的游戏化学习模式

基于目标、规则、反馈系统、自愿参加四大元素，探索以 5G 技术、学习平台和移动设备支撑的学前和小学游戏化学习方式，通过建构多元学习模式，实施有效举措，将游戏的娱乐性和知识的系列性进行很好的融合，把"坐"中学变成"做"中学，将游戏力转化为学习力和创新力，让儿童在游戏化学习中成为心智自由的探索者。

四、推进策略

1. 智慧赋能，游戏化学习场域建设

基于 5G 技术，园区学校对已有学习场域进行改造，实现人工智能、5G+AR/VR、5G+全息投影等技术的有效运用，打造游戏化、沉浸式、互动性的学习环境，让儿童身临其境，在游戏中学习，落地学生核心素养。

以苏州工业园区车坊实验小学为例，学校紧密结合校园文化和地方特色，积极优化信息技术支撑环境，大力推动"水八仙"5G 智能应用多元场境建设。校内建有"水八仙"智能种植基地，投入并使用 5G 技术支持下的相关环境监测传感器、风向风速仪、水质检测系统等设施，实现了实时监控检测。依托丰富的"水八仙"物资和人力资源，学校教师结合学生日常生活经验与感知进行"水八仙"系列化校本课程开发与创新，引导学生在"水八仙"成长习性了解探索、生长过程动画创作、知识价值推广等活动板块中展开游戏化学习，打造了独具水乡特色的课程品牌。

2. 从真入实，游戏化学习课程开发

在 5G 专网支撑下，基于真实问题，教师灵活应用仿真实验平台、各类相关软件进行游戏化学习课程开发，引导学生在自主探究、协作研讨中实有所感、实有所获，将游戏化课堂从室内延展到室外、从学校延展到生活。

苏州工业园区翰林小学开发的"秋天的第一杯奶茶"游戏课程，教师利用 5G 赋能

的趣味排序游戏，设计了线上知识理解游戏活动，让学生轻松愉快地掌握奶茶制作基本步骤。为进一步促进知识应用，设计线下角色扮演游戏活动，孩子们饶有兴致地扮演成"地摊老板"，研究怎样做出受欢迎的奶茶，讨论怎么布置地摊，商量用什么营销策略，计算怎么让利润更大化……成果展示环节，教师在5G技术支撑下，通过举办一场模拟奶茶集市活动，提升学生解决问题的综合性能力和创造性思维。

3. 融会贯通，游戏化学习资源整合

教师以提升核心素养为指导方向，根据学生发展需求，结合学科课程，对游戏化学习资源进行有针对性的利用、开发与整合，使各类资源更加贴合游戏化学习理念，如融入游戏化元素，丰富教学资源内容；构建游戏化模式，创新教学资源形式；借鉴游戏化理念，拓展教育资源范围；完善游戏化流程，开发教学资源价值；探索游戏化本质，深化教学资源内涵……多举措助力教育改革平稳向前。

在幼儿园，游戏是幼儿最基本的活动。幼儿的学习是做做玩玩的过程，是自由、自主、愉悦、创造的过程。

苏州工业园区华林幼儿园为孩子提供了充足的游戏时间与自由的空间，在材料和环境相互作用的过程里，每个孩子都可以找到自己的学习节奏。班级七大区域、户外八大乐园，支持幼儿自由选材、自发游戏、自主探索，满足观察、操作、探索、种植等多样化学习的需求。

苏州工业园区景城幼儿园基于5G平台构建了"幼儿智慧健康云平台"，实现了监测评估、个性指导、个案追踪一体化，实现科学评估从主观到客观、从共性到个性、从片面到全面、从定时到实时的四大转变，以支撑项目应用研究。

4. 凝练经验，游戏化学习样态打造

基于5G技术，结合游戏元素，教师组织开展主题活动和项目化学习活动，通过构建学习目标、创设学习环境、落实评估反馈，探索游戏化学习范式，积累游戏化学习典型实例，形成区域可复制和推广的游戏化教学案例。

苏州工业园区第三实验小学深度探索游戏化学习模式下的探索类、设计类、竞技类、角色类、想象类、综合类等多种学习活动样态，其中"小OK幸福启航"课程于2022年被评为教育部课程教材研究所优秀典型案例。课程旨在帮助孩子们适应新环境、建立良好习惯，实现幼儿园与小学的科学衔接。采用游戏化教学，分4个板块，着重关注学生的身心发展，培养社会适应能力。此外，课程内容还强调家长和老师的参与及培训，以期在游戏化的教学过程中收获更佳的效果。

案例6　基于数字化转型的情境化教学

2022年版义务教育各科课程标准中均强调注重学习情境的创设，提出要增强课程生活性、综合性、实践性，引导育人方式变革，着力发展学生核心素养。

一、理性认识

（一）对教学中"真实情境"的认识

瑞士认知心理学家皮亚杰提出的建构主义理论是学习情境性理论的重要基础。建构主义教学观强调学习的主动性、社会性和情境性。该教学理论认为，知识不能简单地通过教师传授得到，而是每个学生在一定的情境下，借助教师和同学的帮助，利用必要的学习资料，通过相互间的协作活动，依据已有的知识、经验主动地加以意义建构。

"真实情境"是针对学生尤其是学生心理而言的，是能激发学生学习兴趣、贴合学生经验、能使学生认识到学习活动意义和价值的特定环境。特定环境的"真实性"，不是针对现实生活而言，而是针对学生心理而言，"真实"与否的标准不是看是否与现实生活一致，而是看是否贴合学生心理与经验。

（二）对"情境化教学"的认识

情境化教学是一种通过构建形象、直观、具体、生动的情境，优化知识讲解，培养学习能力，激发情感共鸣，构建心理机制的教学方式。直观性、主体性、共鸣性是其主要特征。5G可以为学习者创造一个技能运用场景，以帮助学习者将课堂知识有效转换并运用到实际生活中；还可以在场景中添设特定的问题情境，在逼真、自然的交互方式下，培养学习者发现问题和解决问题的能力。

《义务教育语文课程标准（2022年版）》给出的教学建议是"创设真实而富有意义的学习情境，凸显语文学习的实践性"。《普通高中地理课程标准》要求创新培育地理学科核心素养的学习方式。要求教师根据学生地理学科核心素养形成过程的特点，科学设计地理教学过程，引导学生通过自主、合作、探究等学习方式，在自然、社会等真实情境中开展丰富多样的地理实践活动；充分利用地理信息技术，营造直观、实时、生动的地理教学环境。要求学生能够运用所学知识和地理工具，在室内、野外和社会的真实环境下，通过考察、实验、调查等方式获取地理信息，探索和尝试解决实际问题。

情境化学习是项目化学习的必要条件，项目化必然情境化，但情境化教学不一定直接导致项目化学习（非充分条件），尤其是不以一个完整的产品产出为目标时更是如此。如果目标和对目标的评估前置，那就是等同于"项目化"。以终为始，以评为先，则情境化教学深化为"项目化"。

（三）对5G支撑下核心素养导向的情境化教学的认识

情境化学习，是学生在真实性的情境内通过对真实、有一定挑战性的问题进行持续探究体验，达到对核心知识的再建构和思维迁移的过程。5G 支撑、素养导向的混合式学习把传统学习方式的优势和数智化学习的优势结合起来，给学生提供了一种以任务为中心的学习情境，激发学生学习的积极性和主动性，有助于进一步引发学生深度学习，培养学生高阶思维和核心素养。本项目研究引领我们对于教育领域的数字化创新进行更深入的思考，它也有助于我们加深对于 5G 技术在教育领域的应用和推广路径的认识，为数字教育的发展提供更加科学的理论支持。

5G 信息技术应当在恰当点位赋能恰当的教学情境创设，促进沉浸式学习。由对象的质料引发的质感，由对象的形式引发的意味，由对象的实存直接引发的"情动"，由对象引发的主体的体验甚至欲念，在今天都被纳入审美之中。在情景剧场艺术、VR 影像、3D 电影和当代艺术的展演之中，沉浸其中的身心体验取代了静照模式，成为人们感知欣赏对象的主导模式，在这种模式中，静照变成了被冲突和被取消的对象，更现实也更复杂的感知与体验，成为感性经验的具体内涵，这就是为什么当代人在言说审美经验时，实际上是指他们的感性经验。课堂教学怎样进行"融浸"呢？我们认为是指通过构建与"真实性"问题一体化的学习情境，在课堂教学中让教师与学生针对问题的情境设置与探索试误来相互融会、融通、融合，使得课堂教学环节和教学内容相互浸润、浸染、浸透，形成以学定教共同参与知识建构、文以化人、潜移默化、环境濡染的在场课堂生态。

二、模式建构

情境性对应于情境创设、实践性对应于任务目标、综合性对应于活动解决，即形成情境—任务—活动的教学模式，评价贯彻始终，若以评价为先，即转化为项目化学习（图 5.26）。

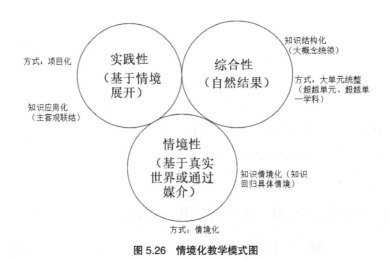

图 5.26 情境化教学模式图

三、实践路径

《义务教育课程方案（2022 年版）》指出：要深化教学改革，强化学科实践，基于真实情境，培养学生综合运用知识解决问题的能力。并提出，要推进综合学习，探索大单元教学，开展主题化、项目式学习等综合性教学活动，促进学生举一反三、融会贯通，加强知识间内在关联，促进知识结构化。其中，学科实践是关键，而情境化则是前提。

（一）情境性——基于具身认知理论的三类情境创设

按照情境再现真实场景的程度和方式不同，具身认知可分为实感具身、实境具身和离线具身。因而，情境创设也就分为三类情境创设。

以地理实践活动为例，在真实自然和社会情境下进行的自然考察和社会调查，属于实感具身。西安交通大学苏州附属中学基于校情学情，根据研学环境的空间距离和研学实施难易程度，开发出系列校园研学课程、家庭研学课程、乡土研学课程、长线研学课程。校园研学如观察校园内不同银杏树秋季落叶早晚差异，探究影响植物的小尺度因素（光照、土壤等）；寻找校园内雪后残雪最厚地点，分析光照、气温、下垫面状况等对融雪的影响。乡土研学如在苏州西郊天平山，考察差异侵蚀形成的一线天、飞来石、万笏朝天等花岗岩地貌，观察土壤剖面，分析地形与河流、植被的空间组合，品白云泉水，探究裂隙泉的形成；实地参观范仲淹纪念馆、瞻仰遗迹，体悟范仲淹心忧天下的伟大情怀。长线研学如暑假的丝绸之路研学，考察从西安到阿拉山口的自然与人文地理。

实境具身是借助外界条件的设置，实现情境的再现或者亲临现场的观察，产生感同身受的具身效应，如"望梅止渴"。我们开展的地理实验、使用的教具学具以及观察和绘制地图图像、观看视频、运用地理信息技术等都属于实境具身。

离线具身是通过自身的经验，或者他人的言语描绘，或者自己的心理想象唤起的具身效应，如"想梅止渴"。离线具身能激活先前经验所涉及的感知觉、运动、内省系统。地理教学中准确的语言、生动的文字、生活化的情境、恰当的比拟都能产生离线具身效应。

（二）实践性——实践性任务目标

以促进学生自主学习为目标，项目组总结出"情境—任务—活动"三级教学模式，形成了一套创设问题情境、引导任务提出、组织活动探究、评价贯穿始终的系统教学策略。

三级模型旨在构筑理想课堂，促进学生五育并举，为学生的全面发展奠定基础。

它强调以学生为主体，尊重每一个学生的发展现状、核心需要和自主意识，兼顾学生的个性发展。三级模型由情境教学、任务教学、活动教学构成。通过任务确定或找到学生最近发展区；在情境性具身化中耦合建构；教学活动中，让教学促进发展，让教学活动走在发展前面；评价贯穿始终，检验学生解决问题能力的发展情况，检核是否完成最近发展区任务。结合教学内容与班级特点，教师可适切调整情境、任务、活动和评价方式，实现教与学的有机融合，实现教学活动与学生发展真正统一。

（三）综合性——综合性活动解决任务目标

综合性是在实践性中展开的。新课标倡导"积极开展主题化、项目式学习"，把"项目式学习"视为"综合性教学活动"。义务教育课程方案和课程标准提出，推进"综合学习"是所有学科的学习方式之一。而这种学习方式朝着综合性方向的变革正是强化学科实践的结果。在三大策略中，总的枢纽就是与生活相结合。而与生活相结合的最理想化实现方式就是脱胎于"做中学"的项目学习。

四、推进策略

（一）素养导向的理念引领行动

情境化教学具有心理真实性，体现了以学生最近发展区为本，呈现出学生与学习材料的交互和沉浸式体验，引领学生投入自己的情感。情境化教学不仅增加了课堂教学的实践性，还体现了课堂教学的延展性。

（二）以情境化为前提的学科实践行动

情境化教学具有专业性，其原因之一是通过系统的学科教学助力学生在情境化中学会学科核心知识，养成学科核心素养，因此必须聚焦学科实践，增强情境化教学情境性、实践性和综合性之间的关联，逐步走向项目化学习。

学科实践在情境化教学中最直接的表现就是运用学科独有的情境化方法，换句话说，就是用具有学科典型特征的情境化方式来"体会"学科，集中反映学科教学方式及其特性。学生在学的过程中要坚持用与学科特征相匹配的学习方式来理解、建构和运用学科知识。例如，用反映语文学科特性的听说读写来学习语文，通过实验的方式来学习科学，通过史料实证来学习历史，通过涵养的方式来学习道德。此外，学生还可以及时借助有学科特色的作业或练习归纳总结学科思想方法，通过学后反思强化对学科思想方法的认识，促进自身学科实践的经验转化，在综合性的实践活动中逐渐积累起学科核心素养和跨学科核心素养。

（三）情境化教学设计行动

情境化学习本质上是一种实践性学习，建立在素养导向的学习目标引领下，明确如何抵达目的地以及当前与目的地间的差距，对应到教学中分别是教学目标、承载目标实现的学习任务以及判断学到何种程度的学习评价三个要素。而学习任务就是在情境中展开的。例如，《义务教育数学课程标准（2022 年版）》提出的核心素养的 11 个主要表现，就是学习目标的具体体现。要以真实情境和探究问题促进教学活动开展，因为学生的学习起点往往是生活中的实际事例，而不是逻辑公理。

一是选取学生熟悉的情境。在了解学生的基础上，选择贴近学生生活经验、符合学生年龄特点和认知风格的情境素材。二是关注情境的多样化。让学生在作业练习的过程中也能接触文化、科学、社会、经济等多个领域知识，让学生感受到数学源于生活，又服务于生活，体会数学学习的价值。三是发挥情境的育人功能。

五、研究成果

（一）凝练了情境化行动理念

基于问题梳理，在前期研究的基础上，我们对教学情境的真实性问题的理解逐步深入，提炼了情境化教学的行动理念：评价贯穿的"情境—任务"教学。

项目实验抓住混合式教学模式这个龙头，在 5G 支持真实情境传播、模拟与虚拟情境创设、从情境提取任务要素与学习活动设计等方面取得进展，达成"情境—任务—活动"三级模式是情境化教学主要落地路径的共识。

（二）凝练了情境任务要素的提取路径模型

提取情境任务要素，难点在于教师能否准确理解教学所需情境，并根据学生和教学的实际情况对情境进行利用或凝练，包括梳理情境要素，以及找到教学的重难点等。需要说明的是，同一课程内容从不同的视角、不同的价值取向出发，可以由低到高采取不同的情境化手段，也可以采取情境组合的方式。

（三）积淀了 5G 赋能下情境化教学的实施案例

一是教学设计及课例方面。围绕教材内容的情境化、项目化，5G 支撑下的情境化评价、情境化教学理念下的知识结构化、5G 支撑下新型学习方式可能性的拓展思考、情境化理念下的在线备课与教研等主题积累了优秀课例或案例。

二是情境—任务设计、作业设计与命题设计方面。围绕情境化理念，从"基于现有教材的情境化学习任务"和"基于学业质量标准的作业与命题设计"两方面入手研制，根据学科特色，开展作业评价设计和命题研究。

案例7　基于数字化转型的大概念、大单元教学

大概念、大单元教学是《义务教育课程方案（2022年版）》倡导的课程实施方式，是发展学科核心素养的重要路径。

一、理性认识

（一）对大概念的认识

"大概念"即 big concepts 或 big ideas，亦称"大观念"或"核心观念"。它并非学科课程的某一具体知识性概念或名词，而是集中反映学科本质，具有相对稳定性、共识性、统领性，能将离散或琐碎的不同主题和知识有意义地"粘连"，从而帮助学生以"专家式思维"阐释和预测较大范围物体、事件或现象的某种有组织、有结构的核心概念、知识模型或学科大图景。

按照2013年4月发布的《美国新一代科学教育标准》，"大概念"的学科知识结构"金字塔"，其最底层是学科基本知识、技能等事实性知识及统摄性较低的分解概念，即小概念；第二层是基于学科内知识整合的核心概念与方法，即核心概念或基本问题；第三层是基于跨学科内容整合的概念或主题，即跨学科概念或共通概念；最顶层是统摄其他所有知识的"元认知"，即哲学观念。较之事实性知识、学科分解概念等小概念，学科核心概念或基本问题、跨学科概念或共通概念和哲学观念等都属于大概念范畴。

大概念是一个具有复杂内涵、相对抽象的概念，是在经验和事实的基础上抽象概括出来的概念。它是小概念的集合，能够将小概念联系成一个连贯的整体。

（二）对大单元的认识

大单元教学，从课程教学视角来看，是以学科素养培养为目标导向，以知识结构化的综合学习、跨学科学习的学习单元为中心，构建"课程标准—教材—学情"一体化，"教—学—评"一致性的课程化教学。从学生发展视角来看，学生与大单元的知识主题发生意义联结，经历知识产生、发展、变化的动态过程和复杂情境，通过大观念、大情境、大任务等搭建的学科实践路径和多种深层次的学习活动，实现学科素养的养成。大单元教学将这两条线索形成有效的意义联结，以结构化的学习单元设计与实施为中心，以学科实践为路径，支撑起新课程方案和课程标准的素养导向和教学改革的结构化关联，让"为什么教""教什么""教到什么程度"和"怎么教"形成发展性闭环。

（三）对大概念、大单元教学场景的认识

大概念教学就是以大概念为核心目标的教学，它指向培养解决真实性问题的素养。大概念教学一般是以单元为单位来组织的，但这里的单元是指围绕素养达成而组织的"集合"。基于学科大概念的大单元教学，是以大概念为视角，在大概念统摄下进行单元整体建构，以特定素养目标为导向，遵循学科知识原有的科学逻辑，以回归知识情景的方式促进深度学习真实发生，学生得以获得真实性的学力的一种学与教方式。大概念、大单元教学能解决学生思维发展低阶性、课时之间零散性和教学单元之间割裂性等现实问题，进而促进学生对学科大概念的深度理解与学科核心素养的培育。

学材来源范围大、目标统摄概念大、真实任务情境大是其显著特点。5G 支撑实现了现实与虚拟的融合、教学资源的深度融合，在一定程度上使得多场景的深度学习成为现实，实现了对大概念、大单元教学全过程的有序管理、分析与决策，从而赋能大规模的集体学习。

二、模式建构

如图 5.27 所示，一个完整的 5G 支撑下的大概念、大单元教学应该包括单元名称与课时、学习目标、评价任务、学习过程、作业与检测、学后反思及技术赋能路径。

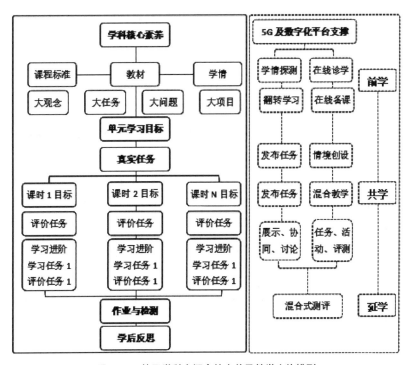

图 5.27　基于学科大概念的大单元教学实施模型

学习目标明确学会什么；评价任务明确掌握到什么程度；学习过程明确如何让学生在学、真学、深度学；作业与检测明确学生的学习效果，帮助学生巩固提高；学后反思明确一个支架来帮助学生管理学习，助力自能学习；技术赋能路径明确 5G 技术支撑学习的方式、方法、路径与流程。

三、实践路径

（一）依托学期单元规划设定大单元主题与课时

单元主题的创建旨在回应为何要学习该单元。素养导向的单元主题不仅涵盖学科内或跨学科的关键能力、必备品格和价值观念，同时又能体现出单元学习在真实生活情境下的价值意义，具有可操作性。

确定单元主题和课时的前提是整体规划学期单元。学期单元规划要求依据课程方案对相关学科的周课时规定，研判课程标准的学业要求与教材编排，搭建好一个学期的单元架构，一般是由教研组或者备课组合作完成。一般来说，单元命名的方式有两类：一是用要学习的大主题直接来命名，该主题可以直接来自教材；二是用单元的内在联系即大观念、大问题、大任务或大项目来直接命名。

（二）依据素养导向的育人目标体系确立学习目标

学习目标是整个教学设计的灵魂，引领评价任务、学习过程、作业与检测以及学后反思的设计。

单元教学目标的设计要兼顾单元整体目标和课时目标。与单元整体目标不同，课时目标应更周详、更具体，展示出更多形成性和表现性的目标，让课时与课时之间的学习建立联结并互为支撑，为单元整体学习的进阶搭建支架。

确定学习目标及其来源之后，还需要规范叙写学习目标。为了让学习目标能够更好地体现核心素养的要求，帮助学生清晰地理解并展开学习过程，学习目标的叙写样式和陈述规范需要遵循相应的要求。在学习目标的叙写样式上，应从知识与技能、过程与方法、情感态度与价值观三个维度阐明行为主体、行为表现、行为条件和表现程度。对应的规范要求是：行为主体必须是学生，意在帮助和引领学生自主经历学习过程；展示行为表现的动词应尽可能清晰、可操作，便于为后续评价行为做指导；当动词无法全然表示行为表现时，还可以为行为表现附加环境、工具、时间等限定条件，用以刻画目标体现的程度或进一步具化行为表现；目标指向的是全体学生而非个体学生，为提高群体适用性，目标的表现程度往往是最低要求而非最高要求。

（三）基于真实情境创设评价任务

评价任务旨在回答如何知道学生在大单元学习中是否达到了预期结果。评价任务的设计通常根据单元主题或统摄中心确定一个核心任务，然后将其分解为系列子任务，最终形成一个系统的、结构化的、具有挑战性的大任务。基于真实情境创设评价任务的逻辑包含三个要点：第一，包含真实挑战的评价任务；第二，能促成学生真切实践的评价任务；第三，能展示学生真实表现的评价任务。

（四）基于进阶思路构建学习过程

学习过程的构建重在说明学生如何学会，主要关注学习活动的组织和学习任务的嵌入。基于学科大概念的大单元学习过程是在大任务、大问题、大项目、大概念等驱动下逐渐积累、臻于完善的过程，要实现知识从记忆理解到建构再到迁移应用，需要以进阶的思路来设计学习过程。此外，核心素养包括高阶思维。素养本位的大单元教学必然关注学生高阶思维能力的发展，而高阶思维能力的形成并不是一蹴而就的，这就意味着学生的知能发展必然经历一个从低级到高级循序渐进、螺旋上升的过程，以进阶的思路来构建学习过程符合素养发展的内在机制。

以进阶思路建构学习过程的路径包括：首先，要在课前、课中、课后不同阶段内加强学习内容之间的连续性和学习任务设置的贯通性；其次，要在某一学习阶段开始前注意预备和激活已有知识经验，上一阶段的学习任务要为下一阶段的学习作铺垫，上一个课时的知识基础要为下一课时的知识学习"搭台阶"；最后，为学生知能发展的中间水平赋予由低到高、层级递进的思维训练，以循序渐进的方式开展学习活动。需要说明的是，不同水平的进阶应以概念、任务、问题或项目为主线。

（五）基于结构化思维设计作业与检测

作业与检测的设计旨在判断学生在一段学习历程中是否真的学会了。

以结构化思维设计作业与检测，可以从以下三方面考虑：第一，以单元主题为线索系统整合作业与练习的内容，既要通过主题关注同一类型作业内容的聚焦，又要强调不同类型作业在同一主题下的关联与互补，借助整合的过程使各环节的作业容量得到精简，整体指向对学生是否达成目标的判断；第二，强化单元内各时段、各环节作业与练习（预习作业、过程/课时作业、课后作业等）的进阶性，从易到难，呈现螺旋式上升，帮助学生实现思维进阶；第三，立足学生群体内的差异性需求，分层、分类设计作业与检测，有意识地设计不同难度、不同类型、适合不同学习风格的作业。同时，围绕主题设计可供学生自由选择的作业，采用更具实践性的作业形态，增强作业的综合性与兼容性。

（六）依据学生认知序列设计学后反思

反思是发展核心素养的前提条件，是能力走向素养的关键步骤。因此，设计大单元教学中的学后反思需要考虑学生的认知序列：一方面，要搭建符合学生认知水平的反思支架，可以将大单元学习历程中不同阶段的评价反馈作为元认知反思支架，帮助学生进一步认识自我学习的特点；另一方面，要从学生已有的认知基础出发，建构具有进阶性的反思阶段和反思水平，并为各进阶层级的反思匹配与该阶段认知特点相符的反思方法与路径。例如，从复述到关联再到转化就是一个从低级到中级再到高级的反思阶段设计。

四、推进策略

（一）素养导向的理念引领行动

大概念、大单元教学的设计体现了学习立场，呈现出学生学会的历程而非教师教的过程，强调引领学生的自主学习。那么，以此为依据展开的课堂教学也应落实"为学而教"的思想。

实验学校聚焦"双新"落地，凝练"为学而教"的行动共识。即学生的学习成为教学的本体目的与根本指向，一切教的实践都围绕学生"学什么、如何学会"展开，一切教学活动都是促进和服务于学生深度学习的手段或条件，一切学习环境都旨在辅助学生的主体性学习。

（二）凸显特色的学科实践行动

大概念、大单元教学之所以具有专业性，其原因之一是通过系统的学科教学助力学生形成学科核心素养，这需要在教学实施中聚焦学科实践。

（三）贯穿教学评一致性的教学设计行动

大概念、大单元教学本质上是一段完整的学习历程，这样的一段历程需要建立在素养导向的学习目标引领下，明确如何抵达目的地以及当前与目的地间的差距，对应到教学中分别是教学目标、承载目标实现的学习任务以及判断学到何种程度的学习评价三个要素。目标是单元教学的起点和归宿，一切教与学的活动都旨在实现目标，因此，有效的单元教学需要以目标为出发点，遵循教学评一致性。

五、研究成果

（一）凝练了大概念、大单元教学行动理念

基于问题梳理，在前期研究的基础上，我们对"大概念、大单元"的理解逐步深入，提炼了大概念、大单元教学的行动理念：主题式学·整合型教。

项目实验抓住混合式教学模式这个龙头，在5G支持真实情境传播、模拟与虚拟情境创设、大概念支撑的大单元教学的结构化呈现、情境要素提取与大单元学习活动设计等方面取得进展，达成主题式学·整合型教是大概念、大单元教学主要落地理念的共识。

各实验校形成了常态化的教研路径，在创新月度汇、区市级教研活动中常态化展现园区智慧教育的特点和5G+智慧教育的最新探索，师生不仅在专业的信息素养、信息化教学类比赛中实现了常态化应用，专业竞赛中也融合信息技术助力专业水平提升。

（二）凝练了大概念提取路径模型

大概念的提取难点在于教师能否准确理解大概念，并根据学生和教学的实际情况进行细化，包括梳理下位的大概念或小概念，以及找到教学的重难点等。如图5.28所示，我们梳理出了基于大概念的大单元设计模型。需要说明的是，同一课程内容从不同的视角、不同的价值取向出发，得到的大概念也会有所不同。

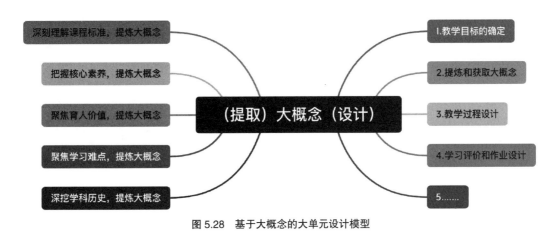

图5.28 基于大概念的大单元设计模型

一是深刻理解课程标准，提炼大概念。课程标准是国家课程的基本纲领性文件，提出了面向全体学生的基本学习要求。原则上所有大概念的提取都要参照课程标准，因此从课程标准，尤其是课标中的高频词中可以直接提炼出大概念。

二是把握核心素养，提炼大概念。学科核心素养是指学生通过学科学习应当形成的正确价值观念、必备品格和关键能力。与课程标准一样，学科核心素养对教学具有

指导性作用。因此，大概念也可以从学科核心素养中提取。

三是聚焦育人价值，提炼大概念。例如，在学习几何问题时，从平面图形到立体图形，从点线面之间的一般关系到特殊关系，再到对称美、简洁美、统一美，在这一过程中可以提炼"数学美"大概念，教师可从察觉美的感知、理解美的思维、创造美的能力、体验美的境界和奉献美的人格等方面展开教学，进而理解数学是以一种怎样的方式诠释美学的。

四是聚焦学习难点，提炼大概念。学习难点往往是学生最难理解的，也正因为如此，通过剖析学习难点往往就能发现大概念。比如，应用文写作在真实生活中经常用到，而应用文写作最大的难点不在于记住各种格式，而在于能否站在阅读对象的角度进行思考。因此，其大概念为"应用文需要服务特定的对象，要考虑内容的合理表述"。

五是深挖学科历史，提炼大概念。学科历史能提供直接的历史信息，教师借鉴历史进行教学，能够激发学生对学科及社会文化背景的深刻觉悟。因此，应从学科历史事件的发生背景、发展历程、发展成果等视角提炼大概念。

第六章

数字化转型背景下的教育治理

>>>> 导　读

　　数字化时代的来临，深刻改变了人们生活、生产和学习的方式，也给教育治理带来了全新的挑战和机遇。习近平总书记在全国教育大会上明确指出，我们要抓住机遇、超前布局，以更高远的历史站位、更宽广的国际视野、更深邃的战略眼光，对加快推进教育现代化、建设教育强国作出总体部署和战略设计。推进教育治理体系和治理能力现代化是《中国教育现代化2035》的十大战略任务之一，是建设教育强国必须面对的重大课题。数字化背景下教育治理能力提升既是教育治理能力现代化的重要表征，又是教育高质量发展与现代化建设的基本保障。

　　十多年来，园区教育肩负教育使命，加强主体协同治理能力，形成教育数字化治理合力；强化数字技术创新应用，夯实教育数字化治理基础；打造数字化治理转型新体系，构建数字化治理创新评价模型，以"善制"保障"善治"；在多轮实践探索之中，形成数字化支撑下的园区教育治理的实施路径，以办好人民满意教育为旨归，促进技术与制度的双向调适。

　　本章对园区数字化转型背景下区域教育治理体系建构的整体情况进行综述，重点介绍了技术赋能的"同心圆"教育数字化转型体系、"三段三维式"智慧教育评价模型及"5+1"管理促进实施大规模因材施教等具有鲜明特色的园区实践，并以区域义务教育学业监测和区域人才指数分析为例，分享在全力推进数字化背景下教育治理过程中的区域经验。

　　本章所选的两所学校案例各具典型性。星港学校依托园区新型教与学背景的"易加"平台，以数据分析为基础，助力学校从宏观层级把握学生的学习状况，又助力教师从微观层级为学生提供精准教学，开展一系列有效的教育教学管理改革；星海小学以园区大数据支撑下的学生"易加综素"评价平台为依托,采取"一结合、二细化、三对接"的校本化实践,形成具有校本特色的学生综合素质评价改革方案。两所学校的实践探索,体现了学校在数字化背景下教育治理的办学活力和多元创新,可以引发我们对当下学校教育数字化治理的更多思考。

第一节 / 数字化转型背景下区域教育治理体系建构

数字化转型背景下教育治理的核心在"人",依托于"技",指向是"质"。园区教育十多年来始终围绕人的成长与发展,聚焦立德树人和五育融合,在教育数字化转型大背景下,主动肩负起"开辟教育发展新赛道和塑造教育发展新优势"园区使命,深耕智慧教育,不断探索、迭代、丰富、完善集新型教学、科学测评、高效研训、数字治理于一体的"同心圆"图谱,构建起区域教育治理的新体系,夯实了现代学校改革之路,着力推进数字学习资源的立体化供给、新型教学模式的效能比析和教育评价的循证实施,推进了区域教育高质量发展。

一、技术赋能,打造教育数字化转型的"同心圆"治理体系

在教育数字化转型背景下,园区整体构建技术赋能的"同心圆"教育数字化转型体系。即围绕学生的全面发展,聚焦立德树人、五育融合,依托"易加学院""易加终身",开发资源、课程、工具、支架,赋能"个性学""智慧教";架构监测体系、开发监测工具和系列评价平台,助力"科学测""智能评";建构研修系统,开展学科诊断和协同教研,进行"高效研";研制数据标准,打造数据仓和驾驶舱,赋能数字治理,进行"精准管"。"学、教、测、评、研、管"一体化推进,促进区域教育高质量发展,让每一个学生用到好资源,遇见好老师,拥有人生出彩的机会。

一是研发平台。园区坚持"区校联动,四建四强",按照"整体规划、分步推进"的思路,分期自主研发服务"学、教、测、评、研、管"全对象、全过程、全领域的数字化平台,形成"易加"系列品牌并注册国家级商标,包括"易加学院"课程教学平台、"易加分析"学业质量监测平台、"易加双减"作业管理平台,以及服务学生综合素质评价、教师专业成长评价和学校综合发展评价的"易加综素""易加人才""易加评价"等平台,通过"易加数据"基座汇聚应用数据,动态刻画区域教育,服务科学评价与教育智理。

二是聚合资源。依托"易加"平台，汇聚体系化、结构化、层级化、易分享的优质数字资源，以满足多元化、个性化教与学的需求。第一方面，建支架。做到有图谱：知识图谱、关键能力和核心素养图谱全覆盖；体现多维度：形态上"文本、图形图像、动画、音频与视频"全涉及，种类上"课程资源、同步资源、微云课资源、题库资源、仿真实验、学科工具"等全包含；形成全架构：有支撑课前、课中、课后的全学程课程包资源，有满足以项目化学习为特色的专题资源，还有面向教师专业研训和居民终身学习的资源，让资源布局更合理、呈现更科学。第二方面，定标准。制定微视频、微实验、精品课、教学工具的标准与要求，注重内容设计，体现学科特征，强调"音视同步"。第三方面，明路径。专家引领、把握建设方向，研训员梳理、建立架构体系，技术团队培训、提供技术指导，骨干教师带头、放样资源创建，学科教师参与、落地常态建设，形成共建共享样态。

在此基础上，基于人工智能技术自动开启资源遴选与淘汰机制，实现可分析的"净化"资源体系，目前汇聚优质数字资源总量达340多万个（58TB），主动对接国家和省智慧教育云平台，并引进社会化优质资源，让资源鲜活可用。

三是打造场景。基于"易加"平台着力在供给侧结构性改革、新型教与学模式构建和教育治理变革方面探索落地新场景，具体体现在六个方面：

"个性学"。基于"易加学院"，供给系统化、结构化、立体化的知识点和素养点全覆盖的学习资源与学习支架，支持学生选择适合的学习路径，开展便捷的资源扫码学习、自主测评学习和构建圈子学习等自适应学习。

"智慧教"。基于"易加学院"，提供丰富的课程资源、教学工具，实现课前、课中、课后全覆盖，结合伴随性学情数据分析精准引导教学，促进大规模因材施教，催生学习的革命。

"科学测"。基于"易加分析"，完善知识点、能力点、素养点监测体系，健全工具量表，已自主开展14轮质量监测，用科学监测获取鲜活的过程性数据和增值数据，形成基于数据的实证报告，推进下一步循证改革。

"智能评"。分别构建面向学生发展、教师发展和学校发展的评价指标体系，研发"易加综素"全面评价学生，"易加人才"评估教师队伍，"易加评价"评价学校发展，全对象、全领域、全过程采集数据，用新时代教育评价改革促进教育高质量发展。

"高效研"。基于"易加"平台，获取教情、学情数据，进行教学的跟进式变革；开展网上协同备课、在线研修学习、云上教学教研；构建"云上＋线下"发展共同体，促进专业成长，提高教学质量。

"精准管"。利用"易加数据"，建立区域数据标准规范，形成教育数据仓和驾驶舱，精准刻画区域、学校、教师与学生，推进数据驱动的教育教学、招生、招聘、教师研训和学校智慧管理等跟进式治理服务，形成"学、教、测、评、管"一体化治理格局。

二、问题导向，建设"三段三维式"智慧教育评价模型

"同心圆"区域教育转型模式落实得好不好，学生学习、教师成长、学校治理究竟好不好，需要用数据说话，用事实证明。为此，我区聚焦问题，结合《江苏省深化新时代教育评价改革总体实施方案》精神，逐步建构系列化评价体系，先后研制学校综合发展"大五星"评价、学生综合素质"小五星"评价、区域教育质量综合评价指标和教师人才指数评价等体系。

在此基础上，通过系统梳理，逐步构筑起"三段三维式"评价大模型，即数据"采集、分析、应用"三个阶段和"学生发展、教师发展、学校发展"三个维度，涵盖学生、教师、学校七大发展指标。

一是学生层面。以新时代立德树人根本任务为指引，改革学生评价，促进德智体美劳全面发展；创新德智体美劳过程性评价办法，完善综合素质评价体系，切实引导学生坚定理想信念、厚植爱国主义情怀、加强品德修养、增长知识见识、培养奋斗精神、增强综合素质。在中小学生"小五星评价"体系基础上，构建培育高素养时代新人的"小五星"评价体系。利用大数据进行抽象分类和概括，整合分析各类过程性数据、结果性数据，立体多元地刻画学生成长足迹。以为了成长的评价为目标，基于园区"易加综素"学生发展五星评价应用场景，从五育融合的视角对学生发展进行综合画像，获得学生发展的个性化评价与指导。从思想品德、学业水平、艺术素养、身心健康、劳动实践五个维度设立一级指标，并将其细化为19个二级指标。通过收集学生的基本信息、学习行为数据、学习结果数据、评价数据等课堂内和课堂外、正式学习环境和非正式学习环境、线下学习和线上学习来源的所有数据，包括阅读偏好类型、学习时长、行为规范表现、实践活动参与次数等，进行模型分类，包括知识图谱模型、学生认知模型、学习行为分析模型、学习风格模型、关系模型分类等，基于成熟理论对学生发展进行多层次分类，并将分类结果在评价中予以反馈，实现学生成长的跟进式评价。结合实际的教育业务指标，通过关联分析、趋势分析、归因聚类分析或因果分析等进行预警预测等，供学校、家长和教育部门参考，实现学生身心健康状况预警、生涯规划指导、学习路径规划等功能。实现对学生"全对象、全学科、全维度"的综合素质评价，形成学生综合素质发展的成长档案，为园区义务教育阶段的学生、家长、教师、区域管理者提供全面、科学、直观的学生综合素质发展画像，助力学生全面、自主而有个性地发展。

推进跟进式评价，促进学生全面发展。建立有效的教育评价手段，真正落实"五育并举"。跟进式评价涵盖学生素养提升的德智体美劳各个方面，涵盖学生不同阶段接受不同教育的学习情况；整合纵横评价，聚焦到学生整个人，回归人本，帮助实现人的幸福生存和可持续发展。

第一，尊重学生人格的完整性，悦纳学生成长。建立指向人的全面发展的学生评价，改变用分数给学生贴标签的做法，创新德智体美劳过程性评价办法，完善综合素质评价体系，体现对人的全面性的尊重。

第二，关注学生表现的日常性，看见学生的成长。人的具体性表现在真实时空中，其生存和发展是由若干日常细节所构成的，并且日常表现往往更能反映一个人的素质涵养。将学生学习纵向全过程纳入评价之中，关注日常行为，关注日常表现，并定期向学生、向老师、向家长反馈，在不断跟进和调整中实现成长的"最优解"。

第三，体现学生成长的动态性，描绘学生的成长。学生是具体的人，其成长是一个连续的动态过程。实施贯通学生发展全过程的动态评价，才能更好地评价学生，发挥评价的育人功能。跟进式评价将学生各年级、各学段德智体美劳发展的全过程纳入评价范围，用个体的纵向比较取代个体间的横向比较，更加关注学生成长状态和内生动力。

第四，呈现学生发展的差异性，跟进学生的成长。每一个具体的学生都是一个独特的个体，其学习和发展的起点、过程和结果都有很大的差异。跟进式评价坚持面向人人，并且把每一个学生当作立体的人，在全面评价的基础上关注个体的差异、承认差异的价值，并基于这种差异性强化因材施教，充分体现成长关怀、人文关怀。

如苏州工业园区星海小学在探寻"适合的教育"之路上，以"易加综素"评价唤醒学生生命的活力，在数据赋能中促进学校个性化育人。作为园区"国家级信息化教学实验区"子项目实验学校，星海小学以"大数据支撑下学生综合素质评价改革研究"为目标，以园区学生综素评价系统——"易加综素"平台为依托，采取"一结合、二细化、三对接"的校本化实践，通过线上线下相结合的问卷、监测、赋分等多维度数据采集，建设形成具有星海小学特色的学生综合素质评价改革方案。

此外，在区域《学业质量监测方案》《学业负担监测方案》等特色评价工具基础上，各校立足自身实际进行了校本化实践。如苏州工业园区星港学校借助园区教育构筑的"三段三维式"评价大模型，围绕数据的"采集、分析和应用"三阶段，"学生发展、教师发展、学校发展"三维度，展开以"为学生学习赋能"为中心的"五轮驱动计划"。具体包括借"微监测"撬动知识点落实，制"五学表"策动课中活动达成，绑"监测点"发动溯源性追踪，搭"分层梯"谋动个性化资源构建，采"月问卷"调动作业量均衡。推动了新型教与学有效落地，真正实现了大数据指导下的精准化教学，让教师的努力有方向，让学生的成长看得见。再如苏州工业园区星洲小学以数据评价为支点，撬动了学校教与学的变革，优化了指向学生核心素养与信息融合的学习方式模型，实现"课前＋课中"和"课后＋课外"的学习闭环：从"教书的课堂"转向"数字化学习空间"，从"教师—知识传授"转向"导师—指导自主学习"，从"知识传授"转向"能力培养"，从"接受者"转向"自主实践创新者"。学科教学呈现新样态，包括语文听说读写新方式，数学创造思维新形式，英语国际理解新视野，科创主题导向新引领，综合实践生活问题新探究，劳动生涯教育新实践等。

综上所述，园区教育治理始终贯彻落实"为党育人，为国育才"的教育方针，关注学生的理想信念、爱国情怀、担当精神、品德修养、法治观念、日常表现等，实现评价由知识本位转向育人本位，由知识中心转向以发展学生核心素养为中心，回归学生在教育中的主体地位，彰显了评价的育人功能，助力学生成长为有理想、有本领、有担当的时代新人。

二是教师层面。教育部等七部门印发的《关于加强和改进新时代师德师风建设的意见》明确指出，"把立德树人的成效作为检验学校一切工作的根本标准，把师德师风作为评价教师队伍素质的第一标准"。围绕新时代立德树人根本任务，在教育数字化支撑下，通过优化教师评价理念，优化教师教育体系、教育人才指数，对现行的评价内容、评价方式等进行改革创新，建立更加具有针对性、发展性、多元性、综合性、增值性的教师评价新机制，搭建和丰富激发教师活力的"易加人才"网络平台，建立一批协同区域打造高素质教师队伍的教师教育、学科培训基地校，以改革评价打造新时代高素质、专业化、创新型的"四有"好教师队伍，形成综合的、科学的教师评价制度和体系。

优化教师评价理念，以"四有"好教师要求作为标准，根植"立德立人、乐学乐教、融和融洽、创新创业"的园区教师精神，造就新时代"四有"好教师队伍。把教师是否有理想信念、道德情操、扎实学识、仁爱之心作为评价的重要内容；改进教师绩效评价，把思想政治、师德师风作为评价教师的第一标准，明确师德师风建设内容，并建设师德师风网络监管平台。强化实绩，由"重育分"转向"重育人"，将绩效工资分配向教学工作量饱满且教育教学实绩突出的教师倾斜；探索教师增值评价，杜绝"唯分数"评价，在评价育人成效方面考量学生的学习基础差异、学习条件差异、学习环境差异等因素，对指导学生在德智体美劳等方面纵比进步较为明显的教师，也给予肯定。在评价方法方面，实施分类评价。在评价周期方面，重点进行中长期评价。

为此，园区教育实施了"六项计划"：思政教育培根计划、青年教师"一三五"雏鹰计划、骨干教师精进计划、名优教师领航计划、管理干部培育计划、退休教师银龄计划，让教师回归教书育人的初心。新建"教师书院"网络平台，为教师提供个人空间，记录成长轨迹，方便评价反馈，力求打造内涵丰富、专业扎实、集聚创新、充满活力的教师团队。

优化教师教育体系，以评价促进专业化教师队伍建设。持续优化教师教育体系，以"基础力、发展力、领导力"作为教师专业发展的核心要素，架构了12个维度、4个模块、48门课程的教师教育体系，使教师培训体系化、课程化。采取"区级、基地级、校级"分层分类全员培训，在教师教育体系课程实施推进过程中，通过培训前问卷分析需求调研、培训后问卷反馈诊断等大数据分析，将初期的"3力"课程演化为现在的"3+X"课程体系，设计针对新教师等特定群体的"X"系列课程，在研修活动中增设"精义论坛"环节，以评价教师参与研修的实效性。以评价反馈不断优化教师培训内容和培训方式，并结合新课改、新技术、新理念对其中的40门课程进行调整，新增"教育教学评价改革"等课程，将教育评价的政策内容、技术等纳入教师培训，建立教师教育、学科培训基地校，协同区域打造园区专业化教师队伍。

优化教育人才指数，以评价促进创新型教师队伍建设。园区开发了"教育人才指数"测评体系，用来反映与综合评定区域和学校的教育人才整体状况，对区域中小学教育人才进行全方位、系列化、数据化的师资队伍建设水平考量。从2014年开始，连续开展"教育人才指数"测评分析。通过搭建"易加人才"平台，对区域内教师数量、年龄结构、学历结构、职称结构情况以及培训完成率、境外研修比例等数据进行采集与动态监控，为教师的选聘、交流提供科学、精准的大数据支撑。对了解人才队伍现状，厘清人才培养思路，寻求人才发展路径，优化人才队伍结构，提升人才队伍建设的科学化水平，发挥了重要的引领作用。

结合习近平总书记二十大报告中关于"教育、科技、人才"等方面的有关论述和《新时代基础教育强师计划》等文件要求，进一步优化"教育人才指数"。人才指数中新增"智慧教育人才指数""教育创新人才指数"等，用于测量运用信息技术、人工智能辅助教学的人才占比及在教学方法创新、教学技术创新、教学评价创新等方面的创新人才占比，以评价驱动教师的创新意识、创新能力和创新水平。不断优化、丰富易加数据平台中的"易加人才"项目，基于教师生涯建立教育教学履历和成长数据库，采集教师在发展过程中的任教记录、学习进修、成长轨迹等多个维度重要节点数据，使教师画像更加全面，强化教师生涯评价，从而建立起教师招聘、引进、交流、培养的完整系统，并根据大数据分析指引，有针对、有重点地开展培训，促进创新型教师队伍的建设。

三是学校层面。编制《学校综合性评价"大五星"指标体系》，形成"学教深融、监测跟进、数据决策、专家智理"新机制。

遵循新时代立德树人根本任务，以"聚力实证引领、聚焦百姓满意"为特质，在"精准、厚实、鲜活、融通"的数据支撑下，通过数据分析、问题诊断、改进优化等环节，努力改进结果评价，强化过程评价，更好引领学校内涵发展、自主发展、科学发展，更好地落实立德树人根本任务，促进学生德智体美劳全面发展。在评价理念上实现由上级管理到百姓评价的转变，评价本质上实现由经验指导到实证引领的突破，评价方式上实现由抽样调查到全面关注的突破，评价手段上实现由手工操作到智能分析的突破，评价结果上实现由结论等第到精准诊断的转变，结果运用上实现由外在要求到自我需求的转变。

深化学校评价改革，健全立德树人落实机制，扭转不科学的教育评价导向，着力破除"五唯"的顽瘴痼疾，建立科学的、符合时代要求的学校教育评价制度和机制。在2015年研制的中小学"五星评价"基础上，以新时代立德树人为根本遵循，启动县域教育评价再升级，着力体现学校评价的引领性、开放性、多样性和包容性，积极构建多把尺子衡量学校的绿色评价机制，进一步激发学校发展的内生动力，全力推进区域教育治理体系和治理能力现代化。

改革评价内容，从单一到多元，引领学校内涵发展。新时代立德树人视域下的中小学"五星评价"，以"办好每一所学校、教好每一位学生、发展好每一位教师"为根本宗旨，评价内容分成两大部分、5个维度，合计1000分。第一部分"教育内涵发展指数"（700分），包括"学校发展水平"（300分）、"学生发展水平"（200分）、"教师发展水平"（200分）3个维度，一共有14个A级指标、51个B级指标，全方位引领学校自主发展、教师专业发展和学生全面发展。第二部分"教育服务满意指数"（300分），包括"内部满意度"（150分）、"外部满意度"（150分）两个维度，一共有4个A级指标，让教育服务对象和社会各界来评价教育的发展和接受教育服务的满意情况，积极推进区域教育先进文化和绿色生态建设，努力办好人民满意的教育。

改革评价主体，从封闭到开放，引导社会积极参与。"五星评价"第一部分"教育内涵发展指数"的评估主要采用网络问卷、常态监测、专家评估的方式。第二部分"教育服务满意指数"全部采用网络问卷的方式。网络问卷评价主体是全体教育服务对象，即学生、教师、家长及社会各界人士等，旨在随着评价主体的不断改革，进一步提升老百姓对教育的关注度、参与度，形成学校、家庭、社会共建共育的良好生态。

改革评价手段，从结论到过程，充分融合信息技术。在区域教育信息化平台中建设专属的"五星评价"系统——"易加评价"，方便学校填报日常数据，上传佐证材料，方便网络问卷的分析、常态监测的赋分、专家评估的材料审核与评估打分等在线操作。网络问卷的试题组卷及结果报表的生成、评价报告第一模块"诊断模块"等均可由系统自动完成。

智能化的评价，目的在于方便评价双方的参与，提高"五星评价"的评估精度和评估效率，让"教育评价信息从有效信息稀缺走向有效信息累积"成为可能，也为开展增值评价创造了条件，并为教育评价深度改革及教育治理创新提供了更为精准的数据决策依据，为持续提升区域教育现代化水平奠定了基础。

近20年学校发展评价迭代，9轮技术支撑下学校的发展性评价形成60余万条次数据；9年教师人才指数测评，构建刚性与柔性指标体系，覆盖全区1.4万余名教师，已上线70多万条次数据；3年平台支撑下学生综合素质评价，生成电子报告书117585份、评价报告44073份、成长写实136698条；补位国家、省、市8年13轮园区监测，采集到45000多条数据，输出区域、学校评价报表近600套。用数据说话，久久为功，促进循证智理，已日益成为园区教育高质量发展新常态。

三、数据驱动,"5+1"管理促进实施大规模因材施教

教育测评模型是挖掘教育大数据价值和规避大数据风险的战略工具,对于提升教育研究的科学化水平,推动形成基于证据和大数据的教育决策机制,提高教育质量,促进教育公平,意义重大而深远。[1]

经过几轮实践探索,园区以"数据分析—监测诊断—实证引领—跟进管理"为主要路径,形成"5+1"区域教育质量评价模型,如图6.1所示。

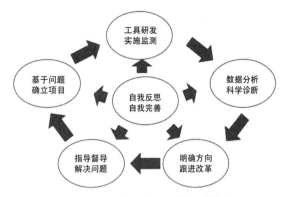

图 6.1 "5+1"区域教育质量评价模型

"5"是指:①基于问题,确立项目(问题导向、经验型为主);②工具研发,实施监测(目标、体系、指标、监测);③数据分析,科学诊断(诊断问题、分析原因);④明确方向,跟进改革(确立目标、重在行动);⑤指导督导,解决问题(举一反三、高效率广效益)。"1"是指:监测本身的自我反思、自我完善(技术、方法、工具等不断校对与修正)。

这一模型在程序与环节上是闭合的,形成了一个相对独立的回路,具有自我完善和自我修复的特质;在信息源与方法上是开放的,形成了一个互联互通的平台,具有齐抓共管和不断优化的特征。

监测出数据,评价出报告,改进出成效。基于科学测评,形成精准数据诊断,明确问题症结,以数据和问题驱动教育教学方式变革,科学提高教育质量。为此,园区围绕学生学习与成长,通过"归因分析",聚焦当下教学亟待解决的问题,如优质教学资源供给不均衡、教学适切度不高、评价标准单一等,积极探索教育数字化支撑大规模因材施教的实施方式。

一是变革教育供给,解决优质教学资源不均衡问题。园区"易加"平台蓄积体系化、结构化的数字化学习资源,覆盖全系列国家课程,课程总量760069节,其中课后服务平台整合德育、科技、劳动、美育等各类精品资源,供学生家长"淘宝式"菜单选课。优质的数字化教学资源鲜活、丰富、便捷、交互、智能匹配,能够满足选择性需求,助力大规模因材施教,促进教育优质均衡。

二是变革教与学方式,解决教学适切度不高问题。立足数字化平台,变革学的方式,先后探索"全链式、项目式、主题式、混合式、自主式、协作式"等学习路径,

---

[1] 范涌峰,宋乃庆.大数据时代的教育测评模型及其范式构建[J].中国社会科学,2019(12):139-155,202-203.

形成融合创新、深度学习新模型。数字赋能，学为中心，不断丰富学习样态，实现线上线下深度融合、人机协同、人人协同、智能交互的个性学。变革教的方式，形成"整体""融浸""激趣""精准""开放"等教学策略，在教学内容、组织、手段、策略和流程等方面追求系统优化，达成数据驱动的"智慧教"。

三是变革教育治理，解决评价标准单一问题。厘清五大环节：基于问题，确立项目；工具研发，实施监测；数据分析，科学诊断；明确方向，跟进改革；指导督导，解决问题。推进尊重个性差异的跟进式多循环测评和"5+1"质量管理模式。以教育数字化赋能教育治理与教育教学改革，形成数字化支撑的教育发展样态，变"行政办学、层级管理、经验决策、我说你做"的"管"字当头的办学模式，为"学教深融、监测跟进、数据决断、专家智理"的以"学"为先的办学范式，提高办学质量。

多年来，园区坚持教育数字化支撑的教育治理，大力推动了教育高质量发展，有效促进了园区学生在思想品德、学业质量、艺体发展、实践能力、创新意识等方面的发展，在国家、省、市各项监测中取得优异表现；有效促进了园区各类学校优质发展。在园区，越来越多的学生开启了自主性、个性化、自适应学习的喜人样态。《大数据支撑下"适合的教育"实践研究》荣获2021年江苏省教学成果奖特等奖，《教育数字化支撑大规模因材施教的区域实践》荣获2022年国家级教学成果奖二等奖。2023年6月19—20日，园区在全国教育数字化现场推进会上做展示汇报，获得好评。

第二节 / 区域义务教育学业质量监测分析报告

教育质量是衡量一个国家和地区教育发展水平最重要的指标。要提高教育质量，学业质量监测是抓手，也是途径。通过监测，全面准确地把握教育质量的状况，诊断教育质量存在的问题并探究原因，为教育决策提供科学依据。在此基础上，不断探索教育发展、人才成长和教育管理的规律，将有助于引导全社会树立正确的人才观和教育质量观。

为扎实推进园区教育质量综合评价改革，科学开展小学生学业质量监测工作，依据中共中央、国务院印发的《义务教育质量评价指南》（教基〔2021〕3号）、《国家义务教育质量监测方案（2021年修订版）》（教督〔2021〕2号）、《教育部办公厅关于加强义务教育学校考试管理的通知》（教基厅函〔2021〕34号）等相关文件精神，以园区小学中高年级学生学业水平及相关影响因素的信息采集为主要手段，开展小学生学业质量监测工作。

园区小学生学业质量监测工作，坚持五育融合，探索素养测评，强化结果运用，力求科学客观地反映学生学习质量和身心健康状况,探究影响学生发展的相关因素,探索基于实证数据的教学研究与提高学业质量的方法,找准问题,分析原因,对症下药,提出改进学校教育教学和学生学习的科学对策,以全面客观的监测数据支撑教育决策、改进教育教学管理,促进学生全面发展,提升区域小学教育质量。园区出台实施了《苏州工业园区小学生学业质量监测方案》,坚持常态诊断的科学理念和行动方式。监测学科从语文、数学、英语逐步拓展到艺术、体育、科学、道德与法治等学科。监测学科覆盖所有学科,这在苏州地区是首创,较好地营造了实施素质教育的氛围。园区在监测维度上做到全方位覆盖,围绕"家庭、学校、学生、教师"四因素监测,重视对影响学业质量的学生身心健康、学校教育管理、家庭教育文化、教师教育教学等相关因素的分析,体现评价改革的时代性、导向性、诊断性。在监测实施中,采取"分段监测、缓步推进、聚焦问题、长线跟进"的思路,选取两门或多门学科进行学业质量和相关影响因素的监测,至今已经实施了多轮。全学科监测,有力保障素质教育实施;全方位诊断,有力保障科学发展质量。

园区小学生学业质量监测,由园区教师发展中心自主研制各学科学生核心素养监测要点,科学开发监测工具,分析和解释监测结果,着力建构园区小学生学业质量的综合评价体系。各学校应以监测结果和分析报告为依据,加强对本校教育教学工作的研究、指导和管理。

一、以教育公平优质为导向,引导树立科学教育质量观

开展学业质量监测,是为了客观、全面地反映园区各学校小学生的学业质量、身心健康及变化情况。指导思想和价值取向的选择上应具有鲜明的导向性,推进教育公平优质发展。多方位、多维度的数据采集与分析,能将被遮蔽的问题暴露出来,形成对学生、对学习更好的理解——从动机、心理等角度去理解,从而更加关注以人的全面而多样发展为特征的发展,为进一步改进教学和调整策略提供科学依据,引导学校、教师和家长改变传统的"唯分数论",树立科学、整体的教育质量观。

二、以国家标准为依据,明确学业质量监测指向

《国家中长期教育改革和发展纲要》对教育评价提出了明确要求:要根据培养目标和人才理念改进教育教学评价,探索促进学生发展的多种评价方式,激励学生乐观向上,自主自立努力成才。教育评价的根本价值观是落实立德树人,促进学生发展,学业质量评价要站在"为了每个学生个性的充分发展"的价值立场上。小学阶段,是人的核心素养发展的"种子期",特别要关注学生的学习兴趣、学习习惯、学习心理,为

学生的后续学习提供后劲。

三、以跟进式改革为路径，深化学校的教育评价改革

在充分运用好区域监测分析报告的同时，要积极思考学校内部的教育评价改革，注重在日常教育教学活动中，推进综合素质评价科学化、常态化、多元化发展。综合素质评价作为学校内部评价，不是结果性评价，而是发展性评价，是内部开展的表现性评价，要借助"教育质量体检"构建起契合自身实际情况的"教育质量改进路线图"。

四、以管理机制创新为保障，走可持续发展的教改之路

规范办学、科学治理、深化改革，是提升教育教学质量和提高办学效益的内涵发展之路。各学校要依据《义务教育学校管理标准（试行）》，以学生学业质量的评价为切入口，建立教育质量保障体系；要改进教学方式，向课堂要效益，让学习真正发生；要培育减负典型，发现和推广"轻负担、高质量"的教学经验；要强化教研管理，加强文化管理，遵循教育规律，形成实施素质教育的良好秩序和校园环境。

园区以教育质量综合评价改革，推动教育教学工作的实际改进，从而全面提高区域教育教学质量，促进学生健康快乐地成长。

附：园区小学生英语学业质量监测分析报告样例

园区小学生英语学业质量监测分析报告

2023年6月，英语监测以《义务教育英语课程标准（2022年版）》学业质量为依据，考查学生对译林版小学英语一至五年级上册相关内容的掌握情况，重点考查五年级小学生应具备的英语学科素养和综合运用能力。

一、五年级学生英语学科总体情况

（一）全区五年级英语学科分数段分布

本次英语学科质量监测，卷面难度系数为0.773。（2021年，六年级卷面难度系数为0.8）

由图6.2可知，高分段学生比例比较理想（其中满分人数3人；2021年，六年级满分4人），但低分段人数"尾巴长"，全区在辅导学习困难学生方面仍需给予进

一步关注。

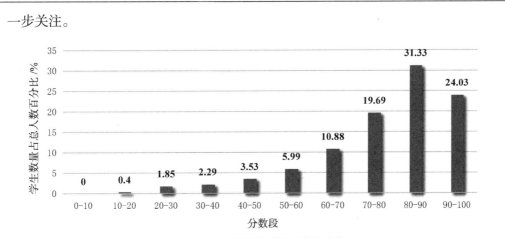

图 6.2 全区五年级学生英语分数段分布

（二）全区五年级学生英语学科总体得分

由图 6.3—图 6.6 可知，全区各校前 25%、50% 的分位点分布情况较为令人满意，后 5% 的分位点还有待提高。一所民办学校 50%、75%、5% 的分位点有待提高。开发区学校中 5 所学校离散幅度较大；非开发区学校中 F86 学校离散度小，成绩分布较理想。

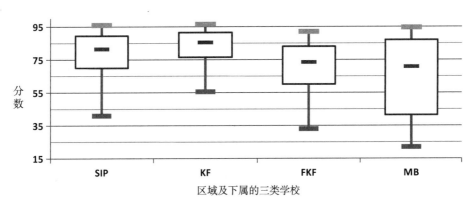

图 6.3 全区五年级学生英语学科得分分布

（注：①本报告中各样本学校均以编码代号表示，编码代号为随机生成的两位数字；两位数字前分别以 K、F、M 开头，表示"开发区学校（K）""乡镇升级学校（F）""民办学校（M）。"②苏州工业园区（SIP）全区学校分为三类："KF"，即"开发区学校"，是指苏州工业园区成立以后新开发建设的区级管理的公办小学、九年一贯制学校；"FKF"，即"乡镇升级学校"，是指历史上属于乡镇，陆续达标升级后实现义务教育区级管理的公办小学、九年一贯制学校；"MB"，即"民办学校"，包括民工子女学校和外国语学校。）

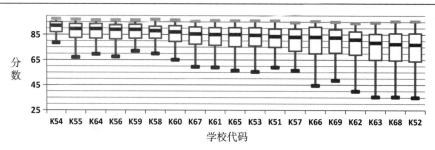

图 6.4　开发区学校五年级学生英语学科得分分布

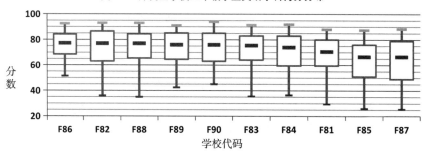

图 6.5　非开发区学校五年级学生英语学科得分分布

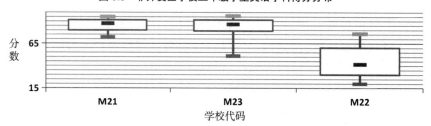

图 6.6　民办学校五年级学生英语学科上得分分布

（三）跟踪监测数据对比

图 6.7 主要呈现近七次园区小学组织的英语调研测试中几所典型学校跟踪对比图，在一定程度上反映出相关学校十年来小学英语学科成绩发展趋势。

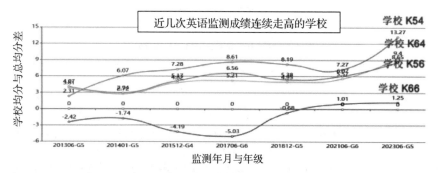

（注：202306-G5 表示 2023 年 6 月园区五年级英语监测成绩，依次类推）

图 6.7　4 所典型学校近年小学英语学科成绩发展趋势

影响学校英语成绩在区域整体发展中相对位置发生变化的因素有很多，比如骨干教师力量配备、学生学习时间分配、学校英语课程建设等，还需具体情况具体分析，寻求突破。

二、五年级英语知识、能力、素养维度得分情况

核心素养是课程育人价值的集中体现，英语课程要培养的学生核心素养包括语言能力、文化意识、思维品质和学习能力等方面，它们相互渗透，融合互动，协同发展。本次监测反映出我区五年级学生英语核心素养表现情况如下。

1．"思维品质"（典型题）表现

思维品质反映学生在英语学习中所表现出的理解、分析、比较、推断、批判、评价、创造等方面的层次和水平。思维品质反映核心素养的心智特征。本次监测，依据课程标准对思维品质表现从"观察与辨析、归纳与判断、批判与创新"三个由浅入深的维度进行了考察，得分率结果如图6.8：学生归纳主题意义、推断作者观点等方面的能力有待持续提高；批判性思考、创造性解决问题的能力有待进一步提升。

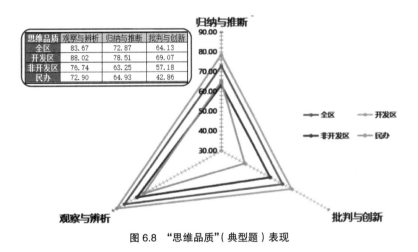

图6.8 "思维品质"（典型题）表现

2．"学习能力"（典型题）表现

学习能力指积极运用和主动调适英语学习策略、拓展英语学习渠道、努力提升英语学习效率的意识和能力。学习能力是核心素养发展的关键要素。学习能力主要表现于乐学与善学、选择与调整、合作与探究三个维度。本次监测中，不仅通过问卷调查了学生的学习能力表现，还在首创研制出相应的试题，考查了学生的"现场学习能力"（图6.9）。

3. "文化意识（典型题）"表现

文化意识指对中外文化的理解和对优秀文化的鉴赏，是学生在新时代表现出的跨文化认知、态度和行为选择。文化意识体现核心素养的价值取向。课程标准从"比较与判断、调试与沟通、感悟与内化"三个由浅入深的维度提出了培育文化意识的目标。本次监测中，主要考查学生理解不同的语言和文化现象，初步比较文化异同以及"比较与判断"维度的文化意识（图6.10）。

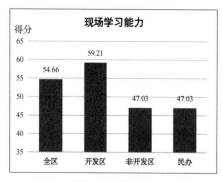

图6.9 "学习能力"（典型题）表现

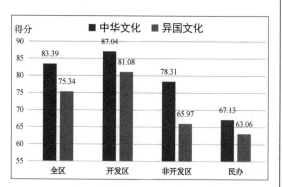

图6.10 "文化意识"（典型题）表现

4. "语言能力"表现

语言能力指运用语言和非语言知识以及各种策略，参与特定情境下相关主题的语言活动时表现出来的语言理解和表达能力。语言能力是核心素养的基础要素。监测试卷依据课程标准，对语言能力表现从"感知与积累"（占比24.5%）、"习得与建构"（占比46.5%）、"表达与交流"（占比29%）3个由浅入深的维度进行了考查，得分率结果如图6.11。学生"表达与交流"的能力有待进一步提升。

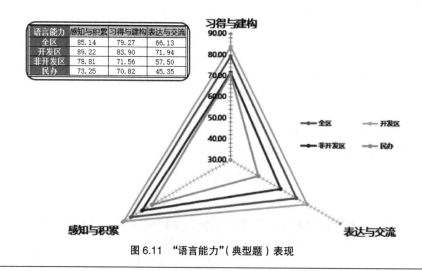

图6.11 "语言能力"（典型题）表现

三、下阶段英语学科教学建议

（一）对教师的教学建议

1. 创设主题语境，联系现实生活

遵循培根铸魂、启智增慧的原则，以主题引领选择和组织课程内容，紧密联系现实生活。学生对主题意义的探究应是学生学习语言的重要内容，对启发学生现在的生活或今后的发展有价值的主题语境将激发学生的学习热情，且直接影响语篇理解的程度、思维发展的水平和语言学习的成效。

本次监测试题的所有语言知识点全部在主题语境中考查，涉及的语境涵盖了"人与自我、人与社会、人与自然"三大方面，涉及了"生活与学习""做人与做事""社会服务与人际沟通""文学艺术与体育""历史、社会与文化""自然生态""环境保护"等多个主题群。建议平时教学中进一步培养学生英语语境运用能力。

2. 坚持"循序渐进"，夯实"序列目标"要求

英语学习具有明显的渐进性和持续性特点。语言能力的发展不是一蹴而就的，而需要逐渐积累。本次监测共88个考点，以五年级下册内容为主，其中关联到五年级上册及其以往所学部分内容。各小题得分率反映出部分学生对以往学过的内容开始返生。建议落实"序列目标"要求，夯实各年级学习基础，提高语言的滚动、复现与整合运用。

3. 关注每一个学生，落实适合的教学

本次监测，共有19所学校平行班级间均分差距超过10分，其中有12所学校平行班级间均分差距超过14分。全区五年级学生英语分数段分布图也呈现出不同学习者英语学习之间的较大差异。

问卷调查反映出：每个学生的家庭背景不同，性格品质不同，学习经验不同，学习心理、学习风格、发展需要和存在的学习困难都不同，再结合性别差异和身心发展等因素，学生的学习需求各有不同。必须"以学定教"，努力探索分层教学和个别化教学，提高教学针对性，加强辅导的实效性。

基于小学教育的基础性与分层教学的必要性，对所有监测试题的难易度进行了分析，帮助教师对照自己班级学习情况对教学要求和学习内容进行分层，并引导学生确立适合自己的学习目标。只有最大限度地满足个体需求才有可能获得最大化的整体教学效益。

得分率 >85：容易题（占比35%）；<85 且 >70：中等题（占比22%）；<70 且 >35：较难（占比29%）；<35：难题（占比2%）。见图6.12。

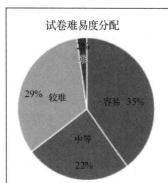

图 6.12 试卷难易度分析

4. 关注学习心理,优化学习方法

在众多影响学业质量的相关因素中,学生的学习心理和学习策略(方法)等方面的特征与学业质量呈现出最为紧密的相关性。

保持积极的学习态度是英语学习成功的关键。教师应在教学中不断激发并强化学生的学习兴趣,并引导他们逐渐将兴趣转化为稳定的学习动机,以使他们树立自信心,认识自己学习的优势与不足,锻炼克服困难的意志。

学习策略是灵活多样的,策略的使用因人、因时、因地、因事而异。教师要有意识地帮助学生形成适合自己的学习策略,并不断调整自己的学习策略,提高学习效率,减轻学习负担,逐步形成自主学习能力。

(二)对教学管理的建议

1. 关注"教育增长",科学评价学业质量

不以同一把标尺衡量学业成绩,将家庭背景因素和教学质量联系起来考虑,是科学评价教育质量的前提。调查数据显示:父母学历程度与学生学业成绩呈现正相关,这也与历年"园区小学生学业质量监测"结果一致。

图 6.13 中所显示的"父母学历值"数值越大,表示父母受教育程度越高。图片从一定程度上反映出我区各小学五年级英语的"教育增量"。比如:K59 学校五年级学生与同类学校相比,取得了明显的"教育增长量"。又比如,趋势线上有几个"低谷"学校,如 F85、F87 等,还需从"教学管理""教师教学""学习方法"等多方面寻找原因,并提供相应的支持与帮助。(注:样本人数越多,数据越真实,反之,则受到个体差异的影响。)

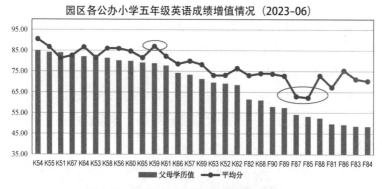

图 6.13 园区各公办小学五年级英语增值情况

2. 不断更新教学理念，加强骨干梯队培养

近年来园区小学规模和数量快速扩大，年轻教师人数激增。本次五年级监测，有 10 所学校占 50% 以上的英语教师首次执教该年级。相信这些年轻教师第二轮执教时对学情和教学难点的把握会更加精准。年轻教师普遍素养良好，但是其成长随学校环境和教研氛围差异而呈现出不同的发展态势。

也有少数成熟学校的任教者均有一定教学经验，但是成绩却不理想，需要进一步更新教学理念，积极参加区级英语教研活动，研究核心素养立意的命题与评价，及时学习并贡献最新研究成果，以评促学，持续提高学生英语水平。

学校应更加科学合理地安排课务，尽量在每一个年级都要至少安排一位骨干教师。在条件允许的前提下尽量避免跨年级任教。排课时间张弛有度，每个年级中，青年教师搭配，结合不同知识背景、不同学历构成等多种元素，进行长短互补的师资配备，在"传帮带"中有效提升每一位英语教师的"短板"。

3. 优化学习过程，跟进改薄促发展

建议各校参考区域监测分析，组织班级开展"二次分析"，寻找各自的薄弱项，实践探索"跟进式"教学创新。

我们不仅需要不断提高教学质量，更需要关心在获取质量的过程中，学生的学习方式是否优化，教师的教学方式是否科学，师生双方的关系是否和谐。我们充分鼓励学生在原有基础上的提高，不要违反科学规律取得暂时的成绩。希望有效利用项目研究数据，综合忖量"教学的投入与产出"来衡量教学效益；不断努力提高教育"增长量"。一方面激励进步，戒骄戒躁；另一方面分析问题，寻求不断地改进。

第三节 / 区域教育人才指数分析报告

为全面贯彻党的教育方针，坚持人才强教战略，遵循教育规律和教育人才成长规律，创新教育人才管理体制，园区工委、管委会于 2013 年印发了《关于进一步加强教师队伍建设的若干意见》，随即园区教育局与苏州大学教育学院专家组合作成立"区域教育人才指数及其在促进区域教育发展中的行动研究"课题组，系统研究"教育人才指数"的测评办法，构建教育人才指数指标体系，着手开展"教育人才指数"的第三方测评。2014 年 1 月起，正式启动实施园区教育人才指数的初始测评工作。园区教育局组织测评工作团队，根据各校人才建设的基本情况，结合区域整体基数，测评各校

教育人才指数。

苏州工业园区教育人才指数是人才发展的综合评定指数，体现师资的整体素质，包括单位内人才的年龄、类别、结构、数量、能力、学历等诸方面因素。教育人才指数指标体系，主要测评骨干教师（含名师）、教学能力与教学成果、德育人才、智慧教育人才、教育国际化、高学历教师、高职称教师、青年骨干教师、青年管理人才、教师教育人才、教育创新人才指数等人才指数，体现出学校师资整体素质的硬实力。对区域人才交流、人才成长环境、行政团队综合、教育人才绩效、教育人才稳定等5个柔性指标的测评，反映出师资整体素质在下一个时段内的变动趋势及同时段在区域范围内的发展水平。

十年来，教育人才指数指标体系本着质量优先、主题优先、动态变量的原则不断优化迭代，目前形成了2.0版指标体系，更加注重科学准确反映学校人才发展状况与学校教育、教学质量发展的内在关联性；更加注重区域教育事业不同时段发展重点，紧扣人才资源服务于教育发展主题，实现人才资源的有效供给、高效运用；更加注重动态可变，体现区域教育人才发展的动态趋势，反映不同时期教育发展对教育人才需求的特殊性。

教育人才指数测评自2020年以来，依托智慧教育"易加"平台，实现数据采集电子化和测评结果高效能运用。截至2023年，全园区10342名教师的20多万条数据已在"易加人才系统"上线，形成完整的教师电子档案。园区教育局通过全方位、系列化、便捷化、精准化的大数据分析研究，指向教师队伍的薄弱点、需求点和再成长的发展点，建立起教师招聘、引进、交流、培养系统。近年来，园区根据大数据分析指引，规划引领，顶层设计，管理出新，品质把控，生态构建，实现师资队伍培养决策科学化、执行精细化、服务人本化。园区整合高校、区域、共同体、校本力量，构建云端一体化"易加教师发展学院"，有针对、有重点地持续深入实施教师队伍建设"六项计划""十大工程"，以集团化办学共建、共治、共享教育资源，着力构建全域覆盖、层次丰富、互为融通、便捷有序、智能开放、动力强劲的"教科研训评一体化"新型区域立交桥式智慧教师培训模型，在阶段化、实证化、积分化、增值化的评价中，锻造教师人才新生态，助力教师队伍高质量发展。

"教育人才指数"实验研究，能够准确衡量学校师资整体素质状况，凸显教育人才管理的实效性；指导优化区域内中小学师资结构，为学校充实师资提供定量依据，体现教育人才管理的前瞻性；促进了各校队伍建设及教师自我发展，发挥了教育人才队伍建设的能动性。总体而言，园区教育局通过"教育人才指数"的编制、考评、动态跟踪及长期使用，盘摸各校人才家底，突出了队伍建设的针对性；厘清人才培养思路，提升了区域教育人才队伍建设的科学化水平；夯实人才发展路径，形成区域性"教育人才指数"的测评及保障系统，促进了园区教育人才的可持续发展。

附：2023年苏州工业园区教育人才指数测评分析报告

"教育人才指数"指能反映一个地区或一所学校教育人才整体状况的综合评定指标。它是2013年苏州工业园区在全国范围内率先提出的教育类人才评估概念，是苏州工业园区对所在区域中小学教育人才全方位、系列化，按照相应的权重比例进行赋值、加以测评的师资队伍建设水平考量指标。教育人才指数由刚性和柔性两方面的指标构成，详见以下苏州工业园区"教育人才指数"指标与权重表（2023年版）。其中，刚性指标指反映教育人才现有特点或水平的指标，体现出区域或学校师资整体素质与人才发展的硬实力；柔性指标指对教育人才成长具有影响作用的指标，反映出师资整体素质在下一个时段内的变动趋势及同时段在区域范围内的发展水平。

对于园区开展的"教育人才指数"实验研究，省教育行政与评估部门以及部分高校从事教师发展研究的一些领导、专家教授给予了很高的评价，认为它具有原创性与开创性，并具有能在全省范围加以推广的示范性亮点，将会对提高我省基础教育评估和教师发展研究的水平产生重要影响。根据测评的具体实施和经验反馈，2023年对指标体系和权重做了优化和完善，具体如表6.1所示。

表6.1 苏州工业园区"教育人才指数"指标与权重（2023年版）

目标层	准则层	指标层	指标权重
教育人才指数	刚性指标	1. 骨干教师（含名师）指数	0.3
		2. 教学能力与教学成果指数	0.15
		3. 德育人才指数	0.05
		4. 智慧教育人才指数	0.05
		5. 教育国际化指数	0.02
		6. 高学历教师指数	0.05
		7. 高职称教师指数	0.05
		8. 青年骨干教师指数	0.025
		9. 青年管理人才指数	0.025
		10. 教师教育人才指数	0.04
		11. 教育创新人才指数	0.04
	柔性指标	12. 区域人才交流指数	0.02
		13. 人才成长环境指数	0.07
		14. 行政团队综合指数	0.07
		15. 教育人才绩效指数	0.02
		16. 教育人才稳定指数	0.02

根据苏州工业园区工委、管委会《关于进一步加强教师队伍建设的若干意见》和苏州工业园区教育局《关于启动苏州工业园区中小学师资队伍建设评价指标——"教育人才指数"实验研究的通知》等文件精神和要求，园区教育局人事师资处与园区教师发展中心将区内中小学校按照高中组、初中组、九年一贯制学校组、小学组分成4组，通过组织学习、广泛发动、提供平台、数据采集、问卷调查、材料互审、提供模板、比较分析等环节，开展了2023年教育人才指数测评工作。参照《苏州工业园区"教育人才指数"实验研究工作程序（试行）》和"教育人才指数"指标体系（2023年版），对我区2023年专任教师教育人才指数测评情况进行分析，形成如下分析报告。

一、师资队伍建设总体概述

1. 教师年龄结构

苏州工业园区中小学专任教师年龄结构情况如表6.2所示。数据表明，苏州工业园区中小学专任教师10342人（不含教师发展中心、青少年活动中心、仁爱学校、民办学校）。通过3年数据的纵向比较，可以得出：全区中小学专任教师总数继续保持稳步增长，35周岁以下教师群体数量占比继续扩大；2023年专任教师总数较前一年增加了527人，教师规模持续保持增长趋势。

表6.2　2021—2023年园区专任教师年龄结构人数对比表

年份	小学			九年一贯制			初中			高中			全区		
	2021	2022	2023	2021	2022	2023	2021	2022	2023	2021	2022	2023	2021	2022	2023
35周岁及以下	1699	2019	1859	3153	3156	3286	368	666	866	581	711	671	5801	6552	6682
36—45周岁	662	724	763	995	911	1014	151	211	292	342	352	292	2150	2198	2361
46周岁以上	280	275	349	483	444	556	71	101	183	245	245	211	1079	1065	1299
专任教师数	2641	3018	2971	4631	4511	4856	590	1208	1341	1168	1078	1174	9030	9815	10342

2. 教师学历结构

2023年度，园区中小学专任教师本科及以上学历比例为99.12%，其中研究生比例为28.47%。从表6.3中可看出，三年来研究生学历教师队伍比例分别是25.71%、27.33%、28.47%，略有波动。从学历来看，园区师资队伍底子好，新教师较多，发展潜力巨大。

表 6.3 2021—2023 年园区专任教师学历结构百分比对比表

年份	小学			九年一贯制			初中			高中			全区		
	2021	2022	2023	2021	2022	2023	2021	2022	2023	2021	2022	2023	2021	2022	2023
研究生	16.47%	16.37%	16.73%	24.27%	25.49%	25.86%	38.14%	37.58%	38.55%	46.06%	54.17%	57.41%	25.71%	27.33%	28.47%
本科	80.54%	81.44%	81.59%	74.30%	73.18%	73.33%	61.19%	62.25%	61.37%	53.34%	45.83%	42.50%	72.56%	71.37%	70.65%
专任教师数	2641	3018	2971	4631	4511	4856	590	1208	1341	1168	1078	1174	9030	9815	10342

3. 教师职称结构

2023 年，苏州工业园区中小学专任教师职称构成中，正高级职称教师占 0.35%，高级职称教师大约占 14.68%，中级职称教师大约占 45.10%，初级职称教师大约占 29.66%。从表 6.4 可以看到，3 年来园区正高职称比例逐年升高。数据表明，虽然园区不断加强师资队伍建设，特别是加大对青年教师的培养力度，职称晋升的教师比例正在逐渐抵消新教师的加入带来的稀释效应，正高级、高级、中级和初级职称教师比例在 2023 年均有提升，但新教师数量增长过快，初级和中级职称教师比例仍然较高。

表 6.4 2020-2023 年园区专任教师职称结构百分比对比表

年份	小学			九年一贯制			初中			高中			全区		
	2021	2022	2023	2021	2022	2023	2021	2022	2023	2021	2022	2023	2021	2022	2023
正高	0.04%	0.07%	0.07%	0.19%	0.22%	0.25%	0.17%	0.25%	0.22%	0.86%	1.58%	1.62%	0.23%	0.33%	0.35%
高级	4.81%	5.80%	7.47%	11.75%	12.28%	13.63%	21.02%	22.02%	21.25%	32.45%	30.61%	29.73%	13.00%	13.50%	14.68%
中级	50.32%	50.66%	55.77%	35.93%	37.75%	42.94%	35.08%	33.86%	37.06%	30.74%	30.06%	36.20%	39.41%	40.40%	45.10%
初级	32.90%	33.73%	32.45%	31.70%	29.06%	33.15%	18.31%	18.21%	25.21%	8.22%	7.98%	13.20%	28.14%	26.85%	29.66%
专任教师数	2641	3018	2971	4631	4511	4856	590	1208	1341	1168	1078	1174	9030	9815	10342

4. 名师数量结构

苏州工业园区中小学（含教育局、教师发展中心、青少年活动中心、仁爱学校等单位，下同）大市级以上各类名师情况如表 6.5 所示。近年来，园区加大人才培养力度，各级各类人才获得不断发展，2023 年，园区市级以上名师数量整体保持稳定态势，新增"苏教名家"培养工程培养对象 1 人，省特级教师 1 人，省教学名师 1 人，姑苏教育特聘人才 23 人，正高级教师 6 人，较 2022 年增加 32 人。

表 6.5　2023 年园区市级以上名师结构表

年份	苏教名家培养工程培养对象	省名师工作室主持人	正高级教师		特级教师		全国模范教师		全国优秀教师		姑苏教育人才		省教学名师	市名教师名校长		合计
			引进	自培	引进	自培	引进	自培	引进	自培	引进	自培		引进	自培	
2023	2	4	13	43	29	12	1	0	5	3	52	64	5	5	28	266
2022	1	4	13	37	28	12	1	0	5	3	29	64	4	5	28	234

二、教育人才指数具体分析

（一）基本数据分析

1. 全区教育人才指数平均值

根据《苏州工业园区"教育人才指数"实验研究工作程序（试行）》，围绕苏州工业园区"教育人才指数"指标体系中的刚性指标、柔性指标，进行数据分析，具体如表 6.6 所示。

数据显示，小学组指标总分、柔性指标和刚性指标均为各组前列，2023 年指标总分比全区平均高 24.37 分，刚性指标比全区高出 23.8 分；初中组、九年一贯制组平均值比年均有提高。综合 3 年数据来看，2023 年全区人才指数得分大部分增长，其中刚性指标增长明显，因为柔性指标相较以往降低了比重，所以总数值略有下降，但实际上是比较稳定的。

表 6.6　全区中小学教育人才指数三年均值比较

分组	年份	刚性指标	柔性指标	总分
全区	2021	55.78	25.15	80.93
	2022	57.6	25.11	82.71
	2023	63.6	16.09	79.69
高中组	2021	40.73	23.78	64.51
	2022	49.93	23.66	73.59
	2023	58.52	15.66	74.17
初中组	2021	44.08	22.73	66.81
	2022	40.88	22.72	63.59
	2023	42.58	15.26	57.84

续表

分组	年份	刚性指标	柔性指标	总分
九年一贯制组	2021	44.07	24.84	68.9
	2022	45.18	25.01	70.19
	2023	51.91	15.99	67.9
小学组	2021	77.64	26.47	104.11
	2022	77.93	26.32	104.25
	2023	87.4	16.66	104.06

2. 义务教育阶段各类型学校教育人才指数平均值

如表6.7所示，通过3年数据比较发现，3年来初中组人才指数指标小幅波动，每年均略有下降，组内非开发区学校与开发区学校的差距仍然明显。

表6.7 初中学校教育人才指数3年均值比较

指标项	年份	刚性指标	柔性指标	总分
全区初中平均	2021	44.08	22.73	66.81
	2022	40.88	22.72	63.59
	2023	42.58	15.26	57.84
非开发区初中平均	2021	39.35	23.6	62.95
	2022	32.86	21.94	54.79
	2023	31.36	14.79	46.15
开发区初中平均	2021	46.44	22.3	68.74
	2022	46.23	23.24	69.46
	2023	48.19	15.49	63.68

如表6.8所示，通过3年数据比较发现，九年一贯制学校人才指数2023年相对稳定。

表6.8 九年一贯制学校教育人才指数3年均值比较

指标项	年份	刚性指标	柔性指标	总分
全区九年一贯制平均	2021	44.07	24.84	68.9
	2022	45.18	25.01	70.19
	2023	51.91	15.99	67.9

续表

指标项	年份	刚性指标	柔性指标	总分
开发区九年一贯制平均	2021	47.08	25.13	72.21
	2022	48.36	25.25	73.61
	2023	51.3	15.98	67.28
非开发区九年一贯制平均	2021	39.33	24.38	63.71
	2022	39.35	24.58	63.93
	2023	53.12	16	69.12
5年内新建校平均	2021	29	24.57	53.57
	2022	41.04	23.74	64.78
	2023	39.96	15.8	55.76
3年内新建校平均	2021	31.22	24.31	55.53
	2022	40.75	21.88	62.62
	2023	71.08	15.08	86.16

如表6.9所示，通过3年数据比较发现，小学组学校2023年总分保持稳定。

表6.9 小学教育人才指数三年均值比较

指标项	年份	刚性指标	柔性指标	总分
全区小学平均	2021	77.64	26.47	104.11
	2022	77.93	26.32	104.25
	2023	87.4	16.66	104.06
开发区小学平均	2021	79.36	26.63	105.98
	2022	83.87	26.44	110.31
	2023	97.49	16.9	114.39
非开发区小学平均	2021	74.55	26.19	100.74
	2022	68.03	26.13	94.16
	2023	72.26	16.31	88.57

（二）指标数据分析

1. 骨干教师（含名师）指数分析（表6.10、表6.11）

骨干教师（含名师）指数主要指学校中市、区级教坛新秀（新苗）以上的学科类教师、学术骨干与市级以上名师以及社会认可度高、含金量高的教师所占比例。

表 6.10 2021—2023 年全区中小学骨干教师（含名师）指数平均值

年份	全区	高中	初中	九年一贯制	小学
2021	11.79	11.26	12.56	9.59	14.61
2022	14.01	16.48	11.46	11.95	16.38
2023	13.67	18.36	11.49	11.98	15.31

表 6.11 2023 年义务教育阶段同类型学校骨干教师（含名师）指数

指标项			初中	九年一贯制	小学
平均	开发区学校		12.48	13.12	18.38
	非开发区学校		9.52	9.7	10.72
	新建校	5 年内	—	8.38	—
		3 年内	—	20.91	—
最高分	开发区学校		20.09	25	26.48
	非开发区学校		14.68	15.83	14.52
	新建校	5 年内	—	11.06	—
		3 年内	—	25	—
最低分	开发区学校		9	7.5	6.56
	非开发区学校		4.36	6.59	2.53
	新建校	5 年内	—	6.59	—
		3 年内	—	16.82	—

表 6.10 数据表明，2023 年，高中组指数最高，初中组指数最低，保持一个较为平稳的状态。表 6.11 数据表明，义务教育阶段开发区学校指数高于非开发区学校指数。初中及九年一贯制组际也有差距，同类学校存在程度不等的差异。

2. 教学能力与教学成果指数分析（表 6.12、表 6.13）

教学能力与教学成果指数主要指学校中获得区级以上教育教学竞赛及教学成果奖的教师的比例。

表 6.12 2021—2023 年全区中小学教学能力与教学成果指数平均值

年份	全区	高中	初中	九年一贯制	小学
2021	30.2	19.33	22.36	22.83	44.45
2022	28.37	21.8	19.09	19.97	41.84
2023	30.46	25.23	18.39	22.48	46.27

表6.13　2023年义务教育阶段同类型学校教学能力与教学成果指数

指标项			初中	九年一贯制	小学
平均	开发区学校		21.63	20.62	54.03
	非开发区学校		11.89	26.19	34.62
	新建校	5年内	—	14.75	—
		3年内	—	27.8	—
最高分	开发区学校		28.86	46.51	83.89
	非开发区学校		19.07	45	40.83
	新建校	5年内	—	18.27	—
		3年内	—	46.51	—
最低分	开发区学校		16.39	9.09	22.29
	非开发区学校		4.71	13.3	26.77
	新建校	5年内	—	12.69	—
		3年内	—	9.09	—

表6.12数据表明，教学能力与教学成果指数统计中，小学组远高于全区平均，其他组都低于全区平均。表6.13数据表明，义务教育阶段学校中，非开发区学校均低于开发区学校，初中均分差距较大。

3. 德育管理人才指数分析（表6.14、表6.15）

德育管理人才指数指学校中德育管理或工作较为突出的教师所占比例。

表6.14　2021—2023年全区中小学德育管理人才指数平均值

年份	全区	高中	初中	九年一贯制	小学
2021	0.68	0.65	0.5	0.44	1.04
2022	0.73	0.65	0.5	0.5	1.06
2023	1.47	1.49	1.13	1.19	1.93

表6.15　2023年义务教育阶段同类型学校德育管理人才指数

指标项			初中	九年一贯制	小学
平均	开发区学校		1.1	1.21	1.93
	非开发区学校		1.19	1.15	1.93
	新建校	5年内	—	1.1	—
		3年内	—	1.81	—

续表

指标项			初中	九年一贯制	小学
最高分	开发区学校		1.9	2.79	2.59
	非开发区学校		1.68	1.5	3.52
	新建校	5年内	—	1.29	—
		3年内	—	2.79	—
最低分	开发区学校		0.56	0.69	1.01
	非开发区学校		0.7	0.81	0.51
	新建校	5年内	—	0.87	—
		3年内	—	0.83	—

表6.14数据表明，小学组、高中组得分相对较高，超过平均数；九年一贯制学校、初中组低于平均数。表6.15数据表明，开发区学校和非开发区学校德育管理人才指数平均得分接近，相差不大。

4. 教育技术（保障）人才指数分析（表6.16、表6.17）

教育技术（保障）人才指数指信息化教学能手比赛、"市十佳"网络教学团队、市中小学教师网络团队竞赛一等奖团队等占全校教师比例。

表6.16　2021—2023年全区中小学教育技术（保障）人才指数平均值

年份	全区	高中	初中	九年一贯制	小学
2021	2.25	0.58	1.25	1.43	4.01
2022	2.52	0.64	1.26	1.63	4.34
2023	4.86	1.31	1.99	3.79	8.25

表6.17　2023年义务教育阶段同类型学校教育技术（保障）人才指数

指标项			初中	九年一贯制	小学
平均	开发区学校		2.59	4.03	7.04
	非开发区学校		0.79	3.3	10.06
	新建校	5年内	—	1.62	—
		3年内	—	8.33	—
最高分	开发区学校		3.25	14.92	14.13
	非开发区学校		0.93	6.69	23.45
	新建校	5年内	—	2.92	—
		3年内	—	14.92	—

续表

	指标项		初中	九年一贯制	小学
最低分	开发区学校		1.88	0.58	1.53
	非开发区学校		0.64	1.17	2.62
	新建校	5年内	—	0.58	—
		3年内	—	1.74	—

表 6.16 数据表明,与前两年相比,2023 年指数上升幅度很大。表 6.17 数据表明,除组际差距外,有些组校际差距拉大,同类学校也有不均衡现象。

5. 教育国际化指数分析(表 6.18、表 6.19)

教育国际化指数指学校中教育国际化人才的比例。

表 6.18 2021—2023 年全区中小学教育国际化指数平均值

年份	全区	高中	初中	九年一贯制	小学
2021	0.14	0.17	0.16	0.08	0.19
2022	0.13	0.17	0.07	0.1	0.18
2023	0.09	0.09	0.04	0.08	0.13

表 6.19 2023 年义务教育阶段同类型学校教育国际化指数

	指标项		初中	九年一贯制	小学
平均	开发区学校		0.06	0.1	0.16
	非开发区学校		0.01	0.05	0.07
	新建校	5年内	—	0.04	—
		3年内	—	0.21	—
最高分	开发区学校		0.16	0.21	0.39
	非开发区学校		0.01	0.12	0.15
	新建校	5年内	—	0.12	—
		3年内	—	0.21	—
最低分	开发区学校		0	0	0.01
	非开发区学校		0	0	0.03
	新建校	5年内	—	0	—
		3年内	—	0.2	—

表 6.18 数据表明，2023 年的教育国际化指数小学组保持领先优势，高中组和九年一贯制组差距不明显。对比近 3 年的测评数据发现，因新冠疫情等因素，教育国际化指数区域整体下滑明显。表 6.19 数据表明，开发区学校教育国际化指数平均得分和非开发区学校教育国际化指数平均得分相差较大，不同类型学校中，开发区学校皆遥遥领先。

6. 高学历教师指数分析（表 6.20、表 6.21）

高学历教师指数指学校中高学历教师的比例。

表 6.20　2021—2023 年全区中小学高学历教师指数平均值

年份	全区	高中	初中	九年一贯制	小学
2021	4.22	3.39	2.15	4.05	5.27
2022	4.33	3.63	2.7	3.97	5.34
2023	4.43	4.52	2.72	4.22	5.34

表 6.21　2023 年义务教育阶段同类型学校高学历教师指数

指标项			初中	九年一贯制	小学
平均	开发区学校		3.19	4.62	5.5
	非开发区学校		1.8	3.44	5.11
	新建校	5 年内	—	3.31	—
		3 年内	—	4.61	—
最高分	开发区学校		3.38	5.62	5.6
	非开发区学校		1.93	4	5.29
	新建校	5 年内	—	4.35	—
		3 年内	—	5.02	—
最低分	开发区学校		2.88	3.75	5.33
	非开发区学校		1.66	2.08	4.81
	新建校	5 年内	—	2.08	—
		3 年内	—	4.2	—

表 6.20 数据表明，2023 年全区高学历教师指数略有上升，其中小学组优势依然明显，初中组在各学段对比中仍处于低位。表 6.21 数据表明，2023 年义务教育阶段不同类型学校中开发区学校高学历教师指数平均得分皆高于非开发区学校高学历教师指数平均得分，其中初中开发区学校和非开发区学校高学历教师指数平均得分差距最大。

7. 高职称教师指数分析（表 6.22、表 6.23）

高职称教师指数指学校高职称教师的比例。

表 6.22　2021—2023 年全区中小学高职称教师指数平均值

年份	全区	高中	初中	九年一贯制	小学
2021	3	2.77	1.45	2.45	4.18
2022	3.11	2.59	1.73	2.48	4.37
2023	3.25	2.41	1.62	2.91	4.52

表 6.23　2023 年义务教育阶段同类型学校高职称教师指数

指标项			初中	九年一贯制	小学
平均	开发区学校		1.45	2.69	4.63
	非开发区学校		1.96	3.34	4.36
	新建校	5 年内	—	1.98	—
		3 年内	—	3.23	—
最高分	开发区学校		2.7	4.63	6.36
	非开发区学校		2.59	4.64	5.85
	新建校	5 年内	—	3.09	—
		3 年内	—	4.63	—
最低分	开发区学校		0.97	1.29	2.57
	非开发区学校		1.32	1.57	1.09
	新建校	5 年内	—	1.29	—
		3 年内	—	1.82	—

纵观高职称教师指数数据（表 6.22），全区平均水平呈小幅上升趋势；连续三年，小学组都高于区域平均水平，高中、初中和九年一贯制组均低于区域平均水平。表 6.23 数据表明，初中组、九年制组非开发区学校的高职称教师指数高于开发区学校。

8. 青年骨干教师指数分析（表 6.24、表 6.25）

青年骨干教师指数指学校中 40 周岁以下骨干教师所占比例。

表 6.24　2021—2023 年全区中小学青年骨干教师指数平均值

年份	全区	高中	初中	九年一贯制	小学
2021	2.77	2.15	2.39	2.75	3.04
2022	3.65	3.31	3.59	3.73	3.68
2023	4.19	3.72	4.14	4.46	4.02

表 6.25　2023 年义务教育阶段同类型学校青年骨干教师指数

指标项			初中	九年一贯制	小学
平均	开发区学校		4.32	3.98	4.02
	非开发区学校		3.77	5.42	4.02
	新建校	5 年内	—	8.17	—
		3 年内	—	3.34	—
最高分	开发区学校		6.21	5.63	5.04
	非开发区学校		4.84	15.83	5
	新建校	5 年内	—	15.83	—
		3 年内	—	3.54	—
最低分	开发区学校		3.21	2.86	3.45
	非开发区学校		2.69	2.77	2.92
	新建校	5 年内	—	3.44	—
		3 年内	—	3.13	—

表 6.24 数据表明，2023 年青年骨干教师指数较前两年有所上升；整体看，各学段均在稳步上升。表 6.25 数据表明，该指标中，义务教育阶段仅初中组的开发区学校平均值超过非开发区学校。

9. 青年管理人才指数分析（表 6.26、表 6.27）

青年管理人才指数指 35 周岁以下管理人才所占比例。

表 6.26　2021—2023 年全区中小学青年管理人才指数平均值

年份	全区	高中	初中	九年一贯制	小学
2021	0.51	0.38	0.43	0.49	0.6
2022	0.59	0.52	0.64	0.46	0.72
2023	0.72	0.83	0.66	0.54	0.91

表 6.27　2023 年义务教育阶段同类型学校青年管理人才指数

指标项			初中	九年一贯制	小学
平均	开发区学校		0.79	0.57	0.93
	非开发区学校		0.41	0.49	0.89
	新建校	5 年内	—	0.52	—
		3 年内	—	0.38	—

续表

指标项			初中	九年一贯制	小学
最高分	开发区学校		1.13	1.09	1.73
	非开发区学校		0.63	1.11	1.61
	新建校	5年内	—	0.89	—
		3年内	—	0.44	—
最低分	开发区学校		0.52	0	0.44
	非开发区学校		0.18	0	0.09
	新建校	5年内	—	0	—
		3年内	—	0.31	—

表6.26数据表明，与前两年相比，2023年度该指数区域平均值略有上浮。表6.27数据表明，各组别中开发区学校和非开发区学校之间差异相对较大，开发区学校显著高于非开发区学校。

10. 教师教育人才指数分析（表6.28、表6.29）

教师教育人才指数是2023年新增的，指区级教师教育人才占比。

表6.28 2021—2023年全区中小学教师教育人才指数平均值

年份	全区	高中	初中	九年一贯制	小学
2023	0.08	0.06	0.08	0.06	0.12

表6.29 2023年义务教育阶段同类型学校教师教育人才指数

指标项			初中	九年一贯制	小学
平均	开发区学校		0.11	0.09	0.17
	非开发区学校		0.02	0	0.05
	新建校	5年内	—	0.03	—
		3年内	—	0.2	—
最高分	开发区学校		0.26	0.21	0.65
	非开发区学校		0.04	0.02	0.07
	新建校	5年内	—	0.08	—
		3年内	—	0.21	—

续表

	指标项		初中	九年一贯制	小学
最低分	开发区学校		0	0	0.02
	非开发区学校		0	0	0.02
	新建校	5年内	—	0	—
		3年内	—	0.19	—

表6.28数据表明，小学段的平均值高于其他学段。表6.29数据表明，开发区学校的指数远高于非开发区学校。

11.教育创新人才指数分析（表6.30、表6.31）

教育创新人才指数是2023年新增的指数，用于测量学校在教学方法创新、教学技术创新、教学评价创新等方面的创新人才占比。

表6.30　2021—2023年全区中小学教育创新人才指数平均值

年份	全区	高中	初中	九年一贯制	小学
2023	0.38	0.49	0.33	0.2	0.59

表6.31　2023年义务教育阶段同类型学校教育创新人才指数

	指标项		初中	九年一贯制	小学
平均	开发区学校		0.48	0.28	0.7
	非开发区学校		0.03	0.04	0.44
	新建校	5年内	—	0.06	—
		3年内	—	0.28	—
最高分	开发区学校		1.03	0.84	2.3
	非开发区学校		0.06	0.1	1.09
	新建校	5年内	—	0.18	—
		3年内	—	0.56	—
最低分	开发区学校		0.16	0	0
	非开发区学校		0	0	0.09
	新建校	5年内	—	0	—
		3年内	—	0	—

表 6.30 数据表明，小学段的平均值略高于其他学段，初中、九年一贯制学校低于平均，九年一贯制学校最低。表 6.31 数据表明，开发区学校指数远高于非开发区学校。

12. 区域人才交流指数分析（表 6.32、表 6.33）

区域人才交流指数指学校中参与区域教师流动的教师占比。

表 6.32　2021—2023 年全区中小学区域人才交流指数平均值

年份	全区	高中	初中	九年一贯制	小学
2021	0.17	0.04	0.1	0.12	0.28
2022	0.13	0.05	0.02	0.1	0.2
2023	0.1	0.02	0.04	0.11	0.13

表 6.33　2023 年义务教育阶段同类型学校区域人才交流指数

	指标项		初中	九年一贯制	小学
平均	开发区学校		0.06	0.12	0.14
	非开发区学校		0	0.1	0.12
	新建校	5 年内	—	0.05	—
		3 年内	—	0.12	—
最高分	开发区学校		0.09	0.6	0.34
	非开发区学校		0	0.17	0.16
	新建校	5 年内	—	0.15	—
		3 年内	—	0.24	—
最低分	开发区学校		0.02	0	0
	非开发区学校		0	0	0.08
	新建校	5 年内	—	0	—
		3 年内	—	0	—

表 6.32 数据表明，区域人才交流指数全区平均值相对平稳。表 6.33 数据表明，各组别的开发区学校和非开发区学校之间指数差异较小。

13. 人才成长环境指数分析（表 6.34、表 6.35）

人才成长环境指数用于测量学校教师整体成长环境，测量内容为对职业发展空间（晋升制度、培训机会等）的满意度。

表 6.34　2021—2023 年全区中小学人才成长环境指数平均值

年份	全区	高中	初中	九年一贯制	小学
2021	10	10.21	9.9	9.95	10.02
2022	10	9.9	9.96	10.11	9.93
2023	7	7.01	6.88	7.01	7.03

表 6.35　2023 年义务教育阶段同类型学校人才成长环境指数

指标项			初中	九年一贯制	小学
平均	开发区学校		6.97	7	7.07
	非开发区学校		6.69	7.04	6.97
	新建校	5 年内	—	7.06	—
		3 年内	—	7.07	—
最高分	开发区学校		7.27	7.2	7.5
	非开发区学校		6.87	7.2	7.03
	新建校	5 年内	—	7.2	—
		3 年内	—	7.2	—
最低分	开发区学校		6.51	6.87	6.94
	非开发区学校		6.51	6.87	6.93
	新建校	5 年内	—	6.98	—
		3 年内	—	6.94	—

表 6.34 数据表明，全区整体来看，各校教师对学校人才成长环境满意度各不相同，九年一贯制学校、高中和小学高于平均。表 6.35 数据表明，2023 年义务教育阶段中初中开发区学校人才成长环境指数平均分与非开发区学校差距最大，九年一贯制和小学开发区与非开发区学校差距不大。

14. 行政团队综合指数分析（表 6.36、表 6.37）

行政团队综合指数指对于学校行政团队的管理与服务的认同度。

表 6.36　2021—2023 年全区中小学行政团队综合指数平均值

年份	全区	高中	初中	九年一贯制	小学
2021	10	10.15	8.95	9.87	10.34
2022	10	10.06	9.46	9.99	10.16
2023	7	7.17	6.55	7.01	7.12

表 6.37　2023 年义务教育阶段同类型学校行政团队综合指数

指标项			初中	九年一贯制	小学
平均	开发区学校		6.65	6.97	7.17
	非开发区学校		6.35	7.1	7.03
	新建校	5 年内	—	7.06	—
		3 年内	—	7.15	—
最高分	开发区学校		7.09	7.21	7.21
	非开发区学校		6.36	7.18	7.21
	新建校	5 年内	—	7.18	—
		3 年内	—	7.15	—
最低分	开发区学校		6.34	6.53	7.07
	非开发区学校		6.34	6.86	6.41
	新建校	5 年内	—	6.86	—
		3 年内	—	7.15	—

表 6.36 数据表明，2023 年各校教师对学校行政团队管理与服务的认同度明显下降。表 6.37 数据表明，2023 年义务教育阶段九年一贯制学校非开发区行政团队综合指数得分平均分超过开发区学校，学校教师对学校行政团队管理与服务认同度高。

15. 教育人才绩效指数分析（表 6.38、表 6.39）

教育人才绩效指数指学校对人力资源的利用效率。

表 6.38　2021—2023 年全区中小学教育人才绩效指数平均值

年份	全区	高中	初中	九年一贯制	小学
2021	5	3.39	3.81	4.91	5.84
2022	5	3.66	3.28	4.82	6.06
2023	2	0	1.8	1.86	2.39

表 6.39　2023 年义务教育阶段同类型学校教育人才绩效指数

指标项			初中	九年一贯制	小学
平均	开发区学校		1.82	1.92	2.52
	非开发区学校		1.75	1.76	2.19
	新建校	5 年内	—	1.63	—
		3 年内	—	0.8	—

续表

指标项			初中	九年一贯制	小学
最高分	开发区学校		2.32	2.32	2.8
	非开发区学校		1.82	2.01	2.45
	新建校	5年内	—	1.96	—
		3年内	—	1.59	—
最低分	开发区学校		1.45	0	2.03
	非开发区学校		1.68	1.45	1.91
	新建校	5年内	—	1.45	—
		3年内	—	0	—

表6.38数据显示，2023年全区教育人才绩效指数略有下降，总体保持平稳。表6.39数据显示，不同类型学校之间差异明显。

16. 教育人才稳定指数分析（表6.40、表6.41）

教育人才稳定指数用于测量学校骨干教师、名师的稳定情况。

表6.40　2021—2023年全区中小学教育人才稳定指数平均值

年份	全区	高中	初中	九年一贯制	小学
2021	−0.02	−0.01	−0.04	−0.01	−0.02
2022	−0.02	0	−0.02	4.82	−0.03
2023	−0.01	0	−0.01	−0.02	0

表6.41　2023年义务教育阶段同类型学校教育人才稳定指数

指标项			初中	九年一贯制	小学
平均	开发区学校		−0.01	−0.02	0
	非开发区学校		0	0	0
	新建校	5年内	—	0	—
		3年内	—	−0.06	—
最高分	开发区学校		0	0	0
	非开发区学校		0	0	0
	新建校	5年内	—	0	—
		3年内	—	0	—

续表

指标项		初中	九年一贯制	小学
最低分	开发区学校	−0.04	−0.11	0
	非开发区学校	0	0	−0.02
	新建校 5年内	—	0	—
	新建校 3年内	—	−0.11	—

表 6.40 数据表明，三年来全区教育人才比较稳定，其中高中和小学无骨干人才流失。九年一贯制学校较上一年度下降明显。表 6.41 数据表明，2023 年义务教育阶段各类型学校中非开发区学校均无骨干人才流失。

三、对教育人才发展的思考

从上述教育人才指数分析来看，与其他同类型地区相比占有一定优势、在苏州市比较领先的项目有：园区骨干教师（含名师）指数测评中的正高级教师、特级教师、姑苏教育特聘人才、姑苏教育拔尖人才、苏州市学科带头人总量，教学能力与教学成果指数中教育行政与教学业务主管部门举行的省级及以上优质课和教学基本功竞赛一等奖、苏州市教师专业素养竞赛一等奖人数，高学历教师指数测评中的研究生学历人数占比等，这些项目指数均在增加。而在骨干教师（含名师）指数测评中的国家教学名师、省人民教育家工程培养对象（苏教名家培养对象）、姑苏教育名家和二级与三级岗位正高级教师、苏州市教育特聘 A 类人才、省教学名师，以及高职称教师等指数，都不具有优势，有的指标比较低，有的指标甚至是零。现将园区在教育人才发展中的主要成效与经验、不足原因与拟加强的措施，以及 2024 年人才队伍建设目标、措施与计划等对教育人才发展的思考概述如下。

（一）主要成效与经验

1. 骨干教师（含名师）指数中高端人才培养和引进取得丰硕成果

园区骨干教师比例较大。其中，省特级教师，全国优秀教师，B 类、C 类与 D 类姑苏教育特聘人才，苏州市学科带头人总数及其占全体教师的比例很高。能取得现在这样的成就，主要是因为园区持续加大骨干教师培养、引进的力度。近年来优化完善了骨干教师评审系列，相应增加了一些门类指标，2023 年园区教育人才系列开评。这些对骨干教师既是一种肯定，又是一种激励。而由于园区相对宽松的用人政策、富有竞争力的薪资待遇、优美宜居的生活环境，吸引了一批批县区级、设区市级、省级、国家级的优秀教师从区外、市内外乃至省内外汇集到这片教育高地上来。

2. 教学能力与教学成果指数中初中数学优课一路凯歌

近年来，园区教师发展中心根据大数据分析指引，对青年教师在思想政治、师德师风、素养学养、教学基本功、教科研水平等方面有针对、有重点地深入持续开展培训，教师综合素质大幅提升，在省教育行政和教学业务主管部门组织的教学基本功与优质课竞赛中捷报频传、位居前列。大数据分析暴露出青年教师的短板和弱项，园区教师发展中心、学科教师培训中心、名师工作坊及教师所在学校据此进行科学匹配，统筹安排各科教研员与年轻教师联动结对，老教师与青年教师一对一"传帮带"，为青年教师专业成长助力。2023年起区域实施教师队伍建设"六项计划""十大工程"，包括思政教育培根计划、青年教师"一三五"雏鹰计划（标准化启航工程、专业化筑基工程和特色化提升工程）、骨干教师精进计划（"7890"梯队建设工程）、名优教师领航计划（名优教师领航工程）、管理干部培育计划（名优校长引进工程、杰出校长培养工程、青年干部选育工程）、退休教师银龄计划（退休教师关爱工程和退休教师余辉工程），进一步提升教师队伍能力素质，进一步激发教师队伍发展活力。教师发展中心以课例研究为载体，组织了重在促进青年教师提高思想觉悟、师德水平，提升专业能力、科研水平的多层次、多类型、多形态、系统性的系列培训。其中，初中数学教师团队更是立足于学科教学研究，在促进教师专业成长、学科特色形成、区域教育品质提升等方面取得突出成效。

3. 教学能力与教学成果指数中专业素养竞赛续写辉煌

苏州市中小学教师专业素养竞赛中，园区教师常年领跑全市，2023年再获佳绩，获奖人数及获奖比例均列全市第一。园区高度重视教师专业素养发展，以赛事契机促教师专业成长。教师发展中心提前谋划，相应学科研训员借助教师教育体系课程"学科教师专业素养"，组织学校骨干教师精心准备相关复习资料和高质量的模拟试卷，按计划安排各校组织教师做好备赛工作，为参赛教师提供专业指导和帮助。通过"学科教师专业素养"等教师教育体系课程、新上岗教师教学基本功培训及其他多种举措，打好人才分层培养、按需发展的组合拳。

4. 教学能力与教学成果指数中教学成果奖质量有提升

2017年、2021年省教学成果奖方面，园区获奖项目数量较多，共斩获特等奖2项、一等奖3项，另有二等奖多项，成绩喜人；2022年，园区选送项目获得国家级教学成果奖二等奖，实现国家级教学成果奖零的突破。园区获奖主要原因和启示分析如下：一是区校联动，教育行政部门主要领导与主管领导及相关处室、教师发展职能部门主要领导与主管领导及相关处室顶层设计、率先垂范，把方向、定基调，相关学校领导与教师积极参与，扎扎实实进行研究与实践；二是获奖项目大多是省部级重大项目、教育科学规划课题、教研课题研究成果，项目与课题研究可以成为教学成果孵化的基础；三是获奖项目大多出版有专著（或将专著列入出版计划），或在国家核心期刊与人大报刊复印资料发表研究成果，获奖单位普遍对项目或课题研究成果的提炼、推广比较重视；四是获奖项目单位教改意识强烈，教育改革从课程、教学、师资及人才培养模式上找到了抓手，切入了教育发展的内涵。

5. 德育管理人才指数中班主任基本功竞赛连获省大奖

近8年来，园区教师凭借扎实的基本功、先进的教育理念与过人的教育智慧，在2016年为苏州市取得一等奖零的突破，之后，在省中小学班主任基本功竞赛中园区连年有教师获得一等奖，2020、2021年园区分别有两位教师作为苏州市代表队选手参赛，连续双双荣获一等奖，并首次获得长三角班主任基本功竞赛一等奖。2023年，在第十二届长三角地区中小学班主任基本功大赛中，西安交通大学苏州附属初级中学张燕老师获长三角一等奖第一名，刷新了苏州大市初中组选手的历史最佳成绩。除此之外，园区自培、引进的省班主任基本功竞赛一、二等奖总人数居于苏州市前列。这些成绩的取得离不开多方面的支持。一是教育局及其相关职能部门高度重视，组织教练团队悉心指导参赛教师，对其进行全方位培训；每年组织面向班主任的100多学时的心理教师上岗培训。二是教师发展中心与学校，积极组织班主任基本功竞赛、主题班会等业务评比及展示观摩学习活动。三是有关学校高度重视，主要领导亲自关怀、热情鼓励，分管人员齐抓共管、协调配合，德育团队悉心帮助、整合资源，全校上下形成了促进班主任专业发展的强大合力。四是广大班主任勤勉奋进，博采众长，苦练内功，积累经验。

（二）不足原因与拟加强的措施

1. 高端荣誉显差强之态

① 落后现状。园区中高端人才人数少，占全体教师比例较小；国家教学名师、姑苏教育名家、姑苏教育A类特聘人才等均没有。

② 不足原因。一是有些省级项目不再评审或符合条件人数较少。二是国家级、省级部分项目获得难度相对较大。三是姑苏教育人才中，教育名家、领军人才要求高，园区符合条件人数少；姑苏教育特聘人才，园区没有符合A类条件的人才。

③ 采取措施。一是对照有关评审条件，组织市学科带头人以上称号获得者明确努力目标，针对薄弱环节，查漏补缺，力求在一定时期内达到或超过申报条件的要求。二是高原筑峰，群策群力，教育行政与教育教学、教育科研等业务部门和骨干教师共同体以及这些名师所在单位为他们搭桥铺路、保驾护航。三是发挥榜样示范力量，顶尖人才介绍自身成功经验。四是争取引进一批高端顶尖人才。

2. 高职称指数相对落后

① 落后现状。高级职称与同类型地区相比相对偏低；正高级教师二级与三级岗位还是空白。

② 不足原因。一是一些教师安于现状，在专业技术上不求大的长进。二是园区建区只有 29 年，高职称教师本就不多，近年招聘应届生居多，职称总数底盘增大。三是正高二级与三级岗位条件要求较高，符合条件的人选不多。四是园区没有二级与三级岗位设定。

③ 采取措施。一是对广大教师进行职业理想与专业标准教育，明确专业技术发展目标。二是对照有关评审条件，指导有关教师尽快达标。三是尽快放开二级与三级岗位设定。

（三）下一步计划

1. 通过培养、引进、交流等形式，多措并举、多出人才

利用好 2024 年正高级教师评选政策，力争用足指标。做好园区特聘人才、分层培养人才评审工作；组织好第 25 批园区骨干教师评选工作。加强与知名高校合作，吸引更多优秀毕业生。

2. 通过"3+X"教师教育体系，提升人才培育的质量

推进"3+X"教师培训课程改革。一方面，推出园区教师教育体系 2.0 版全新课程，为各级各类人才提供相对充裕的培训课程；另一方面，着手"X"系列课程培训，着重为一些骨干教师开展专题类的教师梯队培训，加速其向专家型、学者型教师转变。

3. 多措并举，提升"5G+智慧教育"环境下教师数字素养

借助智能环境开展智慧教育，利用种子培训、高端研修、校本培训、自主学习、学科培训、基地培训、结对帮扶等多种方式提高教师数字素养，梳理"易加"平台不同角色的高频应用功能点位，研制针对性强、易上手的培训课程，有序推进"易加"平台常态化应用。

4. 注重"易加"系列应用深化，在特色品牌打造中敢于创新

推进"易加教育"4.0 工程，支撑新型教与学模式构建。进行理念革新、项目深化、课堂打造、普及应用、常规竞赛，擦亮"易加"品牌，服务园区"教育数字化转型"走向深入。

5. 数字师培，促进常态化研训的数字化转型

基于"易加"平台数据基座，引进优质品牌教师教育在线培训系列课程，构建云端一体化"易加教师发展学院"，覆盖基础教育、职业教育多元主体，构建服务集团化组织架构的平台支撑体系，提供多样化主题培训，衔接原有区域培训体系，更新迭代师训课程，积极回应区域大规模教师队伍专业发展个性化需求。持续推进各基地校、各名师工作室培训活动的直播、互动、分享与回看，促进常态化研训的数字化转型，通过不断放大优质研训的辐射面，彰显区域研训的品牌影响力。

6. 通过"人才+"活力激发系统，重燃各类人才发展激情

加强各类人才队伍建设，既重视管理人才队伍建设，又重视技能人才队伍建设，更重视面广量大的专业技术人才队伍建设。像二十大报告要求的那样，"真心爱才、悉心育才、倾心引才、精心用才，求贤若渴，不拘一格，把各方面优秀人才集聚到党和人民事业中来。"

第四节 / 数字化转型背景下的学校治理

案例 1　以评价引领精准教学的星港实践

教育质量监测是支撑教育决策、指导学校服务、改进教育教学管理的重要手段。为高效能发挥监测结果在学科教学和研究应用的指导和引领作用，苏州工业园区星港学校认真研读苏州市教育质量监测中心出具的学校报告，基于数据驱动和数字化赋能，针对教师的教与学生的学的监测评价探索了一系列有效的教育教学管理改革。

一、以数据为参照点，在质量监测中借力

1. 减压增效已显成效

根据近三年的监测数据比较，星港学校在以下四组指标上略有进步，分别为"备课管理""三全育人""教学反馈与调整""总体压力感受"，其中前 3 项进步分数大于 0.1 分，"总体压力感受"上升 0.69 分，较为明显，即近几年学校系列教学管理举措减压增效已显成效。

2. 教学管理亟待更新

在"教师相关因素"四个一级维度下的"班级管理""教学管理""教学方式"等 15 个分支中，与本区域（工业园区）平均分比较，星港学校均值较低，其中差值低于 0.55 分以上的项目有："备课管理"（比区域均值低 0.66）、"课堂管理"（比区域均值低 0.68）、"作业管理"（比区域均值低 0.71）、"参与式教学"（比区域均值低 0.57），即学校的教学管理模式及教学方式亟待更新。

3. 学习品质有待提升

根据"学生相关因素"报告，星港学校学生"学习品质"和"学业支持"这两项总得分与区域均值相比略低。在三大板块、六个分支中，可以看到"学习主动性"与区域差值呈扩大趋势，"学习策略与方法"的差值虽未标红，但经对比，三年来也持续

走低、拉开差距，2022级学生表现得尤为明显。

4. 资源建设不容忽视

在"学业支持"的12个分支中，与区域相比，3个年级"课堂教学行为""课程资源"等均值普遍偏低，其中"课程资源"偏低差距较大，从2020年的 -0.30 变为 -0.37。

二、以问题为出发点，在明确目标中聚力

1. 指向学的路径，拉动内驱

从数据中可以看到，学生在"学习品质"上表现出明显差距，并呈现持续走低的态势（表6.42），这与"学习策略与方法"的走低呈现正相关。近几年，随着"双减"政策的推进与落实，如何减负增效地促进学生的学是需要深入思考的问题，不仅要在学生学习兴趣，更要在学习方法上探究与培养。监测数据带来的问题启示我们，兴趣与方法成为学习路径上主要聚焦的问题。

表 6.42 学生在"学习品质"维度的数据监测结果

一级维度	二级维度	三级维度	2020年初一	2021年初二	2022年初三			2022年初二差值	2022年初一差值
			本校	本校	本校	本区域	差值		
学习品质	学习习惯	学习主动性	5.46	5.73	5.50	5.78	-0.28	-0.33	-0.39
		学习计划性	5.73	5.96	5.55	5.68	-0.13	-0.37	-0.19
		学习坚持性	5.54	5.79	5.65	5.75	-0.10	-0.06	-0.16
	学习方法	策略与方法	5.53	5.86	5.71	5.91	-0.20	-0.17	-0.32
	学习动力	学习兴趣	5.39	5.70	5.61	5.74	-0.13	-0.12	-0.22
		学习动机	5.33	5.40	5.44	5.70	-0.26	-0.22	-0.25

2. 指向教的行为，分层施教

在四门学科（语文、数学、英语、科学）的"四水平图"走向中可以看到，数学和科学学科处于Ⅳ水平的学生数量有减少趋势，英语学科Ⅳ水平学生数持续走低、Ⅰ水平学生明显增多（图6.14），因此不同学科给分层施教带来不同要求。此外，3个年级的课程资源均值均低于区域均值。因此，挖掘适合不同能力水平学生的校本资源有待加强。

3. 指向管的方式，注重实效

从以上数据中不难发现，星港学校在管理工作和教学工作两个维度的得分总体略低于区域均值。除教师年龄层次、骨干分布等因素外，如何促进"经验+数据"的教学管理方式落地，让集体备课有内容可研、有数据可依，让课堂管理形成具有统一共识、可科学量化的反馈机制，有效地提升课堂质效，成为教学管理团队急需解决的问题。

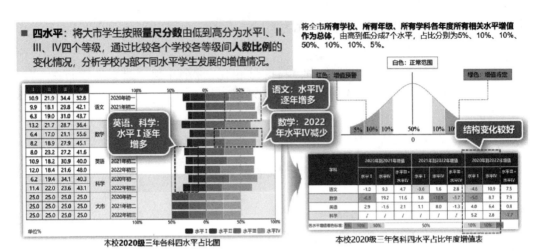

图6.14 语、数、英、科"四水平图"数据监测结果

三、以举措为着力点,在学校管理中蓄力

苏州市教育质量监测中心的数据分析报告给我们指明了管理改革的方向,园区基于大数据的区域教育评价变革行动也给我们描绘了未来样态。从园区构筑"三段三维式"评价大模型,到形成数字化转型"同心圆",我校围绕数据的"采集、分析和应用"展开以"为学生学习赋能"为中心的"五轮驱动计划"(图6.15)。借"微监测"撬动知识点落实;制"五学表"策动课中活动达成;绑"监测点"发动溯源性追踪;搭"分层梯"谋动个性化资源构建;采"月问卷"调动作业量均衡。围绕园区教育"学生发展、教师发展、学校发展"三个维度,切实落实六大发展指标:"个性学""智慧教""科学测""智能评""高效研""精准管"。

1."微监测"找准靶子,发力动态点

(1)一次活动,从共识走向抓手

2023年12月15日,星港学校承办园区集团化办学教研活动——"素养提升视域下数据循证的学教评一致性教学研究活动"。让质量监测数据作为指引,积极探索学、教、评一致的课堂教学。针对"备课管理中备什么""哪些知识能力点是学生可以自行掌握的""哪些目标需要老师搭建支架深化学习"等问题达成了共识。园区"易加分析"的微监测成为管理举措的有效抓手。微监测作为

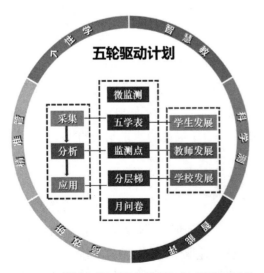

图6.15 星港学校基于数字化转型的"五轮驱动计划"

一种小规模的针对特定知识点、能力点、素养点的测评方式，旨在快速获取学生的学习反馈。这种评价和反馈，不仅能帮助教师了解学生的学习成果，更能助力教师教学中及时调整策略，提高质量。

（2）两种形式，从散点走向集成

星港学校以两种微监测的形式逐步推进。一是指向课堂目标达成度的微监测，即利用当堂小练反馈知识点掌握情况；二是指向阶段性目标达成的微监测，即利用碎片时间监测素养点的内化程度。2023—2024学年秋学期，我校已利用"易加分析"平台开展各科微监测共150余次，在各年级全学科全面推进，数据源的丰富也将日渐成为学校教学管理及教师反思教学行为的宝贵资源。

（3）教学双驱，从推进走向落地

借助数据，驱动学生动态调整学习方向。通过数据，学生能直观地发现自己在知识、内容上的漏洞与不足，即时反馈和扫码再学促使学生自我调整、自我驱动。

借助数据，驱动教师动态调整教学重点。数据不仅展现班级层面知识点掌握的普遍性问题，也呈现个体差异问题，助力教师动态调整教学重点，有的放矢。

2."五学表"瞄准镜子，挖掘生长点

（1）一个原点，多学科表达

以"学生的学习是如何发生的"为问题原点，探索教的行为和学的路径。为深挖"学习主动性""学习策略与方法"差距背后的原因，依托"驻班助学"的管理方式，发现"学生自主学习能力不足"是普遍性问题，星港学校研发了以学生"读、写、练、议、辩"为课堂观察维度的课堂教学评价"五学量表"（表6.43），以此助推"课堂管理"，作为"教学反馈与调整"的一种手段，减少"参与式教学"和"因材施教"的低分差距。

表6.43 星港学校课堂教学评价"五学量表"

2023.10

日期		周次		班级		
序号	时间段	学生学习力方法态度习惯	学生常规表现	照片	观察人	
1						
2						
3						
		班风、学风简要评价			评价人	
1						
2						
3						
		反馈建议			反馈人	
1						
2						
3						
		课堂观察——"读、写、练、议、辩"有意识、有行动、有成效。				
五学	内容				评价	
				暂无	偶尔	充分
读	语文、英语等学科有朗读、默读等环节设置，其他学科重视对教材、题目的审读，读的过程中借助标记、批注等体现读的效果。					
写	除听、读的学习方式外，重视"写"的落实，如记笔记、做标注等，重视笔记习惯的养成。					
练	在课时内，根据教学内容，设置配套练习，讲练时间分配比至少达到3：1。					
议	教师提问适切，学生回答问题积极，师生互议、生生互议的课堂氛围浓厚。					
辩	鼓励学生表达质疑或见解，善于引导学生提问。					

（2）三种画像，多主体共评

"教学雷达"，改善教的行为。将"五学量表"与驻班助学、日常"访课"、公开"亮课"等教学管理行为深度关联，借助信息化平台，实时生成课堂"五学雷达图"（图6.16）。以5种教学行为为抓手，促进教师基于数据形成教学反思，补齐教学行为中的短板。

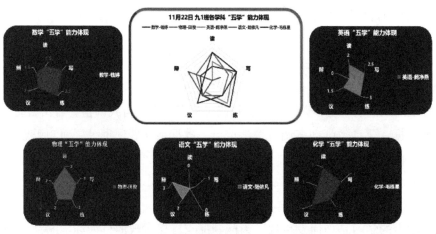

图6.16　星港学校课堂教学评价"五学雷达图"

"学习五星"，探索学的路径。除教师评价的数字赋能外，星港学校逐步推进学生版"五学量表"，即"学习五星"（图6.17）。一方面借助学生评价的数据为教师的课堂教学行为提供参考；另一方面，以评价为手段，逐步让学生内化"读、写、练、议、辩"的学习行为。

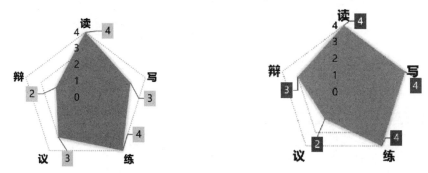

图6.17　不同学生"学习五星"自评图

"五学看板"，明确管的抓手。星港学校开发"五学数据大看板"，层级展现学校、学科、教师个人"五学"赋分情况，通过不同学科的评价趋势、长短板分析，促进学校教学管理精准发力，定向引导。

3. "监测点"搭准梯子，突破薄弱点

（1）明晰痛点，优化分层策略

基于质量监测数据和"四水平图"走向，学校英语学科基础薄弱学生增多、数学学科拔尖学生减少的现状，本学期，七年级英语学科尝试探讨学生英语学习路径，旨在发现基础薄弱的具体项目与环节，做到精准发力。如英语课堂能听懂和会读的学生比例不高；阅读中仍有一部分学生不能读懂题目；作文题目中，在单词拼写上丢分的学生仍占很大比例。针对这些问题，一方面让学校尝试深度探讨基础薄弱点的具体内容，另一方面也促进学校利用延时服务时间进行"星萃培优筑峰"，帮助优秀学生目标性发展，方向性突破。

（2）长线跟踪，聚焦能力素养

园区"易加分析"中有3个维度的监测点，分别是知识点、能力点、素养点。这3个监测点分别对接了《中国高考评价体系》的"一核四层四翼"中的"必备知识、关键能力、学科素养"。在走向素养立意的中考命题趋势下，本学期以七年级语文为学科试点，助推教研中聚焦监测点，提升命题能力。

例如，学生在语文监测中呈现出"理解分析"和"评价运用"能力薄弱，针对这一普遍学情，七年级语文组以诗歌鉴赏为抓手，利用阶段性微监测的形式，开展了14次监测练习，旨在从动态数据中形成"确定问题—形成假设—监测实施—数据评估"闭环研修模式。从曲折上升的折线中可以看到，诗歌鉴赏的选点和监测练习的形式是有效的。以"经验＋数据"的教研方式，为教学提供有效路径，提升学科素养点。

4. 控作业减轻担子，提升兴趣点

（1）问卷调控，实时跟踪

针对"作业管理"数据和区域均值相差明显这一监测结果，一方面，学校教导处每月针对各年级作业量进行问卷调查并数据反馈，通过点对点提醒、一对一监督，实时跟踪，让作业减负真实发生。另一方面，针对学生在校延时服务中自主管理时间使用差距的问题，展开自主学习跟踪问卷，了解学生在自主学习时间段的作业管理能力和自主学习状况。

（2）学做合一，多元形式

学校各备课组坚持以问题驱动、需求驱动、创新驱动为导向，积极探索"学科实践活动"形式的作业。从延展性学习方式走入语文经典，到数、理、化启动"生活里的科学"项目研究，丰富学生学习情境，培养学生动手能力。力求通过多元形式的作业，增强学生学做合一的能力，激发学生学习主动性。

5. 集资源铺好路子，搭建支持点

（1）聚焦访课亮课，优化课程资源

学校聚焦课堂变革，结合教师年龄分布离散、不同年龄层次教师发展需求不同的情况,将"巡课、访课、展课"的三课制度,优化为借助标准分增长聚焦访课对象、围绕备课组共研打造亮课资源、依托集团化办学筛选展课优质课堂的"访课、亮课、展课"新三课制度。本学期来,在新三课制度下,积累优化各学科课程资源60余节。

(2)利用数据平台,智能课后帮扶

物理、化学和数学组针对作业呈现出的问题,共同协备,为重点作业问题录制详解视频,学生扫描二维码即可获得详解;学生也可以录制讲解视频,同样生成二维码进行互相交流,推广优秀解题方法的同时,集成作业讲解资源。

四、以案例为依托点,在项目引领下施力

2020—2022年3年间,苏州工业园区星港学校有效利用质量监测结果,依托园区新型教与学背景的"易加"平台,以数据分析为基础,既助力学校从宏观层级把握学生的学习状况,又助力教师从微观层级为学生提供精准教学。学校以此为内容,申报案例10项,其中获奖案例6项,1项获一等奖。学校围绕"数据循证""学教评一致性"等主题,积极申报课题,在研各级各类课题中入选省"十四五"规划课题1项、市规划课题3项、区规划课题2项、省现代教育技术课题9项,40余篇相关论文发表或获奖。

让教师的努力有方向,让学生的成长看得见。星港学校将继续深入剖析监测数据,以数据驱动教学管理行为,坚决行动、优化改良。追风而行,精准赋能,以扎实有效的行动全面提升育人实效,推动新型教与学有效落地,真正实现大数据指导下的精准化教学。

案例2 "易加综素"评价改革的星海实践

星海小学基于办学背景、区域特点和时代要求,积极开展"适合的教育"实践探索,以园区国家级信息化教学实验项目"基于教学改革、融合信息技术的新型教与学模式"和"5G支撑下核心素养导向的混合式教学"充分引领,用先进的理念、科学的机制、创新的实践,探索大数据支撑下的小学生综合素质评价改革(简称"小五星"评价),逐步完善德育评价、强化体育评价、改进美育评价、加强劳动教育评价、严格学业标准,引领学生全面发展、健康成长,逐步将"适合的教育"思想融入学校办学的方方面面,促进了学校持续的高质量发展,学校发展呈现星光灿烂的生动局面。

一、星海小学"适合的教育"面临的新问题

传统数据资源存在着收集耗时较久、数据源不统一、过程型数据缺失甚至无法采

集等阻隔，在这种不完整数据资源基础上所研判的分析结果，只能揭示某些具体或特定问题，缺乏综合性。而传统教育中以成绩为基础、以分数为主参照的考试结果评价钳制学生的个性，直接忽视学生表现的日常性、成长的动态性、发展的差异性，学生的发展需要被掩盖在分数之中，导致学生全面而有个性、特色发展的教育目的对教育评价的导向力式微，让教育公平、教育平等、教育效率等传统议题，在大数据时代显得更加突出。

二、星海小学"小五星"评价改革的校本化实践探索

《深化新时代教育评价改革总体方案》指出，学生发展核心素养，主要指学生应具备的，能够适应终身发展和社会发展需要的必备品格和关键能力。"易加综素"提出建设以思想品德、学业水平、艺术素养、身心健康、劳动实践为五大维度的学生发展"小五星"评价体系（图6.18）。星海小学以"大数据支撑下学生综合素质评价改革研究"为目标，以园区学生综素评价系统——"易加综素"平台为依托，采取"一结合、二细化、三对接"的校本化实践，通过线上线下相结合的问卷、监测、赋分等多维度数据采集，建设形成具有星海小学特色的学生发展综合素质评价改革方案。

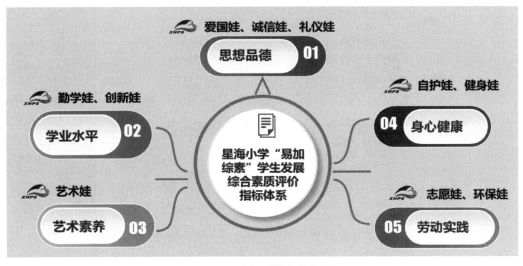

图6.18 "小五星"评价体系

1. "一结合"：让学生综合素质评价指标聚焦立德树人

学校项目组在学习借鉴的基础上，根据教育部等六部门颁布的《义务教育质量评价指南》和《中国学生发展核心素养》要求，将园区"易加综素"学生发展综合素质评价指标体系与学校多年来一贯实施的"十佳星海娃评价办法"相结合，建立了以思想品德、学业水平、艺术素养、身心健康和劳动实践为五大维度的星海小学"星海娃

综合素质评价指标体系"。该体系沿用了《义务教育质量评价指南》中五个维度的必备品格和关键能力，同时融入了"十佳星海娃评价办法"中的具体评价指标和考查要点，站在立德树人的高度构建了学生综合素质评价指标体系与框架（星海小学"星海娃评价指标体系"）。

2. "两细化"：让学生综合素质评价指向更具星海化表达

学校遵循评价日常化和具体可操化的原则，对综合素质评价进行了两个细化。一是细化了二级评价指标和三级评价内容。如"思想品德"一级维度之下，细分了行为习惯、公民素养、人格品质、理想信念和国际理解等二级指标，并将有星海评价特色的"爱国娃、诚信娃、礼仪娃"等具体评价内容与其融合匹配，让指标既有宏观性又具可操作性（表6.44）。二是将综合素质评价与各类课程有机融合，细化了具体赋分细则。如将学校"四叶草"小公民综合实践课程与"社会实践"指标相融合，包含红色寻访、社区服务、家庭小当家等，制定了封顶五星的赋分评价细则。

图6.44 星海小学"小五星"赋分评价细则

一级指标	二级指标	三级指标	评价分值	评价工具	星海娃
思想品德	行为习惯	1.树立珍爱生命、安全第一意识，掌握安全、卫生防疫等基本常识，注重日常预防和自我保护，具备避险和紧急情况应对能力。 2.养成规则意识，遵守校规校纪，遵守法律法规、社会公德和公共秩序。 3.诚实守信、知错就改。礼貌待人，与人和谐相处。 4.自己事情自己做，他人事情帮着做。	★—— ★★★★★	日常赋星+成长写实	爱国娃 诚信娃 礼仪娃 志愿娃 环保娃
	公民素养	1.重视自己的想法，有明确的目标并相信自己能够达成。 2.能够自我约束并合理规划自己的时间，遇到困难不退缩并积极寻求解决的方法。 3.孝敬父母、尊重师长、同学和他人，礼貌待人，与人和谐相处。 4.对未来充满美好向往，乐于迎接挑战、乐于与人沟通、乐于奉献爱心。			
	人格品质	1.了解党史国情，珍视国家荣誉，爱党爱国爱人民爱社会主义，立志听党话、跟党走。 2.会唱国歌，积极参加升国旗仪式；积极参加重要节日、纪念日主题教育活动，积极参加少先队活动。 3.热爱并努力学习中华优秀传统文化、革命文化和社会主义先进文化，传承红色基因，增强"四个自信"；积极向英雄模范和先进典型人物学习。 4.能够基于兴趣确立自己的人生理想并有规划地稳步前行。			
	理想信念	1.注重仪表、举止文明，见到他人主动问好。 2.朴素节俭、不相互攀比。爱护公共财物，保护公共环境，热爱大自然。 3.节粮节水节电，低碳环保生活。积极参与学校、家庭、社区的垃圾分类活动。 4.积极参加集体活动，主动为班级、学校、同学及他人服务。			
	国际理解	1.学会尊重和理解世界多元文化，用智慧的头脑去吸收和接纳世界多元文化。 2.关注当代文化生活，逐步提升对文化现象的剖析能力，积极参与学校组织的文化传播和交流活动。 3.注重跨领域学习，树立正确的学习观和远大的理想。 4.传播人类文明，用世界公民的责任感，为人类的进步、世界的文明，做出星海娃应尽的贡献。			

3. "三对接":让学生综合素质评价跟踪学生成长轨迹

为了让"小五星"评价真正发挥"跟踪学生成长轨迹,绘制学生综合素养图谱"的功能,学校做好了三项对接,让综素评价与学生成长深度对接。

① 将"小五星评价"和学校"每周一娃""每月之星""十佳星海娃"评选紧密结合,让评价改革真正落地生根,形成活力。

为使"小五星"评价改革落地生根,星海小学将"小五星"评价变身为"每周一娃""每月之星""十佳星海娃"评比。平时,各班级每周围绕一个评价重点内容开展量化评比,达成者由班级授予"每周一娃"荣誉,每月累计获奖最多者为"每月之星",由校长利用升旗仪式集中授奖。期末,学校根据"每周一娃""每月之星"评比的具体情况,推选"十佳星海娃"。多维度构建了较为完整的评价模块,评价内容全覆盖,充分体现星海校本特色。

② 将"小五星"评价与数据中心建设相结合,力求评价改革数据化、精准化。

为更好地服务学校项目大数据收集和平台建设,学校多次邀请园区教发中心信息中心技术团队来校指导,从平台建构、资源上传,到评价渠道和雷达图式分析等,逐一进行细致精确指导,为学校大数据支撑奠定了坚实的技术力量基础。目前,学校在园区技术人员指导下,已经完成了"十佳星海娃"的数据资源库建设和"小五星"评价体系雷达图的平台搭建(图6.19)。据统计,"易加综素"平台自2021年6月28日使用以来,已支撑星海小学生成学生综合素质评价报告18135多份、成长写实119000余条,利用"易加综素"数据促进学生综合素养提升已经成为星海娃娃成长教育的常态。

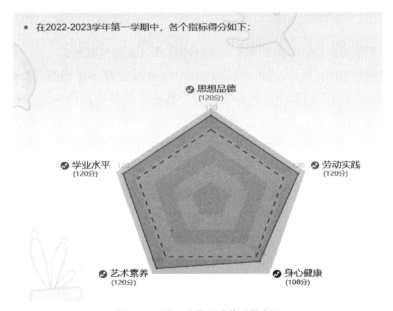

图6.19 "小五星"评价体系雷达图

在"小五星"评价体系的有力支撑下，教师和家长通过该体系的精准、科学分析，使得评价更全面、更客观、更精准，更大限度挖掘学生自身潜能和优势，为每个孩子智绘个性成长的地图，让每个孩子遇见更好的自己。星海小学四年级某班顾某某家长介绍说："2022年寒假刚开始，我通过'易加综素'平台了解到小顾的体育综合素质比较弱。在与学校体育老师沟通后，我们立即着手对小顾进行体能训练，针对他比较薄弱的运动项目展开专门训练。经过长达一年的不懈努力，2023年寒假，小顾体育项目大部分达到了良好水平，篮球和跑步还获得了优秀！'小五星'评价真是太及时了！"

③ 将"小五星"评价与学生日常行为规范教育紧密结合，积极关注学生成长过程。

借助"易加综素"平台，学生和家长可以随时将活动照片、学习成果、评价记录等上传，家长、学生与教师还可以在平台内即时互动点评。这种大数据环境支撑下的"成长写实"展现了丰富多彩的校园生活，呈现了学生最真实的成长过程，深受家长学生欢迎。每每学习之余，孩子们便会与家长们一同徜徉在"易加综素"的缤纷世界之中，感受着多彩的童年生活。同时，借助"易加综素"，家长、教师和学生在线互动交流也成为一种教育新常态，"易加综素"成了家校互动的绝佳平台。以星海小学省级英雄中队——"王伟中队"为例，"王伟中队"队员线下参与的各类社会实践活动和主题队日活动异彩纷呈。2023年清明期间，该中队组织红领巾假日小队活动，前往苏州市烈士陵园开展主题祭扫活动。活动后，队员们纷纷将参与活动的照片、视频资料以及自己的感受及时上传至"易加小五星"评价平台的"成长圈"中，教师、家长、同伴还可以在"成长圈"进行点评和点赞，形成了学校、家庭、社会的共育合力。

三、成果应用效果

1. 项目研究促进了全校教师教育观念和评价理念发生积极转变

树立了新型科学的学生发展评价观。我们认为综合素质评价应坚持"以德为先、能力为重、全面发展"的科学成才观，摒弃分数至上的单一评价方式，改善原有"星海娃自主发展评价体系"，建构德智体美劳全面发展的新型评价体系，将学生的品德养成和全面发展置于首位，将学生的智力因素和非智力因素放在同等重要的地位，以促进学生的全面发展。

评价改革助推学校整体发展，成为学校改革发展的"龙头"。从两年来的改革实践过程与成效来看，全校教师在教育教学过程中的理念、课程改革实践、自身发展等方面均取得长足进步，这都与评价改革的推动密不可分。学校已经把学生评价改革视作"动力杠杆"，并以此开启星海小学全面的教育改革。

2. 项目研究助力学生"人人成功、人人成星"

修订后的"小五星"综合素质评价体系，改进了原有的"十佳星海娃"评价办法，让每一个孩子都能看到自己成长的每一个足迹，知道自己存在的不足，更清楚了自己努力的方向。一年来，星海娃娃们在星海小学"适合的教育"评价土壤中茁壮成长，涌现了一个又一个自信阳光的星海娃，多人被评为"江苏好少年""苏州好少年""苏州阳光少年""园区好少年"，更有千余人在学校"每月之星"评比中脱颖而出，收获了最好的成长。

3．项目研究孵化新项目，带动学校整体改革发展

当下，"立德树人、五育并举"已经成为习近平教育思想的核心理念，评价改革对于整个教育改革来说具有关键性的撬动意义。学校以"大数据支撑下的学生综合素质评价改革研究"为学校教育教学改革实践龙头项目，带动学校整体改革发展。近年来学校在项目研究中成功孵化新项目，包括2022年苏州市中小学课程基地和学校文化建设项目"四叶草小公民综合实践课程基地建设"和苏州市基础教育前瞻性教学改革项目"适合教育视域下精准教、个性育、自主学教学范式的实践研究"，在园区乃至苏州市产生积极评价。同时，学校各部门分工明确、通力合作，拧成了一股绳，充分结合实际工作和特色考评，真正做到了减负高效，让综合素质评价成为"不增负、能落地、有温度"的好项目。

4．项目研究赢得社会的广泛认可

评价改革项目实施以来，改革研究取得了令人振奋的效果。"小五星"评价体系的推广实施，促进了师生发展，促进了学生的个性学习、快乐成长。学校逐步形成了更加宽容、更具发现眼光的激励文化，教师尊重、鼓励的教学姿态更加彰显，学生的主动性、个性得到激发和张扬。

经园区"易加"家长、学生问卷统计数据发现，"小五星"综合素质评价体系，得到了学生、家长、教师和管理者的广泛认同，园区各学校学生和家长满意度均达到90%以上。很多家长在问卷调查中予以了高度评价：传统的评价模式过于重视成绩与分数，评价功能过于强调甄别与选拔，评价标准过于强调共性与一般趋势，而园区"易加综素"评价模式更重视发挥评价的激励、诊断和发展功能。

在各个学科的课堂上，我们也发现，教师们用无痕的评价点亮着每一个教育细节。在课堂的每一个环节，都可以看到多元评价的身影，关注过程、融入关爱、善用引导、妙在点拨的评价方式，让每一个孩子闪耀其特有的光芒，展现了教育特有的魅力。

用"适合"推动发展，用"评价"撬动改革。在园区教育局的引领下，以立德树人为根本，星海小学通过"易加综素"平台积极培育和践行社会主义核心价值观，为全体学生、家长、教师和管理者提供了全面、科学、直观的学生综合素质发展画像，构建了对学生"全对象、全学科、全维度"的综合素质评价模块，助力学生全面而有个性地发展。

四、基于大数据的评价改革实践反思

尽管本课题已经取得了一定的阶段成果,但是当我们回首研究初心时,我们发现在研究的过程中,还有不少存在的问题,需要我们进一步去思考、改进、完善,以期让课题研究更具实效,更加深入,更有成果。

一是学生综合素质评价改革需要同学校整体改革结合起来,与教师评价、课程改革等都密不可分。当前,学校正申报江苏省"十四五"规划主课题"大数据驱动下学校个体化育人的实践研究",个体化育人的评价通过创新运用大数据、物联网、人工智能等技术赋能教育评价,强化教学智能诊断和智能管理,对学生进行精准诊断、测试、评价、分析,构建"学业评价、教研评介、家校评价和社会评价"等相融合的智慧型校园整体发展评价体系,为科学化的个体化育人实践指明方向。

二是进一步端正学生在评价改革实践中的主体地位,始终将学生发展置于改革实践的最中央。在传统教学环境下,我们教学的实施基本是教师主导、学生参与的封闭系统。而在大数据环境下,教师的主导作用明显弱化,基于信息技术的先进教学平台及其产生的数据成为精准教学的重要依托,学校、教师、学生乃至家长,他们对数据的获取在理论上是对等的,因此,精准教学的实施必须打破传统教学环境下教师主导、学生从属的关系,而建立以数据为纽带,以学生为中心,教师辅导、家长参与、社会关注的新型开放的主体关系。

后　记

《数字化转型背景下新型教与学区域创新实践》一书是苏州工业园区教育局继2022年6月出版《探寻适合的教育——以大数据促进因材施教》之后，推出的又一部力作，是近两年来苏州工业园区教育全面深化改革与创新发展的又一典型例证。

今年是苏州工业园区开发建设30周年，伴随着园区社会经济的快速发展，园区教育已从洼地走向高地，并迈向高峰。园区教育成功的经验有很多，其中坚持以重大项目引领教育事业发展应该是非常宝贵的一条。在园区教育党委正确领导下，园区教育人奋勇争先，一次次抢抓教育发展与变革的机遇，积极申报国家、省、市重大教改创新项目与课题，不断深化新时代园区教育现代化内涵建设。园区教育教学研究多年来聚焦两大关键词："教育数字化"和"新型教与学"，精准发力，科学施策，促进区域教育高质量发展。不妨将时间回溯到10年前，就会看到这一条清晰的脉络。2015年立项省前瞻性重大项目"基于数据分析的教学评价改革及跟进式管理创新的实践研究"，园区用三年时间架构监测体系，开发监测工具和系列评价平台，研制数据标准，开展学科诊断和协同教研，赋能数字治理与管理创新。2018年再次立项省前瞻性重大项目"大数据促进'适合的教育'实践研究"，通过研究，形成了完整的教育供给体系、清晰的教与学方式路径、科学的教育治理变革范式，2021年结项后被评为优秀项目，项目成果《大数据支撑下"适合的教育"实践探索》获得江苏省基础教育教学成果奖特等奖，成果内核《教育数字化支撑大规模因材施教的区域实践》获评2022年度基础教育国家级教学成果奖二等奖。2020年，成功获批"基于教学改革、融合信息技术的新型教与学模式"国家级实验区；2022年，获批教育部"学生综合素质评价"试点区以及江苏省智慧教育样板区培育区；2023年，为增强辐射推广，省教育厅将"大数据促进'适合的教育'实践研究"列为省前瞻性二类项目（培育与推广项目），继续深化研究；2023年12月，获评江苏省教育现代化先行区实践基地。

党的二十大提出深入实施科教兴国战略，并首次把教育数字化写入报告之中。我们深刻领会当前教学深度变革的时代内涵：聚焦人的发展，明晰教学目标；注重学科统整，促进综合实践；基于证据施教，提升循证水平；依托数字场境，打造高效教学。园区教育改革始终指向人的发展，聚焦学生创新能力培养，用数据说话，用事实验证。近两年来，针对原有的资源建设体系、教与学方式路径、教育治理范式等区域典型经验，通过多元证据互证，多次往复、螺旋式改进操作路径，总结实践策略。特别是整体构建技术赋能的"同心圆"教育数字化转型体系，更有利于复制、借鉴和推广。"同心圆"体系即围绕学生的全面发展，聚焦立德树人、五育融合，依托"易加教育"智慧平台，开发资源、课程、工具、支架，赋能个性学、智慧教；架构监测体系、开发监测工具和系列评价平台，助力科学测、智能评；建构研修系统，开展学科诊断和协同教研，进行高效研；研制数据标准，打造数据仓和驾驶舱，赋能数字治理，进行精准管。实现"学、教、测、评、研、管"一体化推进，促进区域教育优质均衡，高质量发展，让每一个学生用到好资源，遇见好老师，拥有人生出彩的机会。

基于近两年来的教育教学改革的最新进展，由园区教育局沈坚局长牵头，组织教育局、教师发展中心部分骨干成立编委会，汇聚全区教育力量和智慧，推出了这本成果著作。为本书提供支持的人员还有：周隽琰、王晓峰、赵卉、魏东、蒋德军、刘海武、王静静、芦淳、冒兵、尹立坤、吴晨一、蒋波、刘英、万里虹、杭瑛、沈兰、许铭、陆培良、牛荃、钱婷、赵斐、陈泉堂、马大川、孙艳丽、严开、邹佳元、李伟、陈雅婧、鲍丽云、朱银娣、黄天浩、陈杰、童森、吴欣倩、杨萍、毛栋星、王晓娟、张一驰、张晓华、钱发华、周海荣、张益平、沈加云、高飞、徐宏飞、王晓琳、卢志敏、尤佳、彭永新、郑权、祁华忠、刘洁、金怡、张卫华、李新杰、吴昌龙、陈汉珍、张雄锋等。本书还得到了星洋学校、苏州大学附属中学、莲花学校、胜浦实验小学、中科大附中独墅湖学校等学校的大力支持。当然，为本书提供支持的教育工作者还有很多，在此不能一一列举。同时，园区智慧教育实践与教育数字化转型得到了国家、省、市、区各级主管部门领导的关心与指导，得到了以刘三女牙教授为代表的许多高校与科研院所专家学者的大力支持，在此一并表示衷心感谢！

苏州工业园区作为教育现代化先行区，将主动肩负起"开辟教育发展新赛道和塑造教育发展新优势"的使命，进一步践行"新教学"、推进"新成长"、发展"新教师"、构建"新治理"，坚持"大数据促进'适合的教育'"主题统领，持续推进教育数字化支撑下大规模因材施教的区域研究和实践，聚力新赛道、赋能新优质，着力推进数字学习资源的立体化供给、新型教学模式的效能比析和教育评价的循证实施，推进新时代教育改革落地生根，为区域教育高质量发展提供强有力的支持。

《数字化转型背景下新型教与学区域创新实践》编委会

2024年8月1日